《汉文化研究丛书》编辑委员会

主　　任　黄荣杰　王利亚
副主任　卢志文　刘明阁
委　　员　李文安　邵书峰　谢冰松　曹天杰　阚云超　马良泉
　　　　　孟静雅　刘太祥　张保同　苏新留　何　军　徐永斌
　　　　　刘剑利
主　　编　郑先兴

汉文化研究丛书

NANYANGHANHUAXIANG YU HANDAIJINGJI YANJIU

南阳汉画像与汉代经济研究

杨运秀 著

河南大学出版社
中国·郑州

图书在版编目(CIP)数据

南阳汉画像与汉代经济研究/杨运秀著. —2版. —郑州:河南大学出版社,2016.12
(汉文化研究丛书)
ISBN 978-7-5649-2640-3

Ⅰ.①南… Ⅱ.①杨… Ⅲ.①南阳石刻画像－研究 ②中国经济史－研究－汉代 Ⅳ.①K879.424 ②F129.34

中国版本图书馆 CIP 数据核字(2016)第 320493 号

责任编辑 薛巧玲
责任校对 李 刚
封面设计 马 龙

出　版	河南大学出版社
	地址:郑州市郑东新区商务外环中华大厦 2401 号　邮编:450046
	电话:0371—86059701(营销部)　网址:www.hupress.com
排　版	郑州市今日文教印制有限公司
印　刷	开封智圣印务有限公司
版　次	2016 年 12 月第 2 版　印次　2016 年 12 月第 2 次印刷
开　本	690mm×960mm　1/16　印张　25.25
字　数	400 千字　定价　63.00 元

(本书如有印装质量问题,请与河南大学出版社营销部联系调换)

目 录

序 一 ·· 朱绍侯（ 1 ）
序 二 ·· 郑先兴（ 1 ）
前 言 ··（ 1 ）

上编　南阳汉画像的经济学研究

第一章　汉画像石墓兴衰的经济因素··································（ 3 ）
　一、营造汉画像石墓的自然条件 ·····································（ 4 ）
　二、营造汉画像石墓的物质与技术条件 ····························（ 6 ）
　三、营造汉画像石墓的社会人文环境 ·······························（ 8 ）
　四、汉画像石墓的兴衰是汉代经济状况的折射 ···················（ 10 ）
　五、南阳汉画像石墓及其随葬器物一览表 ························（ 12 ）

第二章　汉画像中的农神祭祀··（ 21 ）
　一、张景碑佐证汉代南阳农事祭祀之俗 ····························（ 21 ）
　二、祭北斗星神 ··（ 23 ）

第三章　汉画像中的自然灾害··（ 25 ）
　一、雩祭与社祭 ··（ 25 ）
　二、风伯、雨师及河伯 ···（ 34 ）

第四章　汉画像中的农业生产及水利·································（ 38 ）
　一、女娲与伏羲 ··（ 38 ）
　二、男欢女爱与龙虎之亲 ··（ 42 ）

三、牛耕及农作 ……………………………………………（46）
四、畜牧业及渔业 …………………………………………（51）
    （一）家禽家畜饲养 ……………………………………（51）
    （二）畜牧养殖技术 ……………………………………（54）
    （三）狩猎活动 …………………………………………（56）
    （四）渔业 ………………………………………………（60）
五、水利 ……………………………………………………（61）

第五章　汉画像中的手工业 ……………………………（64）
一、冶铁业 …………………………………………………（64）
二、制陶业 …………………………………………………（67）
三、纺织业 …………………………………………………（69）

第六章　汉画像中的商业及消费 ………………………（73）
一、货币 ……………………………………………………（73）
二、生活消费 ………………………………………………（74）
    （一）饮食 ………………………………………………（74）
    （二）宴飨 ………………………………………………（77）
三、酿酒及饮酒 ……………………………………………（78）
四、教育及文化娱乐消费 …………………………………（80）

第七章　汉画像中的地主庄园 …………………………（88）
一、庄园、城堡、厅堂、楼阁、阙及桥梁 ………………（88）
二、门吏及奴婢 ……………………………………………（97）
    （一）拥彗门吏 …………………………………………（97）
    （二）执戟门吏 …………………………………………（99）
    （三）执笏门吏 …………………………………………（101）
    （四）执盾门吏 …………………………………………（104）
    （五）执金吾门吏 ………………………………………（107）
    （六）执钺武士 …………………………………………（109）
    （七）持节吏 ……………………………………………（111）
    （八）执刀武士、佩剑小吏 ……………………………（112）
    （九）侍者 ………………………………………………（114）
    （十）侍女 ………………………………………………（116）
三、拜谒 ……………………………………………………（120）

四、车骑出行 …………………………………………… (123)

五、陶俑 ………………………………………………… (127)

下编　汉代南阳经济研究

第一章　汉代南阳的农业经济 ……………………………… (133)

一、汉代重农传统的初步形成 ……………………………… (135)

（一）皇帝劝督农桑 ……………………………………… (135)

（二）国家实行重农举措 ………………………………… (136)

（三）初步形成促进农业发展的体制机制 ……………… (139)

二、农业生产力的发展 ……………………………………… (141)

（一）铁制农具与牛耕的推广 …………………………… (142)

（二）耕作技术的进步及其推广 ………………………… (155)

（三）人口增长和土地面积增加 ………………………… (162)

三、农业经济结构 …………………………………………… (168)

（一）农作物的种植 ……………………………………… (169)

（二）林木的种植 ………………………………………… (172)

（三）畜牧业 ……………………………………………… (175)

（四）渔业 ………………………………………………… (177)

（五）粮食存储及加工技术的进步 ……………………… (178)

第二章　汉代南阳的水利事业 ……………………………… (184)

一、频繁的自然灾害 ………………………………………… (185)

二、汉王朝重视水利事业 …………………………………… (191)

（一）兴修水利是经济社会发展的需要 ………………… (191)

（二）水利建设成就斐然 ………………………………… (192)

（三）井灌弥补灌溉系统之不足 ………………………… (196)

三、水利设施建设与管理 …………………………………… (197)

（一）水利工程的作用 …………………………………… (197)

（二）水资源的管理 ……………………………………… (199)

四、主要的水利工程 ………………………………………… (201)

（一）湍水及其支流上的水利工程 ……………………… (201)

（二）朝水上的水利工程 ………………………………… (204)

（三）比水及其支流上的水利工程 ……………………… (206)

（四）清水及其支流上的水利工程 …………………………（208）
　　（五）丹水上的水利工程 ………………………………………（209）
　　（六）南阳最早的水利工程 ……………………………………（210）
　　（七）后世相传的水利工程 ……………………………………（210）

第三章　汉代南阳的手工业 ………………………………………（216）
　一、冶铁业 …………………………………………………………（217）
　　（一）冶铁业发展的条件 ………………………………………（218）
　　（二）冶铁生产发展概况 ………………………………………（222）
　　（三）冶炼铸造技术的进步 ……………………………………（226）
　　（四）冶铁业的管理 ……………………………………………（232）
　二、制陶业 …………………………………………………………（236）
　　（一）制陶历史悠久 ……………………………………………（236）
　　（二）制陶业的发展概况 ………………………………………（237）
　　（三）制陶技术的进步 …………………………………………（238）
　三、制铜业 …………………………………………………………（239）
　　（一）南阳有较好的冶铜技术基础 ……………………………（239）
　　（二）制铜业发展的程度 ………………………………………（240）
　四、漆器制作业 ……………………………………………………（241）
　　（一）漆器制作历史悠久 ………………………………………（241）
　　（二）漆器制作业特点 …………………………………………（242）
　　（三）漆器的广泛使用 …………………………………………（243）
　五、其他手工业行业 ………………………………………………（244）
　　（一）纺织业 ……………………………………………………（244）
　　（二）酿酒业 ……………………………………………………（246）
　　（三）车辆制造业 ………………………………………………（247）
　　（四）屠宰业 ……………………………………………………（248）
　六、关于私营手工业的经济学分析 ………………………………（248）
　　（一）私营手工业的构成 ………………………………………（249）
　　（二）私营手工业的特点 ………………………………………（250）

第四章　汉代南阳的地主庄园经济 ………………………………（253）
　一、地主庄园的形成与发展概况 …………………………………（254）
　　（一）地主庄园的形成与发展 …………………………………（254）

（二）地主庄园种类 …………………………………………（257）
　二、地主庄园经济的特点 ………………………………………（258）
　　（一）庄园是较先进的生产组织方式 …………………………（258）
　　（二）樊重的庄园是地主庄园经济的典型 ……………………（261）
　三、汉代南阳地主庄园遗址及其分布 …………………………（262）
　　（一）聚落遗址及其分布 ………………………………………（263）
　　（二）聚落遗址的特征 …………………………………………（267）
　四、地主庄园经济的影响 ………………………………………（269）
　　（一）庄园经济是汉代南阳经济的显著特征 …………………（269）
　　（二）地主庄园经济的影响 ……………………………………（270）

第五章　汉代南阳的货币经济 ……………………………………（274）
　一、关于我国古代货币制度研究的一些观点 …………………（274）
　二、货币制度及其改革 …………………………………………（275）
　　（一）西汉的货币制度及其改革 ………………………………（275）
　　（二）东汉的货币制度及其变化 ………………………………（281）
　　（三）货币铸造及管理制度 ……………………………………（283）
　三、贳贷业 ………………………………………………………（284）
　　（一）贳贷业的兴起 ……………………………………………（284）
　　（二）贳贷业在乡村的发展及其影响 …………………………（285）
　四、汉代钱范 ……………………………………………………（287）
　　（一）汉代钱范种类繁多 ………………………………………（287）
　　（二）南阳汉画像石墓中出土的钱币 …………………………（292）
　　（三）货币制度对商品经济的影响 ……………………………（295）

第六章　汉代南阳的商品经济 ……………………………………（298）
　一、商业 …………………………………………………………（299）
　　（一）历史文献对商业的描述 …………………………………（299）
　　（二）商人阶层 …………………………………………………（300）
　　（三）贩运贸易 …………………………………………………（307）
　　（四）商业资本的运动 …………………………………………（313）
　　（五）土地买卖盛行 ……………………………………………（316）
　　（六）城市 ………………………………………………………（324）
　二、消费 …………………………………………………………（330）

（一）商品供给 …………………………………（331）
　　（二）消费水平与结构 …………………………（332）
　　（三）消费制度 …………………………………（337）
三、汉王朝的经济干预 ………………………………（342）
　　（一）古代市场没有形成价格机制 ……………（342）
　　（二）汉王朝对市场的干预 ……………………（344）
　　（三）制约物价的因素 …………………………（347）
　　（四）物价波动的影响 …………………………（349）
四、商品经济的曲折发展 ……………………………（350）
　　（一）关于汉代社会经济形态性质的研究 ……（350）
　　（二）商品经济与自然经济 ……………………（352）
　　（三）商品经济的发展 …………………………（356）
　　（四）影响商品经济发展的制度因素 …………（364）
参考文献 ………………………………………………（372）
后　记 …………………………………………………（381）

序 一

朱绍侯

南阳师范学院汉文化研究中心要推出一套"汉文化研究丛书",郑先兴同志请我作序,我非常高兴。因为,作为专门从事秦汉史研究的学者,最高兴的就是看到新人新著的涌现;而且,这一套丛书的作者,大多是我的学生,或者是多年来一直跟随我学习研究秦汉史的教师;更何况,这套丛书的三审都是由我来进行的。我想谈以下三个问题。

第一,关于汉文化研究的学科性质。

如果把汉文化研究作为学科来看,大概有两个层面的含义。从一个层面来说,汉文化研究属于断代史,即属于汉史的研究范畴。汉代是中国统一集权制国家形成后,出现的第一个文化高峰。汉代人所创造的政治、经济、军事、教育、科学等方面的成就,可谓博大精深,永远是中国历史、中国文化史研究中的重点问题。但汉文化研究也有地域广狭的区分,有南阳汉文化、河南汉文化、中国汉文化,当然也由江苏汉文化、四川汉文化等等。本书的重点是研究南阳汉文化、河南汉文化。从另一个层面说,汉文化又属于专门史的性质,如汉人、汉族、汉语、汉字、汉经济、汉政治等都有极其重要的研究价值。无论是作为断代史、专门史或地域史来研究,汉文化都具有永久定性的特点和永远传承的特点,都是永远不变的定性文化,也是被中国与世界华人、华裔和国际学术界永远关注的问题。

第二，南阳汉文化研究的优势。

南阳学者所进行的汉文化研究，可谓是占尽了天时、地利、人和。所谓天时，有两个重要的含义。一是在"文化大革命"之后，在学术界普遍兴起了历史文化的研究热潮。如中华文化、长江文化、黄河文化、姓氏文化以及各地区的区域文化和各种专题文化等等，不论是什么文化，汉文化都必然是它研究的主要内容之一。二是在进入新世纪之后，党和政府日益重视传统文化在现代化中的作用，提倡人文社科的研究，希望从传统中吸取优秀的文化精神。河南省教育厅为推进这一方针的实施，在全省高校先后建立"河南省人文社会科学重点研究基地"。南阳师范学院汉文化研究中心就是在这样的环境中建立起来的。中心的建立，凝聚了研究方向，整合了全校的研究力量，为全面扎实地研究提供了组织和财力的保证。所谓"地利"，就是南阳是汉代经济、文化最发达的区域，特别是在东汉，南阳是开国皇帝刘秀的故乡，向有"帝乡""南都"之美称，皇亲国戚不可胜数，名人辈出，文物古迹遍布城乡，汉冶铁遗址就有6处，汉画像石、画像砖无论从数量、质量来看，都居全国之最。由此，南阳的汉文化研究资源异常丰富。所谓"人和"，是说这里的文化研究人气很浓。经过长期的积累和传承，南阳师范学院已经拥有着一批在学术界颇具影响的汉文化研究者，而且学校的历届领导班子都把汉文化研究作为学科建设的重点来扶持；通过《南都学坛》"汉代文化研究"专栏，与全国的汉文化研究者经常保持着十分密切的学缘关系，使得全国著名的秦汉史学者都非常关注汉文化研究中心的发展；通过秦汉史和汉画研讨会，增进了学术交流，提升了南阳师范学院的学术地位和影响。

第三，汉文化研究的意义。

汉文化研究所拥有的巨大的学术和文化建设的意义，自是非常繁富。这里我只谈三点。

从历史发展来说。如前所述，汉代是中国统一中央集权制国家形成后所出现的第一个文化高峰。依照德国著名的历史哲学家雅斯贝尔斯的轴心期理论，汉代应属于后轴心时代，即相对于春秋战国的文化经典诞生的轴心时代，汉代则是将之前的文化经典加以实践并予以整理传承，使之得以定型流传。因此，要充分了解中国文化，汉文化可以说是最基本的切入点。最近，年轻的秦汉史研究学者彭卫先生又提出，中国历史研究的"根节"在于"文明的起源、王制向帝制的转变和近代化","而王制向帝制的转变正是挑起历史两头的那根扁担"。可以说,这一说法非常形象地说明了汉文化研究的重要性。在我看来,王制向帝制转变的关键就是秦汉之际所推行的军功爵制,它用功绩的大小重组社会关系,改变了原来的只以血缘纽带建构社会关系的现象,从而推进了社会由王制向帝制的转变。这用唯物史观来表述,就是阶级的变化推进了社会制度的变革。因此,无论是从学术史或者政治制度史的角度,汉文化研究都是了解中国历史的必不可少的环节。

从地域文化观念来说。回顾5 000年的中国文明辉煌史,其中近4 000年都有河南的主体参与,只是在南宋之后的近1 000年以来,河南才逐渐被边缘化。检讨边缘化的原因,查漏补缺,固然是很有必要的。但检讨文明辉煌的因子,将其发扬光大,更是再造辉煌的乐观途径。中原文化作为中国传统文化的主体,其辉煌的因子非常之多。但就其整体性和完整性而言,汉文化则更具有吸收和汲取的价值。因为第一,汉文化是中原文化中比较重要的一个阶段。汉代是继承夏、商、周、秦之后的又一个统一时期,是汉民族形成的最为关键的时期。她所形成的政治体制、思想精神和文化传统,相沿成习,至今不变。第二,汉文化是中原文化中比较重要的一个环节。中原文化对中国文化的贡献主要体现在河南省许多地方,都有自己的特色文化,如周口的伏羲文化、新郑的炎黄故里、洛阳的河洛文化、安阳的殷墟文化、开封的宋都文化等等,而南阳则因汉光武发祥于此,即以"帝乡""帝都"等名义而著称于世;同时又因东汉建都于洛阳,与中原文化的关系更为密切。第三,汉文化在中原文化中占有重要的地位。汉文化的开辟疆土、驰骋沙场的开拓情怀、包容一切的恢弘气势、研习经传的探索精神以及献身国家匹夫有责的爱国思想等等,都构成了中原文化的丰富内涵。由此,全面深入细致地研究汉文化,是实现思想解放、发展跨越和当今中原文化崛起的基本途径。

从大学办学特色来说。大学教育的目的就是传承文明、修性养德和培育科学探索的精神和理念,然而具体到如何办好一所大学,中外教育家的共识就是特色办学。所谓特色办学就是在学科建设上能够有自己独到之处。而我们知道,构成特色学科的因素主要是研究的对象、研究的理念和研究的方法。一般来说,研究理念和方法固然非常重要,但它毕竟要受到研究对象的制约。可以说，只有研究对象是经常主导学科特色从而决定学校的地位的。就此而言，南阳师范学院以其地域文化优势，选择汉文化研究作为自己的特色学科来加以建设，而且屡经几代领导坚持不改，终于形成了涵盖全校诸如历史、中文、美术、音乐、体育、政治、经济等文科教师在内的强大的研究队伍，并在全国秦汉史学界和汉画学界占有重要的席位，成为一支不可忽视的力量。这种以学科优势所造就的办学特色，其他一些高校是难以企及的。

综上所述，可以想见，"汉文化研究丛书"的问世，其学术价值和实际功用以及所展示的南阳师范学院的科研实力和办学特色，将是多么有意义的事情。让我们表示衷心的祝贺吧。

是为序。

2008 年 8 月 26 日

序 二

郑先兴

　　河南省普通高校人文社会科学重点研究基地南阳师范学院汉文化研究中心于 2005 年 8 月得到河南省教育厅的正式下文成立，到今天已经整整十个年头了。十年来，中心同仁坚持学术至上的信念，潜心研究，以"汉文化研究丛书"为标志性的成果，先后推出了十三部专著。为纪念中心的十年庆典，河南大学出版社准备将其修订后整体推出。作为中心的负责人，丛书的策划者，其内心的喜悦和兴奋，可以说是无以言表的。考虑到该套丛书的专业研究性质，其学术价值自有业内学者评判，而其文化建设功用则可通过社会实践予以验证，在这里，我只想从学术管理方面谈几点意见，谨向丛书的出版表示诚挚的祝贺！

　　丛书的出版问世，可以说是党中央弘扬优秀传统文化、提高国家文化软实力发展战略的贯彻和落实。全面挖掘民族传统文化的精华，总结中华民族的文明发展经验，可以说是中国共产党人一直的追求和努力。毛泽东曾经指出："从孔夫子到孙中山，我们应当给以总结。承继这一份珍贵的遗产。"新近以来，中共中央总书记习近平同志两次谈到总结历史文化遗产的重要性。

　　在第十八届中央政治局的第 12 次集体学习会议上，习近平总书记指出：

"提高国家文化软实力,要努力展示中华文化独特魅力。在5000多年文明发展进程中,中华民族创造了博大精深的灿烂文化,要使中华民族最基本的文化基因与当代文化相适应、与现代社会相协调,以人们喜闻乐见、具有广泛参与性的方式推广开来,把跨越时空、超越国度、富有永恒魅力、具有当代价值的文化精神弘扬起来,把继承传统优秀文化又弘扬时代精神、立足本国又面向世界的当代中国文化创新成果传播出去。要系统梳理传统文化资源,让收藏在禁宫里的文物、陈列在广阔大地上的遗产、书写在古籍里的文字都活起来。要以理服人,以文服人,以德服人,提高对外文化交流水平,完善人文交流机制,创新人文交流方式,综合运用大众传播、群体传播、人际传播等多种方式展示中华文化魅力。"

在第十八届中央政治局的第13次集体学习会议上,习近平总书记再次指出:

"要讲清楚中华优秀传统文化的历史渊源、发展脉络、基本走向,讲清楚中华文化的独特创造、价值理念、鲜明特色,增强文化自信和价值观自信。要认真汲取中华优秀传统文化的思想精华和道德精髓,大力弘扬以爱国主义为核心的民族精神和以改革创新为核心的时代精神,深入挖掘和阐发中华优秀传统文化讲仁爱、重民本、守诚信、崇正义、尚和合、求大同的时代价值,使中华优秀传统文化成为涵养社会主义核心价值观的重要源泉。要处理好继承和创造性发展的关系,重点做好创造性转化和创新性发展。"

在这里,"要努力展示中华文化独特魅力","要讲清楚中华优秀传统文化的历史渊源、发展脉络、基本走向,讲清楚中华文化的独特创造、价值理念、鲜明特色",必须深入探究中国历史,尤其是中国历史上的秦汉时期。因为秦汉时期是中华文明的后轴心时期,它不仅承继、凝聚了远古以来中华文明的精华,而且也开启了之后中华文明的发展道路。据此,汉文化研究中心依托南阳区域文化和汉画像的历史资源,广纳贤才,凝神聚力,全面展开汉文化的研究,不断推出研究性的成果,为中华文化魅力的展现和优秀文化传统渊源的揭示,仅露尖尖一角,略展学术之风采。

丛书的出版问世,可以说是打造特色学术平台的必然结果。高校的存在和发展,除了狠抓学科建设、人才培养以及日常的教学、科研管理与机制之外，别无他途。为此，校党委和行政制定了"质量提升，内涵带动"的发展战略，并根据所在地域的文化特点与经济社会建设的需要，设置相应的科研与教学平台。一方面促进科学研究与课堂教学紧密结合，另一方面也促进高校的教学科研与本地社会经济文化建设紧密结合。南阳的地域文化优势在于汉代历史文化，东汉光武帝刘秀生长、起事于南阳，其军功大臣二十八宿也大多出生在南阳；即使此前西汉刘邦政权的建立，也得益于南阳地方豪绅的鼎力支持，才有了可靠的根据地而取得政权；汉代南阳的冶铁、水利、中医药与天文地理等科学技术跻身于世界文化最先进的水平；还有现在依然大量存在的汉画像，作为中国美术史上瑰丽的宝藏，珍藏着汉代民众真实而又平凡的社会生活和精神风貌。为充分挖掘南阳文化的精髓，实验、训练并提升教师的科研能力，打造学术品牌，我们凝聚全校文科的学术研究方向，以汉画像为主题，成立了汉文化研究中心。中心的成立，既为教师的学术研究指明了方向，也得到了省教育厅的大力支持，成为河南省人文社会科学重点研究基地。几年来，中心在项目申报、论文论著的撰写与发表、重点学科建设等等方面，都取得了卓越的成绩；尤其是在学术交流和为社会经济文化建设服务方面，中心成功承办了大型的国际学术会议，如"中国汉画学会第十届年会暨学术研讨会（2006）"、"东汉史研究国际论坛（2009）"、"中国秦汉史研究会第十三届年会暨国际学术研讨会（2011）"等。这些会议的成功举办，不仅加强了我校与学术界的交流，提升了我校的知名度，更重要的是展示了我校教师的研究实力和学术风貌。中心研究人员积极参加了南阳卧龙岗文化产业聚集区建设、南阳相关的企事业文化建设、南阳农运会端午节龙舟竞赛高峰论坛、南阳刘秀研究会以及诸葛亮躬耕地问题讨论，等等，这些活动，既促进了教学与科研的紧密结合，又为教学和研究提供了更广阔的视野。总之，我校的汉文化研究中心已经成为秦汉史学界、汉画学界国内外知名的学术研究重镇，成为南阳社会经济文化建设领域内有关汉代历史文化方面不可忽视的咨询机构。本次出版的十三种汉文化研究专著，就是这个学术研究平台十年研究计划的重要的学术成果之一。当然，我们期望着更高层次的研究成果的继续涌现。

丛书的出版问世和项目的完成，也是汉文化研究中心的研究人员的长期辛勤、扎实治学的结晶。孔子说："人能弘道，非道弘人。"再好的理念和政策,再好的平台和基地,如果没有人们踏踏实实地践行,予以付诸实践,是很难切实收到实效,取得成绩的。令人骄傲的是,我们南阳师范学院的广大教职员工,确实有一批求真务实的人。在这样一个比较浮躁的年代,他们能够沉下气来,专心地教书育人,精心地做学术研究,实属难能可贵,非常令人敬佩。以汉文化研究为例,从上个世纪改革开放以来,就已经形成了一支专业的研究队伍。他们身处教学和科研一线,在完成自己的教学任务的同时,选择南阳的区域文化尤其是秦汉史和汉画像作为自己的研究对象,互相切磋,互相鼓励,在研究课题、撰写论文和申报项目方面,互相支持,在秦汉史学界和汉画像学界已经形成了自己的学科特色和学术优势。汉文化研究中心成立之后,又以中心为平台,制定了编著"汉文化研究丛书"的十年计划,试图打造自己的学术优势,占据汉画像研究和秦汉史尤其是东汉史学研究的制高点。从已经出版的论著的影响看,其原始的意愿已经基本实现了。可以说,前期的成果为后来的研究提供了基础和方向,但自然地也增加了难度。如何超越自己,如何将汉文化研究提升到更高的层次?我想,这是汉文化研究中心的同志们可能要花费很长时间予以思考和践行的问题。至于能否实现超越,就需要学术界的专家同仁予以引领和雅正了。

本丛书的十三种专著中,可以分为两个系列。

一是汉文化研究系列,共八本,主要探究秦汉时期社会历史的发展及其本质特征。郑先兴教授完成了《汉代思想史专题论稿》与《汉代史学思想史》,前者是其阅读汉代元典的心得,以礼治思想、经济思想、王充思想以及其他思想(包括谶纬、汉文化精神、荀悦政治思想)等四个专题,揭示并阐述了汉代的政治思想、经济思想与社会思想;后者则是其长期的历史教学与研究成果的积淀和积累,是对汉代优秀的学术思想文化遗产的发掘和梳理。刘太祥编审完成的《张仲景中医药文化研究》与《汉代政治文明》,前者是其对医圣张仲景在中医药药理、诊治、用方、医德等方面贡献的挖掘和阐释;后者则是其对汉代政治文明的成就比如治国理念、方略、机制的梳理和阐述,寻绎汉代政治文化中的进步和积极因素。冯建志教授等人完成的《汉代音乐文化研究》,主要描述了汉代音乐的内容、类型、发展及其美学思想。曾祥旭教授完成了《西汉后期的文学和儒学》,是其博士论文《论西汉前期的文学和儒学》的延续,阐述了西汉后期文学的发展及其与儒学的关系。杨运秀教授完成了《南阳汉画像与汉代经济研究》，以南阳区域为研究对象，分为两个部分，第一部分是以南阳汉画像为主题，从经济学的角度阐释了汉画像中的经济因素；第二部分是以汉代南阳区域经济为主题，叙述了南阳的农业、水利、手工业、货币、商业等经济状况。高二旺博士完成的《两汉魏晋南北朝人质现象研究》，是以其学位论文修订增补的，以古代人质现象为话题揭示汉代到南北朝时期所普遍存在的人伦和法制真相。

二是汉画像系列，共五种，主要是挖掘和阐释汉画像的内容及其社会意象。其中郑先兴教授完成了《汉画像的社会学研究》和《民间信仰与汉代生肖图像研究》，前者是以远古婚姻进程为线索，透视汉画像中神树、螺女、弓弩、伏羲女娲、西王母、傩等画面的社会历史内涵，后者则是以生肖为线索，阐释汉画像中生肖图像的社会历史意蕴。牛天伟、金爱秀二位完成的《汉代神灵图像考述》，则是从考古学、民俗学的角度，对汉画像中的伏羲女娲、西王母、气象天文、镇宅守墓、祥禽瑞兽以及传说的蚩尤、桑蚕农神等图像予以了阐释。季伟教授完成的《汉代乐舞百戏考述》，是以乐舞百戏为话题揭示汉画像中大量存在的乐舞图像的社会历史内涵，挖掘古代历史中优秀的乐舞文化遗产。徐永斌教授等人完成的《南阳汉画装饰艺术》，描述了南阳汉画像装饰艺术的题材内容、构成风格、技法类型、审美特征，及其在中国传统装饰艺术上的价值等。

毋庸讳言，"汉文化研究丛书"虽然推出了十三种，但与原本的初衷和社会的要求还是有距离的。希望汉文化研究中心的同志们更加努力，拿出更多的成果，拿出更丰富更深刻更具有影响力的汉文化研究论著。

让我们期待着吧！

2015 年 5 月

前　言

　　汉代是中国历史发展极为重要的阶段。它不仅结束了之前春秋战国时期长达五百年的政治纷争和思想争鸣，奠定了自身四百年统一稳定时代的基础，更重要的是它将之前的人类社会发展的各种理论、思想及其实践成就加以继承、采纳和总结，融化吸收，形成了此后至今中国社会发展的基本制度和思想基础。如果用德国著名的历史哲学家雅斯贝尔斯的观点来看，春秋战国时代是中国历史的"轴心时代"，那么汉代就是中国历史上的"后轴心时代"。对"后轴心时代"的各种历史现象进行深入的研究和探讨，以便揭示其历史发展的决定的和根本的因素，应该是历代学者的基本使命。根据唯物史观，历史发展的基本因素和根本动力是生产力的发展，是人类的经济活动，是人类社会发展内在的经济的物质的因素。因此，探究"后轴心时代"的经济现象和经济因素、深入揭示汉代历史发展的内在因素，就成为历史学和经济史学重要的使命和研究任务。

　　应该说，汉代经济史的研究受到了历史学者和经济学者的广泛关注。《史记》中有《货殖列传》，《汉书》和《后汉书》中有《食货志》，专门记述两汉的经济发展情况。近代以降，西学东渐，唯物史观传入，尤其是改革开放以来，经济和经济史的研究成为学术研究的热门和重点研究的课题。相关汉代经济和经济史研究的论著举不胜举。在这些研究中，有专门研究经济领域某方面问题的，如孙机的《汉代物质文化资料图说》（文物出版社1990年版）；有专门研究某些经济政策或措施的，如马大英的《汉代财政史》(中国财政经济出版社1983年版);也有将汉代置放在中国历史的大背景下研究其经济发展脉络的,如赵德馨主编的《中国经济通史·秦汉卷》(湖南人民出版社2002年版)、史仲文的《中国秦汉经济史》(人民出版社1994年版)。无论哪方面的研究,都为了解汉代经济发展及其水平提供了材料。

众所周知,任何一门学科创新性研究的实现,主要依赖两个方面的因素,一是相关研究对象的新资料的发现,一是启发研究者思路的新理论新方法的掌握和应用。就目前而言,汉代经济史的研究者可以说是非常幸运的,因为这两条创新性研究的条件都具备了。就资料而言,新中国建立以来汉墓考古所发掘出的丰富的汉代的实物资料自毋庸赘言,单是出土的简牍文献资料,已经使今天的秦汉史研究者成果卓著,更何况还有数以万计的汉代图像资料,尚未被学术界尤其是历史学和经济史学研究者所广泛关注。就理论和方法而言,因唯物史观传入,经济史研究成果丰硕,暂放下不表,单是改革开放以来经济发展的实践活动给予经济史研究理论和方法的滋养和提供的丰富资源,已经使置身今天社会生活中的学者兴奋不已,研究热情更炽,研究旨趣迭出,研究方法多样。李学勤先生曾经不无感慨地说,生活在今天的学者是非常幸运的。"在近代,清末已有简牍出土,蜚声于世界,嗣后发现不绝。但当时实物均得自汉晋边陲,性质有关屯戍。其间虽有零散书籍,未涉典要,不能与前汉孔壁、西晋汲冢的发现比拟。至近代新出简帛,数量既大,且有甚多珍异佚籍,对研究古代文化极有意义。我们生在这一新发现的时代,是应该庆幸的。"(李学勤:《简帛佚籍与学术史·自序》,江西教育出版社2001年版)

作为南阳师范学院的普通教师,笔者似乎更为幸运。这是因为,南阳汉画像为笔者的汉代经济史研究提供了独特的资料保证。南阳是全国汉画像最重要的四大出土地之一,南阳汉画馆是建馆最早、收藏最多、展品最精的汉画馆。南阳汉画像石、汉画像砖以其独具特色的造型艺术使得世界上许多艺术家叹为观止,顶礼膜拜。鲁迅先生生前曾多方收藏南阳汉画像,称赞南阳汉画像"博大沉雄"。遗憾的是,在汉画像的研究领域,长期以来艺术史家多有建树,但从汉画像资料入手,对汉代社会生活的探究,还没有引起学术界的足够重视,尤其是经济学方面的研究尚未深入展开。作为一个从事政治理论课程教学的普通教师,对经济学理论知识以及经济生活实践有一定的把握和感悟,在探究汉画像时具备相对有利的条件。

自古至今,一切理论皆是从经济社会生活实践的土壤中产生的,又对实践具有反作用。经济学理论能帮助我们透过汉画像画面表层的意义来揭示汉代经济生活的实际,给我们以某种启迪。

研究中,我们较为仔细地考察了汉画像石墓勃兴消亡的经济因素,如蕴含在汉画像中的经济因素,汉画像中的农神、农事和神灵祭祀,汉画像中的自然灾害,汉画像中的农业、手工业、商业以及汉画像中的庄园经济生活等等,试图通过汉画像,能比较深入地揭示和再现汉代社会经济生活面貌。但是在研究的实际进程中,随着对大量汉代文献资料的阅读,汉代的繁荣和强大,尤其是在社会经济生活方面的进步和成就,激发了我们寻找汉代繁荣昌盛的秘密的勇气,终于按捺不住内心的冲动,搁下对汉画像的观察,再次梳理文献和考究汉代的社会经济生活,对汉代的农业(生产力发展、经济结构)、水利事业、手工业尤其冶铁业、商品经济、货币经济以及庄园经济进行探究和描述。

固然,学术研究需要的是客观的态度和冷静的思维,但是,由知识结构和思维定势所驱使的所谓"洞穴假相",正是学术成果诞生的契机。随缘于斯,《南阳汉画像与汉代经济研究》就这样诞生问世,其中错误与谬见在所难免,谨请专家同仁批评指教。

杨运秀

2010 年 8 月

上 编

南阳汉画像的经济学研究

第一章　汉画像石墓兴衰的经济因素

汉代是中国历史上第一个实现长期统一并且比较强盛的朝代，是以汉族为主体的中华民族及民族精神形成的时代，也是英雄辈出、科技进步、经济发展、文化繁荣的时代。汉代先民开拓进取，使社会政治、经济、文化各方面得以长足发展，创造出数不胜数的辉煌成果，汉代画像石墓就是其中之一。黄仁宇先生说："汉代的青铜器、漆器和留下的泥土模型已可补充文史之不足，研究汉代的学者更因汉墓内浮雕之出土而大开眼界。这些砖石上之雕刻原为供死者欣赏之用，它们埋在葬穴，面对棺椁。令人惊讶的是，画像内容缺乏诸如天使、救主和赎罪等宗教性题材，而是以历史事迹、奇异传说、传奇人物或日常生活作题材。其中日常生活一项对我们最有价值，它提供了最为确切可靠、最为直观的汉代社会史资料，使我们在2000多年后对汉代的社会有一个大致的了解。"（黄仁宇　2007：66）画像石墓的发掘整理为汉代经济社会发展提供了见证。轻轻拂拭一块块画像石，就像打开一个个窗口，使我们能够借以观察、猜测汉代先民如何生产、生活的情景，领略祖先的智慧与创造是如何超迈古今的。

汉代，在南阳历史上有浓墨重彩的描绘。至迟在文景时期的太平盛世，南阳经济社会发展已在全国居于领先地位，并一直保持到东汉末年，时间长达300多年。

西汉时，南阳郡治宛是全国五大都市之一。司马迁在《史记·货殖列传》曾称"南阳西通武关、郧关，东南受汉、江、淮。宛亦一都会也。俗杂好事，业多贾。其任侠，交通颍川，故至今谓之'夏人'"。

东汉时，南阳是刘秀发迹的地方，史有"帝乡"、"南都"之称谓。

一切艺术形式的产生都不能忽略其地域性特征。汉代南阳在全国的经济、政治、文化等方面的特殊地位，为其厚葬之风的兴起提供了土壤。在丧葬文化上，各地墓葬建筑中流行的艺术形式不尽相同，南阳以画像石墓为特色。约在西汉中期，南阳一带已经开始构筑画像石墓，西汉晚期有所发展，到东汉早、中期达到鼎盛，东汉晚期以后逐渐衰落以至消亡。南阳的画像石墓从出现到走向衰落，经历了200余年的曲折跌宕。

汉画像石墓是指从西汉中期到东汉末年以石刻画像为装饰的石结构或砖、石混合结构的墓葬。社会经济的发展是汉画像石墓产生的最根本原因。汉画像石墓的产生发展及其衰落是汉代社会经济发展与波动的一个缩影。

汉画像石基本上是为丧葬礼俗服务的一种艺术，也是建筑材料。神庙石阙上也有画像石，但数量很少，绝大部分汉画像石属于墓葬及其附属的地面上的祠堂、墓阙等建筑的材料，画像石棺作为葬具，是墓室的重要部分。

汉画像石直观生动地记录和反映了汉代经济社会情况，有深厚的历史文化内涵，是我们了解和探究汉代社会政治、经济、思想、文化、艺术、风俗等诸多方面情况的重要实物资料。

一、营造汉画像石墓的自然条件

唯物史观认为，一切事物的产生都有一定的原因，或者说存在因果关系。

汉画像石作为一种文化因子，是汉代社会特定的经济、政治发展的产物，它的产生、发展及衰落与其所在区域的自然条件、经济发展、人文环境息息相关。

在汉代，厚葬之风愈刮愈猛，人们在生前希望长生不老，也希望死后所居住的墓室固若金汤，能存之千秋，因此要求构建的画像石墓"寿如金石"。汉画像石墓和石祠、石棺的建造需要很多的石材。在那个时代,交通运输条件还相当落后,就近取材是汉画像石墓兴起的一个前提条件。从全国各地发掘整理过的画像石墓的区域分布来看,发掘画像石墓较多的地区一定有合适的石材方便营造画像石墓。

南阳盆地周围多山,境内多河流。在汉代,唐河、白河流域农业经济发达,是南阳的繁华地带,经济文化发展有得天独厚的自然条件。已经出土的南阳汉画像石墓主要分布于唐河和白河流域。汉画像石的石材主要为青石和白石两种。青石石料主要出自于白河岸边的蒲山,白石石料主要出自于唐河流域湖阳镇的狮子山及黑龙镇。汉画像石墓在唐河、白河流域较多,说明当时人们在生产、生活中已经能比较充分地利用当地的自然资源了。

在战国时期,南阳的冶铁业就有了一定的发展。汉代,南阳冶铁业规模空前扩大,冶炼技术显著进步,出现了铸铁脱碳钢件。利用铸铁脱碳钢制造出的工具要比铁器锋利得多,为在坚硬的石材上雕、钻、刻画提供了便利,使画像石大量产生成为可能。比较发达的冶铁业为画像石墓的兴起及南阳汉画像石艺术的发展繁荣奠定了坚实的物质基础。

文化的发展与经济的发展密不可分。经济的繁荣为文化的发展奠定了物质基础,文化艺术又是经济基础的反映。我国的绘画艺术源远流长,追溯它的源流,可从新石器时代开始。新石器时代陶器上的多种饰纹,商周时期青铜器上的变形图案,战国时期的壁画、岩画、帛画、漆棺画等,都是早期中华绘画艺术的辉煌成就。《汉书》中记载了多位知名的画师画工,汉代皇宫中关于绘画的记录在文帝时已经出现。自武帝始,壁画艺术开始盛行。东汉时期,绘画艺术更加繁荣,明帝时,宫廷还专设画室,在不少宫殿中绘有壁画。大都名城一般是人才荟萃之地,无论南阳、洛阳,均名士迭出。据文献记载,善画者如科学家兼文学家张衡、文学家蔡邕、汉桓帝时任蜀郡太守的刘褒、赵岐及汉灵帝光和年间的画手刘旦、杨鲁等。此六人都是东汉后期著名画家。其中张衡就是南阳西鄂人。南阳是皇亲国戚、达官显贵首选居住之地,作为"南都"、"帝乡",尤其到东汉后期,理应聚集一些优秀的画师,他们的作品亦理应反映在"举孝廉"、"崇厚葬"的墓室画像中,麒麟岗汉墓仕女画像精湛的艺术技巧证明了这一点。(牛向阳 2006:35)

汉画像石在南阳地区一经出现,便逐渐风行,日久天长,慢慢积淀成一种文化传统。约从西汉的宣、元时期起，画像石就成批地出现了。高文先生认为，雕鏨这些画像石的主人并非是高官显族，只似中等官吏以下的身份，因南阳是帝乡，大型画像石墓居多，故许多画像石的新技法和新内容首先在那里出现。

二、营造汉画像石墓的物质与技术条件

  汉画像石是用在墓葬或石祠、石棺中的石材，制作这些画像石，营造一座画像石墓，需要有一定的财力和技术条件。汉画像石墓的勃兴，就是随着社会生产力的发展，物质财富有了一定积累的突出表现。

  汉初，天下草创，长期战乱使国疲民困，统治阶级因时制宜，实行休养生息政策，在相当长时期内社会比较稳定，为经济发展创造了一个良好的环境，农业、手工业和商业得以快速发展。经过西汉前期几代皇帝的苦心经营，社会经济得到恢复发展，出现文景治世之繁荣景象。

  东汉伊始，光武帝刘秀意在恢复祖先基业，再现昔日盛景，重振汉家雄风，殚精竭虑，励精图治。光武帝生长于民间，深知稼穑之苦是百姓生活所系，也是天下的根本，为发展农业，遂省刑罚，解王莽之繁密，还汉室之轻法，所实施的安定之策都颇有实效，一时政治清平，百姓安居乐业，社会生产慢慢得到恢复，农业生产、冶铁、水利及商业等方面都取得了不小进步，出现了史称"光武中兴"的良好局面，为后世的发展打下了良好的基础。

  随着南阳冶铁业规模的扩大和技术的进步，铁制工具广泛使用，为开展大规模的水利工程建设提供了便利。水利工程的兴修又推动了农业生产发展。冶铁、水利、农业和商业各自发展又相互促进，社会经济逐渐繁荣起来。

  在经济条件、政治条件及个人天赋与努力程度等诸多因素的作用下，一些人通过经商或出租土地渐渐致富，财富逐渐积累，成为富甲一方的大贾或称霸一隅的地方豪强。与此同时，大批自耕农、半自耕农沦为佃户、奴婢、部曲，贫富分化现象日益严重。汉代豪富大体有这几部分人：皇亲国戚，诸侯，朝廷官僚，靠经商、放高利贷致富的高訾豪族，还

有一些没有官职但很有势力的当地豪强。这些特权阶级，生前能够操纵社会，占有许多社会财富，享尽人间荣华欢乐，祈求死后能够继续享乐，就极力营造豪华冥室。在已经出土的画像石中，描写贵族豪强富贵安逸生活场面的画像石数量最多，所占比例最大。

南阳汉画像石墓兴起与消亡的历程与经济发展状况密切相关。汉初，残破的社会局面迫使汉高祖刘邦总结吸取秦朝速亡的教训，采取休养生息政策以恢复社会经济。刘邦及以后的几代皇帝在丧葬制度上都能秉承先代节俭遗风，堪为后世表率。这一方面说明开国之君深知江山来之不易，尚能居安思危；另一方面也是受经济条件所限，属于不得已而为之，当时即使想奢靡豪华也缺乏物质基础。史书中记载，汉文帝曾经有打造坚固的山洞墓的打算，张释之一番进言就打消了他的这个念头。

汉初七十余年的恢复发展，打下了比较坚实的经济基础。西汉中期以后，国力增强，经济繁荣，人们的生活水平有了相应提高，追求享乐的观念自上到下慢慢滋生，战国以来的奢靡之风渐起，很快风靡于世，直至东汉中后期。汉画像石（砖）的题材内容形象生动地描绘了汉代社会生活中的许多场景，模拟了现实生活，反映了人们对生的眷恋和对死的恐惧。汉画像石墓从设计、采制石料、运输、绘画、雕刻到建造，对一个家庭来说，可谓是耗费巨大的工程，一般地主尚力所不及，寻常百姓更不敢奢望。汉画像石墓的营造及汉画像石丰富的题材内容向我们传达了汉代统治阶级崇尚厚葬的经济文化信息。奢靡之风至东汉末年渐弱，汉画像石墓也渐趋消亡，主要原因是东汉后期经济基础的崩溃。

南阳汉画像石墓的产生，有其艺术渊源和技术基础。它既承袭了前代艺术，又受到同时代其他艺术形式的影响，并有所创新和发展。汉代以前，南阳先民们已经掌握了雕刻、绘画的技能。南阳市出土的一些新石器时代的陶器，不仅造型美观，而且彩绘有纹饰，南阳出土的春秋青铜器上已经有浅浮雕和凹面阴线刻的各种纹饰。汉代绘画可作为表彰功臣、眷恋所爱、装饰器物、崇拜神仙、美化殿堂等作用，绘画尤其是壁画艺术形式对汉画像石的雕刻产生了直接的影响。汉代人认为人死而灵魂不灭，人在阳间所需要的，在阴间也应拥有。慢慢地就出现了在冥宅中雕绘各种社会生活画像的活动，生活的现实通过画像石表达了出来，反映了人们希冀死后如同现实人间的生活一样的愿望。由此渐渐地形成了汉画像石刻艺术。

三、营造汉画像石墓的社会人文环境

汉代规定朝官辞职后不得居住京城,要返回家乡。由于南阳经济的持续发展繁荣,便成为王侯将相、皇亲国戚、达官显贵愿意选择的寄食之地。南阳籍的五位皇后参政议政达81年之久,几乎占东汉统治时期的二分之一,南阳的外戚集团对东汉政权影响很大。随着生产发展和商业繁荣引起的财富集中和土地兼并,南阳产生了一批地方豪强与富商大贾。这些人或者政治地位特殊,声名显赫;或者为一方势力,拥有比较雄厚的经济实力。这些特权阶级的社会政治活动和日常文化娱乐及生活消费的奢靡,使帝乡声名远播,为时人所仿效,也给南阳的绘画雕刻艺术发展拓展了一个更大的创作空间,画像石墓的出现便是再自然不过的事情了。

《汉书》补注中有不少关于王侯的记载。据统计,西汉时被封在南阳的王侯有20多人,著名的有冠军侯霍去病、博望侯张骞和新都侯王莽。王莽在蛰居南阳期间结交权势、收拢人心,形成了一支有异于刘氏政权的强大力量。出现于西汉晚期的画像石墓在新莽时得以进一步发展(王建中,闪修山 1990:4)。后来刘秀在南阳起兵,在统一全国的战争中,28位将领多出于宛县、湖阳、冠军、新野一带。东汉政权建立后,军权也一直控制在南阳人手里。大司马位列三公,是全国的最高军事统帅,公元25年起由吴汉担任,任期达19年之久;从公元44年至公元51年,南阳人刘隆又接任此职。随着南阳政治经济地位的逐渐提高,南阳籍的文臣武将人数不断增多。据《后汉书》记载,东汉时期,南阳籍的官吏就有195人,其中有27人任职三公,38人任职九卿,南阳籍官吏在朝中的地位举足轻重。早在公元35年,郭伋就曾上书请求改变这种只用南阳人做官的做法,提出应该"选补众职,当简天下贤俊,不宜专用南阳人",但是无济于事,汉廷没有采纳他的正确意见。[英]崔瑞德在《剑桥中国秦汉史》(鲁惟一编,杨品泉等译)中指出:"强烈的地方主义是整个这场内战的典型特征,光武帝的胜利在某种意义上说是他的家乡南阳郡的胜利。通过他,来自南阳的人在以后很长一段时期内取得并保持显赫的地位。"

"河南帝城多近臣,南阳帝乡多近亲。"刘秀发迹于南阳,仅刘秀的公主就有七位封在南阳。两汉时期,分封到这里的侯爵有张骞、许产、许舜、许敞、许党、许并、许绍、刘凌、刘宣、刘求、敞屠洛、监居翁、朱佑等13人。当时还涌现出一批名臣巨宦,如廷尉张释之、司徒韩暨等。不少家拥万金的豪强地主,凭借雄厚的经济实力踏入仕途:文景时的张释之以钱买官,官至廷尉;杜周家资巨万,官至御史大夫,成为历世显贵;孔仅冶铁有方,家赀千金,武帝时出任大农丞,官至九卿。刘秀起兵反莽之前也是南阳的商人,曾经贩谷于宛,李通也曾以货殖起家,刘秀的外祖父樊重也是南阳的大庄园主,南阳人刘隆、邓禹、卓茂、张堪、阴氏等都有一定的经济实力。

《水经注》中记载,"山(指湖阳东隆山)之西侧有汉日南太守胡著碑,子珍骑都尉,尚湖阳长公主,即光武之伯姊也。庙堂皆以青石为阶陛,庙北有石堂,珍之玄孙桂阳太守场,以延熹四年遭母忧,于墓次立石祠,勒铭于梁,石宇倾颓,而梁字无毁"。从文献记载中我们了解了国戚胡著、胡珍、胡场及帝姊湖阳长公主刘黄厚葬的情况。现在,湖阳镇门外仍存刘黄长公主之墓。湖阳一带还有刘秀外祖父樊重、舅父樊宏之墓。《明嘉靖南阳府志校注》记载"樊重母畏雷,筑石室以避之"。刘秀以上三代已经兴石室墓,也可以作为画像石墓出现于西汉晚期的旁证(王建中,闪修山 1990:4)。周保平先生认为,如果侯王不用画像石作墓,也就不可能直接带动汉画像石墓的产生和发展。

从西汉晚期至东汉的历史背景来看,有能力修建石祠堂或画像石墓的都是贵族官吏及拥有大量田产的地主豪强和富商。厚葬是一种社会风气,营造画像石墓既是一种社会现象,也属于经济活动,一些人有能力营造花费不菲的画像石墓,证明当时经济已经有了相当程度的发展,已经具备了营造画像石墓的人力、物力及技术条件。

西汉中期就产生了墓穴的仿阳宅化和以砖石来构筑冥宅大墓的经济文化现象。西汉晚期以后,庄园经济愈来愈以自给自足为主,许多庄园内有自己的手工业作坊。汉画像石中关于农田、牧场和作坊等的刻画,正是当时社会经济中占主导地位的庄园经济面貌的一种真实写照。

四、汉画像石墓的兴衰是汉代经济状况的折射

  自人类诞生以后，无法回避亡者的尸身安葬问题，逐渐形成了葬俗。社会生产力低下的时候，社会上流行薄葬习俗。《孟子·滕文公上》中记载："盖上世尝有不葬其亲者，其亲死，则举而委之于壑。他日过之，狐狸食之，蝇蚋姑嘬之，其颡有泚，睨而不视。……则孝子仁人之掩其亲，亦必有道矣。"因物质条件有限，对亡故的亲人实行露天葬。进入阶级社会后，出现了土坑竖穴墓。人们认为，人死而有鬼，鬼是人的灵魂，鬼的生活就是人的生活的继续，人死了以后，就应该按照生人的衣食住行娱乐等需要来安排随葬物品。

  商周时期，社会生产力有了提高，生产关系也发生了变化，人们迷信鬼神的观念增强，在奴隶主阶层中厚葬之风渐生。

  西汉初，承秦残破局面，在丧葬制度上也不可能有大的突破。文景之后，社会安定，经济繁荣，商周时期的厚葬之风重新刮起。上自帝王、皇亲国戚，下至郡县官吏、巨贾豪门，竞相营造冥宅大墓。景帝时，以梁孝王及其家族的山洞墓群为代表，"斩山为椁，穿石为藏"，以洞穴石壁代替了传统的木椁。大型山洞墓都是诸侯王和王侯的墓葬，一般的郡县官吏和中小地主没有经济能力造这样的墓。以河北满城中山靖王刘胜墓为代表的"崖墓"的出现具有划时代的意义，是画像石墓出现前的一个重要的过渡阶段。（王建中，闪修山 1990:3）

  汉画像石墓中出土的随葬器物种类不少，主要有陶器、铁制品、铜制品、漆器等。题材内容不外乎现实生活用过的物品和崇拜信仰象征物两大类。在南阳发掘整理过的汉画像石墓中出土的陶器，从种类到数量都比较多，几乎每墓都有。

  亚里士多德认为，艺术模仿自然。据此我们也可以说汉画像石艺术是汉代社会生活的再现。

  汉画像石刻是现实生活的反映，但从画像石数量上看，反映生产劳动的画像较少，与反映社会生活的画像石比较，所占比例不大。陆续出土的汉画像石中，反映的生产劳动场面主要有耕种、锄草、耙地、积肥、

捕鱼、狩猎、冶铁、纺织、造车、酿酒等。南阳已出土的刻画生产劳动的画像石不多,这可能是因为南阳曾经是帝乡,达官贵人、富商大贾、地主豪强属于社会的特权阶层,他们有较高的政治地位和较强的经济实力,过着饭来张口、衣来伸手的寄生生活,希望死后继续过豪华安逸的生活,所以反映社会生活的画像石所占比例很大,反映生产劳动场面的画像石较少。

一般说来,随着生产力水平的提高,整个社会生活从内容到形式会发生变化。南阳汉画像反映的社会生活内容主要有仓廪、阙门、桥梁、拜谒、讲经、庖厨、宴飨、舞乐、杂技、角抵、门兽、六博、车骑、武库、送殡、禽、兽、鱼、山、草、树木等。

经济繁荣,特权阶层的奢靡消费就有了基础,追求享乐的社会氛围日益浓厚。反映贵族官僚富商及地主豪强奢侈生活境况的有楼台、亭阁、阙、桥梁、庭院、垂钓、狩猎、拜谒、讲经、车骑出行、武库、庖厨、宴饮、仓房等,其中宴饮和车骑出行最为典型。一幅幅画像中,精心刻画的重重院落内,回廊曲折,亭台楼阁,东西厢房,池塘园林,树木花草,鸟兽虫鱼,还有高大的粮仓及手工业作坊。大门外,高耸的双阙旁,立着执戟、持盾的门卒,迎来送往。这就是特权阶层殷实生活图景的生动写照。

在石头上刻画像是为营造墓室的人家服务的,画师雕工必须反映他们的要求和愿望。牛耕、渔猎图表示逝者生前占有的产业,舞乐百戏、宴飨图则是逝者生前生活的反映,日月星辰表示上具天文下具地理,二十八宿图表示追念前世功臣,珍禽异兽图表示祈求吉利祥瑞,孔子七十二贤图表示推崇圣贤……在汉画像石上,写实内容占相当大的比例。汉代民间艺术家的创作劳动所要表现的客观事物,一般为生活中常见的,如车马出行、六博游戏、杂耍、宴客等场面的场景、道具、人物、服饰,带有地方民居特点的杆栏式建筑、瓦当、斗拱,一般不表现特定的主题,具有图解说明的功用,显得浅显、质朴,是对那个时代社会生活现实最简单的模仿和再现。

汉代民间艺术家从生活现实出发,把生者的要求和死后的愿望用艺术的手法表现出来,刻画了一幅幅逼真的生活场景。鲁迅说:"关于秦代的典章文物,我也茫然无知,耳目所及,也未知有专著的学者……生活状态,则我以为不如看汉代石刻中之《武梁祠画像》……汉时习俗,实与秦无大异,循览之后,颇能得其仿佛也。"(《鲁迅全集》第十二卷《书信:致姚克》 1981:343)翦伯赞也说:"汉代的石刻画像都是以锐利的低浅浮雕、用确实的描写手腕阴勒或浮凸出它所要描写的题材。……(假如把这些石刻画像编织起来)几乎可以成为一部绣像的汉代史。"(王建中,闪修山 1990:3)

五、南阳汉画像石墓及其随葬器物一览表

浏览下表,我们可以看出南阳汉画像石墓葬俗是汉代经济盛衰和社会变化发展的一种直观的反映,其勃兴消亡与汉代经济发展状况有紧密联系。

墓葬名称	墓葬时期	随葬器物				
		陶器	铜器	铁器	其他	随葬钱币
唐河县湖阳镇墓	西汉昭帝年间或稍后	属于灰陶或红陶:壶2、小壶2、敦2、方盒2、仓5、磨1、灶1、井1、盆1、博山炉1、猪圈1、猪1、鸡2、鸭4。	弩机2、鎏金凤凰1、鎏金印章1。	剑2、镢1。	金箔饰银饰件1、玉佩1、石卵1。	五铢约百斤。其中5枚I型,1枚II型,大量III型。
赵寨砖瓦厂墓	西汉昭宣时期	红胎豆绿釉厕所与猪圈1、灶1、瓿1、鼎1、炙炉1、瓮2、敦盖2。	当卢2、车軎2、盖弓帽7、铜车饰7、鎏金铜棺钉帽20、圆帽形器4。	铁斧1。		五铢21枚。
唐河县石灰窑墓	西汉昭宣时期至新莽时期	罐2、瓮2、盆1、仓5、磨1、井1、灶1。	铜铃1。			1枚武帝五铢,8枚宣帝至平帝时期五铢。

续表

墓葬名称	墓葬时期	随葬器物				随葬钱币
		陶器	铜器	铁器	其他	
南阳市卧龙区新店乡熊营墓	西汉宣帝时期至东汉早期	多为泥质灰陶。鼎2、奁盒2、猪圈2、敦2、磨2、灶2、井2、仓4、狗3、鸡4、壶1、小碗1、甑2、小盆4、釜3。		剑1。		铜I型五铢5枚,II型五铢5枚,III型五铢7枚。
南阳市刘洼墓	西汉晚期	泥质灰陶:残猪圈1、残壶几件、双耳敦1、仓一式2件。		剑1。		铜钱10枚,有大泉五十和货泉两种。
唐河电厂墓	西汉晚期至新莽时期	磨1、灶1、罐1、鸭4、鸡2、陶仓盖10、鼎盖2、猪圈1、狗1、泥质红陶罐1、瓮1、案3、甑1、残盖弓帽1。	铜饰1。		石猪5。	铜钱13枚,其中1枚为大布黄千,余皆为大泉五十。
唐河郁平大尹墓	西汉末年	泥质红陶:罐1、小瓮2、井2、方奁4、案1、灶1、炙炉1、鸟6、环1。釉陶:鸭1、仓6、壶2、敦2、狗1、鸡1、瓮1、博山炉盖1、耳杯2、俑头3、壶盖4。泥质灰陶:甑1、俑1。	衔镳残1、车軎2。	刀1。	冰洲石珠1。	铜钱12枚。其中铜钱大泉五十9枚,小泉直一3枚。
南阳市西关墓	西汉末年至东汉初年			棺钉2。	石案3。	货泉1枚。

续表

墓葬名称	墓葬时期	随葬器物			
		陶器	铜器	铁器	其他	随葬钱币
中建七局机械厂墓	新莽时期	敦两型3件、井2、磨2、狗2、杯3、鸡1、釜3、钵1、盘两型2件、猪圈1、奁盒2套、仓5、大口尊1、灶1、器盖6、耳杯11、俑10、案足2、饼1。另有不能复原的但可辨器形的鼎、瓮、罐、灶、猪圈、豆、博山炉、鸡各1,盘、案、俑、杯各2。		铁镢1、残铁匕首1。	石质料珠直径0.3~0.5厘米,数目不详。	铜钱:大布黄千23枚分二型;大泉五十4枚分二型;小泉直一20枚分二型;五铢14枚分二型。陶钱72枚,均为B型五铢。
唐河白庄墓	新莽时期或略晚	瓮4、罐3、仓1、磨1、敦1,另有井、鸡、器盖、钵残片。			残料珠数目不详。	铜钱:货泉2枚,五铢3枚,另有大泉五十泥钱80枚。
南阳市卧龙区英庄墓	新莽时期至东汉初期	泥质灰陶或红陶:瓮2、罐2、小罐1、盒1、钵1、甑1、釜1、仓1、磨1、猪圈1、鸡1、鸭1、狗1。	铜镦1。			铜五铢2枚。陶钱47枚,其中有"大泉五十"字样的20余枚,22枚无钱文。
南阳市卧龙区蒲山二号墓	新莽时期至东汉初期	泥质红陶:仓1、猪圈2、井2、磨2、灶1、仓盖4、器盖5、盆2、釜2、狗2、鸡4、鸭4。	铜洗1。			铜货泉1枚,五铢钱1枚。
南阳市安居新村墓	新莽时期至东汉初期	博山炉1、灶1、案1、炙炉1、器盖1、狗俑1、罐1。	镜1、盖弓帽3、筒形器1、饰件2、铜1。			

续表

墓葬名称	墓葬时期	随葬器物				
		陶器	铜器	铁器	其他	随葬钱币
方城城关镇墓	新莽时期或东汉初期	棕红釉鼎2、壶1、磨1、黄釉灶1、井1、楼房1、狗2、鸡3、鸭3、博山炉式盖3、四神陶盖1、猪1。	铜盖弓帽1、铜泡饰2。	重残难辨器形者2。	骨梳1。	铜钱5枚。其中大布黄千1枚,余皆大泉五十。
唐河县针织厂二号墓	新莽时期或东汉初期	已多次被盗。仅泥质红陶或砂质红陶器物:仓1、盒1、罐3、釜3、鸡2、鸭2,还有仓、灶、罐等残片。				
南阳市桑园路汉墓	东汉早期	胡俑2、农夫俑10、鼎2、盒1、方盒4、壶1、小壶12、瓮1、仓5、奁2、案2、碟2、灯1、熏1。另有无法复原的圈、灶、井、釜、瓮、罐、盆、盘、樽等陶器残片,还有马、狗、猪、鸭、鹅等动物模型。				
南阳市英庄墓	东汉早期	仅有灰陶狗1、少量陶器残片。				
南阳军帐营墓	东汉早期	抱盒并提有扁壶的红釉陶俑1、执锸俑1、鸡2、狗2、磨1、猪圈1、熏炉1、奁1。				五铢1、货泉1。
唐河针织厂墓	东汉早期	已被盗。仅瓮、方盒、狗等器物残片。		铁凿1		

续表

墓葬名称	墓葬时期	随葬器物				
^	^	陶器	铜器	铁器	其他	随葬钱币
南阳市卧龙区石桥墓	东汉早期	仓2、瓮2、灶1、圆盒2、猪圈2、狗2。	鎏金铜柿蒂形饰1、车軎1、马镳1。			铜五铢49枚,泥质灰陶大泉五十3枚。
南阳王寨墓	东汉早期	仓房1、灶1、钵1、盘1、俑1、壶1、俑头3、仓盖1,另外陶片中能辨器形的还有仓、鼎、磨、灯、狗、鸭、猪圈、熏炉、博山炉式鼎盖等,均系红胎黄釉。	车軎1、车轴1。			
南阳市卧龙区蒲山墓	东汉初期至东汉中期	泥质灰陶:井1、釜1、盆1、器盖2、猪1、猪圈1、鸡1、灶1。				铜货泉1枚,另有残片。陶钱9枚,无钱文,大小、厚薄、孔径均不一致。
杨官寺墓	东汉早期或中期	鼎12、壶22、罐1、仓9、敦2、磨1、臼盘1、器盖2、长方形盒(饭函)8、灶3、案9、盘5、甑和釜残片、猪仓房1、厕所与猪圈1、牛2、狗2、鸡4、鸭6。长方形镂空器残1、圆形镂空器仅残片1。	盖弓帽20、车軎3、辖3、筒形器2、衔镳1、当卢2、泡6、带帽钉9、柿蒂形饰7、铺首衔环2、带钩1、镈1、棍形器3、扣1、弩机1、剑柄1。	剑1、套环4、镰1、犁1。	铅耳杯2。	五铢31枚,其中带廓五铢10,余皆磨廓五铢。
襄城茨沟墓	东汉中期(公元132年)	鼎2、豆1、壶1、瓮1、罐1、斗(魁)4、案5、盘1、耳杯1、勺3、鸡1、狗1、釉陶兽1、圆饼形器2、屋脊1。	镜1、四叶蒂形饰2、环2、铃1。	镈1、犁铧1、锸1、凿1、钉3。	仅少量夹纻漆器残片。	五铢27枚,有磨边五铢等。

续表

墓葬名称	墓葬时期	随葬器物				
		陶器	铜器	铁器	其他	随葬钱币
方城东关墓	东汉中期	红釉陶仓、鼎、猪圈、狗、壶等残片。				
邓县长冢店墓	东汉中期	泥质灰陶3。	鎏金铜饰1。		木器漆看出夹纻痕迹。	五铢8枚分三式。
南阳市西关墓	东汉中晚期	仓2、壶2、瓮5、罐1、博山炉1、灯1、盒1、耳杯4、器盖6、狗2、鸡2、鸭2、马1、俑2。另有鼎、灶、井、案、勺、猪圈等不能复原。	兽炉1。	剑1。		五铢15枚。
南阳市十里铺二号墓	东汉晚期	残灯台1。		铁棺钉5枚。		铜钱13枚。其中无廓半两2枚,属文帝时四铢半两;新莽时期货泉3枚无内廓;东汉五铢8枚。
桐柏安棚墓	东汉晚期	猪1。	仅有S型白色金属饰件2,其中一件残损。		石羊2。	铜五铢20枚,其中剪轮五铢7枚。
新野县前高庙村墓	东汉晚期	大多为红黄釉。残壶1、残瓮1、灶2、瓮3、甑1、盆1、圆案2、耳杯1、盘2、钵2、镬斗1、瓢1、饼1、磨1、杵臼1、楼1、鸡3、猪1、猪圈1、俑2。		铁灯1。		铜钱135枚。其中五铢132枚分三式,另有大泉五十1枚、货泉1枚、半两1枚。

续表

墓葬名称	墓葬时期	随葬器物				
		陶器	铜器	铁器	其他	随葬钱币
邓州市梁寨墓	东汉晚期	残泥质红陶:灶仓1、猪1、仓盖1。另有不能复原但可看出形状的鼎、井、磨、甑、壶、猪圈、鸡等器物残片。		残管状铁器1。		五铢99枚。Ⅰ型26枚,其中剪轮五铢7枚。Ⅱ型9枚。Ⅲ型64枚,其中剪轮五铢18枚,大部分外廓不明显,甚至无外廓。
石刻墓	东汉时期	鼎1、鸭1、磨1、器盖3、鸡2。	铜洗1、铜灯1、铜规矩镜1。		琥珀3块、圆料珠3个。	五铢、契刀、大泉五十。但数目不详。
许阿瞿墓	东汉晚期至三国时期	泥缸1、泥质灰陶钵1、罐3。				铜五铢1枚,定平一百1枚。
方城党庄墓	东汉末年	泥质红陶或釉陶:壶1、井1、楼1、灶1、盘1、磨1、鸡1、狗2、俑1、槽形器1、半球形器7、泥钱3。		刀1、马衔2。		铜五铢皆锈蚀严重,数量不详。从残片币文看,均为东汉五铢,其中1枚剪轮五铢、1枚綖环五铢。
南阳市宛城区十里铺墓	东汉末年或稍后时期	一些残陶片。				半个五铢。
南阳市化工厂墓	东汉末年至魏晋时期	瓮2、罐2、釜1、盆2、瓦当1。		弩机1。	石刻:虎头2、龙头2。	残铜钱16枚:有西汉五铢、货泉、东汉五铢、剪轮五铢、綖环五铢等。

续表

墓葬名称	墓葬时期	随葬器物				随葬钱币
		陶器	铜器	铁器	其他	
南阳市邢营墓	三国早期	二号墓:罐2、灶1、甑2、盆2、碗2。	一号墓:簪1。			一号墓:铜钱10枚,其中五铢3枚,剪轮五铢4枚,还有綖环五铢等。
独山西坡墓	魏晋时期	泥质灰陶:罐2、多子盒1、瓮1、鞍1、器盖1、磨1、瓦当1、盘2、钵1。另有能辨器形的无法复原的罐1、瓮1、灶1、釜2、狗1、圈1。	残簪1、铺首衔环4、铜泡5、柿蒂形铜饰1。		瓷罐2。另有无法复原但能辨器形的瓷罐6、石灯1、桃形金片5。	剪轮五铢1枚,另有3枚残五铢。
南阳市王庄墓	魏晋时期	泥质灰陶罐1。	簪2、梳背1。		青瓷钵2,分二式各1。	五铢2枚,剪边五铢1枚,无廓又无字钱1枚。
南阳市建材试验厂墓	晋代	泥质灰陶:罐1、仓1、灶1、釜1、甑1、鸭1。		箭头1、棺钉10余枚。		五铢8枚。其中东汉五铢1枚,剪边五铢1枚,余皆无廓五铢,均属魏晋时期所铸。

(资料来源:根据韩玉祥,李陈广主编《南阳汉代画像石墓》整理)

上表中的随葬器物,从一个侧面反映了自西汉昭宣时期至东汉末年汉代经济、政治发展及人民生活的状况,并且显示200余年间不同的历史阶段经济社会发展的差异性。通过简要分析,我们大致可以了解这一时期经济社会面貌及人们观念的变化。

几乎所有的汉墓都出土了种类颇多的陶器,且多数为生活用具,表明当时人们生活所用器具以陶制品为主,陶器用于生产方面不多,有陶仓、陶猪圈等。

在超过半数的汉墓中出土了铜器，多为车䡅、车轴等小件，生活用具有镜、印章、盒等，有小饰件，也有弩机，表明铜器在生产生活中的应用较广泛，但数量有限。

在不过半数的汉墓中出土了铁器，有犁、铧、刀、削、斧、钁、锸等，多为生产工具，表明铁器的使用日益普及，人们已经认识到生活水平的提高依赖于生产的不断发展。

大多数汉墓中出土了形态各异、为数不少的铜钱、陶钱等。昭宣时期至新莽时期，出土有武帝五铢、大布黄千、大泉五十、宣帝五铢、平帝五铢等，表明这一时期的币制较为混乱。东汉早中期汉墓中出土的五铢，多为带廓五铢、磨边五铢，也有货泉、大泉五十等，表明自光武帝起，几代皇帝励精图治，生产有所恢复和发展，货币的使用较以前情况要好。

东汉中晚期的汉墓中出土的货币种类多，有五铢、新莽时期钱币、半两钱等，币制混乱是经济逐渐衰落的一个表征。

大多数汉墓中出土了钱币，表明汉代虽然自然经济在社会经济中占据统治地位，但商品经济仍在曲折中发展，生产的发展和人们的生活已经离不开市场和货币了。这也反映了人们占有财富的强烈愿望，是一种社会心理的折射。

第二章　汉画像中的农神祭祀

我国远古时期的一些神话及汉代先民生产生活图景能够流传保存至今，汉画作为一种传播媒介功不可没。汉画中有一些神话故事内容，反映了神灵和原始巫术崇拜，一些汉画含有皇帝与官吏对农耕活动的劝勉及参与、普通百姓祈求丰收而祭拜神灵等内容，反映了汉代从上到下都很重视农业生产。

一、张景碑佐证汉代南阳农事祭祀之俗

汉代仍延续祭春礼仪，《张景造土牛碑》的出土可以为证。

祭春，是一种古老的礼仪，也是一种风俗，就是人们举行一些活动，以一定的仪式迎接春天的到来。早在三千年前的周代，就在立春日举行"迎春"及"出土牛"等活动。《周礼·月令》中记载，"出土牛以送寒气"。《礼记·乐记》中记载，周天子认为"寒暑不时则疫，风雨不节则饥"，在立春、立夏、立秋、立冬之日，都要举行礼乐"迎气"仪式。

汉代，在"阴阳"、"五行"、"天人感应"等思想影响之下，仍延续着迎接四季的礼仪。如迎春，有象征着生命复苏的特殊价值，备受重视，是官方劝农的重要礼仪和民间的重要习俗。"冬季之月，星回岁终，阴阳以交，劳农大享腊。……是月也，立土牛六头于国都郡县城外丑地，以

送大寒。"(《后汉书·礼仪志》)立土牛于丑地,就是以其物类形象向冬天告别,送走寒冷。"立春,遣使者循行风俗,宣布圣德,存恤孤寡,问民所苦,劳二千石,敕劝耕桑,毋夺农时,以慰绥元元之心。"(《汉书·谷永杜邺传》)"立春之日,夜漏未尽五刻,京城百官皆衣青衣,郡国县道官下至斗食令吏皆服青帻,立青幡,施土牛、耕人于门外,以示兆民,至立夏。唯武官不。"(《后汉书·礼仪上》)

《白虎通德论·五行》在论及立春时说:"勾芒者,物之始生,其精青龙。芒之为言萌也。"勾芒是神话传说中的人物。他是伏羲氏四个儿子重、该、修、羲中的老大。伏羲氏将他委派到东方来主持木星的观测,因而是掌管农事的神祇,作为木官、春官或春神、木神、东方之神。青帝,属于我国古代神话中的五天帝之一,又称苍帝、木帝,是东方的司春之神,勾芒不仅掌管农事,也是青帝的助手。

在立春日,各级官吏着青衣青帻,乘青牛,树青幡,在城东郊八里之地设坛,奏乐起舞,以祭青帝、勾芒,同时在城外的丑地立土牛和执农具的耕人,举行这样神圣庄重的仪式,就是为了驱走寒冷,迎接春天,劝万民勤于农耕。汉代出土牛迎春之俗,经历漫长的岁月,逐渐演化成鞭春(就是鞭春牛)或称打春、打春牛的民俗。

南阳市博物馆现存一块《张景造土牛碑》,如图2-1。这通碑高

图2-1 张景造土牛碑

125厘米,宽54厘米,四周残损,立于东汉桓帝延熹二年(公元159年)8月25日,于1958年南阳南城门出土。碑文记述了南阳张景为了免除多种征差,愿意以家财于府门外做"劝农土牛"土人、犁耒等的史实。郡守丞告宛吏民,同意张景以家钱承包举行立春仪式所需的一切用具如土牛等的要求,免除他家世代劳役。《张景造土牛碑》出土之地东汉宛城南门外是当时举行立春仪式之处。由此可知当时"劝农"已经成为一种风俗。

二、祭北斗星神

我国古代是农业大国,进行农业生产,需要根据不同的季节气候来安排农时。古人要"观象授时",很早就开始了对北斗星的观察。人们根据长期的实践经验和仔细观察,逐渐认识自然现象与天象之间的联系,最早的历法就是以北斗为其核心确定的,根据斗星斗柄的指向可以判断时间、季节、方位。北斗七星的斗柄像时钟的指针,在天空旋转,可以指示时间,有"斗转星移"的成语。在《尚书》《尚纬书》及《史记·天官书》中都有关于北斗七星可以确定季节的记载。

祭北斗之俗由来已久,在远古时代就已存在,但先民们知其然不知其所以然,很自然地赋予北斗以神性,认为北斗是一位高高在上的、能够主宰气候变化进而主宰农事和人类命运的神灵,故将北斗奉为星神。汉代已将北斗星辰人神化。为了祈求北斗星神保佑农业丰收,每年都要举行祭祀,年复一年,经漫长的岁月浸淫沉淀相沿成俗。祭北斗之民俗,作为历史的伴随物,它是原始文化因素的积淀,始于对北斗这一农业星神的祭拜,生发于人类对丰收的渴望及对神秘天象的探究,继而衍生形成。如今,祭北斗这种古老的祭祀仪式在我国较落后的农村仍有踪迹可觅。北斗星画像出现在不少汉画中,反映了崇拜和祭祀北斗星神的风俗在汉代的延续,既是继承传统,又附会了新意。

1972年6月,在南阳市唐河针织厂汉画像石墓中出土一块南主室顶部月轮、星宿画像石,如图2-2。图中有一满月,月中有一蟾蜍,图右刻北斗七星,图左刻相连星宿。

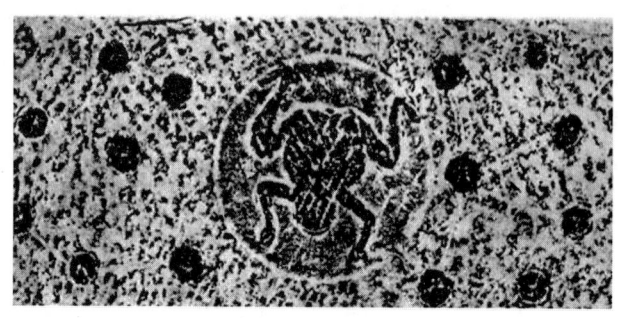

图 2-2 月轮、星宿

1988年7月,在南阳市麒麟岗汉画像石墓中出土了一块前室墓顶四神、日月天象画像石,如图 2-3。画像中部有四神:上朱雀、下玄武、左白虎、右青龙。中央端坐一人,应是中央天神。青龙之右人首龙尾者为日神,怀中抱一日轮,日中有阳乌。白虎之左人首龙尾者为月神,怀中抱一月轮。画像最右边刻有七星,七星由连线相连成斗形,即北斗七星。画像最左边刻六星,六星由连线相连为斗形,此当为南斗六星,画像空白处云纹密布。

图 2-3 四神、日月天象

第三章　汉画像中的自然灾害

　　汉画像石以一种直观生动的方式记录了一些自然灾害,在一定程度上反映了汉代发生的旱、涝、疫等常见灾情。为数不少的汉画像石生动体现了旱涝等自然灾害对汉代经济社会造成的严重破坏,也反映了汉代先民与自然抗争的精神气概。汉代巫风盛行,尤其是灾害袭击频繁的时候,人们祈求于巫术,想以此消灾免难。汉画像石中的应龙图、雷公图、风雨图、风伯雨师图、河伯出行图、曝巫图、驱魔逐疫图、雩、女娲等,突出表现了旱涝灾害在人们的心底留下的难以磨灭的阴影,人们寄希望于逝者在阴间通灵,护佑子孙后代免遭此类灾异的侵扰。

一、雩祭与社祭

　　在汉代,雩祭与社祭直接与旱涝灾害有关。"雩"是古代祈雨专用名称。旱则雩祭,涝则攻社。在《论衡》、《后汉书·礼仪》、《春秋繁露》等文献中,都有关于雩祭与社祭的记载。

　　大旱求雨,要行雩祭,上至天子,下至黎民百姓,都要参加祈雨活动。统治者视祈雨活动为一种政务,普通百姓深信"雩"对消除旱象至关重要,为解除旱灾威胁而不敢懈怠。雩祭祭礼也随时令变化而变化,但是其中兴土龙、曝巫是雩祭求雨时必备的活动内容。

《后汉书·礼仪中》记载:"自立春至立夏尽立秋,郡国上雨泽。若少。郡县各扫除社稷;其旱也,公卿官长以次行雩礼求雨。闭诸阳,衣皂,兴土龙,立土人舞僮二佾,七日一变如故事。反拘朱索萦社,伐朱鼓。祷赛以少牢如礼。"梁人刘昭在《后汉书·礼仪中》校释"兴土龙"时,引《山海经》:"应龙处南极,杀蚩尤与夸父,不得复上,故有数旱。旱而为应龙之状,乃得大雨。"可见,龙能布云施雨的说法由来已久。王抗生在《中国传统艺术瑞兽纹样》中指出,在苗族地区,每年举行布龙舞,人们把一片片青布用双手举过头顶,互相连接成为长龙,象征源源不断的流水,祈祷丰收。在汉族地区,不论东南西北,各地都有龙王庙,那是过去用来祈祷风调雨顺、保佑丰收的地方。在汉画中,有应龙形象的画幅为数不少。《山东汉画像石选集》所收录的500余幅汉画中见7幅应龙画像。南阳汉画中多见应龙形象,自西汉晚期到东汉晚期,几乎所有画像石墓葬中均有应龙形象,每墓中少则一幅,多则数幅。(郝玉建 2002:1)

1972年6月,在唐河针织厂汉画像石墓中出土一块南主室北壁东门楣应龙、羽人画像石,如图3—1。

图3—1 应龙、羽人

在南阳东南栗河桥发现一块龙戏鱼画像石,如图3—2。上刻一龙,曲体翘尾张口与一鱼相戏。鱼位于龙口前,与龙相向。

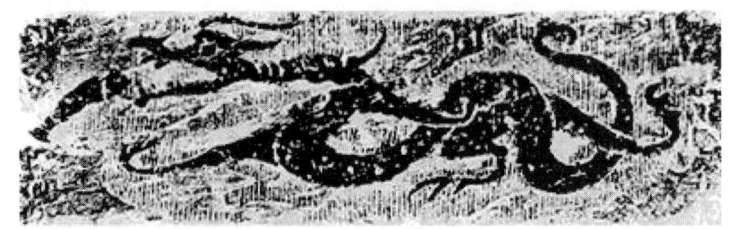

图3—2 龙戏鱼

1978年3月于唐河汉郁平大尹冯君孺人画像石墓中出土了一块北

主室南隔壁应龙、鱼画像石,如图3-3。

图3-3 应龙、鱼

在南阳水樊店发现一块应龙画像石,如图3-4。画面上有一龙,肩生羽翼,曲颈奋足作奔走状。

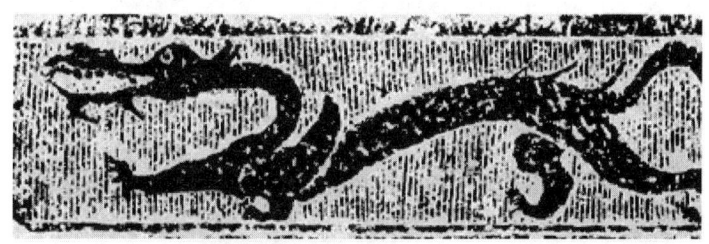

图3-4 应龙

1965年11月,在南阳英庄汉画像石墓中出土了一块前室盖顶应龙画像石,如图3-5。

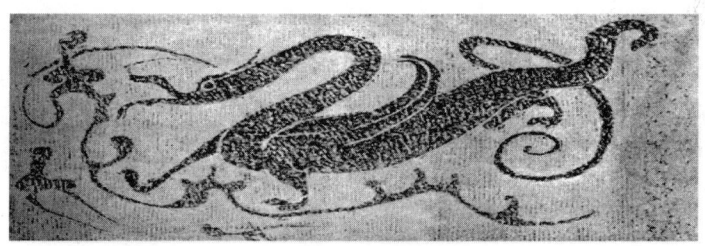

图3-5 应龙

1988年7月,在南阳市麒麟岗汉画像石墓中发掘出土了一块应龙画像石,如图3-6。

1994年4月,在南阳市宛城区高庙汉画像石墓中出土了一块隔梁应龙画像石,如图3-7。

在南阳市征集到的三块应龙画像石,如图3-8,3-9,3-10。

1973年6月,在唐河电厂汉画墓中出土了一块西主室东壁南横梁双应龙画像石,如图3-11。

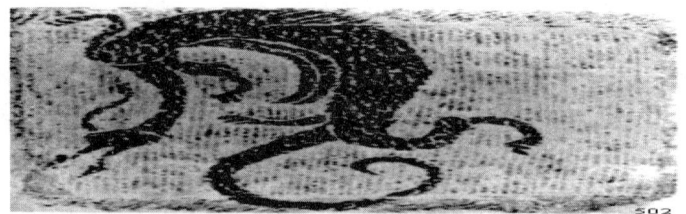

图 3-6　应龙

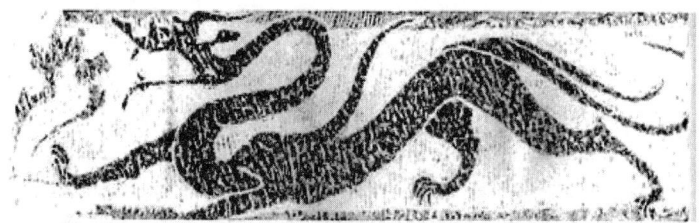

图 3-7　应龙

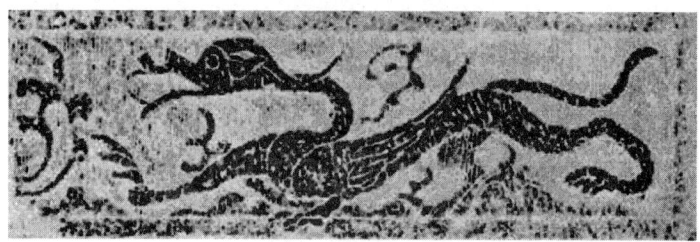

图 3-8　应龙

图 3-9　应龙

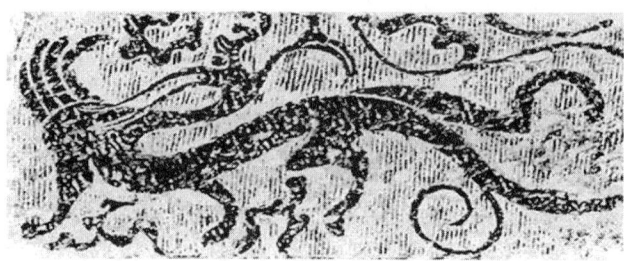

图 3-10　应龙

龙是中华民族传统文化的象征。中国是龙的故乡,中国人自称是龙

图 3-11 双应龙

的传人。有关龙的艺术是中国人数千年来的艺术想象力和创作智慧的结晶。龙行天下,始于秦汉。"秦王扫六合,虎视何雄哉。"秦朝短祚,汉朝江山草创之后,中国出现了较长时间的统一局面,为汉代先民提供了休养生息的和平环境。秦、汉时期华夏各民族、各地区文化空前融合,也是龙纹盛行、普及的时代。龙的形象的运用更广泛,龙在形式上达到了一个新的空前的高度。龙最主要的身份之一就是作为通天神兽,不仅为神仙坐骑,还起着沟通天、人、地三界及引导墓主人灵魂升天的作用。汉代墓室壁画、画像砖(石)、帛画及各种器物之上,有大量龙纹和龙的形象的刻画。南阳汉画中有不少应龙形象,反映了汉代旱灾不断的社会现实下汉代先民祈祷风调雨顺、希望龙保佑五谷丰登的强烈愿望。

曝巫是雩祭求雨的重要活动内容之一。在古人的观念中,能导致旱灾的原因是多方面的,旱魃则是引起旱灾的主要原因。解除旱象,就要赶走可怕的旱魃。《山海经》中记载的旱魃就有一二十个,其中最恐怖的就是女魃。女魃时常从规定的地方逃出,所到之处旱荒肆虐。驱赶旱魃的办法不多,或焚或曝。汉代已不再用焚巫这种以生命为代价的求雨方式,但是仍有曝巫俗之孑遗。《春秋繁露·求雨》中记载:"春旱求雨,曝巫……秋,曝巫。"

在汉画像石中,驱除旱魃时主要有曝巫及借助神力消灭旱魃两种方式。

在唐河针织厂汉画像石墓出土一块虎食女魃画像石,如图 3-13,(原石照片如图 3-12),上面刻画曝巫图。画左刻一虎,画右刻穷奇,共食躺于地上的女魃,画像中部刻一熊。《山海经·大荒北经》中曰:"大荒之中,有系昆之山者,有共工之台,射者不敢北乡。有人衣青衣,名曰黄帝女魃。蚩尤作兵伐黄帝,黄帝乃令应龙攻之冀州之野。应龙蓄水,蚩尤请风伯雨师,纵大风雨。黄帝乃下天女曰魃,雨止,遂杀蚩尤,魃不得复上,所居不雨。"人们为了驱走致旱的旱鬼女魃,便借助于虎。(韩玉祥,李陈广 1998:28)这便是借助驱魔逐疫的神物——虎来噬食旱鬼,解除旱灾习俗的反映,说明汉代有借助虎之神力避旱祈雨的巫术存在。(李真玉 2004:5)

图 3-12 虎食女魃(原石照片)

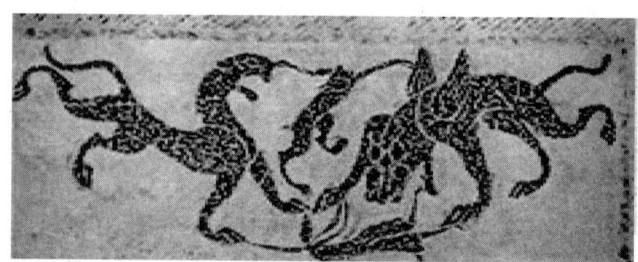

图 3-13 虎食女魃

图 3-14 群兽驱鬼

唐河针织厂汉画像石墓中还出土两块墓门楣石,其正面画像如图3-14。画像共刻八兽,其中二兽似虎,肩生翼,欲吞食女鬼。对这两幅图叫法不一,有称之为群兽驱鬼图的,也有称之为虎食女魃图的。其一,如图(3-14)上,一翼虎将一女子扑于地食之,后面有桃拔似在奔走,(辟邪神兽总称为符拔,桃拔即符拔。经考证,一角的为"天禄",二角的为"辟邪",无角的叫"符拔"),前面一野猪与一虎相持。其二,如图(3-14)下,图中有四虎,一翼虎将女魃扑于地食之,其余三虎皆张口扑向女魃,意欲分而食之。

1994年,在南阳市北郊七里园乡邢营一号魏晋画像石墓中出土了一块舞乐百戏、兽斗、耕耘图画像石(因此石早年被盗出原墓,已不知其在墓中的具体位置),如图3-15。下层中间刻一白虎,其左前方刻一人,白虎昂首突胸,张口狂奔扑向该人,从整个画面分析,应该是虎食女魃(旱鬼)。最左侧刻一青龙,头生两角,张口摆长尾,回首怒视女魃。画面反映出白虎灭食女魃、青龙带来风调雨顺、农人辛勤劳作以求丰衣足食的愿望。

图 3-15 舞乐百戏、兽斗、耕耘

逢涝为求雨止,汉代先民举行社祭。久雨不霁,就会伐朱鼓攻社以止雨:"大水用鼓,或时再告社,阴之太盛,雨湛不霁。阴盛阳微,非道之宜,口祝不副,以鼓自助,与日食鼓用牲于社,同一义也。俱为告急,彰阴盛也。事大而急者用钟鼓,小而缓者用铃(狄),彰事告急,助口气也。"(王充:《论衡·顺鼓篇》)

南阳汉画像石中的"鼓舞图"与"攻社止雨"应该有一定的关系。王逸《楚辞章句·九歌序》称楚地信巫好祠,"其祠必作歌乐鼓舞,以乐诸神"。楚俗,在祠鬼神之仪式中,必有歌乐鼓舞。南阳汉画像石中的歌舞场面从直观上看是以娱逝者,但也极可能源自"伐鼓攻社"的仪式。

1978年3月,在唐河汉郁平大尹冯君孺人画像石墓中发掘出土了一块南阁室南壁中下部建鼓舞画像石,如图3－16。图中建鼓侧置,上饰羽葆,鼓手戴前低后高冠,击鼓起舞。还出土了一块北阁室北壁中下部建鼓舞画像石,如图3－17。画像中间置一建鼓,鼓面侧置,柱头饰羽葆,鼓下端两侧各悬一面小云锣。两戴冠鼓手手执圆头桴,击鼓敲锣,翩翩起舞。

从"鼓舞图"与方相、斗兽并刻的现象分析,早期的"鼓舞图"极可能有攻社止雨的意义。(郝玉建 2002:1)

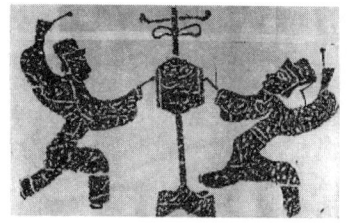 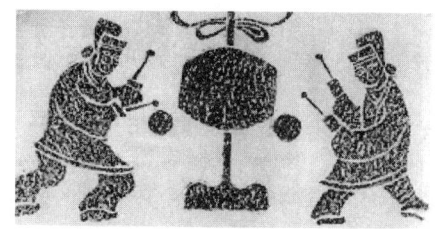

图3－16 建鼓舞　　　　　图3－17 建鼓舞

内容类似的鼓舞图还有很多,如在南阳市征集到一块鼓舞画像石,如图3－18。

图3－18 鼓舞

在南阳市还征集到两块鼓舞、奏乐画像石,如图3－19,图3－20。

图3－19 鼓舞、奏乐

图3－19画左刻鼓舞,右刻三人,一人吹箫,两人吹排箫摇鼗鼓。图3－20画左一人,执物,跪地,中间二人摇鼗吹排箫,二人吹埙,右刻一人击

建鼓,画面残缺。

图 3—20　鼓舞、奏乐

1932 年,南阳市草店汉画像石墓中出土一块主室门楣鼓舞、奏乐画像石,如图 3—21。

图 3—21　鼓舞、奏乐

在南阳市征集的鼓舞、奏乐画像石,如图 3—22。

图 3—22　鼓舞、奏乐

1988 年秋,在南阳市熊营汉画像石墓中出土了一块前室过梁东侧鼓舞、奏乐画像石,如图 3—23。

图 3—23　鼓舞、奏乐

1972 年 6 月,在唐河针织厂汉画墓中出土一块南主室西壁下部建鼓舞、瑞兽画像石,如图 3—24。

图 3—24　建鼓舞、瑞兽

汉代人认为,女娲与攻社止雨也有关系。大雨不止,是天地阴阳不调的表现,是阴盛阳衰之故。女娲是女性,主阴,因此就要祭祀女娲。袁珂先生在《山海经校注》中认为,女娲补天传说的中心内容是治水。在关于女娲的神话传说中,涉及天崩、地裂、洪水等许多自然灾害,人类面临灭顶灾祸时,女娲消除灾难拯救了人类,为人类创造了得以生存的环境,人们自然而然地膜拜女娲。

东汉中后期,太阳黑子正处于衰弱期,强度在其前后180年间都处于最小值……位于低纬度的南阳盆地正是旱涝相属、疫病不断的时候。《后汉书》中关于南阳大水、淯水泛滥成灾的记载多处可见,至于郡国十处、数十处大旱的有关记载中,大多包括南阳。汉画中常见女娲的形象,而且女娲大多是与伏羲同时出现,是当时人们在旱涝无常又无能为力的困境中,求助女娲发挥止雨和调和阴阳作用的心理折射。

二、风伯、雨师及河伯

古代楚地以飞廉为风伯,飞廉亦作蜚廉,类龙而躯短,鸟身鹿头或者鸟头鹿身,是我国神话中乘驾飞升的神兽。在史书中多见记载。

《离骚》中有:"前望舒使先驱兮,后飞廉使奔属。"王逸注曰:"飞廉,风伯也。"

《淮南子·俶真训》中记载:"若夫真人则动溶于至虚……骑飞廉而从敦圄。"高诱注:"飞廉,长毛,有翼。"

《史记·司马相如列传》中记载:"推蜚廉,弄解豸,格瑕蛤,铤猛氏。"《集解》郭璞曰:"飞廉,龙雀也,鸟身鹿头者。"

《后汉书·祭祀下》中记载:"县邑常以乙未日祠先农于乙地,以丙戌日祠风伯于戌地,以己丑日祠雨师于丑地,用羊豕。"

东汉应劭著的《风俗通》中说过:"飞廉风伯也……长者伯,故曰风伯。鼓之以雷霆,润之以风雨,养成万物,有功于人,王者祀以报功也。戌之神为风伯,故以丙戌日祀于西北,火胜金为木相也。……土中之众者莫若水,雷震百里风亦如之。……故雨独称师也,丑之神为雨师,故以己丑日祀雨师于东北。"

《神异经》中记载:"西海之上有神乘白马朱鬣,白衣玄冠,从十二童子,驰马西海水上,如飞如风,名曰河伯使者,或时上岸,马迹所及,水至其处,所之之国,雨水滂沱,暮则还河。"

汉代有祭祀风伯、雨师和河伯之俗,反映了汉代先民希求风调雨顺的强烈愿望,在汉画像石中也见反映,南阳汉画中飞廉是比较多的。

1983年4月,在南阳市王庄汉墓中出土两块盖顶画像石。

其一是风雨图,如图3-25。上部刻三神人同曳引一车,驭者双手挽缰,另一神人端坐车上。车轮以五星连线组成,依照古代星图,应是五帝星座。下部有四神人,头发皆披向一旁,怀中均抱一大口罐向下倾水行雨。图右有一巨神,赤身跽地作吹嘘之状,此神应是风伯。图左上方有斜对四星,状似云雨星座。图下沿中间一星应是老人星。

图3-25 风雨图

其二是河伯出行图,如图3-26。刻四条大鱼曳引一车,车上高树华盖,一驭者双手挽缰,河伯端坐车上。图左二神怪皆一手持盾、一手操刀开道。鱼车左右各一游鱼夹道。鱼之后有二神人骑鱼荷戟为河伯护卫。空白处刻饰云气并散刻三星。《山海经·海内北经》郭璞注:"冯夷得道,以潜大川,即河伯也。"古代人们供奉河神——河伯,意在祈求风调雨顺除河水之患。

图 3-26　河伯出行图

1972年6月,唐河针织厂汉墓出土一块北主室盖顶河伯出行画像石,如图3-27。画面上,右为一云气车,车有一圆轮,车舆内乘二人,前为驭者,后为河伯,图左三鱼以一绳索牵引,车后相随四条鱼。

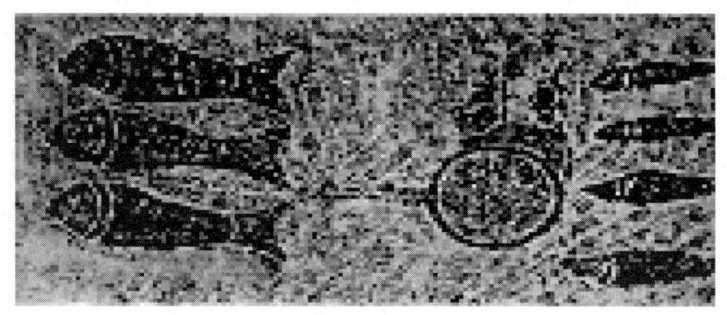

图 3-27　河伯出行

在南阳征集的散存画像石中,有一块刻群兽、河伯出行图,如图3-28。此图颇有特点:画左一象,画中一熊一虎相向而斗,画右为河伯乘车出行,车前有三鱼牵引。

图 3-28　群兽、河伯出行

1972年6月,在唐河针织厂汉画墓中出土一块北主室盖顶虹神画像石,如图3-29(原石照片如图3-30)。画面上,虹神呈两首龙状,身体微弯成弧状。

　　在科学知识十分贫乏的上古，人们还不了解彩虹形成的原理，认为虹与雷雨之间存在某种神秘的联系，虹是雷龙的化身，虹到河中吸水与降雨有关，虹神也具有降雨的本领，所以也把虹当做司雨之神。唐河针织厂汉画像石墓中出土的虹神画像石与河伯画像石同处于一个墓主室顶部，把虹神与雷电风雨神及河伯刻画在一起的做法，就昭示了虹神与雨水有密切的关系。（牛天伟，金爱秀　2009：146～147）

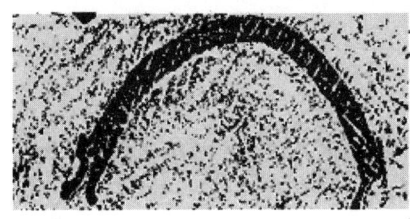
图3-29　虹神

图3-30　虹神（原石照片）

第四章 汉画像中的农业生产及水利

一、女娲与伏羲

屈原在《天问》中有这样的疑问:"登立为帝,孰道尚之?女娲有体,孰制匠之?"这是关于伏羲、女娲传说的最早记载。在神话传说中,伏羲、女娲创造宇宙。女娲人头蛇身,一日之中七十化。伏羲(又称庖牺)、女娲二神履行天道,以阴阳交合为万物化生之始。伏羲、女娲神话在战国时代已广泛流传,至汉代,伏羲、女娲神像广布。伏羲、女娲二神形象怪异,东汉赋家王延寿在看了西汉鲁恭王的灵光殿之后作的《鲁灵光殿赋》中,伏羲、女娲是"伏羲鳞身,女娲蛇躯",表明西汉时,人们已将女娲看作人面蛇身,这是汉代人对女娲形象的基本认识,汉画像石所刻女娲形象沿用这个看法。在汉画像石中,人面蛇身的女娲一般以三类构图形式出现:一是单独出现,一是和伏羲共同出现,一是与伏羲相伴在西王母身边出现。他们上身为着汉装的男人女人,下身却是一条长尾或者长着或长或短的脚,有时以对应关系出现在画面上,尾部交缠在一起,表明二者的关系不同寻常。二神相拥交尾的情形,恰恰是春秋战国及秦汉时期阴阳学说盛行的体现。汉画像石(砖)中,伏羲、女娲有时是与日月同出,日月同出也有阴阳相辅的意义。女娲抟泥造人的传说,广泛流传于民间,女娲也许是某个母系氏族族长的影射,或是女性崇拜的产物。南阳汉画像石中也有不少伏羲、女娲的画像,多为人首蛇身,他们成双成对地出现在墓主室侧柱或中柱正面上,有双尾交叠的,有相对而立的,或者执灵芝,或者擎华盖,或者日月并举,或者胸含日月,突出表达了汉代先民在生产力水平较低、对人的生命现象认识还很肤浅的条件下,希冀繁衍滋生、添丁加口、家族兴旺、不断增加劳动人手的强烈愿望,有重视劳动力生产与再生产的寓意。

1978年,在南阳市唐河湖阳出土一块立柱汉画像石,画面中有人首蛇躯形象,长尾相交,上者上举双手捧一圆,圆内画有蟾蜍,象征月;下者双手举一圆,圆内画有鸟,象征日。他们应该是象征夫妻的对偶神,即伏羲和女娲。(陈江风 1988:2)

与上述湖阳画像石相类的还有一块,就是1983年4月在南阳市英庄汉画像石墓发掘出土的前室中部过梁日月神交尾画像(右边漫漶)石,如图4—1。

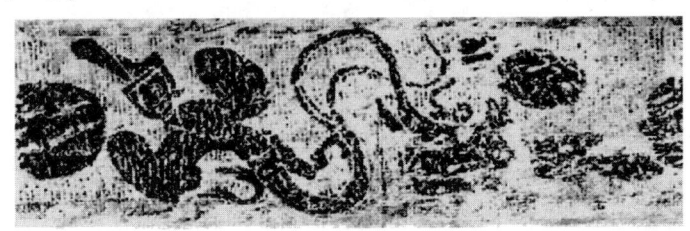

图4—1 日月神交尾画像

在南阳汉画像石中,还有一对对偶神与伏羲女娲很相似,这就是羲和、常羲。唐河湖阳辛店的羲和、常羲画像石上,羲和手捧日轮,常羲手捧月轮,两神皆人面蛇身并两尾相交,这是羲和常羲的典型图像,与伏羲女娲的典型图像太相似了,所以学术界有"三羲混同"的说法。不过,毕竟这两对神的内容是不一样的,伏羲、女娲是生育神,而羲和、常羲是日月神,所以学术界又有一种最简便的鉴别方法,就是凡手举日月的就是羲和、常羲,凡不举日月的就是伏羲、女娲。(汪小洋 2009:31)

伏羲、女娲是中国古代神话传说中的古帝王和始祖神、生殖神。他们能再造生命,因而受到了渴望长生不死的汉代人的特别推崇。伏羲表示阳,女娲表示阴,说明了汉代人对始祖神的崇拜,表达墓主希望让自己的生命得以延续和再生的愿望。所以伏羲、女娲除了代表天地,象

征阴阳外,在当时还暗喻了更普遍的长生与生殖的意义。(徐永斌 2007:178)

对于伏羲、女娲这样两个对象的不同解释,可谓仁者见仁、智者见智,也表明古往今来人类对于创造生命的始祖神祇的敬仰与崇拜。无论女娲是化生造人还是抟土做人乃至婚姻育人,作为创造人类的始祖,女娲也确如《淮南子》中记述的那样,有着显赫的历史地位,千百年来,受到后人不尽的敬仰和祭祀。

1972年6月,在唐河针织厂汉画像石墓北主室北壁左下方出土一块斗牛、龙虎、神人抱伏羲女娲画像石,如图4-2。

图4-2 斗牛、龙虎、神人抱伏羲女娲

在南阳市宛城区征集到一块伏羲和女娲交尾画像石,如图4-3。画面上的伏羲、女娲均人首蛇躯,头梳髻发,身着上襦,有双爪,曲尾相交,相向而立,同抱一株树。

图4-3 伏羲女娲交尾　　图4-4 伏羲、女娲、神人

征集于南阳市宛城区的一块伏羲、女娲、神人画像石,如图4-4。

刻三神人,下部一神人赤身裸体,双臂搂住伏羲和女娲,伏羲、女娲皆人首蛇躯,下垂曲尾于神人怀中。

1988年秋,在南阳市宛城区辛店乡熊营汉墓中出土一块双环套连、伏羲女娲交尾画像石,如图4-5。画像上部刻有双环套连,中部刻有伏羲女娲相向比肩,手擎华盖,怀抱日月,蛇尾相交。

图4-5 双环套连、伏羲女娲交尾　　图4-6 伏羲女娲交尾、神龟

在南阳市北郊环城乡征集到一块伏羲女娲交尾、神龟画像石,如图4-6。画面上,伏羲、女娲交尾盘桓三圈,下部有一神龟。

南阳出土的汉画像石中有不少伏羲、女娲交尾图像,并非有伤风化,而是出自原始先民对祖先和生殖的崇拜,汉画像石如此刻画具有象征意义。我国新疆已经出土大量的伏羲、女娲图像,证明维吾尔族也以伏羲、女娲为自己的始祖。吐鲁番阿斯塔那唐墓出土的伏羲、女娲交尾图中,伏羲的胡须及服饰就带有明显的维吾尔族的特征。

自古以来,由于战争与自然灾害等多种因素的综合作用,华夏民族不断迁徙与融合,伏羲女娲信仰地域广泛,伏羲女娲传说流传至今。伏羲女娲传说和出土文物尤其汉画像相互补充,印证了中华民族共源同祖,我们也找到了连接各民族之间感情和关系的纽带。

二、男欢女爱与龙虎之亲

东汉末内丹家魏伯阳在其所著的《周易参同契》中,有"龙呼于虎,虎吸于精,两相饮食,俱相贪便,遂相衔噬,咀嚼相吞"之语。我国古代内丹家常用龙表示木魂,就是心神(意念),用虎表示金魄,就是肾精(肾阳)。汉画像石中龙虎舌尖相接触的亲昵动作,符合汉代魏伯阳之说,较为形象地体现了"人乐、自然乐、乐可长寿"的道家神仙思想(赤银中,张朝霞 2002:3),蕴涵着祈求子孙兴旺、和乐而长寿之意,表现了汉代人重生命、善养生,以积极向上的人生态度追求幸福美满的生活这一主题。

汉代盛行阴阳五行学说,因而具有阴阳交合含义的交龙、龙虎斗等吉祥图案盛行一时。南阳汉画中有不少二龙交尾、二龙合璧、二虎相亲、双鹤交首、龙虎相亲、双方舌尖相亲等形象刻画。

今天,生命问题引起许多人的重视,人们对生命日益关注和尊重,对人类生命现象的研究是生物科学的重要领域。内丹家的观点也有不少人在研究,还有不少难题仍未破解,如下所列的南阳汉画资料,是当时人们对生命有了初步思考的形象反映。

南阳汉画像石(砖)中有多幅交龙图。在一些画面上,两条蛇躯之龙,躯体交缠。在一些并不相交的双龙图中,两龙的形状无大差异,一雌一雄,相互顾盼、追逐。汉代,龙虎斗图颇为流行,在汉画像石(砖)中,常见龙虎斗的图像。如南阳市宛城区出土的东汉龙虎斗画像砖,画面上龙虎相对奋爪、张口、吐舌,互不相让。表面刻画动人心魄的厮杀情景,画像背后却蕴涵有阴阳交合的吉祥含义。南阳市卧龙区石桥东关出土的东汉仙人龙虎相逐图画像砖,画面中仙人、龙、虎依次向前飞奔,龙回首与虎相顾,似在呼朋引类。

1976年,在南阳市方城东关汉画像石墓中,出土了一块左上门楣龙虎斗画像石,如图4-7。左刻一应龙,全身有鳞,肩双翼,曲颈前伸,头部有双耳双角。右刻一虎,通体斑纹,昂首翘尾,四足前匍,龙虎之舌相触。(魏仁华,刘玉生 1980:3)

第四章　汉画像中的农业生产及水利　43

图 4－7　龙虎斗

另外还出土了一块左下门楣二龙穿璧画像石,如图 4－8。

图 4－8　二龙穿璧

在唐河县下屯乡征集到的二龙穿璧交尾画像石,如图4－9。

图 4－9　二龙穿璧交尾

1978 年 3 月,在唐河汉郁平大尹冯君孺人汉画像石墓中出土了一块墓门门楣正面二龙穿璧交尾画像石,如图 4－10。还出土一块南车库门楣二龙交尾、羽人戏龙画像石,如图4－11。画面上,二龙昂首曲颈,身尾交缠,左有羽人持剑戏龙,右有武士跽座,双手抱剑于胸。

图 4－10　二龙穿璧交尾

在南阳市熊营征集到一块双环套连、二龙交尾画像石,如图 4－12。画左刻套连双环,画右刻二龙相交,二龙身躯皆弯曲呈 S 形并相交,同时二龙均回首衔住对方的尾部。

图 4－11　二龙交尾、羽人戏龙

图 4－12　双环套连、二龙交尾

1973年6月,在唐河电厂汉画墓中出土一块墓门东门楣背面猎虎、二龙交尾画像石,如图4－13。

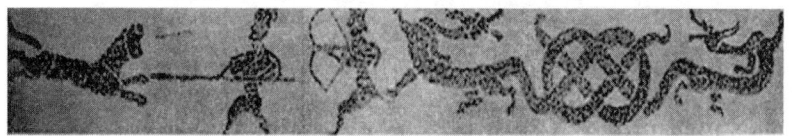

图 4－13　猎虎、二龙交尾

1996年1月,在唐河白庄汉墓画像石中出土一块墓门门楣正面二龙交尾画像石,如图4－14。

图 4－14　二龙交尾

在唐河县下屯乡还征集到一块二龙交尾戏鱼画像石,如图4－15。

第四章　汉画像中的农业生产及水利　45

图 4—15　二龙交尾戏鱼

1992 年 12 月,在南阳市卧龙区蒲山二号墓出土一块主室过梁东面二龙画像石,如图 4—16。

图 4—16　二龙

另外,还有原石发现地点不明的交龙画像石,如图 4—17。原石发现于南阳市四隅上的交龙画像石,如图 4—18。原石发现于南阳市熊营的交龙、双环画像石,如图 4—19。

图 4—17　交龙

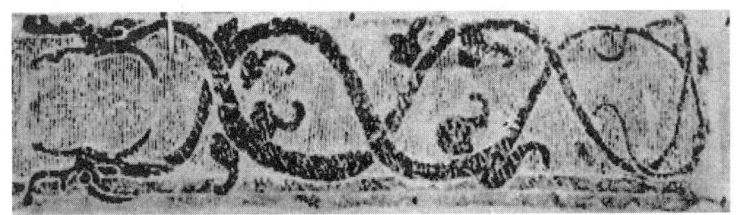

图 4—18　交龙

在南阳汉画中,也出现有共享夫妇之乐的男女交合图。1984 年,在方城县城关镇和平街征集到一块表现男女接吻的门扉画像石,也被称为男女拥抱图,如图 4—20。画面上,男头戴冠饰,衣交领长襦,女头梳

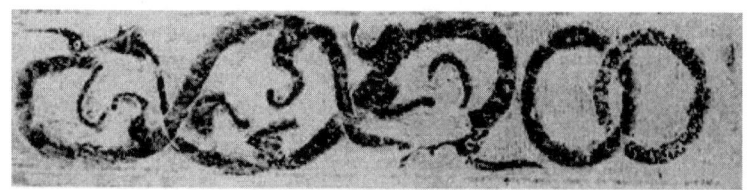

图 4-19 交龙、双环

堕马髻,衣着长襦,腰束绶带;男女相向而立,紧紧相偎,男子左、右手从女右、左胁插下提抱女子腰肢,女子左手隐于男子怀中,右手搂抱男子左侧;男女双颊贴近,似欲接吻(郑先兴 2009:133～134)。接吻图,应该有祈求人丁兴旺、家族繁衍、子孙昌盛的意图。

图 4-20 男女拥抱

三、牛耕及农作

战国秦汉时期,我国铁农具得到普遍推广,锸、锄之属在垦田与大规模的兴修水利方面作用突出,因此其推广最为迅速。铁器的使用在南阳汉画中也有反映。

汉代的小农,占有少量的土地和农具,独立经营,是发展农业生产的主力,也是国家赋税徭役的主要承担者,因此是汉朝鼓励和扶持的对象。汉初实行休养生息政策,社会比较安定,对小农的剥削压迫相对较轻,其中的富裕农户,即所谓的"力田",曾经享受政府免除徭役的优待,担负着指导农业生产的任务。晁错所描述的汉代小农一般是五口之家,有两个劳动力,耕种百亩左右的(合今 29 亩多)土地。生产力水平低,多数人家养不起耕牛,买不起铁犁,雇不了人手。小农进行田间耕作,多使用简易铁农具。

大多数小农一年四季面朝黄土背朝天,辛勤农作,还要服劳役、交租赋,若风调雨顺,还能勉强维生,若碰上灾荒年景或苛捐杂税加重,就难免落入高利贷罗网,以致卖田卖房卖儿女,最后走向破产。

用畜力代替人力,用于田间耕作,使人摆脱繁重的体力劳动,是人类很早就有的愿望。牛耕代替锄耕,就是人类在长期的生产实践中总结经验进行探索的结果。《山海经·大荒西经》中记载,有西周之国,姬姓,食谷。有人方耕,名曰叔均,帝俊生后稷,稷降以百谷。稷之弟曰台玺,生叔均。叔均是代其父及稷播百谷,始作耕。说明牛耕在我国西周时期已经出现。春秋战国时期,牛耕开始推广。但由于养牛、用牛、耕犁改进以及牛与耕犁二者的配置协调颇为不易,牛耕的推广与普及经历了较长的过程。

早在石器时代已经使用石犁,但是石犁不仅制作困难且容易磨损,远不能适应连续生产的需要。牛耕出现以后,迫切需要人力、畜力、犁具的合理配置,劳动人民在实践中摸索和积累经验,对耕犁不断改进,渐渐也能够驾驭耕牛了。《汉书·食货志》中就记载了"用耦犁,二牛三人"的牛耕形式。

"耦犁"是赵过倡导推广的一种新的耕作方法,为了让那些还不了解牛耕的人们较快接受这种新方法,在耕牛还未完全驯服,还不适应犁耕的条件下,用牛耕地时,耕牛就需要由专人牵引,需要由较多的人(三人)来控制牛和耕犁。这种耕作比较麻烦,正是推广牛耕技术初期情形的反映。在耕犁不具备调节深浅的犁箭装置(如甘肃武威地区出土的西汉木犁模型)的情况下,要有专人按辕来控制耕地深浅,也是提高耕地质量的方法。新中国成立以前,云南纳西族还残留着这种二牛三人的耕作法(宋兆麟 1976:1)亦可作为旁证。

西汉中晚期以后,出现了二牛二人的耕作法和二牛一人的耕作法,并逐步取代了二牛三人的犁耕方法。从江苏泗洪县重岗发现的王莽时期的牛耕画像石看,该犁已装有犁箭,由二牛曳引,前有一人拉着牛辔导牛,后面一人扶犁耕作。(尤振尧,周晓陆 1984:2)

西汉时期南阳使用牛耕已经相当普遍，牛耕的推广使用在汉画中也有反映。

文献中有多处记载了南阳在汉代曾经"大修水利"、"广拓土田"的情况。在农业生产力水平和工程技术水平比较低的条件下，进行大规模的修筑陂渠堰塘活动，起土和载运土石的工作量很大，单用人力是很困难的。牛耕的使用使开沟作渠、开垦土地更加简便可行。

南阳出土的汉画像石为数不少，目前仅发现一块与牛耕有关的画像石，就是1983年4月在南阳市卧龙区英庄乡汉画像石墓中出土的西主室门楣背面牵牛画像石（如图4—21）及东主室门楣背面耕车画像石（如图4—22）。画面上的牛、车图十分逼真。牛图中，农夫一手执鞭，一手牵牛；车图为一前辕着地、后棚翘起的小车，有轭，两轮，长方形车舆。由于图像漫漶，车上的工具不甚清晰。虽然牛、车不在同一画面上，但是人、牛、车的并存关系是显而易见的，与双沟画像石中的人、牛、车相比，有很多相似之处。因此，英庄汉画像石墓中出土的牛车画像，亦可释为牛耕图。（王建中，闪修山 1990：5）

图4—21 牵牛

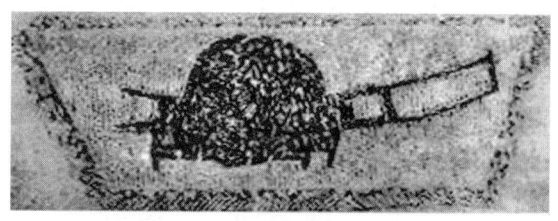

图4—22 耕车

另外，在南阳市白滩征集到一块牛郎、织女星宿画像石，如图4—23。右上刻一牵牛者为牛郎，相连三星者为河鼓三星（牵牛）；中刻白虎星座；左上角，七星相连环绕一鬼者为毕宿；左下角，刻相连四星，内坐一女子，应为织女星（或为女宿）。

第四章　汉画像中的农业生产及水利　49

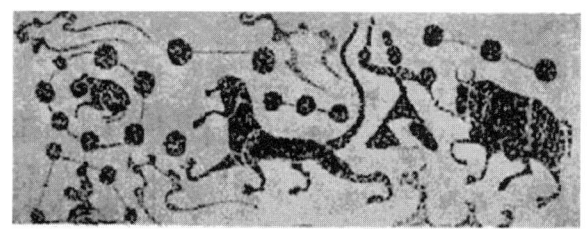

图4-23　牛郎、织女星宿

南阳方城的墓门门楣汉画像石中，刻有阉割牛势的图像。这说明当时用牛技术已经相当发达。迄今为止，南阳黄牛仍然以"体格高大、雄壮结实"而著称于世。（郑先兴　2009：311）

1923年，在山西浑源县李峪村出土了一具属于春秋晚期的温酒器——鼻穿环牛尊。鼻穿环牛尊也被称为牺尊。这只牺尊是一个牛形酒容器，牺尊的牛鼻上还穿有一环，说明至少在春秋时期，已经开始使用穿鼻的方法来驯服牛了。牛鼻环在当时称为"棬"，《吕氏春秋·重己》中提到："使五尺竖子引其棬，而牛恣所以之，顺也。"牺尊上的鼻环正反映了这一历史状况，这是研究中国牲畜驯化史的一件宝贵的实物资料。鼻穿环牛尊的出土，说明我国劳动人民在长期实践的基础上，找到了一个巧妙的科学的制服牛的好办法……由此可见，我国至春秋晚期，已顺利解决了特殊动力的控制问题，使牛能顺从地服役了。（钱晓康　1995：1）

1972年6月，在唐河针织厂汉画像石墓中发掘出土一块位于北主室西壁上方的驯牛、人物故事画像石，如图4-24。上部刻画驯牛内容，下部画像似为历史故事"聂政自屠"或"伍子胥自刎"。

图4-24　驯牛、人物故事

也有一些汉画反映农作内容。

四川省博物馆藏有一方芟草播种画像砖,刻画了六位农夫在整齐的田畦中劳作的场面,前面的人双手挥动钹镰芟草拨土,后面紧跟着的人手执容器播种,人力安排比较协调。

天津人民美术出版社2002年版的《淮北汉画像石》一书中,有白渎山出土的耕牛画像一幅。下部有一头四肢健壮、神情安然的耕牛,牛的远处是田野,田亩井井有条,田埂区分清晰可辨。《田畴与耕牛》画像,田埂区分四等分,应是汉代推广的农业技术——区种法的再现。(高书林 2006:89)

1994年,在南阳市北郊七里园乡邢营一号汉画像石墓中出土了一块舞乐百戏、兽斗、耕耘画像石,如图4-25。耕耘图位于此石下层右部,中刻一位戴冠农夫,上身赤裸,弓步弯腰,手持铁锄在没膝的禾间锄草耘地,禾苗似为粟。农夫身后有一女子,高挽发髻,长裙曳地,肩扛一锄,前面挂一罐状物,后面挂一竹篮,似为农夫担浆送食并帮助或者替换劳作。锸、锄之属都是简易农具,画面中的锄在当时是比较先进的农具,上肩狭窄,呈倒三角形,是器身较窄的板状锄,在耘锄较密的株垄时,不易碰伤禾苗,是汉代农民田间作业常用的农具。在农夫的右上方,有一鹿呈奔跃状,回首向后看。这是迄今为止在南阳发现的唯一一幅反映农耕场面的画像石,它比较清晰地描绘了汉代农民使用铁农具在田间种耕除草、进行生产劳动的情景。

图4-25 舞乐百戏、兽斗、耕耘

南阳是我国古代农业比较发达的地区,但南阳汉画像石中有关农业的却很少,反映生产劳动场面的主要有耕耘图、牵牛图、阉牛图、捕鱼图等。

四、畜牧业及渔业

汉代，豢养的家畜品种主要有马、牛、羊、猪、狗等，家禽品种主要有鸡、鸭、鹅等，而且饲养数量已经相当可观。关于禽畜家庭饲养、良种培育与品质提高等技术进步的内容，在汉画中也有不少反映。

（一）家禽家畜饲养

四川汉画像石墓中出土的圆雕石刻和陶塑的家禽家畜形象最多的是鸡，有小鸡、母鸡、雄鸡、雏和子母鸡等。

四川成都土桥出土的画像砖刻家禽家畜图中，鸡、鸭、鹅、猪、狗成群。成都天回山出土的陶水塘内，有游鱼、鸭、莲花、小船等。

在《江苏徐州画像石》一书中，载有睢宁县双沟地区的画像石耕耘图，其中一人举锄，一人扶犁，一儿童随墒下种，还有一人送饭，旁置一车，有一犬伏地。

在30余座南阳汉画像石墓中出土了不少造型生动的陶鸡、陶狗、陶猪及陶猪圈等模型明器，表明随着社会生产力的发展，人们的生活水平也在提高，食物结构中肉食品的比重有所增加。

在一些反映宴飨、耕牛、角抵内容的汉画像石上，刻有牛、马、狗、羊、鹅、鸭等畜禽，还刻有龙、熊、虎、狮、驼、象、貊等动物以及怪兽，表明人们对动物的认识已经逐步深化了。

据新中国成立以来各地出土的汉代陶猪模型来看，汉代饲养的家猪良种已具有早熟、易肥、发育快、肉质好的特点，从而为我国人民最喜爱的猪肉食品开辟了更加广阔的市场。（冷鹏飞 2002：1）

随着牛耕技术的推广，马、牛等役用牲畜的饲养受到社会广泛重视。《后汉书·马援传》中记载，"马者，甲兵之本，国之大用"。南阳汉画中，马、牛的画像占有相当比例，逐牛图、斗牛图及役牛图等反映出南阳畜牧饲养业已具有相当规模了。

在南阳汉画像石中，牛是一个重要的题材，刻画逐牛与斗牛场面的画像不少,这些画面中的牛挺倔强的。

在南阳市靳岗征集到一块逐牛画像石,如图4-26。画面上左刻一牛作奔逃状,弓首夹尾。右刻二人,一人徒手,一人手持长矛追逐,栩栩如生。

图4-26 逐牛

在南阳市还征集到一块斗牛画像石,如图4-27。右刻一武士右手推掌,左手握匕首,力斗一牛。牛在斗败逃走时回首惊视。

图4-27 斗牛

征集于南阳市宛城区的一块斗牛、兽斗画像石,如图4-28。画面上左刻一人,力斗一牛,牛右刻一熊,熊在奔跑中回顾。一虎,虎张口纵身追熊。

图4-28 斗牛、兽斗

另有几块征集于宛城区及方城县的、具体地点不详的斗牛画像石,如图4-29、4-30、4-31。

图 4－29　斗牛

图 4－30　斗牛、怪兽

图 4－31　斗牛

在汉画像石中，牛既是神，也是鬼。南阳汉画像石中有许多"斗牛图"，说明牛神经常作怪捣乱。出土于方城东关和城关镇汉画像石墓中的墓门门楣画像石上，都刻有"阉牛图"。在古人看来，去势之后的野牛野性也会消失殆尽，这是降伏鬼怪之牛的一种有效方法。而且，阉割雄牛可以增强其体质，方便人们在生产生活中使用牛力。汉代人既崇拜牛又惧怕牛，面对强悍好斗、难以驾驭的牛神牛怪，不断与之抗争。唐河针织厂二号汉画像石墓中出土的逐疫升仙画像石上，左刻一牛向右怒抵，右刻一虎昂首奋蹄向左逼视，中刻一兽俯首，张口似挣扎状，牛虎显然是在合力斗中间之兽。所以，牛非魔、疫之化身。（郝玉建　2002：1）武士斗牛，也是汉代人视牛为力量的化身和渴望拥有强大力量和勇敢无畏精神这一潜在心理意识的反映，南阳汉画像石中的逐牛图与斗牛图还有其他意蕴，就不一一细说了。

随着社会生产力的发展,牛神话逐渐向农业生产靠拢。汉代人就是通过不同的形式和丰富的想象来驱动牛神,以实现自己的愿望。

《后汉书·章帝纪》中记载,建初元年,章帝诏曰,比年牛多疾疫,垦田减少,谷价颇贵,人以流亡。表明汉代牛疫的发生直接关系到粮食生产,政府对役用大牲畜的生产十分关切,也反映了畜牧业在社会经济生活中已经占有比较重要的地位。

南阳汉画中,为数众多的驱魔逐疫图、神荼郁垒图、方相氏等内容莫不是汉代疫病流行的真实记录。然而纵观南阳汉画像石中的所谓"驱魔逐疫",当区别考究其意义。一类以方城县城关汉画像石墓为代表,主题是猛虎扑牛。另一类如胡奴门画像石、方城东关画像石及城关镇画像石,此类汉画图中均有阉牛内容,似不宜称作驱魔逐疫。"牛乃农耕之本,百姓所仰,为用最大,国家之为强弱也。建武之初,军役亟动,牛亦损耗,农业颓废,米石万钱……"(吴树平 1980:56)汉代人还是很偏爱牛的。

(二)畜牧养殖技术

随着畜牧专业大户的出现和家庭饲养禽畜成为比较普遍的经济活动,禽畜蓄养管理技术、禽畜舍饲方式以及杂交育种、阉割等畜牧生产技术也都有新的突破,或改善了牲畜的品质,或培育出骡子等新的优良品种。

人们在保护孕畜、幼畜等方面积累了一定的经验,相畜术也有进步,还出现了专业兽医等。畜牧技术的进步,有利于畜牧业的规模化发展,提高了经济效益。当时人们已经懂得"斩刍"与饲喂夜草,相畜术已成为一项专门的技术,《汉书·艺文志》就著录"相六畜三十八卷"。相畜术的推广应用不仅能促进优良畜种的生产,而且也为确定牲畜交易价格提供了相对客观的标准。所以说,相畜术的确立也是当时畜牧业领域商品生产发展的必然结果(冷鹏飞 2002:1)。

汉代以前,给牲畜去势用火骟法,就是用烧红的烙铁烙断血管,摘除睾丸。这种方法的优点是止血可靠,缺点是使组织形成烧伤性坏死,创口不易愈合,影响役使。汉代,韩信军队中的战马可能已采用水骟法。具体做法是将马横卧缚定,术部消毒,左手擒住睾丸向下拉至最低位,右手以阉割刀在千斤金穴处割开阴囊皮肤和总鞘膜,挤出睾丸。以左手擒住睾丸,右手推起皮膜,将血管和腱索分离开,距睾丸五寸处用刀割断精索和提睾肌(腱),于三寸处用拇指甲刮挫血管,并加以滚扭,直到血管被刮挫自动断裂,这样断口不整齐,易于自动闭锁止血,再用冷水冲洗净血污,用炒盐和食油灌注于创口内,防止发炎化脓。手术后,放起牲畜,缓慢牵遛,直至血不下滴为止。汉代兽医的分工越来越细,出现了专业马医和专业牛医。南阳方城汉画像石墓中出土两块阉牛画像石,就反映了阉割术的进一步发展。

此类阉牛图中以虎之威阻牛逃遁,为的是使阉者顺利完成阉牛动作。阉牛是使雄牛丧失生育能力、使之性情温驯、增强雄牛体质、增强抵抗疫病能力、以利驱使的传统方法。至今我国广大农村地区仍以此法行之。

1976年,考古工作者在方城县东关汉画像石墓中出土的一块画像石上发现刻有一幅应龙、熊、阉牛图,如图4-32。图左刻一应龙,中间刻一熊,图右为一牛,右下有一人手持环首小刀正在阉割。

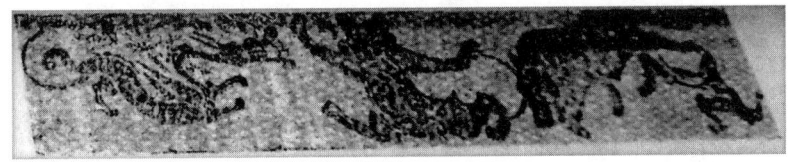

图4-32 应龙、熊、阉牛

1982年5月,在方城县城关镇汉画像石墓发掘出土一块西墓门下部门楣阉牛、猿猴戏虎画像石,如图4-33。图左刻一猿猴触虎尾戏耍,中部一虎一牛相斗。牛后下部一阉者,头戴尖帽、袒胸赤臂,趁牛全力前抵,抬左后腿之际,用左手托牛睾丸,右手执利刃割之。

图4-33 阉牛、猿猴戏虎(驱魔逐疫)

（三）狩猎活动

汉代，南阳郡林业资源丰富，为狩猎生活提供了天然场地，汉画中的田猎图主要反映贵族地主"出则驰于田猎"的生活。

汉画像石（砖）上的狩猎图一般分为两种：一种是表现皇室、权贵与豪富之家的田猎活动；另一种是反映劳动人民围猎兽禽活动的场面的，属于生产劳动的范围。

关于骑射狩猎，《南齐书》卷25中曾说"南阳新野风俗出骑射"，这是对汉代南阳农业经济生活的流风余韵的一种粗略描述。关于南阳骑射狩猎之俗的形成，管窥汉画中的狩猎图就可略知一二。

有一块征集于原南阳市人民政府大院的田猎画像石，如图4－34。画面上：左刻山峰，山间有松柏、卧鹿、奔鹿、鸠鸟；右刻一人，一手执矛一手握弩，两只猎犬穷追野猪和麋鹿。

图4－34　田猎

1988年7月，在南阳市麒麟岗汉画像石墓中出土一块猎熊、虎画像石，如图4－35。

图4－35　猎熊、虎

1983年，在南阳市王庄魏晋墓出土一块主室门楣背面田猎画像石，如图4－36。下部刻山峰，左面一人，头戴平顶冠，右手提戟，左手牵犬，追逐一只仓皇奔逃的小鹿，鹿旁刻一只伏兔。右面一人，单腿跪地，弯弓迎射奔鹿，右面还有一骑手注视。在此墓中还出土一块主室东壁北假门门楣田猎画像石,如图4-37。下部刻峥嵘的群山,两只猎犬正追逐一只奔兔,图左一怪兽有惊顾之态(韩玉祥,李陈广 1998:203)。这幅田猎图弥足珍贵,截至今日,南阳收集到的田猎图依然为数不多。

图4-36 田猎

图4-37 田猎

1973年5月,在邓州市长冢店汉画像石墓出土一块前室东壁墓门南立柱牵犬人物画像石,如图4-38。还出土一块墓门楣背面骑猎虎熊画像石,如图4-39。上刻一幅骑射畋猎图。画像左边,一人跃马在前,回顾弯弓射虎,另一人飞马持矛刺虎。画像右下,刻饰山峰,一兽受伤仰翻在地,后一人跨马驰逐,持械搏击。《史记·货殖列传》记载:"弋射渔猎,犯晨夜,冒霜雪,驰坑谷,不避猛兽之害,为得味也。"

图4-38 牵犬人物

图4-39 骑猎虎熊

还有原石发现地点不详的射鸟画像石,如图4—40,以及征集于南阳市靳岗的一块猎犬逐鹿画像石,如图4—41。

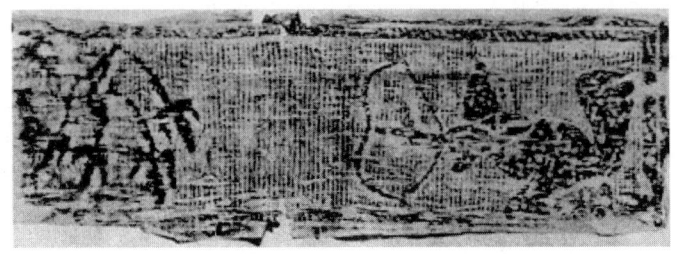

图4—40 射鸟

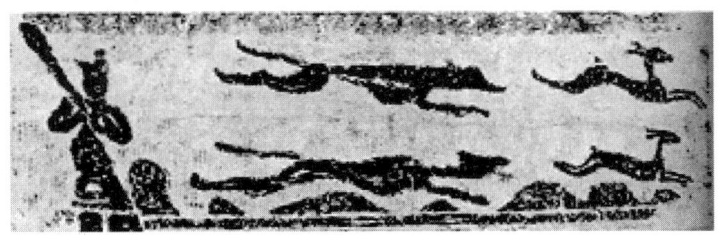

图4—41 猎犬逐鹿

1983年4月,在南阳英庄汉画像石墓中出土一块东主室西壁左上方骑射田猎画像石,如图4—42。

图4—42 骑射田猎

1932年,在南阳市卧龙区草店汉画像石墓中出土一块墓门南楣正面骑射田猎画像石,如图4—43。画右刻一骑手,马奋蹄张口曳尾做奔驰状,其前一虎,被骑者追赶而逃,回首张口惊视,骑手张弓射箭。画左有一猎人双手持长矛拦截虎的逃路,二人合力围攻一虎,还有二猎犬穷追一鹿。

图 4-43 骑射田猎

在卧龙区英庄征集到一块田猎画像石,如图 4-44。图左刻二猎人,一人肩扛一杈,一人手执一弩。图右刻山岭叠嶂,中刻三猎犬围追二兽。一狐狸欲拼命逃窜,一小兽快要被抓获,整个画面充满了紧张的气氛。

图 4-44 田猎

在南阳市高新区靳岗乡征集到一块弋射(射猎时在箭头系上丝绳使飞禽中箭后不能逃走,这种方法叫弋射)画像石,如图 4-45。画面上部刻一队飞翔的鸟,下方刻二射者,前一人正跪姿弯弓射雁,用系绳的箭射中一鸟颈部,后一人肩扛武器,手持猎获之雁大步行走。

图 4-45 弋射

1983 年 4 月,在南阳市卧龙区英庄汉画像石墓中出土一块主室西门楣正面斗鸡画像石,如图 4-46。图中二鸡昂首怒目,鸡之间置有一架;图左右各立两人,有人唆鸡争斗。

图 4—46 斗鸡

1972年6月,在唐河针织厂汉画像石墓中出土一块前室南壁下方田猎画像石,如图 4—47。图右一骑手执短棒策马奔驰,旁有一人持物而立;图左一人持大毕;中间有一猎犬穷追一兔;图下方有一人手提一兔,执锤堵截,气氛紧张。

图 4—47 田猎

(四) 渔业

在山东、四川、江苏北部、河南南阳等地出土的大量汉画像石(砖)中,有 20 多幅捕鱼图。其中,山东地区有 15 幅,四川地区有 7 幅,江苏地区有 2 幅,河南南阳有 1 幅。

图 4—48 罟鱼

1983年4月,在南阳市卧龙区英庄汉画像石墓中出土了墓门东门楣背面的罟鱼画像石,如图4-48。画面上,桥下一舟,上乘一驾者、一尊者。驾者奋力划桨,捕者双手下罩,作捞鱼状。桥上二人,各执一杆通力向下放罟,旁边有一人观看。左刻山峰,层峦叠嶂,野兽出没,反映渔业生产情况。(韩玉祥,李陈广　1998:26)

　　南阳盆地位于汉水流域上游,降雨量较丰沛,比较大的河流有白河(古称淯水)、唐河、湍河等。英庄汉画像石墓就位于淯水之滨。这幅捕鱼图表现了汉代"民食鱼稻,以渔猎山伐为业"的生产场面。南阳出土不少刻画有鱼的画像石(砖),也反映了汉代南阳盛产鱼类。

　　东汉时,南阳是全国政治、经济、文化中心之一,南阳汉画像着重反映了豪家大族的生活,因此刻画生产劳动场面的画像不多。

五、水利

　　汉代,各地除了兴修水利工程外,还因地制宜,在不方便陂渠灌溉的地方打井溉田。在发掘的汉画像石墓中曾经出土了大量的陶水井模型、陶质槽形器、陶陂塘模型等灌溉设施模型明器和水井遗存,还有与陶水井模型配套的井栏、装辘轳的井架、水斗、水槽等。南阳盆地的地下水资源丰富,汉代的水井在当时不仅用来向人们提供生活用水,也被广泛应用于农业生产。(李桂阁　2003:164)

　　打井灌溉是一般中小地主及广大平民比较合理而又经济的方法:一方面受财力、物力的限制,他们没有能力修建大的水利工程;另一方面,他们拥有的土地数量不是很多,权衡成本收益,修筑陂堰池塘也不必要。打井属于小型工程,不需要投入大量资金,也很少受地形、河流等的限制,可以广泛应用,因此就成为南阳盆地农田水利网重要的补充形式。在农田水利灌溉体系顾及不到的一些小块土地上,对于这个以陂渠为主的农田水利网的不足进行补充的是汉代在南阳盆地内同样发达的井灌。(包明军　2002:4)

　　如上述,汉代水井在生产生活中都有不小作用,因此汉画像中多见反映。南阳发掘的汉画像石墓中尤其是西汉晚期以后的墓葬,无论规模大小，大多数均有陶井模型。

从发掘的陶水井模型来看，汉代水井有圆形和方形两种。可根据井券用料不同进行分类，一类是无井券或木券，均已荡然无存；一类是砖井券；一类属陶井券，用专门烧制的陶井券砌筑。井券直径为1米左右，高度一般为0.25～0.3米，券与券相接处用子母扣扣合。

南阳汉画像石墓中用陶井随葬是普遍现象，唐河石灰窑汉墓、南阳蒲山汉墓等均有陶井随葬。东汉时期，陶井的造型也有变化，除了前期流行的筒形井外，又有新型水井出现，如方城党庄墓中出土有陶井和陶制槽型明器。井施绿釉，涂淡黄粉。整体仿木石结构制作。无井筒，仅有井栏和井架。通高32.3厘米。井栏呈方形，栏口边长17.5厘米，栏高13.3厘米。井栏的上沿部由四条宽2.6厘米、厚1.6厘米的横条相衔接组成，衔接处作十字交叉状。栏口的四角之上设有方椎体形栏柱头，四周饰以卷云纹。栏体四壁饰作浅浮雕式的几何图案，用以表示栏架的建筑结构，其间并饰五铢钱图案。在井栏之上，竖立有陶制井架，呈梯形，高20厘米。井架上部，设有陶制的滑轮，以作提水之用。整个陶井的井栏、井架、滑轮混为一体，制作精细而又美观。陶井造型特殊、制作精美，与南阳汉墓中常见的陶井有所不同，与洛阳烧沟汉墓中第二型陶井相仿。（南阳地区文物队 1986:2）

从发现的汉代水井模型来看，水井的使用已经比较广泛，因此应该把水井看做是水利灌溉设施的一部分，不能仅仅视为饮水设施。方城党庄汉画像石墓中槽形器的发现似乎还可以作为佐证材料。

就槽形器外形来看，它同南阳其他汉墓出土的粮食加工明器杵臼有相似之处，也类似于洛阳烧沟汉墓中出土的水槽。南阳汉墓出土的杵臼，其臼槽内都有臼窝，而且往往有配套的杵棒，该器槽内没有臼窝及杵棒，所以不可能为杵臼，为水槽的可能性较大。汉代南阳的水利设施较为发达，为当时农业经济的发展提供了有利条件，墓内的随葬品，一般反映南阳经济发展的状况。槽型水利设施以明器的形式葬入墓内，不是没有道理的。

在四川、贵州及陕西等地的墓葬中出土陶质陂塘模型较多。陶质陂塘模型多呈长方形，少部分为圆形，陂塘周围有的与田埂相围，有的与稻田相通，还有的陂塘模型有水渠向外引水，相接处还能用水闸控制。陂塘内塑有鱼、鳖、莲、菱等动植物，表明当时的陂塘内已经养殖一些水生动植物。

　　陂塘模型在南阳市建东小区一座东汉墓中发现一例。此墓为一小砖砌双室墓。墓室早年被破坏严重，只留下墓底铺地砖及少量墓壁，在发掘过程中有红釉陶片出土，其中有几片为陶陂塘模型上的残片，从中可以看出此陶陂塘呈长方形或正方形，周边有埂相围，塘内堆塑有螺蛳、水草等水生动植物，南阳没有出土较完整的陶陂塘，但出土陶陂塘残片的，不仅此一墓，只是没有报道而已。（包明军　2002：4）

第五章 汉画像中的手工业

一、冶铁业

汉代手工业的进步突出表现在冶铁业的繁荣兴旺。当时,冶铁业比较发达,领先的冶铁设备和冶铁工艺为铸造兵器提供了充分的条件。汉政府北伐匈奴,南抚夷越,西设西域都护,疆域得到拓展,成为当时东方的强大国家,这都离不开冶铁业的发展。

汉墓中出土的汉瓦、铜剑、铁刀、铁铲等器具,许多形象生动的陶鸡、陶狗、陶猪、陶鸭模型明器等,无一不是汉代手工业发展的缩影。冶铁业的发展,在汉画中多见反映。

山东省博物馆有一块汉画像石,上面刻绘有一幅冶铁图,具体反映了东汉盐铁开禁后私人制铁业的状况。图中有十二个工匠在工场中操作,其中四人在用皮囊为炼炉鼓风,其余的人则在持锤锻制器物。可见矿冶业生产规模之大,"十万"计数的劳动力当中有大量来源于乡村社会。滕州宏道院的制铁图,首次形象地反映了东汉时期制作铁兵器的手工业作坊的生产场面。汉画像石上的冶铁图形象生动地反映了汉代的冶铁技术水平,与冶铁遗址相辅相成,共同展示了汉代冶铁业的发展水平。迄今所见与冶铁有关的图像以滕州宏道院出土的内容最丰富,它展示了从冶炼、锻打到磨砺铁刀的生产过程,犹如今天的生产流水线,分工明确,繁而不乱,充分反映了汉代冶铁手工业的发展和铁器技术的进步。(赵承楷,江继甚 2006:52)

汉代,南阳是全国重要的冶铁基地之一,在全国冶铁行业中占有举足轻重的地位。冶铁生产规模较大,设备和工艺水平比较先进,铸造了大量的铁农具和先进兵器,为提高农业生产力、满足汉朝开疆拓土等政治军事需要作出了重要的贡献。南阳尚未发现制铁作坊的画像,但南阳汉画中有几幅武库图,也应是汉代兵器制作情况的具体反映。汉代的兵器制作属于考工令管理,武库既是管理兵器制作的机构,也是收藏兵器的仓库。武库图中排有兰锜,就是武库内放置兵器的架子,上面挂满矛、盾、弓、弩、刀、剑等兵器。

1972年6月,在南阳市唐河县针织厂汉画像石墓出土两幅武库画像石。其一为前室东壁北端武库画像石,如图5-1。上刻四弩、二矛、二戟及七盾,共有十五件兵器,武库下方有二守卫者。其二为前室东壁南端武库画像石,如图5-2。上部刻兰锜,兰锜上悬挂着矛、戟、盾等兵器,下部有两人,其中一人拥彗,似是守护武库的小吏。

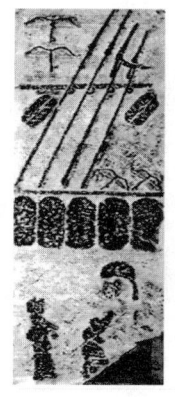 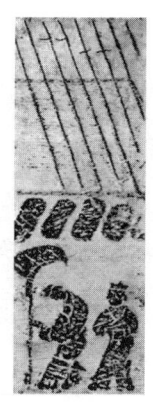

图5-1 武库　　　　　图5-2 武库

1983年4月,在南阳市卧龙区英庄汉画像石墓中出土了两块武库画像石。其一为西主室东壁左上方武库画像石,如图5-3。上刻三戟、三盾、一棒。其二为东主室西壁右上方武库画像石,如图5-4。上刻武库图,有三弩、三钺挂在兰锜上。

有一块征集于南阳市白滩的武库画像石(上部已残),如图5-5。刻画内容颇有新意。兰锜上并排摆置戟、矛、甲衣等兵器。下部有猛犬三只,或卧或蹲,姿态各异,似在忠实地尽守卫武库之职。

图 5-3 武库

图 5-4 武库

图 5-5 武库

汉画中的兵器,基本上都是铁制兵器,用途及形状各不相同,大体分为短兵器、长兵器、抛射兵器和防御兵器四大类。刀、剑、匕首、钩镶等属于短兵器,矛、戟、棒、斧钺等属于长兵器,弓、弩、箭镞、弹丸等属于抛射兵器,盔甲、甲衣等属于防御兵器。今天我们欣赏武库图,似乎能看到汉代士兵在烽火硝烟中手执兵器厮杀,刀光剑影,惟妙惟肖。

二、制陶业

陶器是汉代人们日常生活的必需器具,几乎所有的汉代遗址和已发掘墓葬中都有陶器发现,说明陶器的使用已相当普遍。

东汉早中期是汉画像石墓繁荣时期,从随葬器物看,无论种类还是数量,均有所增加。鸡、鸭、狗等家畜家禽明器几乎每墓都有,其中狗的形态各异,造型极为生动。残存的陶器和明器主要有仓、磨、猪圈、灶、釜、仓房、瓮罐、奁盒等,少数墓中仍然出土有鼎、敦、壶等礼器,同时又出现了熏炉、灯等器物。

陶器是日常生活普遍的用品,所以民间制作广泛,私营手工业作坊相当普遍。不少汉代遗址或墓葬中出土的私营作坊的陶器,钤有手工业者的属籍、居处和姓名印鉴,能够证明它们是私营手工业者的产品,突出了陶制品的地方特色。如山东曲阜汉城遗址出土的陶器支座内壁就有阳文印记,陶文为"丁复孺印",无疑是私营作坊的产品,与有官署机构名称的陶文判然有别。

西汉晚期的南阳杨官寺汉画像石墓中出土9件折肩仓,残五件,如图5-6。器形较大,三熊为足,作蹲坐状,肩顶仓底。熊状足最为精致。Ⅱ式的残四件,形制较Ⅰ式的小些。还出土有山形器盖(陶仓盖)。比较完整的2件,形制大小和图案基本一致,如图5-7。为Ⅰ式陶仓盖。

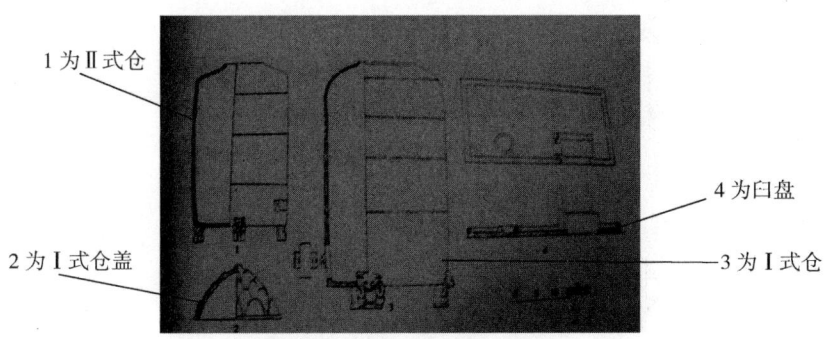

图5-6 折肩仓

此陶仓盖器表为豆绿色釉,胎作灰色,质坚硬,形制较大,口径约

图 5－7　陶仓盖

19.5厘米,高约12厘米,瓣形分四层,每层八个。第一层:一为一人持棍作追逐状,二为两兽奔驰,三为两兽和一常青树,四、五皆为鹿,六、七皆为象和树,八为一人持双棍;第二层:一为常青树,二为虎,三为猪,四为常青树,五为树,六为牛,七、八残缺;第三层:一为常青树,二为人,三为一人骑于马上作射状,四为树,五为常青树,六为虎,七为马,八残。上层各面皆印常青树,盖顶似为一个兽形小钮。

图 5－8为Ⅱ式陶仓盖,形制较Ⅰ式小。器表施黄红色釉,胎作红色,质坚硬,一件,口沿处饰菱形一周,瓣形亦分四层,每层九个。另一件,下层瓣形:一似为羊,二似为狐狸,三为驼和树,四似一人坐于象背上,五、六为一人骑马,七为牛,八为骑马人,九似一人骑于兽背上。第二层:一似为鹿,二、五为骑马人,三不详,四为两兽,六为兽头,七、九为人,八似为龙虎相斗(河南省文化局文物工作队1963:1)。这类形状的盖,在南阳地区汉墓中较常见;但这类盖的做法和精美的图像装饰,在其他地方汉墓中极少见到。

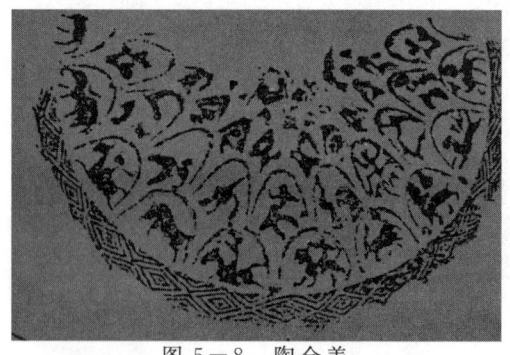

图 5－8　陶仓盖

从出土的器盖工艺形制来看，图案精致美观，是汉代南阳制陶技术进步的反映。

三、纺织业

南阳颇具特色的气候及地理环境为南阳的桑蚕、丝绸业提供了得天独厚的条件。早在东周，南阳已经产生了桑蚕丝绸业，丝织品已有疏密之分。西汉时期，南阳就是全国桑蚕八大产区之一，宛邑丝绸行业就由"工官"管理。西汉后期虽然战乱频繁，但在《汉书·循吏传》中记载，西汉元帝时的南阳郡太守召信臣仍然劝民农桑，去末归本。

东汉时期，柞蚕由山东引入南阳，落脚在南召县，开始了南阳柞蚕业的历史。唐朝时南阳柞蚕业有较大发展，明朝时南召柞蚕丝绸业发展繁盛一时。

明、清两朝，南阳柞蚕业蓬勃发展，柞绸业规模扩大，清末进入了鼎盛时期。清光绪元年间，镇平县手工柞绸已驰名中外，远销俄、美、法、德等10多个国家。

民国初期，镇平县丝绸业空前发展，经营丝绸的有商户千余家，丝绸行150余家，染坊40余家，机台万余张，成为河南柞绸的主要集散地。

在南阳汉画像中，对汉代南阳纺织业的发展也不乏反映。

南阳是楚汉文化的发源地之一，南阳汉画像中有关纺织业发展的内容，在一定程度上也体现了汉画像和楚文化之间的传承关系。

目前楚地纺织品的考古发现已有几十起，十分巧合的是，从楚文化纺织品的图案中，我们可以看到与汉画像相似的地方，如楚地发掘的提花丝织品的几何纹样以菱形几何纹饰为主，几何纹饰线条规整匀称，色彩层次清楚，立体感强，给人以对称、均（匀）称、平衡的形式美感。汉画像中也有许多菱形几何图案。如南阳市北关中原技校汉墓出土的汉画像石——二方连续菱形套环图案，可见楚文化与南阳汉画像之间应当有传承的关系。（郑先兴　2009：314～315）

1971年8月，在南阳市北关中原技校汉画像石墓中出土的侧室和后室二门楣正面画像石上，刻有二方连续菱形穿环图案，如图5-9。

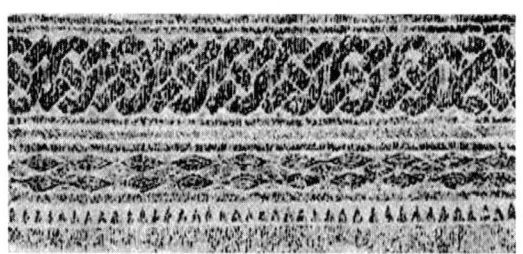

图 5-9 二方连续菱形穿环图案

1994年4月,在南阳市宛城区高庙汉画像石墓出土一块墓室盖顶四方连续菱形穿环图案画像石,如图5-10。

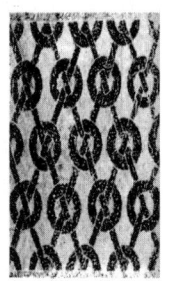 

图 5-10 四方连续菱形穿环图案　　图 5-11　V形穿环图案

1991年10月,南阳市第二化工厂三十号汉画像石墓出土了刻有V形穿环图案、十字穿环图案及菱形套连图案的画像石。如图5-11、5-12及5-13。

图 5-12　十字穿环图案　　　　图 5-13　菱形套连图案

在南阳市征集到的一块画像石上,刻有二方连续十字穿环图案,如图5-14。

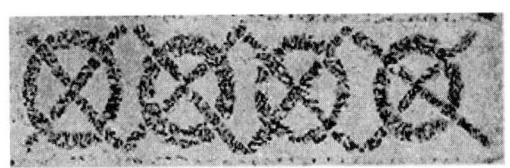

图 5-14　二方连续十字穿环图案

在唐河县针织厂汉墓出土的一块画像石上,刻有二方连续菱形套连图案,如图 5-15。(周到,李京华等　1973:6)

图 5-15　二方连续菱形套连图案

还有几块征集于南阳市的画像石,上刻菱形图案,如图 5-16。二方连续双菱形图案,如图 5-17。四方连续双菱形图案,如图 5-18,四方连续菱形连环图案,如图 5-19。

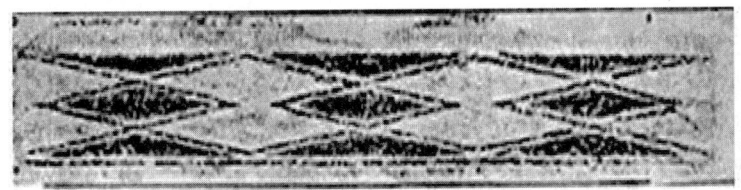

图 5-16　菱形图案

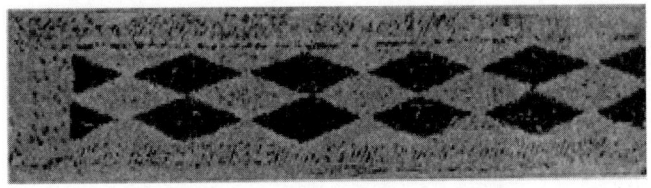

图 5-17　二方连续双菱形图案

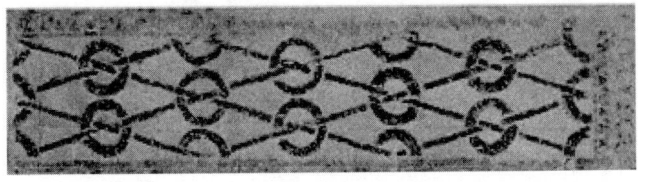

图 5-18　四方连续菱形穿环图案

图 5-19 四方连续菱形连环图案

新中国成立60多年来,南阳纺织业承继历史传统,开拓发展空间的成绩有目共睹。棉纺织业在全国占有一定地位,南阳市优质棉种植面积占河南省的20%,占全国的4%,已被确定为河南省棉纺织业加工基地。桑蚕丝绸业有了进一步发展,在全国19个柞蚕基地县中,南召、方城、镇平、内乡、淅川、西峡6县榜上有名。其中,南召县为"中国柞蚕之乡",镇平县为"中国丝毯之乡"。

由周志方根据著名作家周大新的长篇小说《第二十幕》改编的电视剧《经纬天地》,描述了一个南阳柞绸世家从清末至抗战这一时期在各种政治势力挤压下备受挫折的苦难史,对南阳桑蚕丝绸业的历史发展有所反映。

第六章　汉画像中的商业及消费

随着汉代社会生产力的发展,汉代商业发展水平与消费水平有所提高,在汉画像中也有所体现。

一、货币

货币是常见的随葬品,在已经发掘的南阳汉画像石墓中,出土了不少式样各异数量不等的汉代货币,反映了商品经济的发展程度。商业会随着社会生产力水平的提高和经济的发展兴盛起来。商品的种类与数量增加,商品交换的范围扩大,市场扩大,交易活动及交易量上升,加上古代交通条件与信息传播条件落后,货币需求量增加,货币供应量也会增加。在王莽之前的汉墓中均出土有西汉五铢钱。石灰窑汉墓中有武帝到平帝时期的五铢钱,杨官寺汉墓中有磨廓五铢。王莽时期的墓葬多有"大泉五十"、"小泉直一"、"大布黄千"、"货泉"等铜钱,另外还有泥钱(冥钱)。这在一定程度上反映了不同时期的币制差异及货币在人们的日常生产生活中发挥的越来越重要的作用。

二、生活消费

东汉时期是汉画像石墓发展的兴盛期,南阳汉画像中反映商业题材的不多,却有不少反映消费的内容。

(一)饮食

随着农业生产力的发展,农产品日益丰富,食物种类不断增加,食品结构也有变化。

在汉画像石上,刻画了耕作的农夫、打鱼的渔民、酿酒的商人,还有不少墓主宴飨的场面。在庖厨图中,刻画有剥狗、杀羊、椎牛、宰猪的屠夫,也有庖丁汲水、和面、持叉炙肉等厨师的劳作,更有宾主觥筹交错、酒酣耳热的宴饮场景。不仅反映了汉代食物的种类丰富,野生的,种植、养殖的,不一而足,而且体现了汉代人对饮食的追求。表明当时无论是食品种类还是烹饪技术,都发展到较高水平。

汉代,随着粮食品种的增多,主食消费已经超出五谷范围,副食消费中蔬菜的品种增多,一些富人还能食用温室栽培的蔬菜。温室栽培技术是我国古代劳动人民在长期生产实践中发明的,在汉代已经出现。《盐铁论·散不足》中描述当时富人能够享用的"冬葵温韭"就属于温室栽培的蔬菜。《汉书·循吏传》中记载:"太官园种冬生葱韭菜茹,覆以屋庑,昼夜燃蕴火,待温气乃生。"说明汉廷重视冬季蔬菜的供应,创造条件,进行温室栽培。

先秦时期,只有官吏与老者才可以食肉。《左传·庄公十年》注引孔颖达疏云:"盖为大夫,乃得肉食也。"《孟子·梁惠王上》中记载:"七十可以食肉。"一般人多食粗粮,肉食极少。至西汉中期,畜牧业发展,肉肆活跃,肉食种类较多,六畜之中,牛、羊、猪、狗、鸡都被食用,尤以猪和狗为多,这是农民消费水平提高的突出表现。《盐铁论·散不足》中记载,都市市场上,出卖的熟食品种多样,有烤猪肉、细切的狗肉、油炸的鱼、腌羊肉等。古代饮食情况在《说文解字》中也有反映,在与烹饪相关的字部中,就有脯、腊、脩等肉干和鱼干,酿造方面的字特别多,如酒、醴、酢、浆、豉、酱、醯、菹等。

在陕西绥德、内蒙古等地出土的汉画像资料中,常见垦田植谷、厨炊宴饮的场景,炙烤也是一种比较流行的烹饪方式。在山东诸城、河南新密等地出土的画像石(砖)中,有烤肉串图像,图像中的烤肉串与今天我们常见的烤肉串几乎相类。也有内地农区畜牧畋猎、宰牲烤肉的内容。表明农牧业之间相互联系、相互影响,商业的发展促进了区域经济文化的交流。

架城县前凉台出土的一幅庖厨图最具代表性。最上面挂着猪头、猪腿、鱼、兔等食物,下面有汲水、烧灶、切鱼、切肉、劈柴、杀猪、宰羊、杀鸡、烤饼、酿酒等各种人物在操作,在最下边中间部位,还有一人披头散发跪在地上,旁边一人一手揪住他的衣服一手举起勺子,似乎正对其进行严厉惩罚。

1983年4月,在卧龙区英庄汉画像石墓出土一块西主室北门道隔墙柱北侧庖厨画像石,如图6-1。在画面上部,有一人在案上操作,其上悬挂一些肉串等食物;画面下部,有一人于灶旁烹饪。

在宛城卧龙区新店石桥上发现了一块鸭鱼祭案画像石,如图6-2。画面上有一案,案上面有两只鸭,案左、右各有一条鱼。

图6-1 庖厨图

图 6-2　鸭鱼祭案

在卧龙区英庄汉画像石墓还出土一块东主室西壁中部画像石，如图 6-3。今人对上面刻画的内容说法不一。一种说法，认为是墓祠祭祀图。上面刻画的是墓祀画像：顶部为一祠堂，堂内放祭品，左置五盘，右置六耳杯；其下置奠酒，中间一樽，两侧各一提梁壶；再下放有肴馔，左置一叠案，中置二圆盒，右置三碗；最下拴一犬看护祭品（牛天伟，李真玉　2000：2）。《论衡·四讳篇》中记载，"古礼庙祭，今俗墓祀"。说明即便是举行墓祀活动，也离不开酒。还有一种说法，认为是庖厨图，画面主体为一厨，其顶部似仿屋顶建筑。

在南阳汉画像石墓中还出土了不少食案实物及明器，还有几、案、俎器等。

图 6-3　墓祠祭祀

(二) 宴飨

汉代宴飨成风,无论婚丧嫁娶,总会大摆宴席。山东、四川、河南洛阳及南阳等地发现的一些宴飨画像就生动地反映了这一社会现象。

东汉政权依靠豪门起家,许多豪强地主不仅占有大量土地和山林川泽,而且垄断了地方权力。名门大家和世代公卿均倚仗宗族、宾客、门生故吏及部曲家兵,形成了盘根错节的势力和极其复杂的关系。宴飨就是发展关系联络感情的一种方式,况且社会上奢靡之风盛行,婚丧嫁娶更是离不开宴席。世情世俗入画中,就有了拜谒、迎宾和宴飨等画面。《艺文类聚》卷七四中这样描绘宴飨场面:"玉樽延贵宾,入门黄金堂。东厨具肴膳,椎牛烹猪羊。主人前进酒,琴瑟为清商。投壶对弹棋,博弈并复行。"南阳已经发现几块有关宴飨的画像石,可以大致反映汉代人们的饮宴方式。

在南阳市征集到一块鼓舞宴飨画像石,如图6-4。画面上部,左刻一人跽坐,右刻二人鼓舞。下有一案,案上盘中有一条鱼,头尾大部伸出盘外;另有两个耳杯,四只肥鸭,还有串肉和其他炮制好的食物。

在南阳市北郊沙岗店村征集到一块舞乐宴饮、车骑出行(原石照片)画像石,如图6-5。

图6-4 鼓舞宴飨　　图6-5 舞乐宴饮、车骑出行(原石照片)

1972年6月,在唐河针织厂汉画像石墓中出土一块南主室南壁右下方舞乐宴飨画像石,如图6-6。

还有一块原石发现地点不明的宴饮画像石,如图6-7。

图 6-6 舞乐宴飨

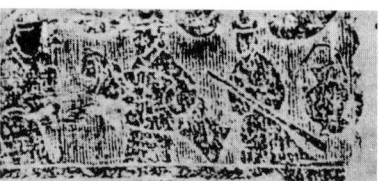

图 6-7 宴饮

三、酿酒及饮酒

汉代嗜酒,民间酒风极盛。社会上有"百礼之会,非酒不行"的说法,饮酒成风,酒和酒器自然是宴飨必备的条件。

汉代酿酒业已有相当规模。汉武帝时期,政府曾经设"官酤",垄断了酒的酿造和售卖,但东汉以来仍然以私营为主。私营酿酒业有两种形式:一是庄园内规模较大的酒坊,酿出的酒少量自饮,大量外售;一是规模很小,工具简陋的家庭小作坊,酿出的酒仅供自家饮用。酒肆作坊规模一般不大,但数量很多,在都市和乡镇分布极广,多为自酿自卖。

汉代酿酒技术的进步,表现在制曲技术的突破。东汉发明了"九酿"法,在酿酒工艺上有很大改进,运用连续投料的方法,使酿成的酒口感更加醇厚,酒的度数也提高了。

在四川彭县出土的汉画像砖上,有反映汉代酒肆作坊的画像。画面上有酿制过程中使用的酒具,有大瓮贮待售之成酒,还有取酒装坛的店家买主及运酒的人。

南阳汉画中,未见酿酒场面的刻画,但饮酒风靡一时的情景却有多处反映。

那时,人们将饮酒作乐称为"嘉会之好"。除"因人之丧以求酒食"和"舍中有客,提壶行酤"外,郡县还有"乡饮"仪式。在此基础上,民间衍生了一系列制酒饮酒习俗。(刘克 2008:54)

已经发掘的汉代墓葬中,大多出土有酒器。按其形状和用途,大致可分为酒器和饮酒器两大类。汉画中酒具的一般组合是壶、樽、卮、勺及耳杯等。从宴饮画像和歌舞百戏画像中,可以看到的酒具主要有瓮、樽、卮、耳杯、勺、碗等。

酒令,属于酒文化内容,有游戏、歌舞、投壶、谜语、对联等多种形式,主要为佐酒助兴,活跃宴饮气氛,多见于史籍记载。古人宴饮中多用歌舞来助兴,观赏歌舞时也常常离不开酒,在汉画中有不少反映。

《礼记·投壶》云:"投壶之礼,主人奉矢,司射奉中,使人执壶。"反映投壶之礼的汉画并不多见,在南阳汉画馆陈列的汉画像石中仅见一幅生动形象的投壶图,如图6-8。《南阳汉代画像石》中有记述。图中刻一壶,壶边放一樽,上面放置一勺。壶左右各一人,均怀中抱三矢,手执一矢,全神贯注,正准备向壶内投掷。图左边一人坐在地上,身体前倾,头低垂,似酩酊大醉,旁边有一人搀扶。右边一人,似监督投壶,行司射之职,裁判输赢。投壶图反映了汉代常见宴请宾客的饮酒娱乐游戏活动。

图6-8 投壶

四、教育及文化娱乐消费

汉代,随着大一统局面的形成,经济发展社会稳定,儒家学说逐渐在社会上占据统治地位。统治者接受儒者建议,发展教育事业。《汉书·董仲舒传》中记载,董仲舒主张设太学,并说:"太学者,贤士之所关也,教化之本源也。……臣愿陛下兴太学,置名师,以养天下之士。"建元五年(前136年)武帝置《诗》、《书》、《易》、《礼》、《春秋》五经博士,孔安国、董仲舒就是著名的经学大师。全国上下兴起了办学热潮,在京师设有太学,郡县立有学校,置经师,授"五经"。而且出现了皇帝亲自讲学、地方官吏执教的局面,上行下效,教育得到社会普遍重视。平帝时,王莽为太学筑舍万区。光武中兴,在洛阳丹阳门外重建太学。《东观汉记》中记载,光武帝刘秀即位之初,戎马倥偬的间隙,还"投戈讲学,息马论道"。明帝刘庄亲自制作五行章句,到太学"正坐自讲、诸儒并听、四方欣欣"。《后汉书·儒林传》中记载,明帝亲临太学讲学,"冠带缙绅之人,圜桥门而观听者,盖亿万计"。可见讲座规模之大和影响之远。

《资治通鉴》第四十九卷中的记载也可以佐证,尚书郎南阳樊准以儒风浸衰,上疏曰:"臣闻人君不可以不学。光武皇帝受命中兴,东西诛战,不遑启处,然犹投戈讲艺,息马论道。孝明皇帝庶政万机,无不简心,而垂情古典,游意经艺,每飨射礼毕,正坐自讲,诸儒并听,四方欣欣。又多征名儒,布在廊庙,每宴会则论难,共求政化,期门、羽林介胄之士,悉通《孝经》,化自圣躬,流及蛮荒,是以议者每称盛时,咸言永平。"这一段说的是尚书郎樊准在东汉殇帝延平元年(公元106年)以光武帝、明帝讲学传道为例劝学的故事。

南阳是汉代教育文化比较发达的地区,教师的地位继春秋、战国以来再次提高。1957年,在南阳市东关七孔古桥上拆下(现由南阳博物馆珍藏)的一块汉画像石上,刻着一幅讲经图,就是当时社会教育需求增加,整个社会尊师重教氛围形成及教育消费情况的反映,如图6—9。

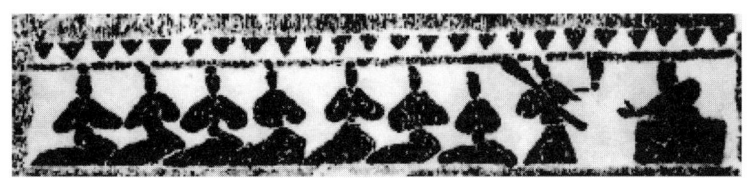

图 6-9　讲经图

讲经图中，右刻一经学大师，戴冠着袍，扶几端坐，正伸出右手，似侃侃而谈。在大师身旁恭立一侍者，左手为大师打扇，右手操棰，似镇学规。左刻七人，依次席地跽坐（跪坐），恭听大师教诲。画面生动再现了如《汉书·董仲舒传》中记载的汉代经学大师"下帷讲诵，弟子传以久次相授业"的情景。从画面中我们看到，教师是盘腿而坐，几个学生则是依次跽坐；教师身边的侍者，似乎是专门为教师服务的。这表明汉代的教师有地位，能够受到尊重。

娱乐消费在汉代比较突出。几乎每一处已经发掘的墓葬中都出土或多或少刻画击鼓奏乐场景的画像石。乐队规模或大或小，多的达三五十人，夹杂杂技、俳优等的热闹表演，少的只有三五人。建鼓热烈张扬，琴声优美动听，我们可以想象一室之中，能静静品味曼妙的乐声是多么让人惬意和满足的生活图景。一幅幅舞乐百戏图表现出民间音乐艺术在庄园日常生活中的流行，表明绘画、音乐等艺术的重心已经开始由宫廷向民间转移。

《盐铁论·散不足》中记载，"古者，土鼓凷枹，击木拊石，以尽其欢。……往者，民间酒会，各以党俗，弹筝鼓缶而已。无要妙之音，变羽之转。今富者钟鼓五乐，歌儿数曹。中者鸣竽调瑟，郑舞赵讴"。《淮南子·精神训》中记载，"今夫穷鄙之社也，叩盆拊瓴，相和而歌，自以为乐矣"。这是说祭社的时候农民可以尽情地歌舞宴乐。南阳汉画中对这些多有反映。

西汉中期以后，皇宫、官府以及豪民之室大都蓄养倡伎、优伶，少则十几个，多则成百上千，在节庆日子、喜宴或日常生活中演出。宾客光临，必有歌舞款待。东汉，随着经济发展和贵族崇尚，舞乐艺术空前发展，上自皇室贵胄下至黎民百姓，常常即兴歌舞抒发情怀。南阳曾属楚地，楚文化源远流长，汉代楚歌楚舞乐流行，在南阳汉画中有为数可观的舞乐百戏图。

1978年3月，在唐河汉郁平大尹冯君孺人画像石墓中出土一块南阁室南壁西上部舞乐百戏画像石,如图6-10。画面左侧置一长榻,榻旁座管乐队。左起第一人戴前低后高帽冠,面侧向右,双手捧竽,竽身上翘且竽头上有羽葆、流苏类。依次二乐人正面端坐,左手执排箫吹奏,右手摇鼗鼓伴奏,右边一人捧竖管演奏。榻右边,有高髻、细腰两女伎,并列弯腰甩袖作燕飞状舞蹈,两脚各踏一圆球,似为蹴鞠双人长袖舞。画面右侧,另有一伎席地双手支撑倒立。身后站一头戴尖顶冠,赤上身倒背双手的大汉,注目观看。

图6-10 舞乐百戏

1988年7月,在南阳市麒麟岗汉画像石墓出土一块舞乐百戏画像石,如图6-11。

图6-11 舞乐百戏

1972年3月,在南阳市石桥汉画像石墓出土一块北耳室门楣正面舞乐百戏画像石,如图6-12。

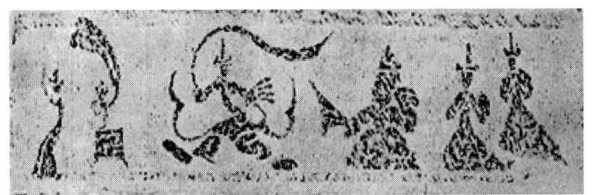

图6-12 舞乐百戏

在南阳市西郊征集到一块舞乐百戏画像石,如图6-13。画左刻一伎在樽上倒立,第二人耍杖,第三人作踏鼓舞。画右三人似为歌者。中间四人奏乐,其中两人执桴击鼓,一人吹埙,一人鼓瑟。

1932年,在南阳市卧龙区草店汉画像石墓中出土一块舞乐百戏画像石,如图6-14。画左第一人为执金吾,第二人观舞乐,第三人鼓瑟,中间三人似为讴歌者。画右三人,其中一人为徘优,一人在樽上倒立,另一人做踏鼓舞。

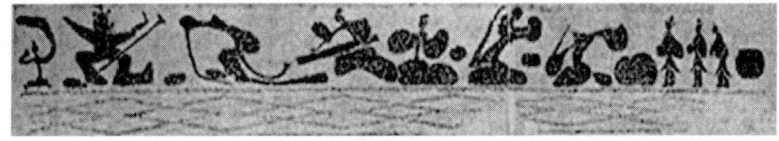

图6-13 舞乐百戏

图6-14 舞乐百戏

在原南阳市征集到一块跽坐观舞画像石,如图6-15。画左刻一男一女席地而坐。中一女子舒袖而舞,右边一男伎为徘优,似与舞者配合。

图6-15 跽坐观舞

图6-16 舞乐百戏

在南阳市七孔桥征集到一块舞乐百戏画像石,如图6-16。左两人倒立于樽上。中部上层二人,一为徘优,一为女舞伎。下层一人鼓瑟。右部刻上下两人执桴击鼙鼓。

在南阳市阮堂征集到一块舞乐弄杖画像石,如图6-17。自左边看,第一人鼓瑟,第二人吹埙,第三人执桴击鞞鼓,右边一象人弄杖。

图6-17 舞乐弄杖

1973年5月,在邓州市长冢店汉画像石墓中出土了侧室门楣舞乐百戏画像石,如图6-18。左边一石刻乐队。自左至右,跽坐鼓瑟者一人,摇鼗吹排箫者二人,跽坐吹埙者一人。其右刻建鼓一面,鼓上刻饰羽葆,鼓侧悬挂四个钲之类的打击乐器。两侧各跽坐一人,双手执桴击鼓。右边一石刻百戏。自左至右,一女伎戴冠着长衣,腰如束素,挥长袖作舞;一男子左手卡腰,右臂平伸,在表演弄壶。另一女伎,双手撑地倒立,画右跽坐三人,皆右手执桴击鼓。刻画人物形象生动逼真,颇有动感。

图6-18 舞乐百戏

1973年3月,在南阳市王寨汉画像石墓中出土两块主室门楣百戏画像石,如图6-19。画面上方横垂帷幔,中置一镈钟,一建鼓。镈钟两侧各有一人,皆一手扶架,一手执棒撞击。左边五人,一人似跽坐,另四人在作杂技表演。一男子大步疾走,一女伎一手按樽,一手托物呈倒立状,一男子口吐火焰,另一男子右手摇鼗,左手抛十二丸。

在南阳市征集到一块舞乐百戏画像石,如图6-20。画面上,左起第一人长袖作舞,第二人摇鼗鼓弄壶,第三人倒立。右起第一人击铙,第二、第四人吹排箫摇鼗,第三人吹埙,第五人摇头鼓琴。

图6-19 百戏

图6-20 舞乐百戏

1973年6月,在唐河电厂汉画像石墓中出土两块西侧室门楣跽坐、乐舞百戏画像石,如图6-21。左边一石,刻六人跽坐画像。右边一石,刻乐舞百戏图。

图6-21 跽坐、乐舞百戏

在南阳市征集到一块舞乐百戏画像石,如图6-22。画面上左起第一人为俳优,第二人在樽上倒立。中间一女伎挥袖作踏鼓舞。右起第一人似执器跽坐(漫漶不清),第二人击鼙鼓。

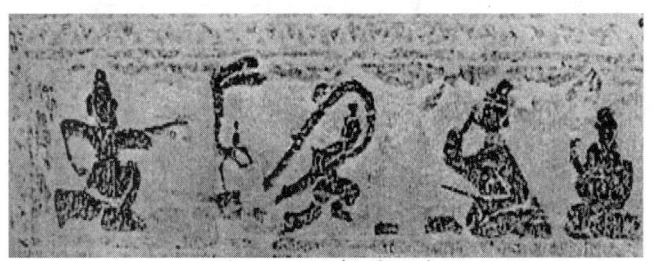

图6-22 舞乐百戏

在南阳市西郊李相公庄魏晋墓中出土一块盖顶舞乐百戏画像石(即"许阿瞿"画像石),如图6-23。

图6-23 舞乐百戏

在南阳市征集到一块舞乐百戏画像石,如图6-24。画面上,中间刻一建鼓,鼓两侧各一人执桴击鼓。右三人,一人跳丸,一人舒长袖作踏鼓舞,一人倒立于樽上。左三人伴奏。

图6-24 舞乐百戏

在南阳市卧龙区石桥镇鄂城寺征集到一块舞乐百戏画像石,如图6-25。画面上有一兽座建鼓,上饰长长的羽葆,鼓侧悬挂4个钲之类打击乐器,鼓两侧执桴击鼓者动作夸张,另有舞者,倒立者,观者等。

图6-25 舞乐百戏

1983年4月,在南阳市卧龙区英庄汉画像石墓出土一块墓门东门楣正面舞乐百戏画像石,如图6-26。

图 6—26　舞乐百戏

在南阳市卧龙区石桥镇还征集到一块舞乐百戏画像石,如图 6—27。

图 6—27　舞乐百戏

自西汉中期至东汉末,社会消费观念发生变化,人们追慕时尚消费与奢侈消费。武帝时,经过杨可告缗,商贾的消费心理发生变化,"民偷甘食好衣,不事蓄藏之产业"。竞相攀比,炫耀财富,不事积蓄,一部分人的消费水平往往超过实际经济收入水平。奢侈逾制、追求享受、淫乱暴虐、违背伦理消费等现象不胜枚举,就是一般的编户齐民,也追求高档消费,史书中多有记载,上述多幅舞乐百戏图可谓是当时社会奢侈消费、追求享乐之风滋长蔓延状况的一种生动写照。

第七章 汉画像中的地主庄园

一、庄园、城堡、厅堂、楼阁、阙及桥梁

西汉末年,大商人、大官僚通过购买或者兼并的方式占有大量土地,如《汉书·匡张孔马传》中记载的成帝时身为丞相的张禹,《后汉书·阴识传》中记载的西汉末年的阴识,《后汉书·樊宏传》中记载的西汉末年的樊重,还有酷吏宁成等,都是当时的巨富,占有田地几百亩甚或千顷,役使大量仆役,楼阁屋舍数栋,庭院深深,经营农、林、渔、牧、手工业等,基本上自给自足。

从已经发掘的汉画像石墓中的随葬品内容及数量统计上可以看出,西汉后期的墓葬与以前有所不同,开始以陶制的仓、灶、井、风车、碓房、猪圈、猪、狗、牛、羊等为主,一些墓葬中还有奴婢和农夫俑,画像石中也刻有车马、人物、山林、房屋以及牛耕播种等内容,再现了庄园主生前大大小小的生活场景,表明社会经济结构发生了一定变化。西汉末年已经形成的略具规模的豪强地主田庄,到东汉时期得到了进一步的发展。曾延伟在其所著的《两汉社会经济发展史初探》一书中指出:"不管是拥有徒附的地主,还是像崔寔那样的地主,都有自己的庄园。中等地主有一个庄园,大地主则可能有几个或几十个庄园。"在汉画像中,墓主人庄

园主的身份比较鲜明地反映出来了。

东汉时期的庄园规模迅速膨胀,东汉王朝不得不与之妥协。皇亲国戚、豪宗大族、地方上的官吏,买卖甚至侵占田产有恃无恐,田宅逾制,无所顾忌。大田庄奴婢几百上千,资产巨亿,第观连阁临道,燕舞声乐,宾客奔凑。《后汉书》中有"家僮八百人"、"宾客数百人"、"家兵千人"、"宗族及宾客家兵数百人"等记载。仲长统对汉代庄园经济也有具体的描述:"豪人之室,连栋数百,膏田满野,奴婢千群,徒附万计。船车贾贩,周于四方,废居积贮,满于都城。"

东汉时期官僚、商人、地主阶层三位一体,拥有田产的方式更是自由独立。一般是大姓家族聚居,以家族为单位,以一块或者几块大土地作为依托,聚集一定数量的徒附和奴隶。不少考古资料及汉画反映了这种状况。全国已经发掘的汉墓中出土不少庄园、陶城堡、楼阁、院落建筑、陶俑等明器模型。汉代建筑明器种类繁多,式样齐全。其中,淮阳出土的陶庄园、焦作出土的彩绘七层奁阁式陶楼、灵宝出土的水榭等是汉代高超建筑艺术的真实写照。(李恒全,郭智勇 2002:2)

河南淮阳于庄汉墓中出土的庄园模型,田园安排井然有序,旱田水田皆有。庭院内有楼房、仓房、廊房、猪圈、厕所、厨房、佣人住房等建筑,周围有墙。从地缘关系上说,淮阳、南阳同属中原,相隔不远,庄园经济是汉代南阳经济发展的突出特点,淮阳汉墓中出土的庄园模型可以说是地主庄园经济发展的一个缩影。

在已出土的东汉时期的陶制庄园模型或画像石、砖及壁画中,经常能够发现围墙、角楼、望楼、飞桥等军事设施,有的上面还站有武士佣,个个手执兵器,状态威严。(李桂阁 2002:5)。

为数不少的汉墓中出土有结构比较复杂的陶楼模型明器,表明东汉后期地主庄园经济日益膨胀和阶级矛盾日益尖锐化。

左思在《蜀都赋》中描述汉代豪宅:"亦有甲第,当衢向术,坊宇显敞,高门纳驷。"

汉代,南阳郡居住着不少皇亲国戚、达官显贵、豪强地主及富商大贾,他们极力营造豪华的宅第。在已经发掘的汉画像石墓中,出土了不少厅堂、楼阁、宅第画像石,反映了汉代地主庄园的发展盛况以及建筑艺术成就。

根据刘敦桢在《中国古代建筑史》中的论述,我们可以大致了解汉代的宅第。汉代的宅第建筑，外有正门，屋顶中央高，两侧低，其旁设小门。大门内又有中门，中门和正门可通马车。门旁的门庑可以居留宾客。院内以前堂为其主要建筑，堂后以墙、门分割内外，门内有内室用于居住，也有宴饮歌舞百戏所用的后堂。除这些房屋外，还有马厩、车库、库房、厨房以及供侍女、奴婢、徒附、护卫居住的其他建筑。周阁重门是大型宅第的基本格局。唐河县郁平大尹冯孺人墓的布局结构和题榜文字等是典型的仿地面官僚的豪华宅第建筑。

在唐河县汉郁平大尹冯孺人汉墓中出土一块南阁室北壁中下部门阙、厅堂、人物画像石，如图7—1。

画面上，宽敞的厅堂，门外有执笏小吏躬身侍立，厅内有捧奁的高髻奴婢，主人扶几跪坐，悠然自得。虽然不是当时最豪华的宅第，也反映了达官显贵较高的生活水平。

图7—1 门阙、厅堂、人物

厅堂，也叫堂，是宅第中会客办事的地方。南阳汉画中的厅堂都是单檐四阿式厅堂，有以下三种类型的结构。其一，是在主体建筑前置双阙的结构，如上述的唐河汉郁平大尹墓中出土的一块画像石，中部刻画了一单檐四阿式厅堂，两侧的前方各置一个双层阙。其二，是在出土的画像石中刻画的厅堂建筑图，画面也是单檐四阿式厅堂，下有双柱，柱头均为一斗三升拱，垂脊较短，正脊长而且厚，脊两端各设一个单檐四阿式望亭，以求相互对称，望亭的高低、大小与厅堂建筑整体相协调。这种结构的厅堂建筑图在唐河针织厂汉墓出土的前室南壁上方楼阁人物画像石中有刻画，如图7—2（原石照片）及图7—3（楼阁人物）。第三种类型的结构在以下两幅汉画中得到体现。

在唐河县石灰窑汉墓中出土两块门扉画像石，上刻厅堂、阙、人物、铺首衔环。其一为楼

图7—2 楼阁人物（原石照片）

阁铺首衔环画像石,如图 7-4。
上刻厅堂,内一人正襟端坐,左一
人躬身拜谒,右立一侍者。厅堂上
刻凤鸟,厅堂下刻铺首衔环。其
二,为楼阁铺首衔环画像石,如图
7-5。上刻厅堂和双阙。厅堂内,
右坐一高髻、束腰贵妇,左一侍女
侍立。下刻一铺首衔环。在画面
上,有单檐四阿式厅堂,檐柱下有
柱础,上承栌斗,屋顶两侧坡面较

图 7-3 楼阁人物

长而且缓,正脊较短,靠下有两个重檐阙形望亭分置左右。这种重檐阙
形望亭高耸,与宅前双阙类似,具有用于远望的实用性质,与杨官寺汉
画像石墓出土的两幅建筑图所刻画的厅堂风格相同。南阳汉画中这种
风格的厅堂明显多于前两种风格的厅堂,可以看出那时比较流行。

图 7-4 楼阁铺首衔环　　　　　图 7-5 楼阁铺首衔环

　　1962 年,在杨官寺汉画像石墓中出土的墓门南柱北侧面套连双环、
执钺神人、柏树、厅室、双阙画像石,如图 7-6。画像分两部分:上部刻
双环套连、双凤飞舞和执钺蹲坐神人;下部画像呈倒置状,自上而下依
次为二柏树、厅堂、双阙及套连双环。

　　楼阁是楼与阁的合称。所谓楼,就是多层的木结构建筑。阁也是
楼,只是用途不同,阁是用于游憩时向远处眺望的。

1962年，在杨官寺汉画像石墓中出土的南主室门扉正面楼阁、斗牛、神虎画像石，如图7-7。画像石上刻有四重檐庑殿式楼阁建筑图。楼阁分四层，层层内收，叠涩成塔形。第一层有双柱对称耸立，檐部挑出斜面以及一斗二升斗拱，檐下刻大门、门楣、门框，有两扇门扉，上面饰有铺首衔环，房坡刻有垄。在右柱子的外侧，刻一拱手的守门吏。第二层有五根立柱支撑，屋面分为四间，檐部挑出斜面以及斗拱，只是在中柱的顶端刻有斗拱。第三层由三根立柱支撑，屋面分为两间，中一柱使用斗拱结构。第四层也由三根立柱支撑。第三、四层都是在檐部挑出斜面以及斗拱。楼阁的柱子以及斗拱都涂成红色。它的逐层施柱、逐层收小减低、逐层出檐或装平座的方法，后来成为我国古代楼阁建筑长期遵循的建筑模式。

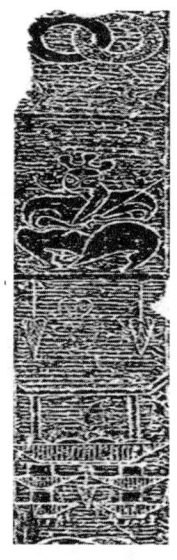

图7-6 套连双环、执钺神人、柏树、厅室、双阙

图7-7 楼阁、斗牛、神虎

1972年6月，唐河针织厂汉画像石墓中出土一块前室北壁下方楼阁、人物画像石，如图7-8。楼阁下有粗壮的立柱，楼阁上有对称的望亭，斗拱硕大，厅堂轩敞，阁顶栖鹤，两旁饰羽人，反映了仙人好楼居的升仙思想。厅堂内有两人扶几而坐似主人，前有一人起舞。左柱外立一人，右柱外有两

图7-8 楼阁、人物

人鼓瑟奏乐。

1972年6月,在南阳市赵寨砖瓦厂汉画像石墓中出土一块墓门扉正面凤鸟、楼阁、菱形连环图案画像石,如图7-9。上面刻画的楼阁建筑图别有特色。在楼下有双柱子,柱子上有斗拱,柱子下面有柱础,在两门之间刻有铺首衔环,代表大门,楼上有相互对称的望亭,望亭如阙。

图7-9 凤鸟、楼阁、菱形连环图案

图7-10 楼阁

另外,还有两块残损的楼阁画像石。其一是1962年在南阳市杨官寺汉墓中出土的南侧室门柱侧面楼阁画像石,如图7-10。最下边是一厅堂,厅堂之上是一单阙,第三层是双阙,左上角残。其二是征集于南阳市白滩的楼阁、人物画像石,如图7-11。画面刻一楼阁,上层已残,下层为一厅堂。厅前右门扉微启,门口站一人,一人对跪。厅前左柱外侧一青龙,右柱外侧一白虎。

阙是我国古代用于标志建筑群入口的建筑物,一般建于城池、宫殿、宅第、祠庙、陵墓之前。阙的出现,可追溯到几千年前的新石器时代。人类为了防备野兽的侵袭以及部落征战时作为防御设施,往往在部

图7-11 楼阁、人物

落聚居地的周围，挖有防御用的壕沟，并且建有树枝编的围栏，为了方便进出，又在围栏上开出了缺口，后来在围栏缺口两侧修建了供瞭望和守卫的木楼，这种木楼应该是阙的雏形。《诗·郑风·子衿》中说："纵我不往，子宁不来，挑兮达兮，在城阙兮。"说明在西周时期，阙已经出现了，这是关于阙的最早的记载。

阙有比较独特的功用。应劭《风俗通义》中记载，"阙观所以饰门，章于至尊，悬之象魏，示民礼法也。"汉代，阙显示威严与尊贵的功能很突出。《白虎通义》中有"门必有阙者何？阙者，所以饰门，别尊卑也"的解释。阙，也可以用于登高望远，可供守望之用。因此之故，阙又被称为"观"。东汉许慎《说文解字》曰："阙，门观也。"《尔雅·释宫》曰："观，谓之阙。"崔豹《古今注》中说："阙，观也。古每门树两观于其前，所以标表宫门也。其上可居，登之则可远观，故谓之观。"刘熙《释名·释宫室》中说："阙，阙也。在门两旁，中央阙然为道也。"又云："观，观也。于上观望也。"在徐锴的《说文解字系传》卷三十六中，就有关于阙可以叫做"观"的解释：观，"盖为二台于门外，人君作楼观于上，上圆下方，以其阙然为道，谓之阙，以其上可以远观，为之观"。后来，阙、观就发展成为王侯宫室或官僚富人宅邸前面显示门第、表示官爵地位和功绩、区别尊卑、崇尚礼仪的装饰性和标志性的建筑物。从古到今，"阙"有十多种称谓，如"神道"、"门阙"、"大门"等，也有多种解释。

阙一般用石头、砖头和木材等建筑材料构筑而成。阙有单双之分，一般是双阙，左右对称存在，在两阙之间有道路，能够联系通向后面的建筑。有城阙、宫阙、祠庙阙、墓阙、宅第阙五种。"阙"这一独特的建筑形式，在河南、四川等地的汉画像石（砖）中是比较常见的。

汉阙是精美的雕刻作品，也是我国现存最早的地面建筑形式，其历史价值自毋庸赘言。目前全国所发现的汉阙有32处，其中四川24处、河南3处、山东4处、北京1处。四川除绵阳境内3处无铭阙久已风化，斑驳破损到难辨真面目外，其余29处都大体完整。绵阳平阳府君阙、雅安高颐阙等四川诸阙，与河南嵩山汉代三阙、山东嘉祥武氏祠阙、肥城孝堂山石室、四川彭山江口镇、乐山白崖山和三台县郪江崖墓（由于崖墓为依山水平开凿，故不同于普通墓穴，可视为地面建筑），这30余汉代地面建筑遗构，年代上早于山西云冈石窟、河南登封嵩岳寺塔、河北定兴北齐石柱、赵州安济桥等400年以上，构成了中国最珍贵的早期地面建筑实例,对认识中国上古建筑有不可替代的价值。其建筑艺术上的成就,特别是斗拱样式,可与同期古希腊、古罗马建筑柱式并列为东西方的建筑艺术规范,理应成为中国建筑文化遗产的标志。(建筑文化考察组 2008:12)

河南嵩山中岳有汉三阙:太室阙、少室阙与启母阙,属于祠庙阙。都离中岳庙不远,是全国重点文物保护单位。三阙分别如图7—12、7—13、7—14。现存中岳汉三阙都是神道阙,既是古老的建筑艺术品又是石雕极品,四面都雕刻着形态生动、富有动感、内容丰富多彩的图像,副阙或刻有题额和铭文。太室阙在太室山中岳庙门前约500米处,建于东汉安帝元初五年(公元118年),由长方形大石块垒砌而成;少室阙在少室山下邢家铺村西面,建构与太室阙大致相似;启母阙在万岁峰下启母庙前,铭文记述了夏禹和他父亲治水的事迹,有珍贵的历史价值。

图7—12 太室东阙　　图7—13 少室西阙　　图7—14 启母西阙

墓阙就是装饰冢地大门的建筑,汉代墓阙都是墓前的仿木结构建筑物,是我国出现最早的仿木结构地面建筑遗存,独具特色,突出体现了汉代先民开拓、创新、豪迈的气韵。

在南阳汉画像石中有关阙的刻画不多。1962年,在杨官寺汉画像石墓中出土一块墓门中柱正面双阙、伯乐相马、兽斗画像石,如图7—15。上部刻双阙,阙顶各立一鹤,双阙上部有图案相连。双阙间立一门吏。中部,左上方立一人,右侧有"柏乐"(伯乐)二字,前方有一马站立,马颈拴一绳,绳两端系于阙侧的柏树上。右下方立一人,右手执棍,左手端一碗,似杂技艺人。画像下部,刻起伏的山峦,山顶熊鸟相斗,山间有小兽追逐。山体间刻二"山"字,山峦左下方一射者。

前述的唐河郁平大尹汉墓出土的门阙、厅堂、人物画像石中,厅堂前左右两侧有高大的柱形双层阙,阙的上层还装有菱形窗格,阙顶为重檐庑殿顶。杨官寺汉墓中出土的墓门南柱北侧面套连双环、执钺神人、柏树、厅室、双阙画像石上刻有双阙。在唐河针织厂汉墓出土的前室南壁上方楼阁人物画像石中刻画有双阙。在唐河县石灰窑汉墓中出土的两块楼阁铺首衔环门扉画像石及楼阁画像石都刻有双阙。

南阳市赵寨砖瓦厂汉画像石墓中出土一块单阙画像石。画面中的阙是单阙,有三重檐,每层的瓦垄比较规整,如图7-16。

图7-15 双阙、伯乐相马、兽斗

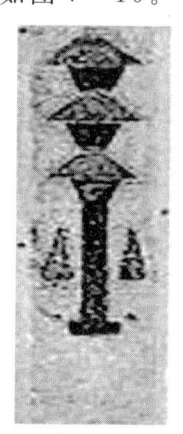
图7-16 单阙

上面所列汉画中的阙,结构和阙顶有所不同,形式较多,表明汉代南阳建筑水平有了提高,这时已经能够建造比较复杂的建筑物了。

斗拱是我国古代建筑特有的既实用又具有装饰作用的建筑构件,在木结构建筑中有重要地位,是构成我国古代建筑艺术特征的主要部分。南阳汉画中的建筑图斗拱有如下特点:部分楼阁和阙观建筑中仍然保留柱头仅承托栌斗的古制。但厅堂建筑中使用了斗拱,体现了斗拱的发展已经进入了成熟阶段,特别是唐河县针织厂汉画像石墓出土的建筑图中刻有硕大的斗拱,显示出了汉代建筑先进的技术工艺水平。

晚期汉画像石墓中建筑图像虽然不多,但基本上都是建筑图像的精品。南阳汉画中的建筑图像不同于其他地区此类图像之处,在于南阳汉画中的建筑图像是一石一画,形同一幅幅建筑立面图,为研究汉代建筑结构风格和功能提供了直观的资料。

在卧龙区英庄汉画像石墓中出土的一块画像石上刻有一幅罟鱼图,图中有一双孔拱桥。姑且不论建造桥梁用什么材料,只看桥的结构与形状,就可看出当时桥梁建筑技术已经有较高水平了。

透过上列的汉画中的建筑图,我们已经了解汉代多层建筑技术已经达到相当水平,不能不说汉代先民既勤劳勇敢又富有智慧。

透过汉画像这面镜子,我们还可以比较清晰地勾勒出汉代社会的经济关系和阶级关系。

二、门吏及奴婢

在南阳已经发掘的汉画像石墓中,出土了不少门吏画像石。画像上的门吏,有的拥彗,有的执笏,有的执斧钺,有的执盾,有的执金吾,有的佩剑,有的持棨戟,有的握钩镶,有的持节,有的持刀,有的牵犬……形态各异的门吏,在庄园内担负着不同的任务。

(一)拥彗门吏

1986年6月,在南阳市卧龙区蒲山一号汉画像石墓中出土一块墓门中柱背面拥彗门吏画像石,如图7-17。

1983年4月,在南阳市卧龙区英庄汉画像石墓中出土一块主室中柱北侧拥彗门吏画像石,如图7-18。

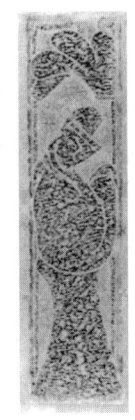 

图 7-17　拥彗门吏　　　图 7-18　拥彗门吏

在唐河县下屯征集到一块拥彗门吏画像石,如图 7-19。

 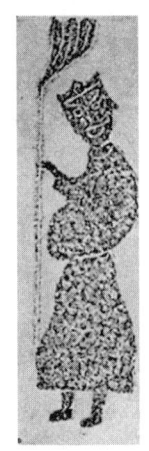 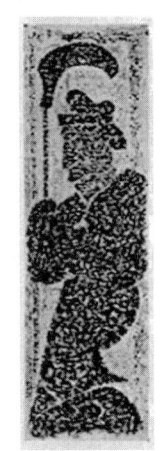

图 7-19　拥彗门吏　　图 7-20　拥彗门吏　　图 7-21　执彗门吏

在南阳市征集到一块拥彗门吏画像石,如图 7-20。

在南阳市卧龙区石桥镇征集到一块执彗门吏画像石,如图 7-21。

方城县发现胡人画像石 5 块,其中 2 块画像石上有"胡奴门"榜题。方城县杨集乡尤庄村汉画像石墓中出土的拥彗荷钺"胡奴门"吏画像石,是一块墓门柱石,如图 7-22。以阴线技法刻一深目高鼻,下颌上翘的胡人,右手拥彗,左手执钺于肩。在画像石的上方,有以隶书刻写的"胡奴门"三字。

在方城县博望镇汉画像石墓中出土一块拥彗门吏画像石,如图 7-23。

1983年,在南阳市王庄魏晋墓中出土一块主室门扉背面拥彗门吏画像石,如图7—24。

  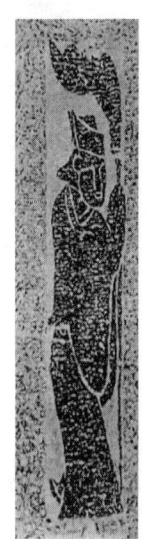

图7—22 拥彗荷钺"胡奴门"吏　图7—23 拥彗门吏　图7—24 拥彗门吏

(二)执戟门吏

1994年,南阳市邢营一号魏晋墓中出土一块执戟门吏画像石,如图7—25。

1992年,在南阳市药材市场魏晋墓出土一块后室门东立柱正面执戟门吏画像石,如图7—26。在南阳市一小征集到一块双环、执戟门吏画像石,如图7—27。

在南阳市卧龙区石桥镇东门外的一座汉画像石墓中发现一块熊、执戟门吏画像石,如图7—28。

在南阳市白滩征集到一块熊、执戟门吏画像石,如图7—29。

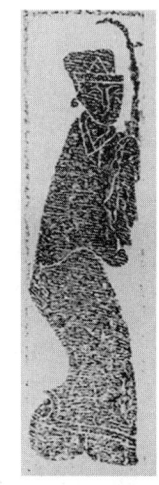  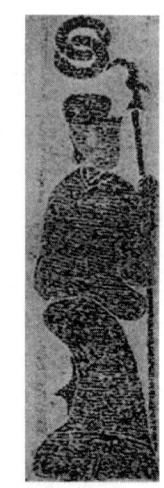

图7-25　执戟门吏　　图7-26　执戟门吏　　图7-27　双环、执戟门吏

图7-28　熊、执戟门吏　　　　图7-29　熊、执戟门吏

　　1983年4月，在南阳市卧龙区英庄汉画像石墓出土一块墓门西立柱正面鸟、执戟门吏画像石，如图7-30。

 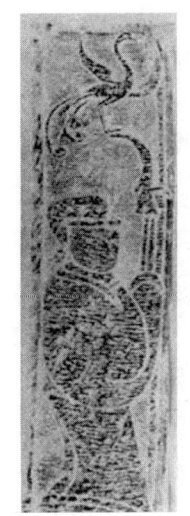

图 7-30　鸟、执戟门吏　　图 7-31　朱雀、执戟门吏

1986 年 6 月,南阳市卧龙区蒲山一号汉画像石墓出土一块墓门侧柱正面朱雀、执戟门吏画像石,如图 7-31。

(三)执笏门吏

在唐河县湖阳辛店征集一块执笏小吏画像石,如图 7-32。

在南阳市卧龙区英庄汉画像石墓出土一块执笏门吏画像石,如图 7-33。

在南阳市征集一块网状方格纹饰、执笏门吏画像石,如图 7-34。

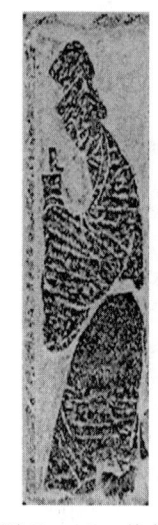 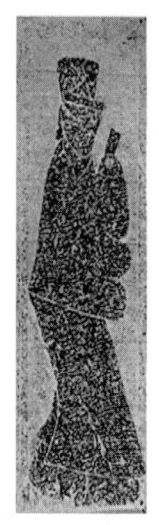 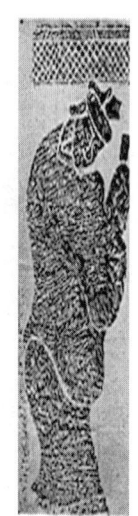

图 7-32 执笏小吏　　图 7-33 执笏门吏　　图 7-34 执笏门吏

在南阳市征集到一块十字穿环、执笏门吏画像石,如图 7-35。

1996 年 1 月,在唐河白庄汉画像石墓中出土一块墓门立柱执笏门吏画像石,如图 7-36。

1988 年 7 月,在南阳市麒麟岗汉画像石墓出土一块执笏官吏、执棒侍者画像石,如图 7-37。

在南阳市卧龙区英庄汉画像石墓中出土一块朱雀、执笏门吏画像石,如图 7-38。

在唐河县电厂汉画像石墓出土一块执笏跪吏(局部)画像石,如图 7-39。

1993 年,在卧龙区王寨汉画像石墓中出土一块墓门侧柱正面熊、执笏门吏画像石,如图 7-40。

1972 年 6 月,在唐河针织厂汉画像石墓中出土一块墓门南侧柱佩剑执笏门吏、穿环图案画像石,如图 7-41。

第七章 汉画像中的地主庄园

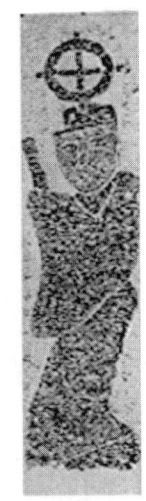 

图7-35　十字穿环、执笏门吏　　图7-36　执笏门吏

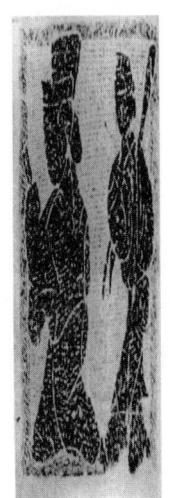 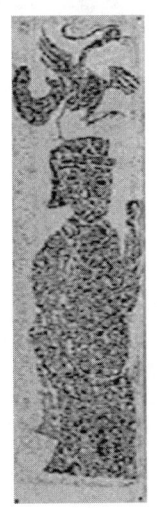

图7-37　执笏官吏、执棒侍者　　图7-38　朱雀、执笏门吏

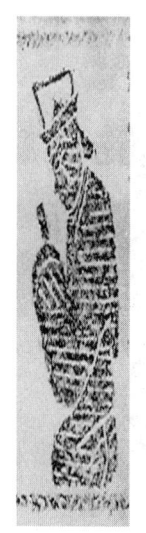 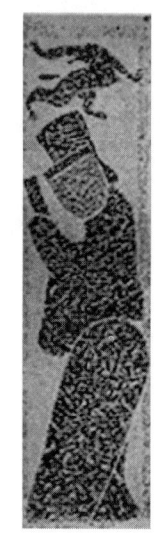 

图 7-39　执笏跪吏　　图 7-40　熊、执笏门吏　　图 7-41　佩剑执笏
　　　　　　　　　　　　　　　　　　　　　　　　　　　门吏、穿环图案

(四)执盾门吏

图 7-42 为房屋、捧盾人物画像石,原石出处不详。

图 7-43 为神鸟、捧盾门吏画像石,原石出处不明。

在唐河县汉画像石墓出土一块熊、执盾门吏画像石,如图 7-44。

 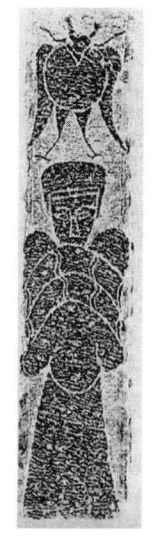 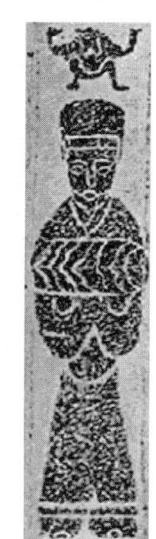

图7-42　房屋、捧盾　　图7-43　神鸟、捧盾　　图7-44　熊、执盾
　　　　　人物　　　　　　　　　　门吏　　　　　　　　　　门吏

在唐河县针织厂汉画像石墓出土一块穿环图案、执盾门吏画像石，如图7-45。

1995年，在南阳市十里铺二号汉画像石墓出土一块中室门南立柱正面单阙、执盾门吏画像石，如图7-46。

1983年4月，在南阳市卧龙区英庄汉画像石墓出土一块墓门中柱楼阁、捧盾门吏画像石，如图7-47。

1965年11月，在南阳市卧龙区英庄汉画像石墓中出土一块鸟衔鱼、执盾门吏画像石，如图7-48。

图7-45 穿环图案、执盾门吏　　图7-46 单阙、执盾门吏

图7-47 楼阁、捧盾门吏　　图7-48 鸟衔鱼、执盾门吏

　　1988年7月,在南阳市麒麟岗汉画像石墓出土一块套连双环、执盾门吏画像石,如图7-49。

　　1989年夏,在邓州市梁寨汉画像石墓出土一块墓门北侧立柱正面十字穿环、执盾门吏画像石,如图7-50。

　　在南阳市七里园汉画像石墓出土一块双鸟、执盾门吏画像石,如图7-51。

第七章 汉画像中的地主庄园　107

图7-49　套连双环、
执盾门吏

图7-50　十字穿环、
执盾门吏

图7-51　双鸟、执
盾门吏

(五)执金吾门吏

在南阳市七孔桥征集到一块执金吾门吏画像石,如图7-52。

在南阳市征集到一块熊、执金吾双吏画像石,如图7-53。

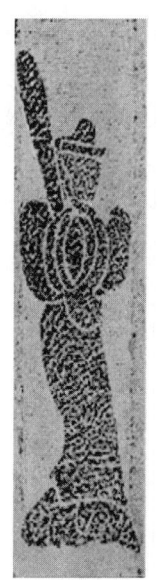 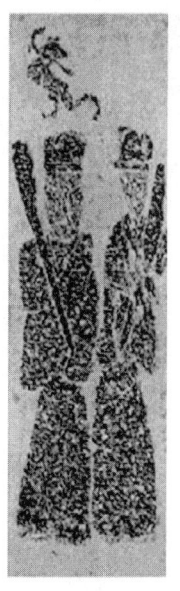

图7-52　执金吾门吏　　图7-53　熊、执金吾双吏

1982年,在南阳市十里铺汉画像石墓中出土一块中室门北柱西侧执金吾跪吏画像石,如图7-54。

1988年7月,在南阳市麒麟岗汉画像石墓中出土一块踞坐官吏、执金吾侍者画像石,如图7-55。还出土一块官吏、执金吾侍者画像石,如图7-56。

1994年,在南阳市邢营一号魏晋墓出土一块西主室西立柱中柱南侧面熊、执金吾门吏画像石,如图7-57。

1983年4月,在卧龙区英庄汉画像石墓出土一块墓门东立柱正面鸟、执金吾门吏画像石,如图7-58。

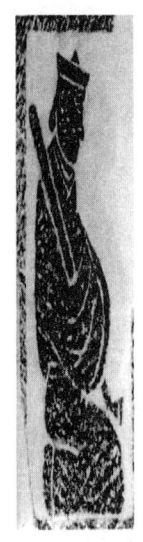
图7-54 执金吾跪吏

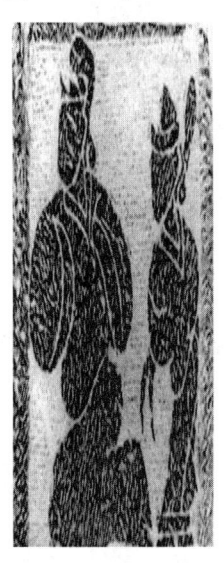
图7-55 踞坐官吏、执金吾侍者

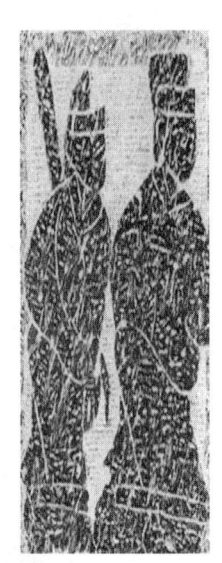
图7-56 官吏、执金吾侍者

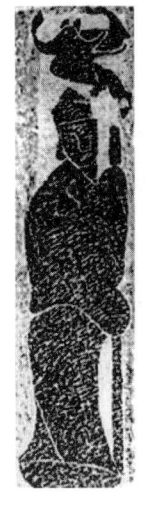 

图 7-57　熊、执金吾门吏　　图 7-58　鸟、执金吾门吏

(六) 执钺武士

在方城县博望镇出土一块鸟衔鱼、执钺武士画像石,如图 7-59。

在南阳市卧龙区石桥汉画像石墓出土一块执钺武士画像石,如图 7-60。

在方城县博望镇汉画像石墓出土一块执钺武士画像石,如图 7-61。

图7-59 鸟衔鱼、　图7-60 执钺武士　图7-61 执钺武士
执钺武士

1988年秋，在南阳市宛城区熊营汉画像石墓中出土主室门中立柱东、西两侧熊、执钺武士画像石各一块，如图7-62、7-63。

图7-64为鸱鸮、举钺武士画像石，原石出处不详。

在方城县博望镇还出土一块举钺握剑武士画像石，如图7-65。

图7-62 熊、执钺武士　　图7-63 熊、举钺执剑武士

图7－64　鸱鸮、举钺武士　　图7－65　举钺握剑武士

（七）持节吏

1986年7月，在南阳市刘洼村汉画像石墓出土一块主室门北立柱正面持节吏画像石，如图7－66。

在南阳市卧龙区英庄征集到一块持节执笏、二吏对拜画像石，如图7－67。

在南阳市东关征集到一块持节吏画像石，如图7－68。

在南阳市征集到一块持节吏画像石，如图7－69。

 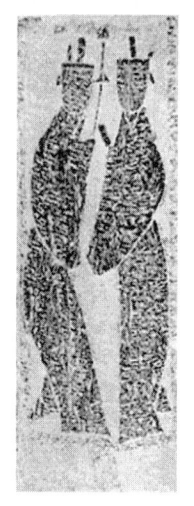

图 7-66　持节吏　　　　　图 7-67　持节执笏、二吏对拜

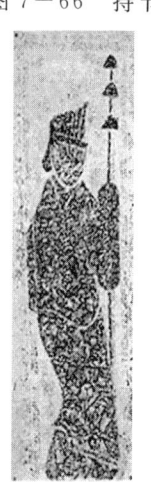 

图 7-68　持节吏　　　　　图 7-69　持节吏

（八）执刀武士、佩剑小吏

在南阳市征集到几块执刀武士画像石，如图 7-70、7-71、7-72。

 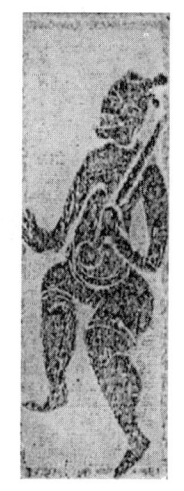 

图7-70 执刀武士　　图7-71 执刀武士　　图7-72 执刀扶盾武士

在唐河县下屯征集到一块佩剑小吏画像石,如图7-73。

1978年3月唐河汉郁平大尹墓出土一块南阁室北壁东部佩剑执盾吏画像石,如图7-74。

1972年6月,在唐河针织厂汉画像石墓中出土一块主室中柱正面托举神人、持剑武士、玄武画像石,如图7-75。

封建制代替奴隶制经历了一个长期的过程,汉代许多贵族之家仍然使用奴婢。统治阶级的横征暴敛导致许多农民卖田宅,鬻子孙。王莽时徒隶殷积,数十万工匠饿死,长安皆臭。东汉后期,外戚宦官横行,豪强权贵家里奴婢千数,南阳汉画像一定程度上反映了当时的社会现象。

 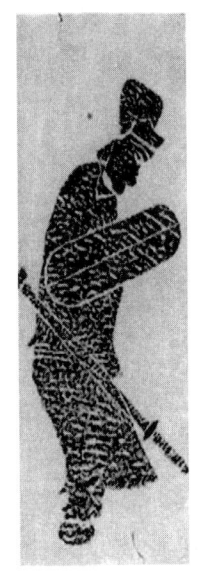 

图 7－73　佩剑小吏　　图 7－74　佩剑执盾吏　　图 7－75　托举神人、持剑武士、玄武

汉画像石上刻画的奴婢,有的端灯,有的捧奁,有的持炉,有的执镜,有的提囊,有的拥彗……他们为庄园主提供各式各样的服务,处于社会的最底层。《后汉书·樊宏传》中记载,樊宏家课役童隶,各得其宜。故能上下戮力,财利岁倍,乃至开广田土三百余顷。

汉代,奴隶从事生产劳动或家务劳动,南阳汉画中有不同的侍者形象。

(九)侍者

1988 年 7 月,在南阳市麒麟岗汉画像石墓中出土一块侍者画像石,如图 7－76。

1994 年 4 月,在南阳市宛城区高庙汉画像石墓中出土一块梁柱端熏炉、执便面侍者画像石,如图 7－77。

图 7－76 侍者　　图 7－77 端熏炉、执便面侍者

1973 年 5 月,在邓州市长冢店汉画墓中出土一块北主室门南门扉背面捧奁提卣侍者画像石,如图 7－78。

1989 年夏,在邓州市梁寨汉画像石墓中出土一块过梁下立柱南面十字穿环图案、佩剑执便面侍者画像石,如图 7－79。

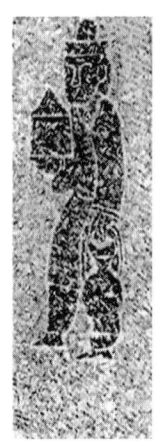 

图 7－78 捧奁提卣侍者　　图 7－79 十字穿环图案、
　　　　　　　　　　　　　　　佩剑执便面侍者

在方城县博望镇出土一块提卣侍者画像石,如图 7－80。
在南阳市征集到一块端灯奴仆画像石,如图 7－81。

图 7-80　提卣侍者　　图 7-81　端灯奴仆

(十)侍女

在西汉时期的墓葬中,极少出土刻有侍女奴婢形象的画像石(砖),而东汉时期的墓葬内立柱上则有大量的侍女奴婢形象。在南阳市宛城区高庙汉画墓、方城县博望镇汉画墓、南阳市石桥汉画墓、南阳市十里铺汉画墓等汉墓中出土了不少形态各异的侍女画像石,有端灯侍女、捧奁侍女、捧镜侍女、提卣侍女等形象的刻画,几乎每墓都有。这也是东汉时期庄园经济兴盛的实证。

1. 捧奁侍女画像石

1994 年 4 月,在南阳市宛城区高庙汉画像石墓中出土一块门柱捧奁侍女画像石,如图 7-82。

在方城县博望镇汉画像石墓中出土一块抱奁侍女画像石,如图 7-83。

第七章　汉画像中的地主庄园

图7-82　捧奁侍女　　　图7-83　抱奁侍女

1972年3月，在南阳市卧龙区石桥汉画像石墓中出土一块南主室门南侧正面捧奁侍女画像石，如图7-84。

在南阳市十里铺汉画像石墓中出土一块捧奁侍女画像石，如图7-85。刻画一女子，着细腰长裙，正面捧奁侍立。

图7-84　捧奁侍女　　　图7-85　捧奁侍女

1982年，在南阳市十里铺汉画像石墓出土一块后室北壁西柱东捧奁提卣侍女画像石，如图7-86。

在南阳市东关三官庙后发现一块熊、捧奁侍女画像石，如图7-87。

1989年夏,在邓州市梁寨汉画像石墓出土一块过梁下立柱西面鸟啄鱼、捧奁侍女画像石,如图7-88。

2. 提卣、捧熏炉、端灯、背物、抱童、执镜、提囊、持木槿、高髻侍女

1988年7月,在南阳市高新区麒麟岗汉画像石墓出土一块捧熏炉侍女画像石,如图7-89。还出土一块二侍女画像石,如图7-90。

图7-86 捧奁提　　图7-87 熊、捧奁　　图7-88 鸟啄鱼、
卣侍女　　　　　　侍女　　　　　　　捧奁侍女

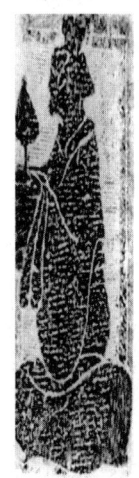 

图7-89 捧熏炉侍女　　　　　图7-90 二侍女

在南阳市岗寨征集到一块端灯、背物二侍女画像石,如图7-91。

在南阳市征集到一块熊、端灯侍女画像石,如图7-92。

图 7-91　端灯、背物二侍女　　图 7-92　熊、端灯侍女

在方城县博望镇汉画墓出土一块抱童侍女画像石,如图 7-93。

1983 年 4 月,在南阳市卧龙区英庄汉画像石墓出土一块主室中门柱正面执镜侍女画像石,如图 7-94。

在南阳市七孔桥征集一块提囊侍女画像石,如图 7-95。

1991 年,在南阳市第二化工厂 21 号汉画像石墓出土一块墓室南壁中立柱北面持木槿侍女画像石,如图 7-96。上刻一侍女双手持一朵硕大的花朵,此花应为木槿花。《说文解字》卷一中说:"蕣,木堇,朝华暮落者。"蕣花刻于石上用于墓中,象征生命的复苏,是墓主人幻想灵魂不灭、生死轮回观念的体现。

在方城县博望镇汉画像石墓出土一块高髻侍女画像石,如图 7-97。

图 7-93　抱童侍女　　图 7-94　执镜侍女　　图 7-95　提囊侍女

图 7-96 持木槿侍女

图 7-97 高髻侍女

三、拜谒

在南阳汉画像石墓中,还出土了一些反映拜谒场面的画像石。

《现代汉语词典》中,"拜谒"有两层意思,其一是拜见,其二是瞻仰。"拜",有表示敬意的礼节、拜访等多种意义。"谒",有谒见(即拜谒)、进见地位或辈分高的人的意义。

1978年3月,在唐河汉郁平大尹冯君孺人墓中出土五块拜谒画像石。如图7-98、7-99、7-100、7-101、7-102。

图 7-98 拜谒

第七章　汉画像中的地主庄园　121

图 7-99　拜谒

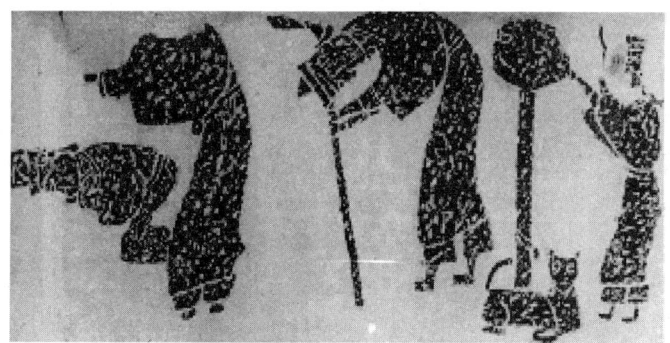

图 7-100　击鼓、拜谒

图 7-101　拜谒

1982年,在南阳市十里铺汉画墓中出土一块后室南壁上部东侧拜谒画像石,如图 7-103。

图7-102 拜谒

图7-103 拜谒

在南阳市征集到一块拜谒画像石,如图7-104。画面上,帷幔下一尊者,扶几正面端坐,其右一樽,上置一勺,左有二侍者,持戟侧身而立,画左,有二人持笏拜谒。

图7-104 拜谒

在唐河县征集到一块拜谒画像石,如图7-105。拜谒图中刻有五人,右二人持戟侧身而立,中一人执金吾躬身拜谒,左二人执笏拜谒。

图7-105 拜谒

透过一幅幅拜谒画面,我们仿佛看到高大的门阙前,停了一辆辆轩车或者轺车。庭院内,人来人往,厅堂上,客人对主人毕恭毕敬,宾主嘘寒问暖相互致意。一幅幅拜谒图就是汉代社会世俗生活的剪影,折射出世间百态,反映了地主庄园兴盛时期,大户人家与政界、商界关系密切,频繁往来的景象。

四、车骑出行

人类自诞生以来,随着认识和改造世界能力的增强,物质生产不断进步,生活需求不断增加。制作、使用车辆,以车代步或用车载物,就反映了人类社会物质技术的进步和物质生活的改善,也表明人类精神生活的丰富提高。

1954年,在山东嘉祥洪山村出土的汉画像石上,画面第二层左侧刻有一制车轮图。一男人左膝跪地,右手执斧,砍制木料,下有一段辋车轮的外周,面前有一快要制成的车,背后有一妇人背负小儿,手里拿着一段辋。在画面第二层右侧,一人呈操作状,另一人佩刀而立,似为监工。这幅图表现了庄园制车作坊工人劳作的情景。

1953年,在徐州铜山县茅村出土了一块汉画像石,刻有车马出行图。图中,骑士开道,车夫执鞭驾车,官员乘坐于后,马儿扬蹄奔跑,生动刻画了一幅装饰华丽的车队浩浩荡荡出行的场面。

南阳还没有发现制作车轮的汉画像石,但是南阳的大科学家张衡为了解决行车里程的计算和方向判定的问题,制造了计里鼓车和指南车,具有很高的科学价值,反映出东汉社会中车辆的使用已不鲜见,表明当时对车的认识已有相当高的水平。南阳汉画像石墓中,出土的刻画"笳箫鼓吹、车骑满道、尊乘卑驾、前簇后拥"的车骑出行场面的画像石不少。透过车骑出行图,汉代一些达官贵人、富商大贾和地主豪强出行时车骑浩荡、威风八面、招摇过市的奢华生活场景似乎就在眼前。一幅幅车骑出行图,铺陈了权贵富商、地主豪强的排场与威仪,也反映了汉代车辆生产流通的情况,是富商大贾势力膨胀及封建等级制度发展的体现。

在一块征集于南阳市七孔桥的车骑出行画像石上,刻画的出行队伍阵容颇为壮观,如图7-106。画面上,二尊者乘坐于两辆马车之中,车前有七人骑马先导,车后有八位骑马随从。一只猛虎突然从队伍后面扑来,最后一骑者转身挽弓射虎。突遇猛虎,幸有骑手能射箭伏虎,化险为夷。

图7-106 车骑出行

1983年,在南阳市七一乡王庄魏晋墓主室出土一块门楣正面车骑出行画像石,如图7-107。车前,有三人导骑,中部有一带伞盖的轺车,车内乘一尊者,一驭手。轺车后四人一组骑手跟随,最后一组骑手似乎带有武器专作后卫。

在唐河县湖阳征集到一块车骑出行画像石,如图7-108。刻二辆轺车,车前有二人,一人步行,一人骑马。

在唐河县一中征集到一块车骑出行画像石,如图7-109。画面中刻二辆轺车,车前有二导骑,车后有驺从,扛戟随行。

在南阳市卧龙区英庄汉画像石墓出土的一块车骑出行画像石,如图

第七章　汉画像中的地主庄园　125

图 7－107　车骑出行

图 7－108　车骑出行

图 7－109　车骑出行

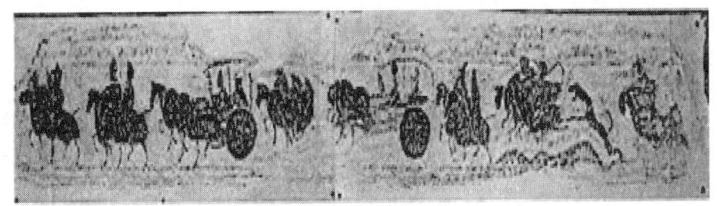

图 7－110　车骑出行

7－110。

在南阳市七孔桥征集到一块舞乐车骑画像石，如图 7－111。刻三马驾一车，车上乘二人，车前有三导骑，车后有三骑马随从，其中两人回首弯弓欲射尾随的三骑。左为舞乐百戏图。

1972 年 6 月，在唐河针织厂汉画像石出土一块墓门楣背面车骑出行画像石，如图 7－112。画面中，有四执弩骑马者，三轺车，车上均有伞盖，车内乘坐一驭手和一主人。一鼓车，一执矛随行者。

图 7－111　舞乐车骑

图 7－112　车骑出行

有一块车骑出行画像石征集于唐河县，如图 7－113。右刻三骑，皆肩铭旌飞驰，其后有三辆轺车，车上均饰华盖，每车各有一驭夫，一尊者，轺车后面一驺骑，一侍从。

图 7－113　车骑出行

1973 年 6 月，在唐河电厂汉画像石墓中出土一块墓门门楣正面车骑出行画像石，如图 7－114。上刻有六车一骑，骑者扛幡先导，画右一人执物似锸，旁置一物似柏树，似为丧葬出行。

图 7－114 车骑出行

五、陶俑

汉代南阳郡所辖区域还出土了不少姿态各异的陶俑。西汉末年的唐河汉郁平大尹冯君孺人墓中有俑头出土，东汉中晚期的南阳市西关墓中出土2件俑，东汉末年的方城党庄墓中出土1件俑。

东汉早期的南阳军帐营墓中出土2件陶俑，一俑抱盒并提有扁壶，一俑执锸而立。东汉早期的南阳桑园路墓中出土陶俑12件，其中胡俑2件，农夫俑10件。胡俑身着紧身衣裤，足蹬尖头靴，光头，眉弓突出，高鼻深目，络腮胡子，下颌上翘，双手握拳，拳孔相对，持有一长柄物件。

特别值得一提的是，南阳汉画像石墓中出土的胡俑是我们进一步了解汉代民族关系、中华文化发展及中华民族形成的实证资料。

新莽时期的南阳市中建七局机械厂汉画像石墓中出土陶俑10余件（其中说唱俑3件，跪坐俑7件），都是灰陶，呈跪坐姿。一戴方冠说唱俑，深灰色，戴冠，长裙下摆后置，覆盖腿足，上体直立，微微前倾，两臂弯曲前伸，手中似有物件。另一说唱俑，高鼻尖下颌，头梳发髻，露齿微笑，上体倾向右前方，右臂曲向胸前，掌心向内，左臂前曲，掌心向外，双脚脚趾向右身后平放。这在南阳地区属首次发现。

这些陶俑，从面部五官到四肢，从衣冠到坐姿，都刻画得清晰生动，表情丰富，栩栩如生。跪坐，高鼻，尖下颌，面带微笑，是他们的共同点。

这些陶俑明显带有北方胡人的相貌特征，可能表现的是一支胡人说唱队。其姿态、发型、帻冠、衣着等外在元素为我们研究汉代的礼仪习俗与服饰，尤其是民间艺人的服饰等提供了难得的资料。

东汉晚期的新野县前高庙村汉画像石墓出土陶俑 2 件，皆深目高鼻，戴尖顶冠。

在南阳一些汉墓中出土了不少胡奴门吏画像石及胡俑，是有缘由的。"胡"系我国古代对北方边地及西域各民族的称呼。在汉代，由于战争及其他原因进入中原的"胡人"为数不少，其中有一部分（主要是战俘）沦为奴隶。"胡奴"指胡人做奴隶，"胡奴门"指胡人作守门的奴隶。关于"胡奴"，文献中一再提及，《后汉书·应奉传》注："亭长胡奴名禄，以引浆来。"《汉书·张骞传》注，师古曰："堂邑氏之奴，本胡人，名甘父。"汉代以后，"胡"也泛指外国人。

南阳汉墓中的随葬品以陶器为主，金、银、铜、铁、瓷等材质的器物较少，鼎、敦（盒）等礼器渐少，罐、壶、瓮、盆、锅等日用陶器增多，仓、磨、井、猪圈、厕所、陶楼、灶、博山炉、案、耳杯、熏炉、奁、灯等模型明器以及猪、狗、牛、羊、鸡、鸭、鹅等牲畜偶像渐渐流行，还发现一些乐舞俑、釉陶俑、胡俑、执锸俑、执耜俑等。

随着时间的推移，南阳汉墓中随葬品种类及数量有所变化，画像石（砖）上刻画的车马出行、牛及耕车、武库、庖厨、宴饮、投壶、斗兽、狩猎、家禽、舞乐百戏、农具等形象，涉及经济社会、庄园生活等多个领域，反映了庄园内农业、手工业、畜牧业等的发展状况，充分体现了汉代尤其是东汉时期地主庄园内闭关自守、自给自足的自然经济的特点，是不可多得的研究汉代经济发展和社会生活状况的宝贵资料。

观察一件件汉代墓葬随葬品及考究厅堂、楼阁、宅第、门吏、宾客、奴婢、车骑出行、拜谒等汉画像，我们可以想见昔日的地主庄园门阙高耸、院落深深、壁垒森严。院外，不时车马喧闹、宾朋盈门，庄园主人迎来送往。高墙大院内，常常高朋满座，主人用舞乐百戏及宴饮来款待嘉宾。为数不少的门吏、奴婢各司其职，执斧钺刀剑等兵器的私人武装威势赫赫地镇守庄园。这些汉画像及随葬品资料就像汉代经济社会发展面貌的微缩景观，表明汉代庄园地主均占有大量的土地，奴役着大批贫苦农民。封建土地所有制是地主致富、农民受苦的总根子。地主庄园，既是一个自给自足的独立的经济单位，又拥有私人武装，往往成为与汉王朝相对立的地方割据势力。随着经济社会的发展特别是在中央政权腐败无能、封建统治涣散软弱的情况下，地主庄园更容易出现离心倾向。

东汉以后，我国古代出现了几百年的分裂割据状态，这与地主庄园的发展所造成的特殊经济政治状况有密切关系。

下 编
汉代南阳经济研究

第一章　汉代南阳的农业经济

农业是古老的生产部门,有狭义和广义之分。广义的农业包括粮食及经济作物种植业、畜牧业、林业和渔业等提供人们基本生活需要用品的产业。农业在古代社会是具有决定性的生产部门,从战国时期开始,统治阶级一直推行重农抑商政策。

"重本抑末"论在先秦时期只是法家学派的思想。到了汉代,经过贾谊、晁错这些在思想界和实际政策方面都有重大影响的人物的积极宣扬,逐渐成为占支配地位的经济思想。商鞅是我国经济思想史上最先提出"本"、"末"概念及其关系的人,比墨翟更明确地把农业称作"本业"、"本事",并专指"耕织致粟帛",即男耕女织的封建自然经济下的农业。他提倡把农业和工商业区别对待,提倡"事本禁末"的重农主张和政策。

西汉政权要恢复国民经济,必须恢复农业生产,因此"重农"或"重本"就成了西汉前期三大经济政策的中心环节。汉代统治阶级重视农业,推行重农抑商政策的措施颇有实效。从中央到地方曾大规模兴修水利工程,以抵御自然灾害,增强农田灌溉能力,为农业生产的发展创造条件。汉代手工业在战国时期的基础上有比较大的发展,冶铁业和铁器制作技术不断进步,铁臿、铁铲、铁锄、铁镰等铁农具大量生产出来,并且得到各级官吏的推广,得以普遍使用。水利灌溉机械以及铁犁、耧车等农具的发明或不断改进,牛耕的逐步推广,提高了农业生产力水平。农作物尤其瓜果、蔬菜等栽培技术有较大进步,选种、育种以及积肥、施肥、除草和病虫害防治等都受到重视,提高了田间管理水平。代田法、区种法等先进耕作技术的逐步推广以及耕地面积的不断扩大,使粮食单位面积产量以及总产量都有所提高。随着生活需求增加,粮食加工技术也有长足进步。农作物品种增多,农业经营范围更广,经营方式更为灵活,以种植业为主导,农、林、牧、副、渔各业都得到了较大发展,农业生产力水平整体有较大提高。

汉代,南阳的农业经济也有了进一步的发展,经济实力位居全国前列。

南阳是一个古老的地名。从字面上讲,南是指方位,阳是指地貌形态。南阳地处在伏牛山之南、汉水之北,属阳地,所以《释名·释州国》中说:"南阳在中国之南,而居阳地,故以为名也。"

南阳背靠伏牛、东扶桐柏、西掩秦岭,是一个群山环绕、南部开口的山间盆地。地势西北高而东南低,呈簸箕状,与湖北的襄樊盆地合称为南襄盆地,有山峰、丘陵和平原。山峰大部分海拔1000米以上,伏牛山、桐柏山呈西北东南走向,既属于秦岭山系的余脉,也是长江、黄河、淮河的分水岭。南阳东接淮泗,南临汉江,境内河流纵横,分属长江、淮河水系。唐河、白河纵贯盆地中央,丹江及其支流淇河、淅河(俗称老灌河)纵流盆地西部,东部是发源于桐柏山主峰太白顶的淮河,干支流水量丰富。南襄盆地周围还有一些小盆地,由于古代陆相湖泊湖水下泄,泥沙不断沉积,形成了大大小小的平原,河流的下游形成了一连串的河谷平川,有滋润万物生长的肥沃土壤,农业生产的发展条件得天独厚。

南阳也有不少珍稀动植物资源,如动物中的大鲵、猕猴、金钱豹,植物中的银杏、粗榧、连香树、杜仲、猕猴桃、华中五味子等。自1980年以来,在南阳地区先后建立多处自然保护区,如桐柏县太白顶自然保护区,内有亚热带常绿及落叶阔叶林等植物2000多种,另有陆栖脊椎动物200余种。内乡县宝天曼自然保护区是全省生物资源的储源地和珍稀动植物资源保存发展驯化基地。还有南召牧虎岭自然保护区、西峡老界岭保护区、西峡大鲵保护区等。

南阳的矿产资源比较丰富,主要有天然碱、石油、金、银、水泥灰岩、大理石、铅、锌、玉石、铁和煤等。桐柏县的吴城是我国大型优质碱矿床,独山的玉石闻名中外。

肥沃的土地、充沛的水资源、湿热的气候及优越的地理环境为南阳先民绵延生息提供了条件。古代文献记载及近现代考古发现证明,南阳经济开发历史悠久。早在新石器时代,我们的祖先就在这里进行生产活动。周初,楚先王熊绎开发楚地,曾经有"若敖、蚡冒筚路蓝缕以启山林"的记述。《战国策·秦策四》称"随阳右壤,此皆广川大水、山林溪谷不食之地"。随阳就是现今的随县,随之右壤,泛指现今的襄阳、南阳一带。桓宽在《盐铁论》中有荆襄"伐木而树谷、燔莱而播粟,火耕而水耨"的描述。早在战国时期,有楚韩巧冶、炼钢制造锋利兵器的记载,南阳的冶铁技术就已经有了相当高的水平,后来南阳太守杜诗发明水排,冶铁的动力条件改善,冶铁效率提高。铁制农具的使用,促进了农田水利事业的发展。农业技术的不断改进,使农业生产效率大大提高,农业生产相当发达。

一、汉代重农传统的初步形成

汉朝建立后,承继了战国以来的重农政策,皇帝下诏劝督农桑,且与皇后一起参与生产,为社会作表率,还创新了租税、徭役、人口等方面的制度,实行重农新举措,重农传统得以初步形成,影响深远。汉代,农业生产力的提高、农业经济的发展为社会进步及疆域的统一与巩固提供了物质基础。

(一)皇帝劝督农桑

1. 皇帝下诏劝督农桑

秦始皇说过:"皇帝之功,勤劳本事,上农除末,黔首是富。"(《史记·秦始皇本纪》)汉代,皇帝非常重视农业生产,多次下诏劝督地方官和老百姓努力生产,不误农时农事。

由于长期战乱、秦的苛政及秦汉之际的农民战争,汉初经济凋敝,物资匮乏,物价飞腾,民生困苦,黎民百姓无盖藏,大饥馑,人相食,死者过半,人口稀少,汉王朝的财政也很困难。面对这种局面,从统治者到一般士人都关心农业,当时的一些"循吏",也都把劝课农桑当做自己的一项重要任务,史书中多有记载。

汉文帝、汉景帝在位共 38 年,颁发九次劝农诏书。

《汉书·文帝纪》中记载,文帝诏曰:"农,天下之大本也,民所恃以生也,而民或不务本而事末,故生不遂。朕忧其然,故今兹亲率群臣农以劝之。其赐天下民今年田租之半。"

《西汉会要》卷五十记载,汉景帝在后元二年(公元前 142 年)夏下诏曰:"欲天下务农蚕,素有蓄积,以备灾害。"

《汉书·食货志》记载,武帝诏曰:"方今之务,在于力农。"

《汉书·昭帝纪》记载,昭帝诏曰:"天下以农桑为本。"

根据《西汉会要》和《东汉会要》中的记载统计,历代皇帝发布的劝课农桑诏令有 50 余条。

2. 皇帝与皇后亲自参与农作

《吕氏春秋·贵当》篇中记载:"霸王有不先耕而成霸王者,古今无有。此贤者不肖者之所以殊也。"

汉代,皇帝、皇后亲自参与农作,以实际行动为编户齐民作表率。

文帝在恢复籍田礼仪时,亲自用行动引导天下万民重视农业生产。此后,这种半宗教半政治性的礼仪就开始成为汉代宫廷内的传统。每年春季,皇帝就要按照儒生特别倡导的这种礼仪,象征性地推三下犁。

《汉书补注》卷六中记载,公元前 89 年三月,上(武帝)曾耕于巨定,后来的昭帝、明帝等也恭行籍田礼仪。

(二)国家实行重农举措

为使重视农业的思想真正落到实处,汉王朝实行了奖励耕织、赐爵、贵粟等配套措施。

汉初几代皇帝吸取秦朝速亡教训,废秦苛政,让人民休养生息,鼓励生产,奖励耕织,突出表现在皇帝多次下诏减免租赋徭役,给小农以优惠政策,用利益诱导的办法,鼓励他们发展农业生产。

1. 减轻租税

汉高祖初定什五税一,惠帝时继之。孝文帝时赐民田租之半。《汉书·食货志》记载,文帝从晁错之言,下诏赐民十二年租税之半,明年遂除田之租税,后十三岁孝景二年令民半出田租,三十而税一。"赐民田租之半"或令民"半出租"者,就是减"什五税一"为"三十税一"。自文景时期始,三十税一,遂为汉代田租之定律,终西汉之世未有改变(李剑农 2005:238)。

《后汉书·光武帝纪》记载,建武六年(公元 30 年)十二月光武帝诏曰:"顷者师旅未解,用度不足,故行什一之税。今军士屯田,粮储差积,其令郡国收见田租三十税一如旧制。"东汉一朝未曾改变。"三十税一"的田租率在整个封建社会都是最低的,不仅实行较低的田租率,田租、赋税也时有减免,租赋、徭役也时有变化,视不同情况区别对待。在遇到灾疫时,则对灾民实行特殊的减免政策。如文帝、昭帝、宣帝、和帝、章帝、安帝都曾经分别实行过减免政策。

2. 减轻或免除徭役

汉王朝在征发徭役时还尽量避开农忙季节。《汉书·高帝纪》中记载,惠帝时期修筑长安城,分几次施工,每次都安排在冬季或早春,限期一个月,不致影响到农业生产。

《汉书·文帝纪》中记载,文帝为了保证小农有足够的时间从事农业生产,规定"三年而一事",就是将原来每年服一次徭役修改为每三年服一次徭役。

《汉书·惠帝纪》中记载,"举民孝弟力田者复其身"。就是说凡从事农业生产成绩突出的,可举为"力田",国家免除其徭役。

在特定条件下,还免除小农的徭役。《汉书·高帝纪》记载,汉高祖五年所颁诏书中,就有"兵皆罢归家……非七大夫以下,皆复其身及户勿事"的规定。这里的七大夫以下者,多是小农。

服徭役的起始年龄也逐渐放宽,这方面还有具体规定。《盐铁论·未通》中记载:"今陛下哀怜百姓,宽力役之政,二十三始傅,五十六而免,所以辅耆壮而原老艾也。"汉初,规定年十五始傅,景帝时变为二十始傅,至昭帝时变为二十三始傅,成为定制,至东汉而无变化。所有这些减轻徭役的政策,对小农经济发展起了积极的作用(张仁玺,冯昌琳 2004:5)。

3. 赐爵贵粟

赐爵,是在刘邦刚刚进入秦都咸阳时最早提到的,允许百姓耕种原先封闭的皇室苑囿,并且授予男子各种等级的爵位。公元前 202 年刘邦颁布的诏书清楚地表明,在汉初获得高爵的人有权要求物质方面的好处,而获得低爵的人也能够免除劳役(许倬云 2005:23)。类似的赏赐在汉代不下200次。

据《史记·商君列传》中的记载,秦国实行商鞅变法时,农民生产的粮食多了,就可以免除徭役,获得官爵。法律规定"(民)大小戮力本业耕织致帛粟多者,复其身"。《商君书·垦令》中还规定"民有余粮,使民以粟出官爵"。秦朝时,秦始皇干脆规定"百姓纳粟千石拜爵一级"。到了汉代,《汉书·食货志》中记载,晁错认为"贵粟之道,在于使民以粟为赏罚"。他在《贵粟疏》中向汉文帝提出了纳粟拜爵的建议,今募天下入粟县官,得以拜爵,得以除罪。县官,在汉代通称官府。富商大贾想得到爵位或者赎罪,一定会向农民购买粮食,购买粮食的人增多了,粮价自然就提高了,农民得到了实惠,种粮的积极性就高。实行这样的政策,农业生产的稳定发展就有希望。

汉文帝听从晁错的建议,颁行卖爵令,允许居民入粟入钱得爵,而且允许民爵买卖。大大小小的商人为了提高自己的社会地位,大量向农民购买粮食交给国家,以换取相应的爵位。这对于缓解政府财政危机有所帮助,也使国家获得了大量粮食,并且抬高了粮食价格,增加了农民的收入,也提高了农民种粮的积极性。桓谭《新论》中称文帝时"充实殷富,泽加黎庶,谷至石数十钱,上下饶羡"(李昉 1960:3)。纳粟拜爵成为汉朝的一种制度,长期得以实行,也确实收到了一定成效。"入粟拜爵"措施推行后,大量享受免役特权的居民出现,导致国家可以承担徭役兵役的劳力日少,小农的负担不断加重。

4. 皇帝下诏释放奴婢,增加农业就业人口

汉代,使用奴婢的现象突出,奴婢问题一直是秦汉重要的社会问题。《汉书》中记载,文景时期就出现卖田宅、鬻子孙,以偿债务的社会现象。《汉书·严助传》中记载,"间者,数年岁比不登,民待卖爵赘子,以接衣食"。如淳注曰"淮南俗卖子与人作奴婢,名为赘子,三年不能赎,遂为奴婢"。王莽时期曾置奴婢之市,与牛马同栏。皇室、宗室、贵族、官僚、富商、豪强地主都使用奴婢,官私奴婢的数量很大。奴婢多数是用于家庭内部的服役与扈从,或是从事歌舞倡优,从事生产的奴婢很少。大量奴婢的辛苦劳作是官贵豪民奢侈浮华的享乐生活的一个必要条件,使整个社会直接从事生产的人口不断减少。而劳动人口的多少

会直接影响社会经济尤其农业生产的发展。重视农业、发展农业就要增加农业人口。从汉高祖刘邦到光武帝刘秀,都曾努力解决奴婢问题,多次下诏释放奴婢,以增加农业劳动力。

《汉书·高帝纪》中记载,高祖诏曰:"民以饥饿自卖为人奴婢者,皆免为庶人。"

王莽也颁布禁止买卖奴婢的禁令。

东汉王朝建立后,刘秀面临的是"百姓虚耗,十有二存"的残破局面,农民沦为奴婢的情况更为严重。为此,他顺应民心,实行宽松的统治政策。从建武二年到十四年间,先后九次下诏,要求放免奴婢,禁止虐待和杀害奴婢,敢于阻挡者予以严惩。规定因饥荒贫穷而出卖为奴的、或由于王莽的苛政被没收入宫为奴的、或是战乱中被掳掠为奴的,无论何种原因沦为奴婢的,一律释放,还规定杀伤奴婢者不得减罪,废除了奴婢伤人判死刑的旧律。在严重缺少劳动力的情况下,免奴婢为庶民,对恢复和发展社会生产具有积极作用(张庆利,杜尚侠 2005:161)。刘秀以后,汉代皇帝都采取了不少解决奴婢问题的政策措施,但是效果都很有限。

(三)初步形成促进农业发展的体制机制

推动农业的发展,不仅需要皇帝重视,社会上下达成共识,还需要制度保证与政策措施落实。汉王朝注重对官吏的管理,从制度上保证重农政策落到实处。

1. 明确各级官吏的主要职责

秦汉时期,朝廷明确规定各级官吏的主要职能就是管理农业生产。《后汉书·百官公卿表》中记载:"郡守常以春行所主县,劝民农桑,赈救乏绝。……岁尽遣吏上计。"所谓上计,就是统计"户口垦田,钱谷出入,盗贼多少",所计事项几乎无一例外,都与农业有关。秦统一之后,在中央设置了治粟内史一职,主"掌谷货",与周代管理农业的官员相比,职位明显提升,表明秦朝对农业生产的重视。汉朝时还对发展农业生产成效显著的官吏给以升官晋爵的奖励。凡是能够关心农业生产、鼓励开荒、鼓励多种桑枣、大力兴修水利、使土地和户口增加的地方官吏,都能受到汉王朝的褒奖。如桂阳太守卫飒和茨充、九真太守任延、会稽太守第五伦、庐江太守王景、丹阳太守李忠等,任职期间尽职尽责,劝农耕种,农业经济迅速发展,曾先后受到奖励。朝廷重视和优待发展农业的能臣贤吏,激励更多官吏勤于政事,忠于职守,为官一任,造福一方,这也是汉代良吏辈出的一个原因。

由于官吏的职责比较明确,重农政策的落实有组织保证,因而效果较明显。不论是科技创新和推广,还是农田水利建设,抑或扶贫救灾,都投入了大量的人力、物力和财力,推动了农业生产的发展。而且官吏还注意采用比较合适的方法,无论是加强管理,还是奖励农民耕织,都注重给农民以实惠,实行利益诱导,提高农民生产的积极性。打击商人非法粮食贸易活动,稳定农产品价格,保护和解放农村生产力,促进了农业和农村经济的持续发展。

2. 实行扶植小农的政策

古代,小农耕织于国于家都是至关重要的事情,男耕女织,生产的劳动产品基本上能够满足家庭的消费需要,又能向封建国家提供赋税。

《淮南子·主术训》中说道:"人之情不能无衣食,衣食之道必始于耕织,万民之所公见也。"

《盐铁论·园池》篇中记载,"夫男耕女织,天下之大业也"。

耕织结合的小农经济对于封建经济结构固化、国家发展与社会稳定都具有重要作用。汉代,国家采取扶植小农经济的措施,不断选拔"力田"就是一例。

公元前191年,朝廷第一次选拔"力田",并且给予他们免除赋税和劳役的优待。公元前187年,一道诏书发到了每个郡,要求他们各自向朝廷举荐一名"力田",很可能是作为政府官员的候选人。公元前168年,"力田"与"三老"、"孝悌"一起成为地方选举的三种人才。在两汉的正史中,提到"力田"的地方不下30处。(许倬云 2005:23)

汉代重农政策的实施,确实发挥了一定的积极作用,但农业经济的发展总体上还是比较缓慢,这是由封建政权的性质所决定的。如上所述,统治阶级采取的有利于农业和农村经济发展的措施,根本上讲,是为了维持封建国家长治久安。这些措施实施的效果如何,往往与皇帝本人的素质和社会环境有关,皇帝英明,政治清明,政策就能较好地贯彻落实,效果较好。皇帝昏庸,吏治腐败,政策难以不折不扣地执行,成效自然有限。

二、农业生产力的发展

马克思主义认为,生产斗争、阶级斗争、科学实验是人类社会三大实践活动。人类社会的历史,首先是生产发展的历史。随着生产的发展,财富逐渐增加和积累,人类物质生产进步,物质生活得到改善,文明程度不断提高。生产的发展,主要表现在生产技术的进步和生产力水平的提高,物质财富的不断增加。

分析一个社会特定历史发展阶段的状况,首先要考察这个社会的生产。一般认为,劳动者、生产工具、劳动对象是生产力三个基本要素。生产力的发展,表现在劳动者素质的提高,生产工具不断发明和改进,生产技术的进步,劳动对象范围的逐步扩展和质量的提高。如果劳动者有生产的积极性,使用比较先进的生产工具加工劳动对象,不断生产出满足人们需要的各种产品,社会财富就会不断增加和积累,社会经济实力就会不断增强,这个社会就会进步得快一些,社会发展程度就会高一些。

我国是世界农业发源地之一。农耕文明发展长期居于世界前列。精耕细作是古代农业的基本特征,也是我国重要的农业传统。农业和家庭手工业相结合,是古代农业生产的基本模式。自战国至秦汉,奴隶制度逐步瓦解,封建制度逐步确立。汉朝初创,奴隶制和封建制两种生产方式在不断的较量中力量此消彼长,封建制度最终得以确立。封建制代替奴隶制是一种历史的进步,农民与奴隶相比,有较高的生产主动性和积极性,有利于生产力的发展。汉代,是我国封建社会第一个历时较长、较强盛发达的朝代,后人往往把它和繁荣强大的唐朝合称为"汉唐盛世"。汉代,也是一个富于开拓、勇于创新的朝代,汉代先民在政治、经济、科技、文化诸方面都有不少原创性的贡献,为后世留下了不少宝贵财富。今天,我们一提到汉唐盛世,想到汉代先民创下的经世基业,就会陡增民族自信心和自豪感。

在汉代,南阳是全国农业、工商业、社会经济发达的地区之一,因此成为官僚富豪聚集之地,墓葬画像题材也呈现出显著的区域特征。南阳汉画像石上,刻画官僚富豪钟鸣鼎食、悠闲游猎场面的较多,突出反映统治阶级穷奢极欲的生活,间或出现一些劳动人民从事农业生产活动的场面,为数不多,也能大致反映汉代南阳农业经济的一些基本特点。经济社会的发展繁荣是建立在生产力水平提高的基础之上的,冶铁业的发展、冶铁技术的进步使铁制工具得以应用和推广普及,铁犁的不断改进也为牛耕的推广提供了物质技术条件,先进生产工具的广泛使用与水利事业的发展相互促进,推动社会生产力发展。

汉代农业生产力水平的提高,突出表现在人口不断增加和土地面积不断扩大。下面我们就来具体分析汉代农业生产状况。

(一)铁制农具与牛耕的推广

我国农业起源于距今一万年左右。距今七八千年前,原始农业主要的耕作方式是刀耕火种。耒、耜的出现及其使用,提高了农业生产力。到了商周时期,先民慢慢懂得了开沟排水、除草培土、沤制绿肥以及防治病虫害等技术,对保证农作物生长、提高粮食产量有重要意义,农业生产不断发展。

1. 铁制农具的使用

(1)铁制工具的广泛使用是汉代社会生产力发展水平的重要标志

农具是衡量农业生产力发展水平的标尺,是各个时代农业生产力的"测量器"和"指示物"。农业生产的发展过程是人类认识、利用和改造自然的过程,离不开各式各样农具的使用。古代农具的发明与使用是逐步演进的。

在原始农业产生之后的漫长岁月里,先民先是制造和使用石器工具,如石斧、石锄、石铲等,出现骨制耒、耜等工具。从刀耕火种阶段进入了"耜耕"或"石器锄耕"时代,极其低下的生产力水平维持了原始人最低水准的生活需要。商代、西周时期,农具绝大部分是木、石、骨、蚌所制,但已经有少量青铜农具出现。金属工具的出现与使用代表了生产力发展的新水平。春秋时期,出现小件铁农具。战国时期,铁农具的使用更为普遍,战国后期,铁器的使用推广到社会生产和生活的各个领域。在农业生产中,铁农具已经基本上代替了木器、石器、骨器、蚌器和青铜器,为扩大耕地面积、改良土壤、深耕细作、提高作物产量发挥了巨大作用。《管子·轻重》篇中说："一农之事，必有一耜一铫一镰一铒一椎一铚，然后成为农；一车必有一斤一锯一釭一攒一凿一铢一轲，然后成为车；一女必有一刀一锥一箴一钵，然后成为女。"可见铁器已经成为社会生产各部门所必需的工具，表明铁器时代的到来。

汉代，在内陆腹地，铁农具真正取代非金属农具，并且向边疆传播。

农业生产工具的演变，经历了一个从量变到质变的过程。先是生产工具出现量的增长，数量逐渐增多，品种不断增加。随着生产的发展和工具的广泛使用，某些生产工具随之不断完善，就会出现质的飞跃，表现为旧质工具的淘汰和新型工具的诞生。如由于青铜农具、铁农具的出现，石器、蚌器、骨器等生产工具逐渐退出生产领域。青铜农具、铁农具和牛耕等的出现，就标志着在一定的历史发展阶段社会物质生产力提高到一个新水平。

"一切文化民族都在这个时期经历了自己的英雄时代：铁剑时代，但同时也是铁犁和铁斧的时代。铁已在为人类服务，它是在历史上起过革命作用的各种原料中最后的和最重要的一种原料。……铁使更大面积的农田耕作，开垦广阔的森林地区，成为可能；它给手工业工人提供了一种极其坚固和锐利非石头或当时所知道的其他金属所能抵挡的工具。"(《马克思恩格斯全集》)。铁器的发明和使用，在人类发展史上有划时代意义。

自春秋战国时期开始，到秦汉时期，随着铁器、牛耕的使用及其推广，施肥和灌溉技术进步，古代农业传统耕作方式逐渐形成。

(2) 南阳盆地有悠久的农业耕作史

南阳盆地农业的出现，可以追溯到旧石器时代晚期，在南召县小空山遗址发现用火和管理火的洞穴遗迹，在南召县小店乡竹园村发现鱼状糙型磨具，在南阳市黄山村也发现了石斧、石铲、石镰，表明原始农业的产生。推测当时的生产方式，先用石斧砍倒树木杂草，然后放火烧荒，属于"刀耕火种"，或可称为"斧耕"方式。到了新石器时代，原始农业有了较大进展。在邓州八里岗遗址出土大量石器（石器中有石刀、石铲、石斧、石镞等）、骨器及陶器等遗物，在淅川下王岗、黄楝树、唐河寨茨岗发现稻谷遗痕，且出土有石杵、石臼等粮食加工工具。

到了新石器时代中晚期，南阳盆地出现了高度发达的仰韶文化和龙山文化。在方城县大张庄，西峡县老坟岗、杨岗，内乡县小河村等遗址发现有大量磨制精致的石斧、石铲、石锛、石镰等农具。春秋战国以来,铁器开始取代石器、木器。位于南阳盆地边缘的淅川县下寺发现春秋时的楚墓,出土了镰、锛、削等铁器二十余件(河南丹江库区文物发掘队1980:10)。这表明在南阳盆地,春秋晚期的人们已使用铁器进行耕作。

秦汉时期为锄耕向犁耕过渡的时期。西汉时,牛耕尚不普遍,以锸耕和锄耕为多。传世文献中反映耒耜使用情况的资料不少。

《淮南子·主术训》中记载:"夫民之为生也,一人跖耒而耕,不过十亩。"

《盐铁论·未通》中记载:"内郡人众,水泉荐草不能相赡,地势温湿,不宜牛马。民跖耒而耕,负担而行,劳罢而寡功,是以百姓贫苦,而衣食不足。"

《盐铁论·取下》中记载:"从容房闱之间,垂拱持案食者,不知跖耒躬耕躅之勤也。"

《盐铁论·国疾》中记载:"贤良曰:其后邪臣各以伎艺亏乱至治。……秉耒抱臿,躬耕身织者寡,聚要敛容傅白黛青者众。"

《论衡·乱龙》中记载:"立春东耕,为土象人,男女各二人,秉耒把锄。或立土牛,未必能耕也。"

《论衡·自然》中记载:"耒耜耕耘,因春播种者,人为之也。"

上述材料表明,在斧耕农业长期发展的基础上,随着生产经验的不断积累和对定居生活的向往,人们开始发明并使用木耒、石耜或骨耜进行翻土耕作。耒耜的使用,使土壤经过耕翻后变得疏松,改变了土壤的结构,并使焚烧后的草木灰埋入地下,增强了土地肥力,不但使农作物的产量大幅度增加,而且也带来了耕作制度上的重要变革。(王吉怀1985:2)

秦朝至西汉,尽管铁器已经推广使用,但不少地区的农民还使用耒耜进行田间劳动。耒、耜、铲、锄等农具除了用于田间耕作修畦治垅,还可以用来开挖沟渠,为农业生产必不可少的工具。

(3)农业生产中铁农具益显重要

进行农业生产的过程中,人们对工具的认识也逐步深化,犁、锸、锄、钁、镰、铲等均是常备之物,铁农具尤显重要。铁农具的生产与供应直接关系到农业生产发展状况,从上层统治阶级到社会的有识之士乃至一般农夫,都认识到铁农具的重要性。

《盐铁论·禁耕》中记载:"铁器者,农夫之死士也。"

《盐铁论·水旱》中记载:"铁器,民之大用也。"

《后汉书·杜诗传》中记载,杜诗"造作水排,铸为农器,用力少,见功多,百姓便之"。

铁器的制造和使用确实在修路、开渠、制车、造船等社会生产活动领域发挥了重要作用。在战国时期冶铁业发展基础上,汉代铁器种类和数量都有增加,制作技术也逐步改进。西汉前期,在许多领域,铁器都取代了铜器。

铁器之中,"田器"为大宗,铁农具普遍得到推广,几乎在全国各个省区都有发现。

在农业生产中,使用铁农具,垦辟田野,播种五谷,省时省力。缺少铁农具,开垦荒地或种植庄稼时,农民吃苦受累,历尽艰辛,往往费力多而得益少,难以摆脱贫困。

考古发现的资料中多见对锸、锄、铲等铁农具使用的反映。杨际平先生通过研究传世文献与考古发掘资料,认为秦汉时期铁农具的应用相当普遍。青铜农具已较少见,石器、蚌器、骨器农具更少见。就起土农具而言,除云南、贵州外,铁农具已经取代了骨器、石器类起土农具。铁器农具虽已成为农民最主要的生产工具,但铁农具还不能充分满足社会生产的需要,因而木制农具尚未完全退出生产领域。考古发掘资料中,陕西、河南、湖北、甘肃、四川、广东、广西等地曾出土大批持家具俑,总量数以百计。各地秦汉墓葬、村落遗址、冶铁遗址出土的起土铁农具,笔者曾做过统计。在所统计的1350件起土铁农具中,犁铧、铧冠……约计146件,锸、锄、铲之属1204件(杨际平 2001:2)。汉代,南阳郡是重要的冶铁生产基地及铁器生产基地之一,南阳出土及收藏的汉代铁器数量可观,种类不少。请浏览下表:

南阳瓦房庄汉代冶铁遗址灰坑出土遗物及其数量一览

灰坑编号	出土遗物及其件数
H1（T9）	磨石、铁斧 2
H2（T18）	铁锛 3
H6（T17）	铁锛 3、铁镰 4、铁刀 6
H7（17）	铁釜、铁铧 1（旧）、铁钁 5、铁刀 6、铁镰 4、铁铲 7、铁斧 2、铁耧（旧）
H8（T17）	铁斧 2、铁钁 5
H11（T19）	铁斧 2、铁钁 5、铁镰 4
H22（T36）	铁镰 4
H30（T44）	铁铲 7、铁斧 2、铁镰 4、铁刀 6
H31（T2）	铁刀 6、铁镰 4、铁斧 2、铁耧铧 1（旧）、铁铧 1、铁钁 5、青色细砂磨石
H32（T2）	铁铧 1、铁刀 6、铁镰 4
H36（T17）	铁铧 1（旧）、铁钁 5、铁刀 6、铁斧 2

（资料来源：根据李京华《河南古代铁农具》整理）

南阳各县出土汉代铁农具情况

出土区域	铁农具种类	出处
南召县草店、后庙村	铁斧	《文物》1959.1
方城赵河村	锛、锄	《巩县铁生沟》，1962
镇平县安国城	铁锄、铁锛	《考古》1982.3
南阳瓦房庄	犁铧、耧犁、锸、铲、锛、斧	《华夏考古》1991.1
桐柏县毛集铁山庙	铁斧	《华夏考古》1988.4
桐柏固县乡张畈	铁锄、铁斧、铁刀	《华夏考古》1992.1
桐柏毛集乡后铁炉村	铁锄	同上
鲁山县望城岗	铁锸、锄范	同上

南阳各县收藏汉代铁农具情况

收藏区域	铁农具种类与件数
新野县	锸 2、铧 1、锸 1、犁 1、锄 1
唐河县	犁 1、犁铧 4、耧铧 1、横銎斧 1、锛 1
桐柏县	锸 1、锛 1

续表

收藏区域	铁器种类
社旗县	斧1、锛1
淅川县	犁1、犁镜1、锛1、耧铧1、斧1
邓县	锛1
方城县	锛1、锄1、铧2
南召县	犁1、锄1
南阳市	斧3、镢1、铲1

（资料来源：华觉明《汉魏高强度铸铁的探讨》，转引自黄遵福《汉晋时期南阳盆地农业科学技术探索》）

南阳各县文化部门征集的汉代铁器

收藏区域	铁器种类
新野县	犁、铧、锄、剑
唐河县	环首刀、铧、权、剑、犁、耧铧、斧
桐柏县	权、镬、锛
社旗县	权、斧、锛、环首刀
淅川县	锛、齿镬、犁镜、犁、鼎、剑、环首刀、釜、灯
邓州市	剑、环首刀、锛
方城县	灯、铧、锄、锛
南阳市馆藏	戟、剑、直柄斧、环首刀、錾子、钉、砧、镬、锥、横銎斧、灯、盆、铲
镇平县	锤、六角釭、圆形釭、齿轮、权。
南召县	尚未征集到汉代铁器
内乡县	少且残破

（资料来源：根据李京华、陈长山《南阳汉代冶铁》整理）

从出土铁农具的地理分布情况看，在桐柏县、鲁山县、南阳瓦房庄、南召、镇平县、方城县都有铁农具出土，地点比较集中。铁农具的种类较多，有斧、锄、锛、犁、铧、耧铧、耧犁、铁刀、铁镬、铁铲等。

在南阳郡各县的汉代冶铁遗址中均出土了种类不同、数量不等、质量有异的铁农具，南阳市北关瓦房庄汉代冶铁遗址最具有代表性。该冶铁遗址中出土了镢、耒、锸、犁、犁铧、犁镜、耧铧、锄、镰等铁农具，若把新器和旧器都计算在内，这类器具数量最多，计有500余件。

从各县收藏铁农具的情况看,斧、锄、锛、刀、镢、铲等小件农具占多数,犁、犁铧、耧铧、耧犁较少。

从征集到的汉代铁器种类来看,散落民间的铁农具多数县都有,表明汉代南阳铁农具的普及。

马克思说:"各种经济时代的区别,不在于生产什么,而在于怎样生产,用什么劳动资料生产。劳动资料不仅是人类劳动力发展的测量器,而且是劳动借以进行的社会关系的指示器。"(《马克思恩格斯全集》)。汉初社会生产首先是农业生产的恢复发展比较迅速,原因在于生产工具和耕作技术都有不小的进步。

南阳铁官生产的大量铁农具,为南阳郡农业生产广泛使用铁农具提供了保证。从已经发现的西汉铁犁、V型铁口犁、铧和铧范等来看,铁制犁铧上口加宽,两侧犁叶加长,铧锋角度小,增强了破土力。西汉耧足范的发现,说明当时已经使用耧播。

考古发现的东汉铁器出土地点比西汉有成倍的增加。犁铧经过改进,刃部加宽,尖部角度缩小,起土省力,有助于深耕。短辕犁比以前的二牛耦犁轻便,节省劳力和畜力。全铁制的曲柄锄和镰,为中耕除草和收割提供了方便。

东汉时期,不仅大量使用铁制农具,而且还能制造齿轮、轴承等机械零件,主要兵器基本为铁制品,铜兵器已极少见。铁制的生活器皿和日用工具如灯、釜、炉、火钳、小刀、剪等也广泛使用。

(4)铁农具的功能

下面简要分析几种铁农具的功能差异。

铁镢。

镢,也可称为镢或镐,为横斫式整地农具,形式简单,呈长条形状,但装柄形式较多,具有不同功能。

战国以前的镢,都是直銎式的空首镢,战国时期,出现了横銎式铁镢。镢共有五种装柄形式。装直柄的为耒,耒既可以出土也可以用于点种。装歧头直柄的为歧头锸,既可以作为出土工具也可以用于翻土,汉墓中常见的持锸俑手持的就是这种锸。装上钩柄的为镢,可以做挖土的工具,也是翻土播种的农具。《淮南子·精神训》中提到,"今服徭者,皆镢锸",王充在《论衡·须颂篇》中提到:"以镢锸凿地……如复增镢锸。"因为铁镢功能多性能好,所以在汉代农业生产中是用量最大的铁器之一,也是汉代以后主要的掘地农具。

锸。

锸又称耜,使用起来灵活方便,适于小块土地的耕作。

耜起源甚早。《周易·系辞》中以为神农氏"揉木为耒"。耒耜最早为木制的双齿掘土工具,双齿之上有一横木,使用时以脚踏之,以利于耒齿扎入土中,也就是"跖耒而耕"。甲骨文中的耒字,大致刻画出商代木耒的形象。耒,在战国文献中常见。耒,在西周时为人们普遍使用,战国时耜也称为臿,在铁器出现以后,木制的耒、耜才套上铁制的刃口,长沙马王堆汉墓中出土的臿上就套有铁刃(徐寒 2005:384～385)。锸,发展于战国,盛行于汉代,在汉代兴修水利取土时发挥了很大作用,有"举锸为云,决渠为雨"的民谣。汉代学者许慎、郑玄以为耒、耜为一物。许慎在《说文解字》中说:"耜,臿也"。当时将臿和耒连在一起。

汉代,南阳尽管已逐步推广牛耕,但锸的使用仍然不少。

在南阳汉代冶铁遗址中曾出土了许多铁锸及铸造铁锸的锸模,可以作为佐证。

在南阳市唐河县电厂汉画墓出土的一幅丧葬出行图上,右一人双手执锸,躬身立于道旁,侧放一株柏杨,这幅丧葬出行图中的锸是南阳汉画中唯一一件农耕用具(王玉金 1994:1)。

在南阳市杨官寺汉画墓、茨沟汉画墓、唐河湖阳镇汉画墓、中建七局机械厂汉画墓中均有铁镢出土,茨沟墓有铁锸1件。

铁犁。

西汉的铁犁近似于等腰三角形,东汉有所改进。南阳汉墓中出土的铁犁呈牛舌形或三角形,底面平整,中央凸起成脊,銎部呈三角形。犁镜呈不规则的五角形,背有两钮。犁和犁镜配套使用,是当时先进的耕地农具,在杨官寺汉墓和襄城茨沟墓均有铁犁出土。

铁犁铧。

自石器时代出现石犁始,犁的基本形制在逐步演进,犁铧也在逐步变化,有着一致的发展脉络。战国时期已出现铁铧,首先出现的是"V"形铁铧。秦汉时期,仍然有"V"形铧,又出现了呈三角形或舌状形的铁铧。秦始皇陵及河南中牟、荥阳等地出土的汉代铁铧,东北辽阳三道壕、山东滕县长城村等地出土的汉代铁铧,从功用上看与原始石犁并无二致,原始的单刃三角形石犁适宜开沟成垄,汉代的巨型犁用于开沟作渠。

南阳出土的犁铧为全铁制犁铧,比铁口犁更加坚固耐用。均呈"V"字形锐角或钝角,前低后高,断面中部凸起,安装在木犁铧叶的前端,承受入土发土的最大摩擦力,耕地时能够减少阻力,提高速度,可以保护犁的长期使用。无论开荒还是深耕,抑或开沟作渠、在小块土地上耕作,使用起来都很方便。

铁锄。

《诗经·大雅·良耜》中记载,"其镈斯赵,以薅荼蓼",可知锄在商周时期称作镈。镈在汉代称为鉏,鉏就是锄,是横斫式锄地农具。锄的体型比钁轻薄,刃较宽,横装木柄。《释名》:"锄,助也,去秽助苗长也。"大型的锄也可以挖土,小型的锄用于中耕除草。汉代,锄是专用于中耕除草、间苗及松碎表土的农具。

新野县和南召县出土的东汉改进装柄形式的鹤颈形柄锄,锄板呈三角形或扇形,銎在锄板顶部,柄较长,柄棒呈圆筒形。这种锄柄与锄板的角度小于直角,既便于操作,又完全发挥了锄板的功能,提高了中耕的功效。在南阳市郊七里园乡发现一块中耕画像石,画面上的锄上肩狭窄,呈倒三角形,就是中耕除草的先进农具(黄遵福 2005:9)。

"凹"字形铁刃口。因平面呈凹字形而名。

两翼内侧有槽用于装木柄。按尺寸有大、中、小之分,形状有差异,功能自有不同。小型的"凹"字形铁刃口弧形,两侧伸出尖角,与歧头钁和歧头锸的功能相同。中型的"凹"字形铁刃口,形似小型的凹字形铁刃口但尖角较短,相当于装钩柄而成的锄或锛斧。大型的"凹"字形铁刃口,特别之处是两外侧翼垂直。已发现的凹字形铁刃口均为直柄式样,是用于挖土装土的专用工具。

随着生产实践经验的积累,铁农具不断改进,形状和大小都发生变化,功能更先进。汉末,已经有大、中、小三种类型的铁犁,翻土和挖土的铁锸形状也变为锐形,提高了入土性能,镢、耧铧、铁斧等形状都有改变,更加适应耕作的要求。到了魏晋时期,南阳铁农具在种类、数量、质量上都有所变化,在农业生产活动的各个阶段都有铁农具配套使用。一直到近代,铁犁才基本定型。

2. 牛耕的推广普及

长期以来,学术界关于牛耕普遍推广于何时的问题,看法不尽一致。

（1）对牛耕普遍推广时间的研究

牛耕是继耦耕后出现的耕作方式。据诗、书等资料看，西周时耕作主要靠人力，牛多用于拉车。春秋末年的《国语·晋语》中最早记载了牛耕，但牛耕使用不广泛。经战国到秦汉，牛耕才在中原地区逐渐推广使用。

我国古代的农业技术革命是伴随着铁农具的使用和牛耕的广泛应用而产生的。铁农具和牛耕在春秋时已经出现，在战国以后随着秦汉政府的重视推广，才逐渐得以普遍使用。

多数学者认为，汉代已普遍使用牛耕或者说是以牛耕为主。

梁家勉先生认为"秦汉时代铁犁牛耕虽获得很大程度的推广，但并不完全取代其他铁质翻土农具尤其是镬和锸，这一时代可说是犁、锸并用时代"。（梁家勉 1989:175）。

王文涛先生认为，至西汉末年，铁犁和牛耕技术的推广仍局限于中国北部，南至河南中部，北达内蒙古、辽宁，东到山东，西抵甘肃、青海、新疆，即使是在上述地区，耒耜类农具仍然与铁犁并重，或在许多地区比铁犁更重要。东汉前中期是铁犁和牛耕技术的大推广时期，犁耕农业已经初步形成，但耒耜类农具在东汉仍然占有重要地位。（王文涛 1995:3）

杨际平先生认为，秦至东汉中期，我国农业生产仍处于由锄、锸耕向犁耕过渡时期。东汉后期或魏晋南北朝，北方中原地区始进入牛耕时代，南方还要晚一些。《吕氏春秋》、《氾胜之书》等史书中所说的先进耕作制度远未在全国普遍推广。以往的农史将先进的生产工具、生产技术当做已被普遍采用的生产工具、生产技术，这是一个误区。（杨际平 2001:4）

传世文献中论及西汉至东汉前、中期牛耕普及的为数不多。

《汉书·昭帝纪》中记载，元凤三年（公元前78年）正月，诏曰："边郡受牛者勿收责。"

《汉书·平帝纪》中记载，元始二年，"罢安定呼池苑，以为安民县，起官寺市里，募徙贫民，县次给食。至徙所，赐田宅什器，假与犁、牛、种、食。"

《汉书·王莽传》中记载，天凤五年，以大司马司允费兴为荆州牧，王莽问兴到部方略，兴对曰："……兴到部，欲令明晓告盗贼归田里，假贷犁牛种食,阔其租赋,几可以解释安集。"莽怒,免兴官。

《后汉书·和帝纪》中记载,永元十六年二月,诏曰:"遣三府掾分行四州,贫民无以耕者,为雇犁牛直。"

《后汉书·循吏·王景传》中记载,建初八年,王景迁庐江太守。"先是,百姓不知牛耕,致地力有余而食常不足。郡界有楚相孙叔敖所起芍陂稻田。景乃驱率吏民,修起芜废,教用犁耕,由是垦辟倍多,境内丰给。遂铭石刻誓,令民知常禁。"

庐江地处淮南江北,有规模不小的水利灌溉工程"芍陂",置有铁官,经济发展不算落后。庐江百姓公元1世纪末还不知道牛耕,王景到任才教用牛耕。可以想见江南地区推广牛耕更慢更晚。

汉代尤其西汉政府频繁赐予百姓牛、酒,反映了社风民俗,也说明当时的牛尚未普遍用于耕作。

每逢喜庆,政府往往赐女子百户牛酒。《汉书》中所记载的西汉政府赐女子百户牛酒共有22次,东汉仅元和二年(85年)有1次。

南阳在汉代"大修水利"、"广拓土田"的情况,在传世文献中有多处记载,也印证了南阳使用牛耕的情况。在汉代农业生产力水平和工程技术水平比较低的条件下,进行大规模的修筑陂渠堰塘活动,有很多土方任务,起土和载运土石的工作量很大,离开牛耕技术,单用人力是很难办到的,而利用牛耕可以省时省力。

南阳市博物馆藏的形态各异的汉代陶牛,重达十八斤的大铁犁以及汉代冶铁遗址出土的大量铁犁、犁铧等实物资料,均可以证明西汉时期南阳使用牛耕已经相当普遍。

(2)牛耕的推广与铁犁的改进

牛耕的使用情况与铁犁的改进是有密切关系的,牛耕技术建立在铁犁改进的基础之上。牛耕的产生与普及,与机械工程技术的发展水平有密切关系。战国时期,是奴隶社会向封建社会过渡的转型时期,生产关系发生了巨大变化,生产力进一步解放,也为普及耕作技术提供了机遇。春秋战国时期,冶铁业的兴起,使铁制工具迅速替代了石制与铜制工具。材料的更新,既提高了犁的强度与耐磨性,也为牛耕的普及创造了条件。(钱晓康 1995:1)钱晓康先生认为,牛耕从起始到普及,受社会发展、农业需要及机械工程技术发展水平的影响。春秋战国时期是我国普及牛耕的重要时期,至秦汉以后,牛耕就奠定了它在中国农业中的重要地位。

西汉至东汉前、中期,铁犁构造与犁具的传动装置尚不完善,铁犁牛耕的优越性尚未充分显现,这也是一个制约牛耕推广的重要因素。

牛耕,需犁与牛结合,从机械工程技术的角度来衡量,牛耕的效果受如下因素制约:犁(主要看它的入土性能、强度、耐磨性)、动力(控制方式)及架系方式(连接件与连接方式),缺了哪一项,都不行。

汉代的铁犁铧有三种。巨型大犁长度约40厘米,重量在12公斤上下。这种大犁即王桢《农书》中所说的应"数牛挽行",用于"开田间沟渠及作陆堑",不适于翻地起土。小犁长度在10~20厘米之间,多数不用于牛耕,其中有一些亦可单牛牵引。舌形大犁长度30多厘米,需二牛牵引。

汉代耕犁,基本上都是采用肩轭、长辕、硬套,传动装置回转不灵活。在汉代壁画与画像砖(石)中,只有一部分犁的犁梢、犁柄与犁床分开,未见犁评。二牛抬杠式,不仅转弯半径过大,而且生产工具与动力之间的间歇分离比较困难,牛在这样的耕作过程中容易疲劳。犁梢的出现,使犁有了操纵机构,犁梢的上抬与下压,可改变犁土的深浅度,犁梢的左右摆动,可调节犁垡的宽窄。牛轭的出现,使刚性连接转变为柔性连接,转弯更加灵活了。

(3)铁农具与铁犁牛耕的推广并不同步

铁农具与铁犁牛耕大体同时出现,但铁犁牛耕的推广普及要比铁农具晚得多,大致有如下几种原因。一是铁农具与铁犁牛耕的技术基础不同。我国冶铸青铜技术的发明早于冶铁技术的发明,正是在冶铜技术的基础上,才有了生铁冶铸技术的发展,为铁器农具的迅速推广提供了很好的物质技术条件。汉代,分布于大江南北的铁官有40多个,铁农具就以这些铁官为中心向四面八方辐射传播,因而推广比较迅速。二是铁农具与铁犁构造不同。铁锸是由木耜演变而来的,在原始农业阶段的很长时期内,农夫一直使用木耜耕作,由使用木耜改为使用铁锸,可谓是驾轻就熟,得心应手,自然容易转换。铁犁出现之前虽然也有青铜犁,更早一些有石犁,但数量和应用范围都很有限。铁犁牛耕对于汉代农夫来说完全是新技术,牛耕技术的完善也是一个长期的过程。据考古发现,秦至汉代,牛耕技术尚处在二牛抬杠阶段。如山西平陆枣园村王莽时期的壁画墓牛耕图、江苏睢宁双沟画像石牛耕图、陕西米脂东汉画像石牛耕图及内蒙古和林格尔东汉壁画墓牛耕图均为二牛抬杠式。《汉书·食货志》中谈及赵过行代田法时，亦有"用耦犁，二牛三人"的说法。三是铁农具与铁犁牛耕的传播途径不同。与铁农具比较，铁犁具及其与耕牛的连接方式比较复杂，只能由发明铁犁牛耕的地方逐步向四周传布。农民也只有在确确实实地体会到使用牛耕的长处之后，才会从心理上慢慢接受这一新事物，然后才会学习掌握牛耕技术，逐渐用铁犁牛耕代替锄耕。或由于士兵征戍调动，或是人口不断流徙，或有熟悉铁犁的地方官吏的大力提倡，铁犁牛耕才可能传播到偏远的地方。

使不使用牛耕，与家庭结构有直接的关系，在二牛抬杠式的耕作技术条件下，大多数小农不完全具备使用铁犁牛耕的条件，制约了铁犁牛耕的推广。两汉时期，一般的五口之家没有经济能力蓄养两头牛，牛耕对他们而言实在缺乏现实可能性，相当多的小农家庭仍然是跖耒而耕。而且一般小农家庭大概就是30亩的耕作规模，约合今天的20亩。如此狭小的生产规模，大部分小农也没有必要养畜两头耕牛。只有在二牛抬杠式的耕地方式被一牛二人或一牛一人的耕地方式取代之后，小农家庭蓄养耕牛才有经济利益，广泛使用牛耕才成为可能。

在二牛抬杠式的耕作技术条件下，使用铁犁牛耕，对大土地所有者来说具有现实可能性。从山东滕县城北黄家岭出土的东汉农耕画像石图上看，画面正中是一农夫驱使一牛一马扶犁而耕，后面一农夫驱牛拉一物碎土摩田，形象刻画了东汉大土地所有制的农耕方式。大土地所有者乐意使用牛耕，采用奴隶制的督工方式进行农业生产。在地主庄园里，牛耕已经成为主要的耕地方式。

对一般小农家庭而言，经济能力有限，有时为了不误农时，也相互帮佣挽犁耕田。如《汉书·食货志》中记载，"民或苦少牛，亡以趋泽，故平都令光教过以人挽犁。过奏光以为丞，教民相与庸挽犁。率多人者田日三十亩，少者十三亩，以故田多垦辟"。赵过就实行了教民相与庸挽犁的办法，表明汉代小农经济基础薄弱，耕牛也比较缺乏。

耕牛是推广牛耕、发展农业生产的重要条件。秦朝曾经以重赏重罚的手段来促进耕牛生产。秦律曾经规定，假借铁器，销蔽不胜而毁者，为用书，受勿责。规定损坏借用公物需按价赔偿，而借用铁农具，因破旧不堪使用，只需写出书面报告，而不必赔偿。

东汉时期,牛耕逐渐推广开来。一旦发生牛疫,即对国家经济带来直接影响,皇帝亦为之震动。《后汉书·章帝纪》中记载,建初元年,丙寅,章帝诏曰:"比年牛多疾疫,垦田减少,谷价颇贵,人以流亡。方春东作,宜及时务。二千石勉劝农桑,弘致劳来。"

两汉皇帝经常下诏,奖励耕牛生产,为农民提供铁制农具和优良种子,强力推行先进的耕作技术,但是都未能从根本上改变铁犁牛耕推广缓慢的局面。

铁农具和铁犁牛耕发明与使用的技术基础不同,二者的技术构造及传播途径也不同,加之牛疫时有发生,耕牛比较缺乏,铁犁牛耕与一般铁农具的推广不可能同步,铁犁牛耕的普遍推广,比一般铁农具的推广困难得多,也晚得多。

(二)耕作技术的进步及其推广

汉代,是我国农业生产发展史上承前启后的阶段。汉代先民对农业生产的管理积累了一套经验,在时令节气,施肥除草的火候,土壤性质与植物适应性的鉴别,密植的程度,翻土犁田的措施等方面均有一定程度的把握,这在崔实的《四民月令》中都有记述。

1. 代田法及区种法

考察分析汉代农业经济发展情况,了解汉代的耕作技术,离不了"代田法"和"区种法"。"代田法"和"区种法"是汉代影响较大而且推广卓有成效的耕作技术,代表了我国农业的优良传统和汉代耕作技术的发展水平。

(1)早期的史书总结了不少农耕经验

在战国时期,秦国丞相吕不韦主持编写的《吕氏春秋》中的《上农》、《任地》、《辩土》、《审时》诸篇,是我国最早的关于农事的文章,总结了农事经验,还论及了重农政策,提出了"五耕五耨,必审以尽"的要求。

《任地》篇中提出,"上田弃亩,下田弃圳。五耕五耨,必审以尽。其深殖之度,阴土必得,大草不生,又无螟蜮。今兹美禾,来兹美麦。是以六尺之耜,所以成亩也;其博八寸,所以成圳也;耨柄尺,此其度也;其耨六寸,所以间稼也。地可使肥,又可使棘。人肥必以泽,使苗坚而地隙;人耨必以旱,使地肥而土缓。"

《辩土》篇中提出,"稼欲生于尘而殖于坚者。慎其种,勿使数,亦无使疏。于其施土,无使不足,亦无使有余。熟有耰也,必务其培,其耰也植,植者其生也必先。其施土也均,均者其生也必坚。"

贾思勰的《齐民要术》卷一记载了氾胜之的看法,"凡耕之本,在于趣时和土、务粪泽、早锄早获。"

春冻解,地气始通,土一和解。……夏至后九十日,昼夜分,天地气和。以此时耕田,一而当五,名曰膏泽,皆得时功。

春地气通,可耕坚硬强地黑垆土,辄平摩其块以生草,草生复耕之,天有小雨复耕和之,勿令有块以待时。所谓强土而弱之也。

无论何处,土壤性质均有强弱之分,耕作的目的在于使强土变弱,弱土变强,应该因时耕作和因土耕作,这样才能改善土壤结构状况,提高地力。要分析土壤性质,确定适宜的耕作时期和耕作方法,必须选择草生和有雨的时候进行耕作,以达到除草、肥田和保墒抗旱的目的。

雪水是北方土壤墒情的主要来源,汉代先民已经认识到冬季积雪有抗旱、防虫、保护越冬作物抗御冬季苦寒,保证农作物收成等多种作用。当时,不论是冬闲田,还是冬麦田,都重视积雪保墒。

氾胜之认为,按照他的耕田方法耕作,"得时之和,适地之宜,田虽薄恶,收可亩十石"。因地制宜,不误使令,即使是瘠薄之地,一亩也能有十石的收获。

王充在《论衡·率性》篇中提出,"夫肥沃墝,土地之本性也。肥而沃者性美,树稼丰茂。墝而埆者性恶,深耕细锄,厚加粪壤,勉致人功,以助地力,其树稼与彼肥沃者相似类也。地之高下,亦如此焉。以锸凿地,以增下,则其下与高者齐;如复增锸,则夫下者不徒齐者也,反更为高,而其高者反为下。"

无论古今,进行农业生产,都离不开中耕锄草这一步骤。进行中耕锄草,不仅除去了田间的杂草,使土壤中的有效肥力最大限度地供给农作物,而且还能使土壤疏松,切断了向外蒸发水分的途径,保持水分,起到保墒的作用,使农作物耐旱,农业得以丰收。

上列氾胜之与王充之言,无不强调适时耕作、因地制宜、保墒防旱、中耕除草等耕作技术,对我国农业发展影响深远。

(2)代田法

所谓代田法,就是在较大面积的土地上改进农具和耕作技术,以求得增产的农作方法。在对田地进行翻耕整平后,再开挖出沟和垄。播种于沟中,幼苗长在沟里,既能减少叶面水分风吹蒸发,又能减少沟中水分损失,适时进行中耕除草,逐步将垄土锄下,培壅苗根,有利于农作物苗壮生长。等到农作物长成,垄土就全部培于其根脚。

这样的耕作方法适应了保墒抗旱的需要,能使庄稼根深秆壮,经得住风旱淫雨的侵袭,获得丰收。与不开沟垄的"缦田"比较,"代田"每亩可增产粮食一至二石。

"代田法"中的"代",就是指垄和沟的交错代换。实行代田的第二年,就要在垄处开沟,沟处留垄,以轮番使用地力,既保证地力的恢复,又充分利用了土地,不必休闲而可起到休耕的作用。

代田法有如下特点。一是沟垄相间。种子播种在沟中,待出苗后,结合中耕除草将垄土壅苗,有防风抗倒伏和保墒抗旱作用。二是沟垄互换。垄和沟的位置逐年替换,今年为垄,明年为沟;今年为沟,明年为垄。三是耕耨结合,每年整地开沟起垄,出苗以后再中耕除草平垄,垄上土填回到垄沟里,以实现抗旱保墒抗倒伏,保证丰收的目的。

大凡提到代田法,不会不提到赵过。赵过发明的代田法是由《吕氏春秋·任地篇》中记载的播种方法发展而来的。

大约在汉武帝征和四年(公元前89年),赵过被武帝任命为搜粟都尉,主管全国农业生产。《汉书·食货志》中记载,武帝诏曰:"方今之务,在于力农。"以赵过为搜粟都尉。过能为代田,一亩三圳。岁代处,故曰代田,古法也。相传后稷时已经开始圳田,以二耜为耦,广尺深尺曰圳。赵过行代田法就是"一亩三圳,一夫三百圳,而播种于圳中,苗生叶以上,稍耨陇草,因隤其土以附苗根"。"代田法"实际上就是实行条播,的确是一种能够提高土地利用效率,有助于实现连年稳产高产的耕作方法。

赵过总结了前人的经验,发明了代田法并致力于推广且卓有成效。他克服了许多困难,制造并且推广了与实行代田法配套的农具,如耦犁和耧车,对于汉代农业作出突出贡献。

(3)区种法

所谓区种法,就是在改进农具和耕作技术的基础上,在较小面积的土地上进一步精耕细作的农作方法。在小块土地上集中使用人力与物力,为实现农作物最大限度的生长提供充分的条件,达到高额丰产的目的。

"区种法"最早记载于《氾胜之书》,是西汉成帝时议郎氾胜之总结关中农民的丰产经验,提出来的精耕细作方法。

氾胜之认为,庄稼生长所需的各种条件和经营管理各个环节都需要适当配合,提出了实现丰产丰收必须合理安排农业生产过程的观点,必须根据气候、时令,适时调和土壤,施用肥料,灌溉保墒,中耕锄草,及时收割。

用"区种法"耕作,就是把庄稼种在沟状或窝状的小区中,在区内综合运用深耕细作、合理密植、等距点播、施肥灌水、加强管理等措施,夺取高额丰产。具体来说分为三步。第一步,按需要种植的农作物种类,把土地依次划成长宽不等的小块,称为"区"。对划分出来的小块土地进行深翻,并施足底肥,调和土壤,增强土壤的蓄水保肥能力,为作物根系充分发育创造条件。第二步,就是选择良种,实行浸种,再进行点播密植。作物种类不同,密植程度也不同,就是下种的深浅、盖土的厚薄也有区别,以保证作物种子顺利出芽。第三步,就是加强中耕,及时松土锄草,要锄早、锄小、锄了,提高保墒效果。还要针对不同作物生长情况及时浇灌,以保证作物生长所需要的水量供应。就是说,要集中使用水、肥、人工,保证丰产高产。

"区种法"一般有两种形式。一种是宽幅(或称沟状)区种法,沟道町相间,种庄稼于町,适合于在较大片的平地上实行。一种是小方形(或称窝状)区种法,实际就是穴播,可以在斜坡及零星地块上实行。

"区种法"有如下特点。一是区内深耕。《氾胜之书》中记载:"区田不耕旁地,庶尽地力。"就是在土壤耕作上,区内进行深耕,不耕区外的土地,以充分挖掘区内土地的增产潜力。二是等距点播。无论宽幅区田所种作物的行距、株距,还是方形区田的大小、区间距、所种作物的株距,都有一定的规格,呈等距点播形式,用以保证作物有良好的通风透光条件。三是集中管理。实行区田法,只耕区内田,不耕旁地,施肥、灌溉以及中耕除草等劳作都是在区内进行。

采用区种方法,集中经营谷物、桑麻、六畜、园艺,改进耕作技术,尤其注重改良土壤和施肥,务使地力长期保持而不必休耕,通过精耕细作来提高单位面积产量,争取少种多收。"区种法"代表了我国农业技术发展方向,具有重要的历史意义。尤其在遇到灾荒或畜力不足时,农民无力照顾大面积农田,区种就是一个摆脱困局的好办法。

上述的区种法,把农作过程分为三个步骤,无疑需要花费大量的人力和物力,只适宜在小块土地上应用。即使在小面积耕地上进行深耕细作,实现深耕也是需要一定条件的。在跖耒而耕与牛耕并存的时代,多用锄耕,就需要投入比平常多数倍的劳力,对于许多小农家庭而言,没有足够的人手采用这样的精耕细作方法。采用区种法尽管能有效提高单位面积产量,但推广起来很不容易。

2. 代田法、区种法的推广

（1）代田法的推广

赵过推广代田法的过程中,注意科学安排,采用合适方法,利用多种力量,采取配套的措施。

《汉书·食货志》中记载,"过试以离宫卒田及宫壖地,课得谷皆多旁田,亩一斛以上。令命家田三辅公田,又教边郡及居延城。是后边城、河东、弘农、三辅、太常民皆便代田,用力少而得谷多"。

赵过努力改进旧农具与铸造新农器。代田法本来是耕作技术的进步,可是在代田法的应用和推广过程中,会涉及铁农具和牛耕等新的农业技术的应用。为了配合新的耕作法,赵过改进了很多农具,都很方便灵巧。一是耕田用的耦犁,一是播种用的耧车,都是用牛拉的大型铁制农具,由政府拨派能工巧匠专门制作。

赵过注意采纳合理建议。当时农民少牛,不能利用雨后的有利时机整地。有位退职的平都县令光就建议赵过组织人力拉犁,赵过便请皇帝任命光为自己的副手,组织农民相互换工以人力拉犁。人多的时候一天可耕30亩,人少的时候也能耕13亩,这就使更多的土地及时得以开垦。

赵过能够利用各种力量推广耕作技术。组织技术人员的培训,争取皇帝支持,也利用民间具有生产实践经验的力田和老农,这些人熟悉农业和农民的实际。他采用办培训班的形式,集中有关行政官员和"三老、力田及里父老善田者",让这些人先学习新农具和新的耕作方法,通过他们再向农民普及。

特别值得一提的是赵过推广代田法的方式。他先在皇帝离宫旁的空地上进行小规模的代田实验。证实代田的效果确实比"旁田"多收一斛以上,用无可争辩的事实证明实行代田法确实能够增产,然后在全国推广,一直推广到了边区居延（今内蒙古额济纳旗）地区。赵过推行代田法,用二牛三人即可耕种,一人耕作效率是跖耒而耕的四倍。不仅提高了劳动生产率,还提高了单位面积产量。凡推广代田法的地方均取得了节省劳力、增产粮食的效果。

一切新事物的问世都是曲折坎坷的。让人们接受新事物,既需要观念上的更新,还需要一定的客观条件,其过程充满艰辛。汉代在很长时期内,跖耒而耕和牛耕并存。代田法作为当时先进的耕作方法,优点是能防风抗旱,增加单产,代价是需要投入较多的人力、畜力和机械设备,一般的小农很难具备这些条件。大部分小农不得不沿袭跖耒而耕的耕作方式。生产技术利用与否直接决定生产效益,缦田的劳动效率比较低。

分散的小农经济是我国古代社会经济的基础,由于小农经济自身的局限,先进的生产工具以及科学技术难以迅速推广应用,不能迅速转化为现实的生产力,因此漫长的封建社会里,农业经济一直呈现缓慢发展的趋势。小块土地所有制本身是以生产资料、资金和生产者无止境的分散为条件的。它不但造成了人力、物力和财力的巨大浪费,而且小块土地所有制按其性质来说"就排斥社会劳动生产力的发展、劳动的社会形式、资本的社会积聚、大规模的畜牧和科学的不断扩大的应用"(《马克思恩格斯全集(第二版)》 2007:910)。

西汉时期,赵过推广代田法确实取得了较好的效果,但推广的范围有限,仍仅限于边郡一些屯田区、太常公田与河东、弘农、三辅地区,推广时间不长。武帝以后,即未再见实行代田法的记载。这说明任何先进的科学技术要转化为现实的生产力,都需要付出艰苦的努力,不会一蹴而就。

东汉时期,代田法及其新田器、牛耕技术在全国得到推广。崔实在《政论》中记载:"其法三犁共一牛,一人将之下种,挽耧皆取备焉,日种一顷,至今三辅犹赖其利。"

考古发掘的资料证明,代田法及其新田器以及牛耕技术确实推广到了全国各地,到东汉全部取代了原始的农具和耕作方法。居延汉简上就有代田法的记载。(刘太祥 2000:5)

(2)区种法的推广

李剑农先生认为,区种法有三种意义:一是集约施肥的意义,虽然汉代农民早已经知道施肥重要,但是按区施肥,肥料都能被苗根吸收,施肥少而且效果好；二是防旱的意义，按照区浇灌，虽然费劳力，但若及时灌溉，就能起到抗旱减灾的作用；三是救济牛荒的意义，赵过推广代田法，民或苦牛少，以至于用人挽犁，区种则无须用犁，以耒耜就可作区，种地数量虽少，仍然能获得相当收获。所以，自区种法出现以后，一遇旱灾或牛荒时，辄以此法救济之；后汉永平十八年，牛疫旱灾并起，诏令民区种；三国时邓艾屯田上邽，因少雨，乃为区种……故区种遂成为救济旱灾与牛荒之唯一良法，在中国农业进化史上，确有其地位。（李剑农　2005：156～157）

区种法的推广与小农关系密切。氾胜之说："农士勤惰，其功力相什倍。"区种法能否推行的关键，在于生产者是否具备劳动积极性，所以它不能适应奴隶制或农奴制的经营方式，而是同自己占有土地和农具的个体小农密切相关，也同当时关中地区人口稠密、耕地相对较少的环境条件有关系。

《汉书·艺文志》中记载，氾胜之亦曾"教田三辅，有好田者师之，徙为御史"。

《后汉书·刘般传》中记载，汉明帝时期（58～75年）"是时下令禁民二业，又以郡国牛疫，通使区种增耕……般上言：……又郡国以牛疫、水旱，垦田多减，故诏敕区种，增进顷亩，以为民也"。因牛瘟肆虐，水旱垦田减少，为了解决农民的生计问题，明帝曾下诏推行区种法，但是官吏推行不力，百姓颇有怨言。刘般上奏，"今滨江湖郡率少蚕桑，民资渔采以助口实，且以冬春闲月，不妨农事。夫渔猎之利，为田除害，有助谷食……"明帝推广区种法并不顺利的史实，反映了自西汉以后，除了个别地方或个别时期在灾害之年曾用于救灾济困以外，区种法在当时没有产生太大影响，未曾得到全面推广。

与区种法在小农经济中难以普遍推广形成鲜明对比的是，秦汉时期先进耕作技术能够在庄园中推广。例如，二牛抬杠式的牛耕本质上能够适应大地产耕作方式，劳动力的多寡是影响生产力水平的决定性因素，即使不使用牛力而使用人力，大地产经营也比小块土地上的小农经营具有优越性。

秦汉时期，人们对选种和作物的播种量已经很重视了。有谚语"欲长钱，取下谷，长石斗，取上种"。秦时的种子是经过精选而单独保存的，还无偿向农民提供。两汉时期对选种也很重视，在洛阳汉墓出土的陶仓上还书有"粟种"、"黍种"、"稻种"的题记。

根据《氾胜之书》的记载，秦汉时的农夫已知用肥料浸种。其中最突出的就是溲种法，即在种子上贴一层粪壳的方法。

关于各种作物每亩地的播种量，云梦睡虎地出土的《秦律·仓律》规定："种：稻、麻亩用二斗大半斗，禾、麦一斗，黍、苔亩大半斗，叔（菽）亩半斗。利田畴，其有不尽其数者，可殴（也）。其有本者，称议种之。"每亩的播种量，稻、麻大约为二斗，禾、麦大约为一斗。连作物的播种量都有如此明确具体的规定，可知秦朝很重视农业。汉代，关于播种方法官府也有具体的规定。崔实在《四民月令》中记载了各种农作物的种植方法，特别是稻田绿肥的种植和秧苗移栽技术，崔实云，"美田欲稀，薄田欲稠"，这与《秦律》中所说"利田畴，其有不尽此数者，可也"的精神是一致的，也规定了稻、麻、谷、麦、黍、小豆、大豆等每亩的播种量。

（三）人口增长和土地面积增加

在古代，农业是我国最主要的生产部门，一定数量的劳动力是农业生产的必要前提，一定数量的人口及其增殖是经济发展的基础。当然，人口的生存繁衍也离不开经济的发展，人口规模要与农业生产所能提供的食物数量相适应。在一定历史条件下，粮食等食物产量与耕地面积和生产技术条件有密切关系。耕地面积是一个有限的量，会形成一定的合理的人、地比例。劳动力数量过多或过少都不利于生产的发展。

人口的下降意味着生产的破坏，而人口的增长总是意味着生产的发展和社会的进步。在汉代，人口数量有波动，但较长时期内，社会相对安定，人口数量和土地数量都有一定幅度的增长。

1. 人口增长及其影响因素

基于历史与现实的原因，汉王朝对人口生产一直十分重视。战国末年，七国人口约两千万，到处是万户大邑。秦朝的暴虐统治、秦末战乱以及大饥荒，使人口大减。汉初接秦之弊，万户大邑存留不过两三千户。《续汉书·郡国》注引《帝王世纪》中称汉初人口"方之六国，五损其二"。人口耗减严重。汉朝统治者接受秦亡的教训，实行无为而治，而发展农业生产，需要补充小农家庭的劳动力，就采取了不少增加农业就业人口的具体措施。

减轻农民徭役负担,增加其从事农业生产的劳动时间。

汉初陆贾在《新语》中曾经论及轻徭薄赋政策,提出了"稀力役而省贡献",主张"不兴无事之功",不"疲百姓之力",多处谴责"兴工作役"。

汉高祖、汉文帝时减少徭役,并且放宽服徭役的起始年龄实行刺激或鼓励妇女生育等政策。

高祖七年(公元前 200 年)令"民产子,复勿事二岁"。

《汉书·惠帝纪》中记载:"(公元前 189 年)令民得卖爵。女子年十五以上至三十不嫁,五算。"

《后汉书·章帝纪》中记载,元和二年正月乙酉(公元 85 年)章帝诏曰:"《令》云,'人有产子者,复勿算三岁'。令诸怀妊者,赐胎养谷人三斛,复其夫,勿算一岁,著以为令。"又诏三公曰:"方春生养,万物莩甲,宜助萌阳,以育时物。其令有司,罪非殊死,且勿案验,及吏人条书相告,不得听受,冀以息事宁人,敬奉天气。立秋如故。"

汉代皇帝及政府还对繁衍人口成效显著的地方官吏给予发奖金和升迁的奖励。

《汉书·循吏传·黄霸》中记载,宣帝时,黄霸为颍川太守,因在任期间外宽内明得吏民心,户口岁增,治为天下第一。征守京兆尹,秩二千石。后来黄霸因坐罪遭劾贬,旋又被起用。有诏归颍川太守官,前后八年,郡中愈治。天子以霸治行终长者,下诏称扬曰:"颍川太守霸,宣布诏令,百姓向化,孝子弟弟贞妇顺孙日以众多,田者让畔,道不拾遗,养视鳏寡,赡助贫穷,狱或八年亡重罪囚,吏民向于教化,兴于行谊,可谓贤人君子矣。《书》不云乎?'股肱良哉!'其赐爵关内侯,黄金百斤,秩中二千石。"而颍川孝弟有行义民、三老、力田,皆以差赐爵及帛。后数月,征霸为太子太傅,迁御史大夫。

《汉书·循吏传·召信臣》中记载,元帝时,召信臣迁南阳太守时,"荆州刺史奏信臣为百姓兴利,郡以殷富,赐黄金四十斤。迁河南太守,治行常为第一,复数增秩赐金。竟宁中,征为少府,列于九卿……"

由于几代皇帝的重视和措施得力,随着生产的发展,汉代人口数量有较大增长。西汉时,出现我国古代人口增长的第一个高峰。

《汉书·高惠高后文功臣表》记载:"大城名都民人散亡,户口可得而数裁什二三,是以大侯不过万家,小者五六百户。"文景时期,实行休养生息政策,社会生产恢复发展,到武帝即位时,社会经济已经相当富庶,人口激增。一些地区的人口翻了一番、两番,甚至更多。

宣帝即位之初欲褒扬先帝,诏丞相御史议为武帝立庙事。胜独曰:"武帝虽有攘四夷广土斥境之功,然多杀士众,竭民财力,奢泰亡度,天下虚耗,百姓流离,物故者半。蝗虫大起,赤地数千里,或人民相食,蓄积至今未复。亡德泽于民,不宜为立庙乐。"(《汉书·夏侯胜传》)。所幸武帝晚年悔过,调整了政策,颁布轮台诏,决心像汉初那样让老百姓休养生息,致力于发展农业生产,形势又慢慢好转。经过昭宣二代的苦心经营,"流民稍还,田野益辟"。到平帝元始二年,汉王朝共有郡、国103个,县级单位1587个,人口59594978人,农田8270536顷,约合今28362万亩。人口和土地数量显著增加,创下汉代的最高纪录。

到西汉末,人口又急剧减少,自西汉末年至王莽篡政期间,战乱频繁,粮食价格上涨到万钱一石,甚至出现"黄金一斤易豆五升"的情况,人民大量流离死亡。到刘秀建国时(公元25年),全国人口剩下仅有1/5,大约1200万人。经过30年的恢复,人口回升到2100多万。明帝时连年丰收,粮价降到30钱一石,永平十八年(公元75年),人口增加到3400多万。到和帝元兴元年(公元105年),全国人口达到5300多万,这与光武帝整顿吏治及以后的几代皇帝励精图治是分不开的。

宛城作为南北交通要冲,虽有关山之险,但物产丰饶,文化发达,商业繁荣,人口剧增。《汉书·地理志》中记载,"南阳郡,秦置。莽曰前队。属荆州。户三十五万九千三百一十六,口一百九十四万二千五十一。县三十六:宛,故申伯国。有屈申城。县南有北筮山。户四万七千五百四十七。有工官、铁官。莽曰南阳"。当时在全国,百万人口的郡有十五个,南阳郡居长江流域之首,是五都(另有洛阳、临淄、邯郸、成都)之一。东汉时,南阳是"帝乡",在经济发展的同时,人口也迅速增加。据《后汉书·郡国志》中记载:"南阳郡,秦置。洛阳南七百里。三十七城,户五十二万八千五百五十一,口二百四十三万九千六百一十八。"由此可知南阳郡人口跃居全国诸郡之冠,东汉是古代南阳地区人口极盛时期。虽然全国人口最高数字比西汉时期略少,但南阳郡的户数和人口数都明显高于西汉时期,这也充分说明了东汉时期南阳郡经济繁荣,位于全国前列。

延至魏晋南北朝,人口增长趋缓,数量起伏不定。下表能够大致反映汉代荆州刺史部以及南阳郡人口增长的情况。

荆州各郡两汉人口增长示意图

南阳郡西汉时人口 1942051	东汉时人口 2439618
南郡西汉时人口 718540	东汉时人口 747640
江夏郡西汉时人口 219218	东汉时人口 265464
零陵郡西汉时人口 139378	东汉时人口 1001578
桂阳郡西汉时人口 156488	东汉时人口 551430
武陵郡西汉时人口 185758	东汉时人口 250913
长沙郡（国）西汉时人口 235825	东汉时人口 1059372

（资料来源：根据［汉］班固《汉书·地理志》、［宋］范晔《后汉书·郡国四》整理）

荆州人口西汉时359.4万，占全国总人口的6％，东汉时626.8万，占全国总人口的13％，这表明荆州人口增长幅度较大，增长的速度较快，在全国总人口中所占比例较大。

同期，南阳郡人口的增长也比较快，西汉元始二年（公元2年），人口190多万，数量全国排名第四（排在全国前三位的是汝南郡、颍川郡及沛郡），到东汉永和五年（140年），南阳郡有528551户、2439618人。南阳郡人口在荆州刺史部中占的比例也较大，西汉时约占荆州刺史部人口总量的55％，东汉时约占荆州刺史部人口总量的39％。

东汉时期，社会经济中心虽然仍在北方黄河中下游地区，但从发展势头看，南方已经超过北方。这在各地人口数量消长上就有所反映。关中三辅地区（今陕西中部），西汉时244万人，东汉时只有52万人。同一时期，南方的豫章郡（治南昌，今属江西）从35万人增加到167万人，桂阳郡（治郴县，今属湖南）从156488人增加到551430人，长沙郡（治临湘，今湖南长沙）从235825人增加到1059372人，零陵郡（治泉陵，今湖南零陵）从139378人增加到1001578人（班固《汉书·地理志》、范晔《后汉书·郡国四》）。当然，影响人口数量增长的因素较多，同东汉初年开发边疆也有很大关系，更与地方官恪守为官之道、忠于职守分不开。在增加的人口中，包括少数民族被吸收编入户籍的，也有迁徙入户的，这也是当地社会经济发展的一种反映。

从东汉末年到三国两晋南北朝时期，南阳为兵冲要地，兵连祸结，生灵涂炭，土地荒芜。老百姓挣扎在死亡线上，这一时期南阳地区人口大量死亡和流徙。如上述,东汉中期,南阳郡人口有244万多。到东汉末,袁术据南阳,人口锐减至100万(《续汉书·袁术传》卷5),西晋太康初年,在大致相同的疆域范围内,仅及42万人。三百多年之后,南阳人口不足原来的1/30,说明战乱之后,一片废墟,萧条零落,人烟稀少。

人口数量的消长自然引起人地关系的变化。任何一个时代一个地区,人口的增减都会对经济社会的发展产生重要影响。在古代农业社会里,影响会更加明显。古代农业的发展,在很大程度上与劳动力的投入数量有关。人口的增加会加速荒地的垦辟,使耕地面积得以扩大,人口增长的压力,也迫使人们进一步垦荒以增加耕地面积,或不断提高土地的利用效率,以满足社会对粮食的需求。虽然人口并不是影响农业发展的唯一因素,但人口却是反映各地农业发展程度差异的重要因素。商鞅学派认为,一个国家进行农和战都需要一定数量的人力,而人口数量又必须和土地数量保持适当的比例。把人口多而土地少叫做"民胜其地",把地广人稀叫做"地胜其民",为了解决人地不相称即比例不适合的问题,他提出了一条原则:"民胜其地务开,地胜其民者事徕。"开即开荒,徕是从国外招徕农民。

一定数量的人口及其适当增殖是经济发展的基础,人口的生存及其增长也离不开农业经济的发展,人口生产的规模要与农业生产能够提供的食物数量相适应,劳动力数量的多寡以能否被生产资料尤其土地全部吸收为限,劳动力过多或过少都不利于生产潜力的发挥(黄遵福2005:22)。直到清代以前,从全国大部分地区的人地关系比例来看,劳动者的数量在多数年份均显得过少。因此,人口地理分布情况,在相当程度上反映着经济发展的基本状况。

汉代汉江流域人口分布及密度比较表

地区	面积(km^2)	西汉平帝元始二年人口数(人)	西汉平帝元始二年人口密度(人/km^2)	东汉公元140年人口数(人)	东汉公元140年人口密度(人/km^2)
汉中	24412	151428	6.2	160230	6.56
安康	23191	75173	3.24	59422	2.56
南阳	26600	1219404	45.84	1490874	56.05
襄宜	16453	367686	22.35	467163	28.39

(资料来源:根据鲁西奇《论地区经济发展不平衡》整理)

从上表可以看出，两汉时期南阳盆地的人口密度比其他三个地区的人口密度都要高。西汉时期，南阳盆地人口密度为 45.84 人/km²，东汉时期，南阳盆地人口密度为 56.05 人/km²，远远超出汉江流域其他地区。但相对于其广阔的面积而言，南阳盆地的人口密度是不算高的，甚至可以说是地广人稀。那时的人口数量还满足不了农业生产的需要。一方面，人口数量少，劳动力缺乏，影响生产的发展。另一方面，也使"广拓土田"具有一定的潜力。当然，无论人口生产抑或土地开发，其成效如何关键还在于社会环境的稳定情况。

封建社会"人不称土"现象时有发生。尽管在古代，经济社会的发展一般表现为地多人少，但只要人口出现增长，人们就会不断开垦土地，一般认识不到"人不称土"。如果人口突然减少，田地大片荒芜，人们自然就会想到劳动力不够，感到"人不称土"。汉代南阳人口并不是很多，但在当时，南阳户口数就是南阳先民的一种骄傲和发展的资本。

2. 耕地面积的扩大与人地关系

只有统一的大国才有可能真正发展文化和经济，并确保自己的独立，这是历史经验。回忆当年，横空出世的大秦帝国还未来得及仔细品尝大一统的胜利成果，仅践祚十五年就灰飞烟灭，在人类历史的长河中如昙花一现。应该说，西汉时期社会经济的繁荣和武功的显赫，正是汉代中央集权统治及国家统一的结果。西汉时人口增至约 6000 万，创下我国古代初期人口增长的最高纪录。人口增加，对粮食等农产品的需求也随之增加，社会需求的增加带动了土地开发，荒原不断被垦辟，土地面积相应增长。

汉王朝在江山创建之初就采取了鼓励人口生育的政策，人口不断增长，且居住相对集中。黄河中下游面积约占全国总面积的 30%，却集中了全国 68% 左右的人口，许多村庄寥落的"宽乡"逐渐变为人多地少的"狭乡"。汉代统治者为调整人地比例，满足人口衣食之需，维护统治，一方面大力推行垦荒政策，在黄河中下游等地毁林开荒辟田；另一方面把百姓由"狭乡"向"宽乡"迁徙，并且与实边固防相结合，对西北等地区实行农业开发。

古代农业的发展突出表现在土地的不断开发上。汉代，随着水利设施的兴修，土地不断被开垦，耕地面积不断扩大。西汉时期，南阳太守召信臣，拓殖田土，土地年年增加，多达三万顷。东汉时期，南阳太守杜诗,广拓土田,任内形成"比室殷足"的繁荣局面。《后汉书·郡国志》注引《汉官仪》中记载,和帝永元年间,全国耕地面积7320170.8顷,人均土地约13.7亩(汉亩)。按人均土地面积推算,东汉南阳耕地约在17077326亩。南阳水利条件和耕作技术先进,粮食亩产量会高于全国平均水平。

据有关资料记载,以我国北方旱粮(粟)平均亩产量为例,汉代约为120斤。随着封建大一统局面的形成,人民生活相对安定,在相当一段时期内拥有土地的农户数量大大增长,且农业生产率在更加广阔的地域进一步提高。其时平均粮食亩产量已达到2～3石,耕地面积约87亿亩,从而为全社会提供了更多的商品粮。生产买卖粮食更成为豪强们增殖财富的重要手段。(冷鹏飞　2002:1)

汉代,我国的疆域扩大了,人口增多了,人多地少的矛盾并没有根本缓和。在土地私有制度下,土地是不可能按人口平均的,大量的无地农民只好向大自然要土地,许多小农仍然摆脱不了穷困,因而土地开发的范围不断扩大,土地开发的速度加快,生态破坏日益严重,形成恶性循环,灾害频仍,社会经济发展缓慢。

三、农业经济结构

我国古代农业既有区域多样性又有区域统一性,北方以旱地粟作农业为代表,南方以水田稻作农业为代表。

黄河、长江流域是我国农业文明的两大摇篮,黄河中下游农业在历史上曾长期居于主导地位。南阳地处汉江中游,恰当秦岭淮河南北自然分界线的衔接部分,处于亚热带向暖温带的过渡地带,属北亚热带季风型大陆性气候,在两大流域相互渗透交融之中显现出一定的边缘效应,农业经济明显带有中原地区粟作农业和南方地区稻作农业的双重特征。

汉代,随着水利工程的兴修,农业生产有了长足的发展,水稻种植面积不断扩大。魏晋时期,受战乱影响,水利设施缺乏维护管理,甚至部分水利设施逐渐废弃,农作物种植结构随之发生变化,许多水田改种麦粟等旱地作物,区域农业经济结构局部有所改变。唐宋时期,据《宋史·赵尚宽传》《宋史·谢绛传》中记载,唐知州赵尚宽、邓知州谢绛等大力兴建水利工程,水利事业得到恢复发展,灌溉面积达到四万余顷。延至元代,南阳种植水稻还相当普遍。明末以后,战乱灾荒频仍,水利工程渐渐损废,农作物种植条件改变。根据《南阳府志》中的记载,清朝康熙、雍正、乾隆年间对一些古堰陂等水利设施进行了修复,有堰陂180余处,不同程度地发挥灌溉作用,仍有水稻的种植,可是,粟麦等作物的种植面积有所扩大,林果业、园圃业、渔业等副业在农业中占有一定的比重,经过长期的演进,南阳的农业经济结构逐渐形成。

(一)农作物的种植

《史记》中记载,秦始皇下令焚书坑儒,但规定"所不去者,医药卜筮种树之书",还特意保护有关作物种植的技术资料。汉代皇帝曾多次下诏勉励民间种谷树艺。龚遂、卫飒、茨充等一批地方官吏,能够认真落实朝廷的重农政策,积极倡导和推动辖地的农业生产,农业经济繁盛一时,粮食作物及林木广为种植,园圃业、畜牧业、渔业发展,专业农户不断涌现。

1. 粮食作物种植结构及其变化

汉代,南阳气候温暖,雨量充沛,水系发达,土地肥沃,适宜多种农作物生长。特殊的地理位置和自然条件,使农作物种植结构呈现多样性的特点,种植的谷物包括禾、小麦、大麦、燕麦、粟、黍、稻米和豆等。先民在长期生活实践中体会到粟的味道比黍要好,小麦比粟的味道还要好,经过长期的选择与权衡,稻最终成为大面积种植的农作物。

农作物种植种类的选择也体现了农耕方式从原始形态向精细化演变的过程。

(1)大豆的种植

先秦时期,豆类曾经作为主食,在粮食作物中占的比重较大,在韩国故地曾有大面积种植。据《战国策》卷26记载,韩国之地"五谷所生,非麦而豆,民之所食,大抵豆饭藿羹"。从春秋战国之际开始,大豆与粟就是最主要的粮食作物,南阳西部的淅川、西峡,豆类生产与韩国其他地方大致相同,豆类种植也比较多,张衡在《南都赋》中说的南阳原野上有

"菽麦黍稷","菽"就排在第一位。《氾胜之书》中曾经宣传种植大豆的重要性,要求每人种五亩(240步的大亩)大豆。这可能与汉代大豆的利用方式更加多样化有关。

(2)麦的种植

春秋以来,麦类种植尤其是冬麦种植有很大发展。《汉书·食货志》中记载,西汉中期,汉武帝接受董仲舒的建议,在关中地区大力推广冬麦种植。《晋书·食货志》中记载,西汉末氾胜之"教田三辅",在推广种麦方面作出了很大成绩。在张衡的《南都赋》中,描述南阳有"冬稌夏穱",指冬季有糯稻,夏季有穱麦,水、旱田轮作,一年两熟。关于小麦的种植记载较少,明代以前麦的种植似乎不多,直到明代及其以后麦田才有所增加。

(3)水稻的种植

南方"楚越之地",向以"饭稻羹鱼"著称。《周礼》中记载,荆州谷宜稻,江汉为川。汉代,南阳与巴蜀、江南、淮南、汉中等都是重要的稻产区,种植水稻历史悠久。

南阳属于曲家岭文化的典型地区之一,粳稻种植反映了曲家岭文化的一个侧面。在淅川县黄楝树遗址的烧土块中发现有稻谷和稻秆,并出土有加工稻谷的石杵和石臼等工具。南阳的农业结构以种植业为主导,粮食作物种植又以水稻为主。

随着水稻的栽培技术逐渐成熟,水稻种植面积遍及盆地中南部。西汉元帝时,召信臣兴水利,垦增水田,在唐河修筑的钳卢陂,灌溉万顷良田,在唐白河流域大面积引种水稻,成为麦稻区。后来召信臣迁为河南太守,但南阳兴修水利的活动并未就此停止。到元始年间,南阳新旧水田当有4万顷以上,人均约2亩。东汉时,世族地主占有的大量土地多为水田,而且多有"陂波灌注"。张衡在《南都赋》中描述过:"其陂泽有钳卢玉池、赭阳东陂,其水则开窦洒流,浸彼稻田。"粳稻(粇)、糯稻、黄稻等是当时常见的稻谷品种。

(4)粟的种植

粮食的总称是"谷物",而在历史文献中引用谷物,则专指粟。粟,也称谷子,去皮后称为小米,在春秋时期就是重要的粮食作物。在《墨子》、《孟子》、《荀子》中都曾提及。粟是南阳最古老的粮食品种之一,大量的史前文化遗址出土实物已经证实,在新石器时代,南阳先民已经种植谷子。

汉代人称"稷"为"五谷之长",禾、秫、稻、黍、小麦、大麦、大豆、小豆、麻在《氾胜之书》中为九谷,粟仍然是最重要的粮食作物。粟较耐旱,尤其是在缺乏水源灌溉的地方,人们不安于农事或战乱之时,粟更是可选择的基本粮食作物品种。到了三国魏晋时期,许多水利设施得不到充分利用,水稻种植面积减少,粟就成为南阳大量种植的重要粮食作物。

《后汉书》卷一记载,王莽地皇三年,南阳发生饥荒,刘秀避乱新野,到宛城卖谷,刘秀所贩之谷大概就是粟吧。

延至明朝时粟仍然是南阳种植的一种主要的粮食作物,嘉靖《邓州志》将"菽粟"并称,认为邓州的自然条件最适宜于种植菽粟,有邓州"多粟"之说。清代,随着小麦种植面积的扩大,玉米、红薯等作物的引进和推广,粟的种植比重才有所下降。

(5)黍、稷的种植

黍、稷(通称糜子)与粟类似。张衡在《南都赋》中讲过,南阳原野上有粟、黍,而且特别提出"重黍"这一品种,说"若其厨膳,则有华芗重秬",秬就是指黑黍,稃内皆含两粒米,因称重黍,以后的历史文献中很少提及。到清朝末年,黍只是为了取其穗秸,在南阳有少量种植。

2. 经济作物的种植

汉代,除了谷物的种植,还有蔬菜和经济作物桑、麻、芝麻、蓼蓝和胡瓜等的种植。桑叶专门用来养蚕;雄麻的植物纤维在剥离后,可用于制造亚麻布及其他织物;雌麻、芝麻和白苏都是油料作物,不过麻籽也曾被视为谷物;蓼蓝是主要的蓝色染料,在公元2世纪后期的陈留,蓼蓝曾取代粟成为了种植最普遍的作物。这在《史记·货殖列传》中有记载。

园圃业的经营在文献资料和汉画中均有所反映。先秦时园圃业已经较为普遍。秦汉时期,随着农业生产力的提高,园和圃已各有其特定的生产内容。《说文解字》中说,"种菜曰圃","园所以树果也"。当时除了地主和小农经营作为副业的园圃外,还出现了大规模的专业化园艺生产。有"园圃之利"的大型农场,果树的种类也很丰富,而且已经开始培植地方性的优良品种。

果树种植在汉代已有一定基础,南阳的果园业有所发展。当时的小农家庭普遍种植果树,果树品种主要有枣、粟、橘、桃、李、葡萄、石榴(即若留)等。其中的葡萄和石榴均是张骞通西域时带回来的品种,张骞封邑就在现在的南阳市方城县博望镇一带,南阳一带那时开始种植葡萄。

张衡在《南都赋》中提及的水果有樱梅山柿,侯桃梨栗,若留,穰橙邓橘。时至今日,除穰橙外,其余果木在南阳随处可见。

随着生产经验的积累,林木种植经营水平提高,出现了研究林木的专著。《汉书·艺文志》就著录了"种树果相蚕十三卷",《艺文类聚·果部上》曰:"王安丰有好梨,常卖之,恐人得种,常镂其核。"文中记载了一个种梨能手恐怕他人窃去良种而不得已采取的方法,可以看出随着商品交换的发展,当时一些人已经初步认识到技术垄断和个体利益保护的问题。已有人开始探索利用温室栽培蔬菜,冬天也有新鲜的瓜菜供给。农户因地制宜开发蔬菜特色产品,少量食用,多数用于交换,以增加收入或换取生活、生产必需品。史游的《急就篇》中有"园菜果蓏助米粮"的说法。

随着专业农户生产经验的积累,园圃业经营水平提高,出现了总结经验的专门著述。《艺文类聚》引刘向《别录》曰:《尹都尉书》包括种瓜篇及种芥、葵、蓼、葱诸篇。《氾胜之书》中也提及瓠、芋等园圃作物的种植。根据《氾胜之书》、《四民月令》和《南都赋》统计,汉代栽培的蔬菜已达20余种,有葵、韭、瓜、瓠、芜菁、芥、大葱、小葱、胡葱、小蒜、薤、蓼、苏、蕺、荸、蘘荷、豍豆、胡豆、芋、苜蓿等。

汉代,南阳的园圃业有所发展,蔬菜类有芋、葵、甜瓜、葫芦、笋、生姜、藕、芥菜等,林果类有梨、枣、桃、柿、梅、葡萄等,纺织原料"大麻"在南阳也普遍栽种。

(二)林木的种植

在汉代,林木既可作为一种社会财富,也是重要的生活资料,需要量也大,尤其厚葬更是毁损了大量森林。人们渴求财富,希望拥有大量林木,但林木生长缓慢,眼见现实中林木日渐减少,不免忧虑和反思,这在汉画像中有所反映。

汉画像神树在南阳、山东、江苏、安徽、陕西、山西和四川等地的大量出现,说明了现实生活中林木占据着重要的地位。一方面,汉代人在社会生活中越来越需要林木。举凡房屋建筑、雕梁画栋、棺椁墓室要用林木自不必说,冶铁炼铜、取暖庖厨更少不了林木,甚至撰写书记也要用简牍。(郑先兴 2009:21)

汉代,植树种桑也是重要的经济政策之一,自上而下都重视植树造林,还有专门讲解植树的书籍。《汉书·景帝纪》中记载,景帝诏曰:"其令郡国务劝农桑,益种树,可得衣食物。"说明务劝农桑、教民种树是郡国官吏的一项重要职责。

1. 植桑

《氾胜之书》云:"桑至春生,一亩食三箔蚕。"种桑为了养蚕,养蚕为了获取蚕丝。汉代,齐鲁和蜀两地的农民从事蚕桑或丝织业的较多,规模也比较大。

西汉召信臣任南阳太守时,劝民农桑,去末归本(《汉书·地理志》)。南阳地区不仅有丰富的自然桑林,而且有植桑养蚕的传统习俗。《水经注·沘水注》中记载,东汉时期,南阳地方豪强樊宏的田庄"檀棘桑麻"毕具。张衡在《南都赋》中曾说南阳原野有"桑漆麻苎",反映了汉代南阳种桑养蚕的史实。

如史书记载,南阳尽管不是植桑养蚕发展丝织业的主要地区,但南阳有植桑养蚕的传统。南阳的桑蚕技术随着北方人口的大量南迁和官吏的推广传到南方。光武帝建武二十五年,南阳人茨充继卫飒任桂阳太守(治郴县,今湖南郴县),到任后,就教民种植桑柘麻苎,劝民养蚕织履,以改变桂阳人的赤脚习惯,养蚕织履或许是茨充的初衷。

2. 种植漆树

漆是制造漆器的原料,漆本身具有抗潮、防腐、耐酸、耐磨的特性,干后具有美丽柔和的光泽,为漆器的生产及广泛使用奠定了良好的物质基础。"天然漆是割破树皮就能得到的一种汁液,对于生活在大森林中,并大量使用木材来制作工具及器物的中华民族的先祖们来说,发现并使用它不是很难。"(于濛滨 2002:4)

生漆是制造漆器的主要原料,而且是世界上应用最早的漆。迄今尚无一种人工合成或天然涂料能在性能上全面超过它。生漆来源于漆树,漆树本是一种林木,由于漆与桑麻苎等衣着原料在日常生活中具有同样的重要性,所以我国古代先民很早就种植漆树,云梦出土的秦简及其他史书中就有关于漆园的种植与漆的生产的记载。庄周是战国时期著名的哲学家。《史记·老子韩非列传》中记载,庄周"尝为蒙漆园吏"。战国中期,大商人白圭就用"发熟取谷,予之丝、漆"的办法来经商致富,说明那时的漆已成为一种重要的商品了。秦国及秦朝均设有"漆园啬夫"一官,主管漆树种植及漆的生产。

我国古代生漆的主要产地,春秋以前大约沿秦岭、渭河流域向东到黄河中下游,即分布在今陕西、河南、湖北、山东等一条线上(林剑鸣1978:1)。秦汉时期,上述地区仍然有生漆生产,漆树种植面积也有所扩大,尤其西汉,有大量种植漆树的专业户,有生产漆器的私营手工业作坊。

《后汉书·樊宏传》记载,樊重,字君云,世善农稼,好货殖。……尝欲作器物,先种梓漆,时人嗤之,然积以岁月,皆得其用,向之笑者咸求假焉。汉代漆树的种植地区甚广,宛距陈留不算太远,受其影响,也有农户种植漆树。

汉代,漆器的生产规模和使用范围均有所扩大,漆器种类增多,漆器业的发展主要得益于乡村种植漆树,漆器制作所需大量的漆原料有了保证。

3. 用材林木的种植

秦汉时期,我国的西北、关中、巴蜀及江南等地林业资源十分丰富,政府还组织开展了人工育林的活动,成片地种植用材林。随着道路交通条件的不断改善,贩运贸易也有相当程度的发展,当时有不少人从事竹木生产经营活动。

用材林木的种植也是农家增加经济收入的一个来源。农家植树所选择的品种一般是榆、白杨、槐、柳等,其中榆为首选品种。据记载,从当时的社会经济发展状况看,若种榆树,三年后就能见到经济效益,五年后,榆树就能作建筑材料和燃料之用,十年后,榆树之材就能制作日用器具,若能等到十五年后,一株榆树的价值就等同于九匹绢的价值,可知当时种榆的经济效益不算低。龚遂曾经在任上劝民口植一树榆,五口之家若种榆五株,十五年后,就可得到等同于四十五匹绢价值的收益。

种植其他品种的树木如槐、柳等,一亩亦可获得每年万钱以上的收入。

(三)畜牧业

汉代,畜牧业在农业经济中占有重要地位,表现在专业饲养大户的出现和家禽家畜的广泛饲养。

1. 畜牧专业大户出现

我国西北边境地广民稀,多水、草资源,具备得天独厚的发展畜牧业生产的条件。汉代,畜牧业发展较快,除了官营畜牧业外,私营畜牧业也渐渐兴起,涌现出不少专业大户。

《史记·货殖列传》中记载,乌氏倮"畜牧,及众,斥卖"。

《汉书·叙传》中记载,班壹"避地于楼烦,致马牛羊数千群"。

《汉书·卜式传》中记载:"式入山牧十余岁,羊致千余头,买田宅。"《隋书·经籍志·农家类》还注明有"《卜式养羊法》、《养猪法》各一卷"。

《后汉书·马援传》中记载:"(马援)因地处田牧,至有牛马羊数千头,谷数万斛。"

如史书记载无论边疆内地,汉代畜牧业商品生产有所发展,出现了年收益在百万以上的专业大户。

2. 家畜家禽的广泛饲养

就小农家庭来说,终年在数量有限的田地上劳作,风调雨顺年景,能勉强维持一家人的生活和简单再生产,承担徭役赋税。如果只计算口粮食盐消费,收支相抵或稍有富余,再加上全家的衣服费用及婚丧嫁娶费用,很可能入不敷出,只有旁入其利才能维持生存。家庭饲养禽畜就成为一般农家比较重视的经济活动,出售禽畜是家庭一个重要的收入来源。

《汉书·食货志》中记载:"种谷必杂五种,以备灾害。田中不得有树,用妨五谷。力耕数耘,收获如寇盗之至。还庐树桑,菜茹有畦,瓜瓠、果蓏殖于疆易。鸡豚狗彘,毋失其时,女修蚕织,则五十可以衣帛,七十可以食肉。"

《盐铁论·散不足》中说:"夫一豕之肉,得中年之收十五斗粟,当丁男半月之食。"

《后汉书·逸民列传》中记载,高凤"少为书生,家以农亩为业,而专精诵读,昼夜不息。妻常之田,曝麦于庭,令凤护鸡"。

小农经济是封建统治的经济基础,汉王朝也很重视小农家庭收入的增加,地方官吏也提倡和督促农家饲养家禽家畜。

西汉的龚遂在任渤海郡太守期间,曾令小农每家养二母彘,五鸡。

《史记·平准书》中记载,至武帝初年,由于家庭饲养彘、鸡、牛等比较普遍,已经是"众庶街巷有马,阡陌之间成群"。市场中农畜产品的数量和种类增多,意味着农业领域商品经济成分增加,一定程度上适应生活消费的需要,反映了农业生产力水平的提高。

3. 狩猎活动

汉代狩猎之风盛行。上自皇帝、下及达官贵人多喜爱田猎。汉文帝刘恒就常以田猎自娱。《风俗通义·正失》中记载:"文帝代服衣罽,袭毡帽,骑骏马,从侍中、近臣、常侍、期门武骑猎渐台下,驰射狐兔,果雉刺彘。"贾谊从维护统治阶级政权出发,对于文帝"驰驱射猎,一日再出,耽于朝务"的荒政行为很担心,曾经上疏谏诤曰:"今不猎猛敌而猎田彘,不搏反寇而搏畜兔,玩细娱而不图大患,非所以为安也。"皇帝沉溺于田猎,宗室、豪门、显贵效仿,而且有过之无不及。贾谊的奏疏可以佐证汉代田猎风气之盛。《西京杂记》中记载:"茂陵少年李亨,好驰骏狗逐狡兽,或以鹰鹞逐雉兔,皆为之佳名。"《汉书·食货志》中记载:"世家子弟富人或斗鸡走狗马,弋射博戏,乱齐民。"公子哥悠闲放荡的生活,当时就受到忠臣斥责。

在陕北等地,牧场好,水源多,畜牧业就成为一种主导产业。而在河南、山东、四川等平原、丘陵地区,狩猎作为一种经济活动,对普通百姓而言,是农业以外的副业生产。狩猎对贵族豪强而言,是按时进行的一种主要的武事训练活动。每年春秋两季,他们驾车带犬,在山野中"搏豺狼,手熊黑,足野羊。"

我们观察南阳汉画像中的狩猎图,既可以理解为庄园内部的山林中贵族豪富在纵横驰逐,进行武事训练,也可以看做是庄园内依附民农闲时在习武,还可以算是普通百姓农闲时为贴补家用而进行的生产活动。起伏的山峦间,擎鹰的、放犬的、张弩仰射的、执戟荷竿的……狩猎的人们奔驰跳跃,各显其能,一般是弦不失禽,竿不空兽,每每出猎,获益良多。

（四）渔业

1. 渔业资源与渔业生产

殷周时代，水产捕捞是依附于虞衡的一个生产项目。战国以来捕捞业继续发展。汉代，沿海、江南、巴蜀和黄河流域的中原地区，都有丰饶的渔业资源。许慎在《说文解字》中提到的鱼名就多达七十余种，东南沿海地区许多人从事以近海捕捞为主的渔业生产，江河港汊中也有不少人捕鱼。《汉书·地理志》中记载，黄河中游一带多鲤、鲂等鱼，附近居民"好商贾渔猎"，多以捕鱼市卖为生。《史记·货殖列传》中曾说，"楚越之地，地广人稀，饭稻羹鱼"，"通鱼盐之货，其民多贾"。《盐铁论·通有》中曾说，江汉地区有"三江五湖之利"和"云梦之饶"，渔业产品曾经被贩运到全国许多地方。

汉代，粮食已成为人们的主食，但是，由于肉食特别是味道鲜美的鱼类具有丰富的营养，所以许多地区的人们仍然喜爱捕鱼，把鱼作为补充食物。汉代在一定时期内，比较重视渔业生产（王玉金 1998：1）。正如《后汉书·刘般传》所云："民资鱼采，以助口食。"

在四川、河南、江苏等地，有十多个县、市发现捕鱼画像石（砖），地处中原的南阳，汉画像石中也刻画不少鱼的形象。这至少表明，人类对鱼类的认识逐渐加深，鱼类食品在普通百姓的饮食结构中占有一定地位，鱼类的养殖及捕捞是常见的活动，无论是长江流域还是黄河流域，无论是内陆地区还是沿海地区，都存在着渔业生产。

2. 渔业生产技术的进步

伴随着渔业生产活动的开展，渔具、渔法逐渐改进。

旧石器时代，我国东北的先民就已经使用渔具捕鱼。新石器时代，东北和华北等地的先民使用的渔具相比以前有所增加，主要有网、钩、叉等，说明他们已经总结掌握了几种捕鱼方法。《淮南子·说林训》中就记载了"钓者静之，罛者扣之，罩者抑之，罾者举之，为之异，得鱼一也"的捕鱼方法。

汉代，随着社会物质条件的进步和经验的积累，渔具和养鱼技术随之发展。冶铁业的发展，使渔具得以改进，出现了锋利而且安装使用方便的铁制渔叉和渔钩。捕鱼方法趋向多样化。汉画像石(砖)上反映的捕鱼方法大致有徒手捕鱼,以网捕鱼,叉鱼,钓鱼,以罩捕鱼,鱼鹰捕鱼,水獭捕鱼等。以罩捕鱼是汉代渔猎画像石表现较多的题材之一。汉代人在沿袭前代驯养鱼鹰捕鱼的基础上,开始驯养水獭捕鱼,这是汉代新出现的一种捕鱼方法,大大提高了捕鱼效率,增加了汉代渔业生产的产量。(王玉金 1998:1)

汉代不仅自然水域中有大量的鱼类,而且人工养鱼也有发展。四川成都、西昌等地出土有东汉陶鱼塘模型,表明那时已出现养殖鱼类的专业农户,养鱼技术已经发展到一个新阶段。

南阳渔业生产也有一定发展。特别值得一提的是南阳故人、春秋战国豪富陶朱公范蠡曾作《养鱼经》一卷。在《齐民要术》中保存有西汉时人所作的《陶朱公养鱼经》。

《水经注·沔水注》记载,汉代襄阳侯习郁"依范蠡养鱼法作大陂,陂长六十步,广四十步,池中起钓台","引大池水于宅北,作小鱼池,池长七十步,广二十步","限以高堤,楸竹夹植"。陂池中"常出名鱼"。南阳陂堰众多,池塘养鱼比较普遍。《南阳汉代画像砖》拓本上有鱼,体侧扁,嘴边有触须,明显为鲤鱼。《汉书》卷 28 中记载,南阳郡"好商贾、渔猎",这说明人工养鱼突破了王室贵族园囿的樊篱,逐渐成为一种生产事业。《史记·货殖列传》中记载,"水居千石鱼陂",表明当时出现了较大规模的河流陂池养鱼,部分水产品成为商品,出现了管理渔业的专职官吏,开始收缴渔业税。这也表明渔业已经成为独立的生产部门。《陶朱公养鱼经》中所记养鱼经验历来为我国水产界重视。

(五)粮食存储及加工技术的进步

1. 粮仓模型及其变化反映粮食增产状况

仓廪是储粮所在,古人早就论及。谷藏曰仓,米藏曰廪。《礼记·月令第六》中记载,"天子布德行惠,命有司发仓廪,赐贫穷,振乏绝,开府库,出币帛,周天下"。《管子》中的"仓廪实而知礼节,衣食足而知荣辱"的观点流传至今。

《汉书·食货志》中记载,贾谊向文帝进言道:"夫积贮者,天下之大命也。苟粟多而财有余,何为而不成? 以攻则取,以守则固,以战则胜。

怀敌附远,何招而不至?今殴民而归之农,皆著于本,使天下各食其力,末技游食之民转而缘南亩,则蓄积足而人乐其所矣。可以为富安天下,而直为此廪廪也,窃为陛下惜之!于是上感谊言,始开籍田,躬耕以劝百姓。"无粮则民不稳,有仓储则民安定。晁错在《论贵粟疏》中向文帝进言:"尧、禹有九年之水,汤有七年之旱。而国亡捐瘠者,以蓄积多而备先具也。……故务民于农桑,薄赋敛,广蓄积,以实仓廪,备水旱,故民可得而有也。……至武帝之初七十年间,国家亡事,非遇水旱,则民人给家足,都鄙廪庾尽满,而府库余财。京师之钱累百巨万,贯朽而不可校。太仓之粟陈陈相因,充溢露积于外,腐败不可食。"汉代墓葬中出土陶仓很多,表明汉代的农业发达,需要很多仓廪储存粮食。西汉出土的粮仓冥器以囷形为主,到东汉几乎都变为房型仓。这在一定程度上反映了河南汉代农业发达水平。(刘太祥 1999:1)

在南阳市西关汉墓、杨官寺汉墓、唐河针织厂汉墓、卧龙区石桥汉墓、南阳王寨汉墓、方城东关汉墓、唐河石灰窑村汉墓、唐河郁平大尹汉墓、唐河县湖阳镇汉墓、卧龙区英庄汉墓、南阳市建材试验场汉墓、宛城区新店乡熊营汉墓、邓州市梁寨汉墓、卧龙区蒲山二号汉墓、南阳桑园路汉墓、中建七局机械厂汉墓、唐河白庄汉墓等处,均出土有仓或仓房、仓盖等模型明器。出土的陶仓形式变化了,除了仍然有早期出现的折肩蹄状足(兽足)外,还出现了圆肩熊足仓,并且熊足仓居多。唐河石灰窑墓中还出土了五件平底无足仓。从形制上看比较特殊,都是小口,圆唇,折肩,仓身为圆筒,中部稍粗,平底,仓壁的下部有一孔。

东汉时期的一些墓葬中出土有结构复杂的陶仓房模型明器。东汉早期的南阳县王寨汉墓中出土陶仓房1件,黄釉,面阔两间,平面呈长方形,通高64厘米、进深24厘米、阔46厘米,前面有墙围成小院,院墙有三门,中间门大,两侧门小,均无门扉。悬山顶,前后出檐,两坡皆有瓦垄。房脊两端各设一天窗,顶为四阿式。前檐下有两垛斗拱,无柱,下设楼板,把走廊分为上下两层。两山墙外部各置有斜坡楼梯,分别通向楼板两端。楼板中部又置马鞍形楼梯,分别通向檐下二小门,以作堆放粮食之用,下层中央开设一大门,三门均用长方门板封堵,外有穿条固定。另外,在两山墙和后墙上部均开有风孔。(仁华,长山 1982:1)

粮仓模型及其结构的变化,反映了粮食作物种植面积及产量均有所增加。

2. 粮食加工技术的发展

(1) 麦作发展促进粮食加工技术进步

我国是世界上公认的粟、稻起源中心,粟、稻是古代最重要的粮食作物。自新石器时代起,渐渐形成北粟南稻的种植农业格局,南方与北方的农作类型存在很大差异。汉代以来麦作发展及面食特色体现了北方发展演变。

一般认为麦子起源于西亚,麦子的本土化呈现一个自西向东、由北而南的轨迹,黄河中下游流域是适宜宿麦种植的区域之一。麦子种皮坚硬,"粒食"品质不佳,因此,董仲舒说上曰:"《春秋》它谷不书,至于麦禾不成则书之,以此见圣人于五谷最重麦与禾也。今关中俗不好种麦,是岁失《春秋》之所重,而损生民之具也。愿陛下幸诏大司农,使关中民益种宿麦,令毋后时。"(《汉书补注》卷24)董仲舒给汉武帝建议,让关中老百姓种植麦子,可以想见,那时人们接受麦作也经历了一个过程。

古来引进中国的物种很多,如胡豆、高粱、番薯、玉米、马铃薯、花生等,但小麦是最成功的一个。从最初的引进,经过数千年的发展,种植面积最大,食用人数最多,它在很大程度上改变了中国人的生产生活方式,乃至影响到整个中国历史的进程(曾雄生 2007:9)。随着麦子种植的推广、麦作农业发展,人们对粮食加工提出了更高的技术要求。

(2) 随着石磨等工具的出现产生了面食技术

麦子的本土化过程改变了既有的农作物结构品种,如麻由粮食作物降为纤维作物,菽由仅次于粟的重要粮食品种渐变为豆制品原料。

麦子在改变百姓饮食结构的同时,也在接受百姓对麦子的改变,如冬小麦取代春小麦,粒食改面食等。随着麦作农业在北方的发展,粮食加工方法不断改进,后来出现了大型石磨,小麦面食技术也随之产生了。大石磨的出现及使用,使人们告别了"粒食",小麦的食用品质大大改善。如今在北方广大地区,麦子仍然是主要的粮食品种。

北方真正的面食是从汉代开始兴起的。刘熙《释名》卷4中说:"饼,并也,溲面使合并也。"当时的蒸饼、汤饼、蝎饼、髓饼、金饼、索饼之属,多随形而名。虽然统称为饼,其实制法、形状、口味等均有差异。王三聘在其著作《古今事物考》引《杂记》中说过:"凡以面为食具者皆谓之饼,故火烧而食者呼为烧饼;水瀹而食者呼为汤饼;笼蒸而食者呼为蒸饼。"

3. 粮食加工工具及模型明器

餐饮方式的变化，引起对粮食加工方面的需求增长，粮食加工机械及技术也不断进步。

随着生产力水平的提高，生活需求增加，劳动人民在实践中不断摸索，石杵臼、风扇车、石磨、踏碓、水碓等谷物加工机械的制作使用，大大提高了谷物加工效率。

在南阳汉墓中出土的一些粮仓及粮食加工工具模型明器，突出反映了随着粮食生产的发展，粮食存贮及加工已经成为那个时代相当重要的经济问题。

南阳北关瓦房庄铸铜遗址曾出土一套石杵臼，杵头有使用痕迹，臼近似正方形，臼窝为圆形。

南阳卧龙区清华乡杨官寺村民在汉属安众县城遗址取土时，发现石臼两件，用淡红色燧石刻凿而成，形体较大，形制相同，平沿厚壁，口部稍敛，臼窝窝底光滑，是长期使用所致。外壁自上而下渐收呈斜直状，大小略有差异。在青铜和铁器工具应用以前，制臼是很困难的，主要是"掘地为臼"或烧制陶臼。汉代以前的石臼，出土不多，大多是采自天然石料稍作加工，外观很粗糙。汉代石臼是采石凿制，形制比较规整。

碓是舂米用具，是由杵臼发展而来的。人们利用杠杆原理，将一根长杆装在木架上，杆的一端装着碓头，翘干上有弯弓和扶手，下面放置一个石臼，通过踩杆来舂打谷米。桓谭在《新论》中说："伏羲之制杵臼，万民以济。及后世加巧，因延力借身重以践碓，而利十倍杵舂。又复设机关，用驴骡牛马及役水而舂，其利乃且百倍。"孔融在《肉刑论》中说："水碓之巧，胜于断木掘地。"从文献记载中我们知道，这种构造和原理都比较简单的足碓，在汉代已普遍应用，南阳汉墓中出土不少这种碓架的陶制明器就可以佐证。

在南阳汉墓中出土的陶臼架一般呈方形，两侧有支架，两头横木穿插，中间架一杵。还出土有陶臼盘和执箕俑等，臼盘方形，上有臼架臼窝、扫帚、簸箕等。如上所述，汉代不仅已经使用足碓，还有畜力带动的畜力碓，李京华、陈长山在《南阳汉代冶铁》中指出，南阳太守召信臣总结经验，发明了用水力舂谷的水碓（南阳俗称水打磨），使用水碓功效显著，水碓的发明是召信臣在南阳期间的又一重大贡献。

汉代先民在实践中发明了扇谷用的风扇车。使用风扇车，就是利用连续转动轮形风扇鼓动空气,分开轻重不同的子粒,扇去谷糠。风扇车在当时是比较先进的粮食加工机械。1982年河南南阳市博物馆在市东郊征集到一件西汉时期的灰陶风扇车模型,整体呈长方盘状,盘四周为矮墙,左下角附近有出入口,盘一头有圆形臼窝,为舂谷之处。左下角处有一风箱,风箱呈长方体斜坡形,一头为谷口,另一头可能为出糠口。全长46.5厘米,宽22厘米,高57厘米(王星光,柴国生 2007:4)。灰陶风扇车模型的出现表明,南阳人在西汉时已用风扇车扇谷。

利用畜力挽转的大石磨及其模型在南阳汉墓中及遗址中也出土不少。在淅川黄楝树遗址中出土有石盘、石磨棒杵等。属于西汉晚期的唐河县石灰窑村汉画墓中出土的陶磨明器,上扇饰有纹饰,中部为两个相对的半圆形的深槽,槽底各有一孔,边沿有一小孔,可安磨柄。底面刻成辐射状沟槽,中心有磨窝。下扇表面亦刻成辐射状沟槽,正中处有磨脐。下扇与磨盘连为一体,磨盘边沿凸起,其下有三足。

属于东汉初期的方城县城关镇汉画墓中出土的一件陶磨,施棕红釉,上扇中部有凹下的磨眼,外部依同心圆布列长方点纹,边缘有一仰卧人形饰,似用以安磨柄。下扇和磨盘连在一起,磨盘呈凹槽形,下附三熊足。上、下扇研磨面光素无齿。

在南阳石刻汉墓、杨官寺汉墓、军帐营汉墓、王寨汉墓、唐河电厂汉墓、唐河县湖阳镇汉墓、新野县前高庙村汉墓、独山西坡汉墓、方城党庄汉墓、邓州市梁寨汉墓、南阳蒲山二号汉墓等汉墓中,都出土有石磨的模型明器,可见,那时使用石磨已经相当普遍。

因时间早晚不同,石磨磨齿的形状有凹坑形、散乱无章斜线型、斜线辐射形和分区斜线型。

西汉时期主要为凹坑型石磨齿,凹坑的形状主要为枣核型、圆形,它们以独立的形制布于磨盘,缺点是不利于面粉迅速向外流出和新的麦粒进入研磨区,粮食不易磨碎,加工的面粉粗细不匀。

东汉时期,南阳出现了辐射型斜线磨齿,这种磨是在研磨面上刻一些沟槽通向边缘,能使已经磨好的面粉及时输送到磨外(黄遵福 2005:21)。在凹坑型、斜线型、斜线辐射磨齿形状的基础上,经过改进,出现了另外一种分区斜线型磨齿形状,它更先进,各区槽排列划一,齿槽平行分布并且疏密得当,效率高于其他类型。用石磨可以将小麦磨成面粉,将大豆磨碎做成豆浆,我国人民的饮食习惯因此发生根本性变化。

　　石磨的普遍使用,使汉代人从"麦饭豆羹"或"豆饭藿羹"的粒食习惯向以面食为主的食俗转变,并且促进了小麦和大豆种植业的发展。

第二章 汉代南阳的水利事业

在《汉语大词典》中,"水利"一词有多种解释:水利就是利用水资源和防止水害,也是水利工程的简称,还有水路之便的意思。

一般意义上,水利事业有广义狭义之分。广义的包括水利灌溉工程的兴修、治理河流、防止水害等各种事业,狭义的则专指水利灌溉等工程的兴修。

我国古代以农业立国,农业的发展受自然条件与环境等因素的影响。自然灾害的不断发生,严重制约农业生产和百姓生活,旱、涝、疫等自然灾害的破坏之大与危害之烈在人们的心底留下了很深的印象,在南阳汉画中有不少反映。

由于自然灾害的肆虐严重影响农业生产和百姓生活,古代劳动人民与天灾进行不懈的抗争,逐渐积累了一些促进农业生产的经验,其中之一便是兴修水利。汉王朝从维护统治阶级自身利益出发,长期推行重农政策,重视农田水利建设,鼓励支持水利事业发展。不少地方官也在所辖之地,兴修水利,颇多建树。水利事业的发展,为农业生产创造了条件,促进了社会经济的发展。

一、频繁的自然灾害

　　汉代是我国历史上第一个灾害多发期。据统计,自汉高祖元年(公元前206年)至汉献帝建安二十四年(219年)共425年间,旱灾91年次,涝灾79年次,疫灾27年次,其余为风灾、震灾、霜灾、雹灾、螟蝗灾和冻灾(杨振红　1999:4)。

　　据许倬云统计,汉代(包括王莽统治时期),总共发生了43次旱灾,68次水灾以及37次由蝗虫或其他害虫引发的饥荒(许倬云　2005:76)。

　　水旱蝗三种天灾,迭次降临,若以次数计,东汉时期较西汉尤多。西汉214年中,有灾之年32,无灾之年182。其有灾之32年中,水灾7,旱灾13,蝗螟之灾7,旱蝗并作之灾3,霜雪非时之灾2,而河决之患不与焉。东汉195年中,有灾之年119,无灾之年仅76。其有灾之119年中,水灾55,风雹之灾25,旱灾57,蝗螟之灾37(李剑农　2005:161)。

　　尽管以上材料关于汉代自然灾害发生的次数说法不一,但我们从中得以了解汉代自然灾害肆虐之频繁,略知汉代百姓生产与生活之艰难。西汉,旱灾主要发生于春夏之际,在发生的自然灾害中所占比例超过七成,下表可见:

汉代南阳水旱灾害情况概览

灾害发生时的王朝与年代	文献中的描述	资料出处
惠帝二年夏	旱。	《汉书》卷二
五年夏	大旱。	《汉书》卷三
高后三年夏	汉水溢,流民四千余家。	《汉书》卷三
八年夏	汉水溢,南阳流民万余家。	《汉书》卷三
文帝三年秋	旱。	《汉书》卷二七
六年四月	旱。	《汉书》卷四
九年春	大旱。	《汉书》卷四
(后元)三年秋	大雨,汉水出,坏民室八千余所,杀三百人。	《汉书》卷二七
(后元)六年春	大旱。	《史记》卷十
景帝二年秋	大旱。	《汉书》卷五
六年12月	霖雨。	《汉书》卷五
(中元)三年夏秋	大旱。	《汉书》卷五
(中元)五年夏	天下大潦。	《史记》卷一一
(后元)二年夏	大旱。	《史记》卷一一

续表

灾害发生时的王朝与年代	文献中的描述	资料出处
武帝建元三年春	河水溢。	《汉书》卷六
建元四年六月	旱。	《汉书》卷六
元光六年夏	大旱。	《汉书》卷六
元光七年夏	大旱。	《汉书》卷六
元朔五年春	大旱。	《汉书》卷六
元狩三年夏	大旱。	《汉书》卷二七
元狩三年秋	有水灾。	《汉书》卷六
元鼎年间	河久溢，岁数不登。	《史记》卷一二
元封元年春	旱。	《史记》卷一一
元封二年夏	旱。	《史记》卷一一
元封四年夏	大旱，民多渴死。	《汉书》卷六
元封六年秋	大旱。	《汉书》卷六
天汉元年夏	大旱。	《汉书》卷二七
天汉三年夏	大旱。	《汉书》卷二七
太始二年秋	旱。	《汉书》卷六
征和元年夏	大旱。	《汉书》卷二七
昭帝始元六年夏	大旱。	《汉书》卷七
元凤三年秋	水灾。	《汉书》卷七
元凤五年夏	大旱。	《汉书》卷七
宣帝本始三年五月	大旱。	《汉书》卷八
神爵元年秋	大旱。	《汉书》卷二七
元帝初元三年夏	旱。	《汉书》卷九

续表

灾害发生时的王朝与年代	文献中的描述	资料出处
成帝建始二年夏	大旱。	《汉书》卷十
河平元年三月	旱,伤麦。	《汉书》卷二六
鸿嘉三年四月	大旱。	《汉书》卷十
永始三年夏	大旱。	《汉书》卷二七
永始四年夏	大旱。	《汉书》卷二七
哀帝建平四年春	大旱。	《汉书》卷一一
平帝元始二年四月	大旱,民流亡。	《汉书》卷一二
[新朝]王莽　天凤五年	连年久旱。	《汉书》卷九九
地皇三年	大旱。	《新野县志》卷二
光武建武五年四月	旱。	《后汉书》卷一
建武六年六月	旱。	《后汉书》卷一三
建武六年九月	大雨连日……鼠果树上。	《后汉书》卷一三
建武七年夏	连雨水。	《后汉书》卷一
建武八年秋	大水。	《后汉书》卷一
建武九年春	旱。	《后汉书》卷一三
建武十二年五月	旱。	《后汉书》卷一三
建武十八年五月	旱。	《后汉书》卷一
建武二十一年六月	旱。	《后汉书》卷一三
建武二十三年夏	疾雨,溺死数千人。	《后汉书》卷八六
建武三十年五月	大水。	《后汉书》卷一
建武三十一年五月	大水。	《后汉书》卷一

续表

灾害发生时的王朝与年代	文献中的描述	资料出处
明帝永平元年五月	旱。	《后汉书》卷一三
永平三年夏	旱。	《后汉书》卷四一
永平八年冬	旱。	《后汉书》卷一三
永平十一年八月	旱。	《后汉书》卷一三
永平十五年八月	旱。	《后汉书》卷一三
永平十八年三月	旱。	《后汉书》卷一三
章帝建初元年全年	大旱。	《后汉书》卷一八
建初二年夏	大旱。	《后汉书》卷二九
建初四年夏	旱。	《后汉书》卷十
建初五年二月	久旱伤麦。	《后汉书》卷一三
建初五年秋	大水。	《后汉书》卷三
元和元年春	旱。	《后汉书》卷一三
元和二年全年	旱。	《后汉书》卷四六
和帝永元三年夏	久雨。	《后汉书》卷一八
永元四年四月	旱。	《后汉书》卷四
永元六年夏	旱。	《后汉书》卷七七
永元七年秋	大水,漂杀人民……	《后汉书》卷一一
永元九年六月	旱。	《后汉书》卷四
永元十三年秋	雨水,淫雨伤稼。	《后汉书》卷四
永元十四年秋	雨水,淫雨伤稼。	《后汉书》卷四
永元十六年七月	旱。	《后汉书》卷四

续表

灾害发生时的王朝与年代	文献中的描述	资料出处
安帝永初二年五月	安帝延光三年秋	《后汉书》卷一八
永初四年全年	大水,流杀人民,伤苗稼。	《后汉书》卷五
永初五年全年	旱。	《后汉书》卷一三
永初六年五月	旱。	《后汉书》卷一三
永初七年五月	旱。	《后汉书》卷五
	旱。	《后汉书》卷五
顺帝永建二年三月	旱。	《后汉书》卷六
永建三年六月	大旱。	《后汉书》卷六
阳嘉二年六月	旱。	《后汉书》卷六
阳嘉三年二月-五月	久旱,五谷伤。	《后汉书》卷六
阳嘉四年二月	冬春连旱。	《后汉书》卷六
冲帝永嘉元年四月	春夏连旱。	《后汉书》卷六
桓帝元嘉二年秋	有水。	《后汉书》卷一八
永寿元年六月	南阳大水。	《后汉书》卷八二
延熹元年六月	旱。	《后汉书》卷七
延熹三年全年	久旱。	《后汉书》卷五
灵帝熹平五年四月	旱。	《后汉书》卷一三
熹平六年四月	大旱。	《后汉书》卷八
光和五年四月	旱。	《后汉书》卷八
光和六年四月	大旱。	《后汉书》卷八
中平六年夏	霖雨八十余日。	《后汉书》卷一八

续表

灾害发生时的王朝与年代	文献中的描述	资料出处
献帝初平三年春	连雨六十余日。	《后汉书》卷六六
初平四年四月	旱势炎盛。	《后汉书》卷七五
初平四年六月	大雨。	《后汉书》卷七三
兴平二年全年	旱。	《后汉书》卷九
建安二年秋	汉水溢,害民人。	《后汉书》卷九
建安二年全年	大旱。	《三国志》卷一六
建安三年	天旱岁荒。	《后汉书》卷九
建安五年	旱。	《后汉书》卷九
建安十八年夏	大雨水。	《三国志》卷七
建安十九年夏	雨水。	《后汉书》卷九
建安十九年四月	旱。	《三国志》卷一
建安二十四年八月	汉水溢,平地水数丈。	《后汉书》卷九

上表反映了汉代 400 余年间南阳水旱灾害发生的情况,其中水灾 30 次,旱灾 80 次,旱灾占水旱灾害总次数的比重达 73%。水旱灾害频仍是汉王朝重视发展水利事业的客观原因。

二、汉王朝重视水利事业

人类社会是认识自然、适应自然与改造自然的历史,汉代先民在频繁发生的为害甚烈的自然灾害面前,没有停止探寻自然奥秘、维持与延续生命及促进社会发展的脚步,逐渐摸索出用人力来改变环境以趋利避害的种种办法,兴修水利工程就是人类探索出的一种防灾减灾、抵御自然灾害的重要手段。汉代水利建设有不小成就,为后世提供了一些经验。

(一)兴修水利是经济社会发展的需要

前面所列的数据表明,汉代是我国历史上自然灾害多发的朝代。自然灾害频发制约经济社会发展,关乎百姓生存,如何抵御灾害,减少灾害损失,救灾民于水火之中,维护统治秩序对于汉王朝是一个不小的挑战。灾害频仍,躲避或者退让无济于事,只能正视,积极应对。开渠筑堤,可以灌溉农田,抵御旱灾,治理河流水患,预防水涝。兴修水利能有效控制或缓解水旱灾害,既是经济社会发展的需要,也是汉王朝的一项经济职能,利国利民。

正如马克思在《不列颠在印度的统治》一文中所说:"亚洲的一切政府都不能不执行一种经济职能,即举办公共工程的职能。这种用人工方法提高土地肥沃程度的设施靠中央政府办理,中央政府如果忽略灌溉或排水,这种设施立刻就荒废下去,这就可以说明一件否则无法解释的事实,即大片先前耕种得很好的地区现在都荒芜不毛。"(《马克思恩格斯全集》第9卷:145～146)

水利是农业发展的重要手段,水利建设与农业的发展如影随形,与老百姓的生存状况及国家治乱安危高度相关,古今皆然。历代皇帝非常重视水利建设,社会各界乃至普通百姓也很关注。秦汉时期尤其西汉武帝至西汉末,水利事业有突飞猛进的发展。

(二)水利建设成就斐然

1. 两汉时期中央和地方水利建设势头迅猛,"治黄"成效显著

汉代,从皇帝到各级官吏,都把农田水利建设作为兴农的头等大事来抓。在西汉武帝时期掀起水利建设高潮绝非偶然。

西汉前期政权逐步稳定,经济发展加快,为水利事业发展奠定了物质基础。汉武帝极其重视灌溉设施建设,他认为:"农,天下之本也。泉流灌浸,所以育五谷也。左、右内史地,名山川原甚众,细民未知其利,故为通沟渎,蓄陂泽,所以备旱也。"(《汉书·沟洫志》)上自朝廷下至地方形成了兴修灌溉设施的风气,以秦都关中地区为核心,同时也扩展到边远地区。汉朝的农田灌溉面积随着灌溉设施的兴修不断扩大,这是汉朝特别是西汉的农业生产得到发展的重要原因。秦汉之后至隋朝,中央和地方政府在全国各地不断修复旧渠、新建新渠和堰陂等灌溉设施(柴盈 2008:1)。

关中黄土沉积,土层深厚肥沃疏松,年均降水在500～700毫米左右,且降雨量季节分布不平衡,多集中于七、八、九三个月份。水旱灾害

的发生及破坏程度与自然条件有直接关系。在关中地区,旱灾是最主要的灾害,汉初以来大旱一直未断,长期困扰农业发展。

关中是西汉京师所在,是当时全国政治经济文化中心,史称"于天下三分之一,而人众不过什三。然量其富,什居其六"(《史记·货殖列传》)。关中的政治经济地位如此重要,汉王朝当然要投入大量人力、财力、物力搞水利建设。

汉武帝时期,朝廷在关中组织兴建了许多大规模的水利工程项目,如征发数万人开凿的漕渠、征发万余人兴建的龙首渠、在郑国渠上游开凿的六辅渠、泾水和渭水之间开凿的白渠、还有成国渠、灵轵渠等。地下水渠的技术是首创,河东地区还曾征发万人引黄河水和汾水灌溉田地。汉武帝曾经亲自视察治黄工地,征发士卒数万人堵塞黄河在瓠子(河南濮阳南)的决口。当时随从人员自将军以下皆负薪填塞决口,使黄河在以后的80年中没有发生过大的灾害。自此之后,用事者争言水利,朔方、西河、河西、酒泉等地纷纷引水溉田。

西汉时期,修建了那么多水利工程,治理黄河也取得了很大成绩,对全国起到了很好的示范作用。东汉时期,旱灾严重,且受灾地区分布广。水利工程就不再局限于关中,而主要是在维护利用关中已有水利设施的基础上,向周边地区辐射。那时在关中并未增加多少水利工程,在金城郡、太原郡,洛阳地区等有新的水利工程修建,在广大的黄淮海平原地区,水利建设大力推进,如鸿隙陂的重新修复,鉴湖的修筑,南阳的水利建设尤为突出。水利建设布局的变化,有利于缓解各地旱情,对于东汉以后长时期没有出现大水患也有一定的作用。

东汉时期,由汉王朝主持修建的大型水利工程相对较少,明帝任命水利专家王景和将作谒者王吴主持修复浚仪渠,用"堰河法"。又率卒几十万人治理黄河水患,使黄河与汴水分流,此后黄河800多年间没有改道,得以长期安流。经济社会发展得水利之利可谓不小。

相比西汉水利建设而言,东汉时期,中小型水利工程的组织者多为地方行政长官。由于地方官吏比朝廷更熟悉辖地环境地势及风土民情,他们在主观上也想为促进农业发展创造条件,因此多数都很成功。许多太守在任上能够勤政务实,搞水利建设很有成绩。例如,刘信在安徽庐江西南建造七门三堰,益州太守文齐"造起陂池,开通灌溉",汝南郡太守郑当时、邓晨、鲍昱修建鸿隙陂,何敞修治阳渠,会稽太守马臻修镜湖周围大堤175公里,南阳太守召信臣、杜诗也修建了召父渠、六门堰、钳卢陂、马仁陂等一批水利工程,广陵太守马棱兴修陂湖等。还有东郡太守鲁丕时、汝南太守鲍昱、渔阳太守张堪、蜀郡太守廉范、巨鹿太守樊准、河南尹王梁、下邳相张禹、汲令崔瑗等,都在任上推动了农田水利建设事业,兴利除弊,造福一方,博得了当世广泛赞誉,其勤政爱民的故事流传千古。

不必讳言,东汉时期"国力不及西汉,一切都是抱残守缺,无开阔锐进之气,在水利方面,也是修旧利废,没有新的建树"(傅筑夫 1982:69)。但任何时代任何人,都有历史的局限性。东汉时期修了那么多的地方水利工程,确实起到了防灾减灾作用,给百姓生活带来了方便。

2. 南阳水利建设成绩显著

南阳盆地地处江淮之间,西、北、东三面环山,南部开口,地势自西、北、东三个方向向中、南部微倾,地形从总体上看是西北高东南低。发源于周边山地的河流,流向盆地中部后又向南流出。中南部一带属于唐白河水系的冲积、洪积型平原,地势高低起伏,雨季,从山区流入的河流水急沙多,洪水下泄较快,易于出现河流迳流骤发骤损,甚至泛滥成灾。杨达源、闾国年在其所著的《自然灾害学》中指出,洪水的形成受多种自然地理要素的制约,概括起来大体可以分为三大类:气象气候因素、海洋水文因素和下垫面因素。其中,气象气候因素是影响径流的决定性因素,而尤以降水量和蒸发量最为重要。下垫面因素则主要包括地质地貌,土壤植被及流域形态等,它们一方面直接影响径流汇集的大小和过程,另一方面通过气象、气候因素间接影响径流。(杨达源、闾国年 1993:72)

南阳盆地中南部因冲积、洪积而成的平原土质松软,有雨则洪涝,无雨则干旱。而且,南阳盆地的降水主要集中在夏秋两季,在地势低洼的地方,夏季往往需要排涝,而在地势高亢之地,春夏之际枯水季节,降水量不足,需要引水灌溉。解决旱时缺水及涝时排水的问题,只能在低洼处修筑陂塘,拦截洪水,防御洪灾并且蓄水,在旱灾发生时还能用于农田灌溉。

早在先秦时期,南阳就已经开始人工修筑陂塘了。《尚书·禹贡》中记载,夏禹"导淮自桐柏……东入于海"。吕尚的先祖就因协助大禹治水有功,被封在吕国(现今南阳市卧龙区王村乡董营村一带)。《淮南子·泰族训》中说:"以积土山之高修堤防,则水用必足矣。"

《南阳府志》中记载,战国时期,楚国修堰陂进行灌溉,但是那时堰陂规模不大。

汉初,在宛县一带,已经出现了私人修建的陂、池等水利设施。

《史记·货殖列传》中记载:"宛孔氏之先,梁人也,用铁冶为业。秦伐魏,迁孔氏南阳。大鼓铸,规陂池。连车骑,游诸侯,因通商贾之利,有游闲公子之赐予名。然其赢得过当,愈于纤啬,家致富数千金,故南阳行贾尽法孔氏之雍容。"说明孔氏连车骑游于诸侯且以资给之。既通商贾之利,又获雍容交游之名,出手大方,远胜于悭吝仍然赢利。孔氏先人很快致富,引起人们的羡慕和效仿,可是那时候有能力修建水利设施的富商大贾毕竟不多。

直到西汉后期,南阳盆地掀起了农田水利建设高潮,主要以官修水利工程为代表,成为西汉时期三大水利区之一。清光绪《新修南阳县志·沟渠志》序中记载,"汉召信臣为南阳太守,行视郡中水泉,开通沟渎,南阳之有水利自此始"。

"信臣为人勤力有方略,好为民兴利,务在富之。躬劝耕农,出入阡陌,止舍离乡亭,稀有安居时。行视郡中水泉,开通沟渎,起水门提(堤)阏(堰)凡数十处,以广灌溉,岁岁增加,多至三万顷。民得其利,蓄积有余。信臣为民作均水约束,刻石立于田畔,以防纷争。"(《汉书·循吏传》)召信臣在南阳任职期间,考察南阳郡水源、地形地貌特点,在了解灾情民情地形地貌的基础上,因地制宜,规划开发,兴修了六门堰、召渠、钳卢陂等大型水利工程,还修建了一些汉垱、汉井等小型水利设施,集中体现了南方水利以塘堰为主,北方水利以沟渠为主的特点,形成陂渠塘堰结合、规模可观的水利灌溉系统,充分调节水源,扩大灌溉面积,还能够存蓄部分洪水,提高河流的防洪能力。按照《淮南子·说林训》中的说法,十顷之陂,可以灌溉四十顷,而一顷之陂,可以灌溉四顷,灌溉面积相当可观。这是秦朝与西汉最大的灌区,接近郑国渠灌溉农田四万顷的规模。齐召南说召信臣对于南阳水利无所不兴,最大的成就是修建了钳卢陂与六门堰……(许倬云 2005:230)召信臣主持兴修的水利工程足可以与关中的郑国渠、白渠、六辅渠,河北的引漳工程,四川的都江堰等媲美争辉。尤其是六门陂——钳卢陂工程,竣工后四年内灌溉面积仍在不断增加,穰县、新野、朝阳三县三万顷田地无干旱水涝之虞。

西汉后期兴修的水利设施,因土质和河流的特点,有效利用与维持管理都比较困难。两汉之际,战乱不已,天灾人祸交织之下经济凋敝、民不聊生、田园荒芜,更无人顾及水利设施的管护了,至东汉初年,许多水利工程已经废弃不用。

东汉建立伊始,光武帝退功臣、进文吏,励精图治。建武七年,光武帝便给南阳百姓派来了一名能臣杜诗。杜诗"性节俭而政治清平,以诛暴立威,善于计略,省爱民役。造作水排,铸为农器,用力少,见功多,百姓便之。又修治陂池,广拓土田,郡内比室殷足。时人方于召信臣,故南阳为之语曰:'前有召父,后有杜母'"。(《后汉书·杜诗传》)

杜诗依循召信臣的治迹,修治陂池,广拓土田,对西汉后期所建的陂、堰、坎、渠、池进行修复,又新建了一些水利工程,沟渠纵横,堤埂相连,恢复完善灌溉系统。杜诗还在总结前人经验的基础上进行探索并有所创新,发明了水排,采用先进技术铸造农具,百姓使用起来颇感便利,同时也推动了土木工程技术的发展。水利带动了经济繁荣。汉代,南阳地方官和普通民众筚路蓝缕,戮力同心,因地制宜,积极兴修水利,使河渠如长藤,陂堰如瓜,长藤结瓜,遍地开花,灌溉润泽大片农田。召信臣、杜诗治理南阳成效显著,为官一任,造福一方,爱民富民,颇有官德,美名传扬至今,事迹启迪后人,历史不会忘记。

《隋书·地理志》记载,自三国鼎立后,南阳盆地"地处边疆,戎马所荟",魏、蜀、吴三国均重视南阳的军事价值,各种势力进进出出,力量此消彼长。刘表统辖下的丰乐景象不再,农业生产无法正常进行,就连旧有的风俗都有所改变。

考察分析汉代南阳的水利建设事业的兴衰,我们更加深切地体会到,用辩证唯物主义观点来看,世界上的事物都不可能是完美无缺的,对任何事情都应该全面地分析把握。汉代,南阳所修的一系列水利工程确实发挥了巨大的作用,对经济发展功不可没,但大量的陂渠之水对于地处褊狭的小块土地或者丘陵山凹间之零星地块还是流浸不及。因此古代劳动人民为了能更好地生存,就用打井方式解决偏僻零星地块的灌溉问题,弥补了大型水利灌溉系统之缺漏。

(三)井灌弥补灌溉系统之不足

南阳汉墓中出土的陶水井模型及水井遗址的发现表明,汉代,井灌方式与陂、渠、堰组成的水利灌溉系统互补,共同促进了南阳农业经济的发展。

李剑农先生在《中国古代经济史稿》中指出:汉时各种水车尚未发明。陂渠之兴,仅能溉渠下田,不能将渠水运至高仰地,一遇干旱,即束手无策。氾胜之之区种法,补救亦大有限。故在汉代,若遇旱灾,其情形比于后世尤为严重。打井灌溉既能补充水渠引水不足,又不受地块大小的限制,且不需要大的投资,因此一直沿用两千多年之久。经考古发掘,1997年在南阳市宛城区白河镇双铺村发现了汉代陶井群,经过调查,在13万平方米范围内,发现汉代水井6眼,而且在该处没有发现大型的建筑遗址或墓葬,并且在一眼井的井券断面上发现许多碳化的稻壳,在附近出土有铜锛等生产工具,初步断定该水井群为灌溉所用。据调查,在南阳市区及郊区,就发现有汉代水井数十眼之多,这些水井多数为生产用水(包明军 2002:4)。新中国成立前,在我国的一些中小地主的田地里还不难看到水井,至今,在我国一些地方的田间地头仍然存在打井灌溉的方式,有许多机井,也有不少人工挖掘的较小的水井。

三、水利设施建设与管理

农业是古代经济的基础,水利是农业的命脉。汉代,自上而下重视农业,兴修水利,影响很大。

(一)水利工程的作用

1. 水利工程对社会生产的促进作用

西汉王朝在关中主持兴修了不少著名的水利工程,兼具灌溉、排水、填淤粪土及漕运作用,提高了农业抗灾减灾的能力,农田灌溉面积增加,农作物产量得到提高,增强了关中经济实力,使之成为历史上一个较大规模的基本经济区,老百姓大得其利。下引的资料可以为证。

文帝时,晁错说过"今农夫五口之家,其服役者不下二人,其能耕者不过百亩,百亩之收不过百石"。(《汉书·食货志》)

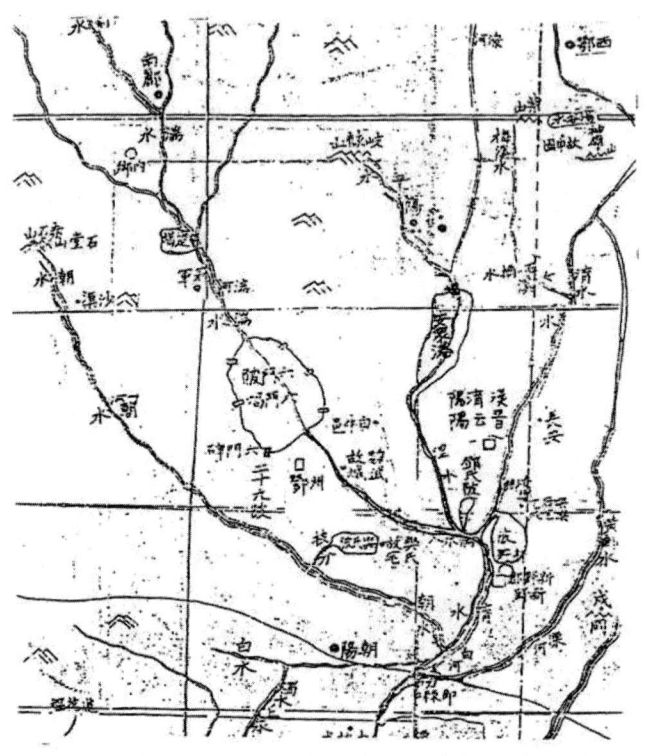

汉晋时期南阳陂塘分布示意图

武帝时,仅在龙首灌区一带"诚得水,可令亩十石"。(《史记·河渠书》)

《汉书》中记载:"田于何所?池阳谷口。郑国在前,白渠起后。举锸为云,决渠为雨。泾水一石,其泥数斗。且溉且粪,长我禾黍。衣食京师,亿万之口。"

发展水利事业,能为农业发展创造更有利的生产条件,提高生产力水平,增加社会财富。国家经济实力增强了,可以对内充实京师,巩固统治,维护社会稳定;对外巩固边防,维护国家统一。抗击匈奴,安定边疆,更需要蓄积大量战略物资。水利事业的发展为社会经济发展、安定边疆提供了物质条件。

史实表明,水利兴则各业盛,水利废则各业衰。在汉王朝重视农业大力兴修水利工程的影响带动下,各地也掀起了水利建设的热潮,南阳的水利建设事业有长足发展,在全国表现突出。

水利事业的发展程度决定着南阳盆地农业经济的发展水平。水利设施的建设与不断完善,大大改善了农业生产条件,增强了人们抗御旱涝灾害的能力,促进了社会经济的发展。虽然许多农田水利设施控制在官贵豪民手中,但也促进了大地产制经济的发展,加速了生产关系的变革,推动了盆地内庄园经济的形成发展。一大批水利工程的兴修,使南阳成为汉代有名的富庶之地。

2. 水利工程的消极影响

汉代水利建设活动在一定程度上改变了区域自然地理状况,虽然能减轻自然灾害的危害程度,但也对环境产生一定不利影响。关中水利工程的发展,就在一定程度上加剧了西汉中后期黄河的水患。

我国历史上的每一个时期,一些地区总是比其他地区受到更多的重视。这种地区是在牺牲其他地区条件下发展起来的。这种地区就是统治者所需建立和维护的基本经济区(冀朝鼎 1981)。西汉中后期关中水利的发展,在某种程度上牺牲了黄河中下游和相邻流域地区的水文土壤环境,与水利建设相伴随的,不仅仅是关中经济的飞速发展,还有黄土高原水土日益破坏,黄河泥沙不断增加,黄河水患日益严重。黄河下游沿岸地区水利的兴修,也在促进当地经济发展的同时,削弱了对黄河水灾的防御能力,下游堤防日益脆弱,泄洪能力较差。西汉后期至东汉初期,遭遇黄河洪水侵袭的地区增多,已经扩大到淮河流域和海河流域。

元大德年间,河南行省主管官员尚文偕同御史视察黄河后指出,对于黄河防洪来说,"长河万里西来,其势湍猛,至盟津而下,地平土疏,移徙不常,失禹故道,为中国患,不知几千百年矣。自古治河,处得其当,则用力少而患迟;事失其宜,则用力多而患速。此不易之定论也"(《元史·尚文传》)。黄河河患如果治理得当,则既能省工又能减少决口泛滥,反之则费工而患害多。尚文偕说的这一点很重要,即人为因素往往通过各种方式作用于自然,特别是随着人类活动的加剧,自然界逐渐"人化",成为"人化的自然"。

(二)水资源的管理

花费大量人、财、物力来修建水利设施,只是为农业的发展创造了条件,能否充分发挥其灌溉、排涝、养殖、航运等功能,关键在于管理是否得当。西汉时期,随着水利工程的修建,加强对水资源的管理就提上了日程。

1. 机构设置

西汉时期,国家开始设置专门的机构,管理地方各郡国的农田水利。《汉书·百官公卿表》中记载,西汉王朝中的少府、太常、水衡、三辅、大司农等部门,均下设都水官。一般设于京畿要地,其收入为皇室私俸。大司农负责管理全国各郡国的都水官。"又郡国诸仓、农监、都水六十五长丞皆属焉。"(《汉书·百官公卿表》)当时郡国有一百多个,这里说郡国诸仓、农监、都水加起来65个,说明只在那些兴修水利设施的郡国才设置都水官。

都水官分两级,丞是长的佐官。《后汉书·百官五》中记载,"其郡有盐官、铁官、工官、都水官者,随事广狭置令、长及丞,秩次皆如县、道,无分土,给均本吏"。各都水官不仅掌管本郡国的漕运水利,也负责当地农田水利工程的建设、应用与管理,还要负责水资源的分配以及征收鱼税等。按照汉王朝规定,老百姓到少府掌管的陂塘去捕鱼采莲要缴纳赋税,私人拥有的如樊氏陂等堰陂,老百姓就不能随便去采。

2. 两汉水利职官制度的差异

我国水利职官的设立,最早可上溯至原始社会末期。

《尚书·尧典》记载,"禹作司空","平水土"。

"司空"是古代中央政权机关中主管水土等工程的最高行政长官,被认为是"水利设专司之始"。

《后汉书·百官志》中记载:"司空,公一人。本注曰:掌水土事。凡营城起邑、浚沟洫、修坟防之事,则议其利,建其功。凡四方水土功课,岁尽则奏其殿最而行赏罚。"司空之下,设椽戈丞,主水渠,下有属员,是汉王朝处理日常水利事务的办事机构。

汉代"司空"虽负责水土工程,但不是专官。都水监则是汉王朝主管水利工程计划、施工和管理等工作的专职机构。成帝时设置都水使者,统一领导和管理这些都水官员。

东汉时期,将都水官员划归地方管理,"每属国置都尉一人,比二千石,丞一人。本注曰:凡郡国皆掌治民,进贤劝功,决讼检奸。常以春行所主县,劝民农桑,赈救乏绝"(《后汉书·百官五》)。下设津渠水掾,管理日常水利事宜。按照汉王朝规定,县、邑、道官府在秋冬以后要将情况汇总,上计到所属郡国,郡国也岁尽遣吏上计,将情况报于中央,最后由司空在岁末时上奏,而行赏罚。可见,兴修水利也是对地方各级官员进行考核的标准之一。

汉代还设有"河堤谒者"等职官,有的在中央任职,有的则被派往地方主持河工。从中我们可以发现,较西汉时期相比,东汉时更多的将都水官员划归地方管理,这样地方主持水利兴修较西汉时期也有了更大的自由度(董晓泉 2002:28~29)。

从西汉时期开始,南阳一带就设有水官,负责农田水利设施的修建,管理水资源的分配及征收鱼税等。

四、主要的水利工程

跨秦岭、淮河的南阳襄阳隘道,使黄河中游、长江中游联通。汉代,南阳盆地河流纵横,唐河、白河、湍河横贯,水系发达,降水丰沛。南阳的地质地貌、土壤、气候及河流都颇具特点,有利也有弊,旱涝灾害是常见的自然灾害。在自然灾害频发的严酷生存现实面前,汉代南阳先民没有退缩,充分利用河流与地形地势条件兴修水利工程,陂堰星罗棋布,沟渠纵横交错,河流沟渠与陂塘池堰相连,水利设施比较完善,旱则浸灌,涝则能排,功在汉代,泽被后世。北魏郦道元在南阳一带做官期间,对汉代南阳的水利工程进行了比较仔细的考察,并在悉心考察中有所发现,感慨不已,在《水经注》中作了记述。

在《水经注》、《南都赋》、《南阳地方志》等文献中,关于汉代南阳的水利建设有多处记载。南阳官府、私人兴修的水利设施共计15处:湍水干支流上的六门陂、邓氏陂、汉堤、严陵河水坝、(涅水)安众港,朝水上的钳卢陂、樊氏陂,比水干支流上的堵阳陂、堰陂、赵渠、唐子陂、汉垱,淯水干支流上的沙堰渠、(梅溪水)安众港,丹水上的阿堤等。

(一)湍水及其支流上的水利工程

湍水就是湍河,发源于内乡县北部,全长216公里,流域面积4946

平方公里,流经内乡、邓州,在新野县城郊乡湍口村注入白河,默河、严陵河、赵河(古涅水)是其主要支流。湍水及其支流上的水利工程主要有六门陂、邓氏陂、汉堤、严陵河水坝和(涅水)安众港。

1. 六门陂

六门陂也叫六门堨,因有六座"石门"(水闸)而得名,是召信臣修建的著名工程之一,属于汉代穰县(今邓州市)湍河截流灌溉工程,西汉末年两次修筑才得以完成。由穰县经过朝阳县到达新野县,全长100公里,沿渠筑堰陂29处,能灌溉农田三万顷。关于六门陂,古今文献中有不少述评。

《水经注》中记载,湍水又迳穰县为六门陂,汉孝元之世,南阳太守召信臣,以建昭五年,断湍水,立穰西石堨。至元始五年,更开三门为六石门,故号六门堨也。溉穰、新野、昆阳三县五千余顷。汉末毁废,遂不修理。晋太康三年,镇南将军杜预复更开广,利加于民,今废不修矣。其中的昆阳应为涅阳(龚胜生 1988:4)。

据《水经注》中的记载,召信臣于建昭五年(公元前34年)在湍河上拦河筑坝,形成蓄水库,四周修建围堤,筑成"穰西石堨",起初建有3座水闸,以引水灌溉。到了汉平帝刘衍元始五年(公元5年),后人就在这个工程的基础上"更开三门为六石门",水闸由3座增加到6座,灌溉穰县、新野、涅阳(镇平南)三县良田五千余顷。工程于东汉末年被毁废。

《元和郡县图志》卷21中记载:"六门堰,在县西三里。汉元帝建昭中,召信臣为南阳太守,复于穰县南六十里造钳卢陂,累石为堤,旁开六石门,以节水势。泽中有钳卢玉池,因以为名。"

《太平寰宇记》卷120中有邓州穰县"六门堰"的记载。

《大清一统志》卷210有关于"六门陂"的记载。

明嘉靖《邓州志》中记载,宣帝时,"引六门堰所断湍水灌田"。

据《水经注》中记载,西晋太康三年(282年),镇南大将军杜预"继(召)信臣之业,复六门陂,遏六门之水,下结二十九陂,诸陂散流,咸入朝水。事见《六门碑》。六门既陂,诸陂遂断"。

《南阳地区水利志》中记载,"从六门堰引水,开一条总干渠(今运粮河,又名三里河),横贯邓县、新野(古穰县、新野、朝阳三县)两县,经邓县城郊、刁、白落、腰店、桑庄、构林、杨营、刘集等乡到新野上港乡入白河,全长一百多里,下设许多支渠,如母渠、歪子拐小河等。除引水灌溉外，兼有航运和排洪作用，湍河发生洪水，可以分洪入白河"。汉末战乱，工程毁弃。晋朝杜预曾经在太康年间重新修复。以后历代曾经多次修复。六门堰的兴修史达1650年。（南阳地区水利局编 1989：90～91）

这是一个陂湖串联系统，通过拦截唐、白河水实行区域调水，化害为利，扩大灌溉面积。对湍水实行梯级利用，陂塘间相互串联，利用丘陵山涧地形落差形成"陂渠灌注"，类似长藤结瓜式的水利开发方式。（惠富平，黄富城 2007：2）

据国家文物局主编的《中国文物地图集·河南分册》中记载，在今邓州市大西门外，岔股路村北，有一汉代水利遗址，现存闸门缺口等遗迹，按其方位推测，可能是汉代的六门陂。在新华西路北段尚存渠首遗迹。

历史上，南阳盆地最偏南的雍州水利工程也称为六门堰。据《南史·张邵传》记载，为南朝刘宋时期元嘉年间张邵任雍州刺史时所修。

2. 邓氏陂

《水经注》中记载，"湍水至（新野）县西北，东分为邓氏陂"。湍水经过穰县（今邓州市市区一带）之后继续南流，其下游在新野县北部一带向东分出一支就形成了邓氏陂。

邓氏陂可能是邓氏家族兴修的私人水利工程。东汉时期，邓氏陂因被邓氏家族控制，为其私人庄园服务而得名。

3. 汉堤

汉堤位于汉穰县北，是现今邓州市赵集镇一处汉代水利遗址。汉堤是考古工作者在湍河中游北岸的一条小支流上发现的，汉堤遗迹仅残存200余米，高约1米余，已辟为缓坡耕地。（国家文物局主编 1991：559）

4. 严陵河水坝

严陵河水坝是位于今镇平县贾宋镇马河湾村东北严陵河中游河道上的一处汉代水利遗址，在汉代可能属涅阳县。坝基宽约15米，高约3米，为石块灌石灰浆砌成。石块中间夹有砖瓦残片，有的石块下面垫有五铢钱。石坝两端为夯土所筑的引坝，呈梯形。大坝东边有引水渠，现存渠首长40米、宽3米，渠为东南走向，尚有凹沟可见。（国家文物局主编 1991：535～536）

5.（涅水）安众港

涅水，即今赵河，涅水之安众港，是在安众县境内的涅水下游河道上筑堤壅水、引水灌溉的一座水利工程。赵河一带古今水道变化不定，安众港大致就在今赵河与湍河交汇处的邓州东北及新野西北一带。（陈炜祺 2005：43）

《水经注》篇中记载，梅溪又南……古人于安众堨之，令游水是潴，谓之安众港。根据上述资料安众港就在汉安众县东部，今卧龙区陆营乡沐垢河下游一带。

涅水又东南，迳安众县，堨而为陂，谓之安众港。……涅水又东南流，注于湍水。

（二）朝水上的水利工程

朝水，就是现今的刁河。它发源于今内乡县西庙岗乡石碑营村，流向东南，经内乡、淅川、邓州，在新野县入白河，长133公里，流域面积约1000平方公里。

朝水上的水利工程主要有钳卢陂、樊氏陂。

1. 钳卢陂

钳卢陂又名迪陂，因形状类似于钳子和卢（古代盛饭用的器物）而得名，是汉代召信臣和杜诗修筑恢复的水利工程，在今邓州市刘集镇陈桥村附近。后人为了纪念召信臣，在此建狄陂寺，建筑物已毁，仅存残碑一块。寺旁还有一段南北向土堤，就是文献上所记载的钳卢陂遗址。

钳卢陂是六门堰下结二十九陂中最大的一座蓄水工程，位于汉朝阳县西，穰县（今邓州市市区）东南六十里处。马端临在《通考》中有记载，汉文帝建昭中，召信臣为南阳太守，复于穰县南六十里筑钳卢陂。

钳卢陂最早见于张衡《南都赋》，李善注张衡的《南都赋》曰："杜预《表》曰：'所领部曲皆居南乡界，所近钳卢大陂，下有良田。'《旧说》曰：'玉池在宛也。'"《方舆志》（乾隆）、《山川志》及《元和志》都有关于钳卢陂的记载。

关于钳卢玉池是一个陂泽还是两个陂泽，历来说法不一。但作为汉代朝水（今刁河）上的一处水利工程应该没有疑问。在今邓州市刘集镇陈桥村西南,有南北走向的废堤一段,为汉代遗迹,高出地面约1米,推测可能是汉代钳卢陂遗址。(国家文物局主编 1991:559)

钳卢陂引蓄朝水,但未建在朝水之上,而是利用原有的湖洼,人工筑堤围成。据实地查勘,陂址位于邓县构林乡王堤村,故址在建国前还建有迪陂寺。自王堤至岗岔楼村,还有一道长4.2公里的残堤。陂南北长8公里,东西宽1.5公里,共占地93公顷多(南阳地区水利局 《从六门陂、钳卢陂的兴废探讨怎样办好南阳水利》)。因为钳卢陂距朝水还有一段距离,所以筑堰坝,在朝水的河曲之处,筑堰挑流,通过引渠入钳卢陂。朝水上的这座堰可能就是宋代所称的塘土堰(亦称塘堵堰)。

《明嘉靖南阳府志校注》第二册"堰陂"条记载:"案黔楼即钳卢。本志唐土堰亦作钳卢陂。……通典召信臣於穰县南六十里筑钳卢陂,累石为堤,旁开六石门,以节水势。"

南阳诸陂,俱有声于历史,惟钳卢玉池为最大。钳卢陂后来毁废,也曾经重修,兴利史达1800年。

南阳地区年降雨量800毫米左右。湍河汇水面积达4000多平方公里,刁河汇水面积不大,这两条河流的多年平均径流量分别为8.6亿立方米和1.0亿立方米,钳卢陂灌区工程是朝水上的陂渠串联水利系统,六门陂灌区灌溉余水及回归水流入刁河,补充了刁河的水源,再引入钳卢陂存蓄起来。钳卢陂的水源除刁河外,还汇纳众多的溪沟水,如柳渠、构林关、刘家沟等水,就扩大了水源(黄遵福 2005:15)。把这两个系统连接起来,能组成更大的陂渠串联水利系统,就能在两个河流流域之间进行水资源的调配。从钳卢陂开有东、西、中三条灌区,浇灌刁河南面的农田,《元和郡县图志》卷21记载,钳卢陂灌溉面积达"三万顷"。

自汉至晋,南阳盆地的水利以六门——钳卢陂灌区为首,依靠河流之间互相联结的陂渠串联这种水利工程形式,取得了巨大的灌溉效益。这一时期修建的工程甚多,仅召信臣就修了堤堰工程数十处,其后又有杜诗、杜预等人的兴修。据《水经注》记载,除六门陂、钳卢陂外,还有湍水上的楚堨、邓氏陂、安众港等,朝水上的樊氏陂,淯水(今白河)上的新野陂、豫章大陂,堵水上的堵水陂,比水上的马仁陂及支流上的湖阳陂、及唐子、襄乡诸陂等。其中一些陂堨沟渠也互相串联,形成如现代所称的"长藤结瓜"的网络状,达到灌排自如、进退有别,体现了规划设计的合理性和先进性。(张芳 2000:1)

2. 樊氏陂

《水经注·淯水》篇中记载,"朝水又东南,分为二水,一水枝分东北为樊氏陂,陂东西十里,南北五里,俗谓之凡亭陂。陂东有樊氏故宅",樊氏陂很可能就是西汉末年樊重私人兴建的一处农田水利工程。

《后汉书·樊宏阴识列传》中有"陂渠灌注"的记载,指的就是樊氏陂。刘秀外祖樊重得樊亭陂之水灌溉田园,发展农林牧副渔业,家业兴旺。

据《明嘉靖南阳府志校注》第二册"堰陂"条记载:"瓦亭陂在县西南淯阳保堤长五百一十丈即樊宏故宅,谚曰:陂汪汪下田良,樊氏失业庚氏昌。乾隆新野县志厚桥现有碑记与邓境相去六里洼地是。"南北朝时,这一灌溉区田被庾信家族取代。

《南阳地区水利志》中记载,樊氏陂,又名樊亭陂,也叫序陂,位于新野县城西南 12.5 公里。

樊氏陂不仅可以灌溉农田,而且可以发展水产养殖业,是东汉庄园经济水利建设的典型。按 1999 年版的《最新实用河南省地图册》中记载,就在今新野县西南上港乡瓦亭陂一带。

《南阳地区古今地名图志》中记载,"中华民国"时瓦亭陂村旁尚有"樊重灌田处"石碑一通。从以上多处记载可知,樊氏陂之水灌溉刘秀外祖樊氏庄园的史实不必置疑,尽管名称不一。

(三)比水及其支流上的水利工程

比水,又称醴水,就是现今的唐河。发源于今方城县北部七峰山南麓,上游俗称潘河(古堵水),向南流至社旗县城东南,与(东)赵河汇流以后就称为唐河。再向南流,经唐河县,先后有毗河、泌阳河、桐河、三夹河等支流汇入,继续南流,经新野县进入湖北。

比水及其支流上的水利工程主要有堵阳陂、堰陂、赵渠、唐子陂、汉挡。

1. 堵阳陂

堵阳陂因居汉堵阳城东而得名,堵阳陂故址在距今方城县城 2.5 公里处。汉代为南阳名陂之一。

张衡在《南都赋》中说,其陂泽则钳卢玉池,堵阳东陂。

《水经注·湍水》篇中记载,堵水于县,竭以为陂,东西夹岗,水相去五六里,古今断冈两舌,都水潭涨,南北一十余里,水决南溃,下注为湾。湾分为二,西为赭水,东为荥源。堵水参差,流结两湖,故有东陂、西陂之名。二陂所导,其水枝分,东南至会口入比水。

明嘉靖《裕州志》中记载,堵阳陂在州东五里,创始于汉,南筑长堤,被蓄渚水,东西各设斗门以时启闭。陂水三十余顷,灌田数百顷。迄今岁久,陂已淤为平地。

国家文物局主编的《中国文物地图集·河南分册》中记载,在今方城县城关镇大凉亭村北,有一处东汉时期的水利遗迹。这是一段夯筑而成的东西走向的土堤,现存高约 10 米,顶宽 15 米,底宽 50 米,全长约 1.8 公里的部分遗迹。还发现筒瓦、铁锸、铁夯等遗物。推测这里可能是汉堵阳陂之所在。

《南阳地区古今地名图志》中也有关于堵阳陂的记载,以上多处记载证实了堵阳陂的存在。

2. 堰陂

堰陂位于今唐河县上屯乡上下杨背之间(汉属湖阳县),是文物考古工作者在调查过程中发现的一处汉代水利遗址,上屯乡现存一段土堰,长约 1 公里,堤高 3 米,宽 3 米。

3. 赵渠

赵渠是唐河境内汉代一处蓄水灌溉工程。清乾隆年间重修的《唐县志》中记载,赵渠曾被称做新渠。原来,宋仁宗时赵尚宽"案图记,得召信臣故迹,益发卒复三大陂一大渠",有突出政绩,就称此渠为"新渠",后来又称之为"赵渠"。

《水经注》篇中有如此记载,其水南入大湖,湖阳之名县,藉兹而纳称也。湖水西南流,又与湖阳诸陂散水合,谓之板桥水。又西南与醴渠合,又有赵渠注之。

文献的记载证实了赵渠的存在不虚。

4. 唐子陂

唐子陂在原汉湖阳县唐子山西南,今唐河县湖阳镇南。

《水经注》卷 29 中有关于唐子陂的记载:"唐子陂在唐子山西南,有唐子亭。汉光武自新野屠唐子乡,杀湖阳尉于是地。陂水清深,光武后以为神渊。西南流于新野县,与板桥水合,西南注于比水。比水又西南流,注于淯水也。"

5. 汉垱

垱是为了便于灌溉而修筑的小土堤。汉垱应是汉代湖阳县(今唐河县)的一截流设施,因汉代人建筑而名之汉垱。

国家文物局主编的《中国文物地图集·河南分册》中记载,汉垱残存夯筑坝基一段,长100余米,高出地面0.5~3米,下有成排叠砌石条,石条旁有杉木桩。这里原属汉湖阳县,这一土堤可能是湖阳诸陂之一。

《南阳地区古今地名图志》记载,汉垱故址就在今唐河龙潭乡中徐村(委会)韩庄附近的蓼河支流上,现存拦河坝基百余米,隆出地面0.5米。坝址内出土成条排的石条和木桩。水坝上游筑南北二渠,南区南至苍台自然镇、北渠达苍台乡东北部叶集、杨岗一带,灌溉面积9万余亩。

从上述材料记载中,我们可以想见,汉代的湖阳一带河道交织,湖泊密布,湖阳诸陂、醴渠、赵渠、唐子陂、襄乡诸陂、汉垱等一系列古代水利工程的先后兴建,灌溉了大片农田,稻作农业比较发达。

(四)淯水及其支流上的水利工程

淯水就是现今的白河,发源于今洛阳嵩县境内,流向东南,经南召县、方城县、卧龙区、宛城区,流至湖北襄阳与唐河交汇入汉水,有松河、黄鸭河、灌河、鸭河(古鲁阳关水)、潦河(古梅溪水)、湍河(古湍水)、刁河(古朝水)、溧河(古棘水)等支流汇入。

淯水上的水利工程主要有沙堰渠和(梅溪水)安众港。

1. 沙堰渠

沙堰渠原是汉代一条引水渠,遗址在今新野县沙堰镇。国家文物局主编的《中国文物地图集·河南分册》中记载,沙堰渠的渠首尚存,长约200米,宽约20米。

2.(梅溪水)安众港

西汉武帝时,在宛县之西置安众侯国,后改为县,历东汉,到晋代就废除了。

安众港是汉代南阳郡境内一大型截流水利工程。由安众堨、黑龙堰等拦截水流设施组成。安众港故址在今清华乡、潦河乡与镇平县东南一带。

郦道元在《水经注》中共记载了两处因位于汉安众县境而名为安众港的水利工程:《湍水》篇中记载的是湍水支流涅水之上的安众港,《淯水》篇中记载的是淯水支流梅溪水上的安众港。

"淯水又南,梅溪水注之。水出县北紫山,南迳百奚故宅。……梅溪又南迳杜衍县东,故城在西。……土地垫下,湍溪是注。古人于安众堨之,令游水是潴,谓之安众港。……梅溪又南,谓之石桥水,又谓之汝溪,南流而左注淯水。"

古人于安众县境梅溪(今潦河上游和沐垢河)及涅水(今赵河)下游各建坝引渠,交织会通,即为安众港。因主体工程在安众县境而得名。以该港引渠建陂的有金牛陂、西瓜堰、黄渠堰、黑龙堰、聚宝堰、泉水堰、斋陂、乔泉堰等,这些堰陂在明代前已大部废弃。该灌溉工程在今南阳、新野、邓州三县市毗邻地带。(南阳地区地名委员会办公室 2008:292)

(五)丹水上的水利工程

丹水就是今之丹江,丹水发源于陕西省商州黑龙口(古蓝关)一带,是汉水最长的支流。经商州市、丹凤县、商南县、南阳市淅川县流至湖北丹江口一带汇入汉水。

阿堤是丹水上比较有名的水利工程。位于淅川县(汉丹水县)东南部丹江库区一带。不知修于何时,也不知其名为何,权称其为阿堤至今。为了灌溉农田,先民在丹水上筑堤析水,阿堤建成后也确实发挥了不小的作用,能灌溉农田三十顷。

清咸丰《淅川厅志》卷4中记载了东汉《丹水丞陈卿纪勋碑》碑文:"丹水丞陈卿讳宣,字彦成,汝南新阳人。……阿堤一析,邀遮丹流,溉田三十顷,遭永寿三年七月壬午,洪水盛多,塘突堤防、冲構,沟渠绝,不复稿,十有七年,陵阪硗薄,田亩荒……咸相照会,陈力信功,旬月而成。长流投注,优渥霑足,溉田二十余顷,滋液广阔,余流延漫南乡。"描述了阿堤的作用及被冲毁旋又为陈宣修复的史实。

永寿三年（公元157年）阿堤被洪水冲垮之后，严重影响当地农业生产，多年田园荒芜。建宁元年（公元168年）二月，丹水丞陈宣召集民众在原来的基础上修复了阿堤，恢复溉田二十余顷。

（六）南阳最早的水利工程

褒斜道是南阳最早的水利工程，也是一个半途而废的工程。

《史记·河渠书》中记载，有人上书欲通褒斜道及漕事，下御史大夫张汤问其事，言"抵蜀从故道，故道多阪，回远。今穿褒斜道，少阪，近四百里；而褒水通沔，斜水通渭，皆可以行船漕。漕从南阳上沔入褒，褒之绝水至斜，间百余里，以车转，从斜下下渭。如此，汉中之穀可致，山东从沔无限，便于砥柱之漕。且褒斜材木竹箭之饶，拟于巴蜀"。天子听了颇以为然，拜汤子卬为汉中守，发数万人作褒斜道五百余里。而水湍石，不可漕。

褒斜道工程是汉武帝元狩二年御史大夫张汤之子张卬奉诏修建的工程。起点长安，终点南阳。从宛，沿白河至汉水，再从汉水支流褒水至斜谷道，沿斜谷道进入渭水至长安。开凿这条水道比从巴蜀进长安近400里，比从山东以东进长安便利。从褒斜道入长安，可沿白河、汉水、褒水、斜谷这些天然河流河谷，省时省力，无险道。从巴蜀、山东入长安，中间都要经过一些险滩险石险山，开凿费时费力，况且巴蜀盛产木材、竹子等，可以就地取材。只看上述优势，而未预见工程开工后存在的诸多问题，开工后，水湍石多，不能漕运，最后被迫终止。但是这个劳民伤财的工程，开了南阳水利之先河。（周保瑞 2000:4）

李剑农先生曾经论之曰：盖此计划成，虽为秦蜀间辟一交通新路线，然通漕目的，终未能达，即河漕砥柱之险，终未能避免也。（李剑农 2005:199）

（七）后世相传的水利工程

后世相传的水利工程有楚堨、郑渠、上默河堰、马仁陂、淯水四堰（上石堰、马渡堰、蜣螂堰、沙堰）、召渠豫山三十六陂、玉池陂、黄池陂、无名陂、霞雾溪、三郎堰、阡陌堰、豫章大陂、大湖、斋陂、黑龙堰、上下陂堰、塔子湾堰、牛角皮等。下面仅略记几处,其他不再述及。

1. 楚堨

楚堨又叫楚堰,故址在今邓州市(汉冠军县西北)。

根据北魏郦道元的《水经注·湍水》篇记载,在六门陂的上游冠军县境内还有一处规模较大的陂塘,就是楚堨。六门陂就是楚堨的下游陂塘。

唐《元和郡县志》中记载:邓州临湍县,最早的名字是新城,在唐天宝(742年)年间改为临湍县,就是今邓州市罗庄乡南古县。

案水经湍水注,湍水历冠军县西北有楚堨……元和志邓州临湍县(现今邓州市罗庄乡南古县)楚堨,在县南八里,拥断湍水,高下相乘,溉田五百余顷。元姚燧《牧庵集》记载:邓州千户杨义珍碑,筑楚、铁狗两堰以灌屯田,是楚堰即楚堨也。(《明嘉靖南阳府志校注》第二册"堰陂")

《南阳地区水利志》记载,楚堨在今邓县十林乡魏寨村附近湍河上,围堰面积约1.6平方公里,高下相承八重合今制2.4米,蓄水约300万立方米。

关于楚堰,在《读史方舆纪要》卷51、《清统志》卷212等史书中也有过记述。

2. 马仁陂

马仁陂,故址在今泌阳县(汉舞阴县)西北羊册镇一带,是召信臣修建的一处较大的水利工程,面积约百顷,能溉田万余顷。

马仁陂水就是今唐河支流毗河。毗河发源于汉舞(潕)阴县北,在县城以东汇集成湖又经其县南,人们在县城西南筑坝蓄水成陂,称作马仁陂,以陂名水。

《水经注》中有记载,比水又西南,历长冈旧月城北,比水右会马仁陂水,水出舞阴北山,泉流竞凑,水积成湖,盖地百顷,谓之马仁陂。陂水历其县下西南,堨之以溉田畴。

《明嘉靖南阳府志校注》第二册"堰陂"条记载,马仁陂,在县北七十里象河保上,有九十九岔水,悉注于陂中。陂周围五十余里,四面山围如壁。惟西南隅颇下泄水。汉太守召信臣始筑堤(案县志作坝)蓄水,使不泛出。复作水门,以时启闭,分流砰磕等二十四堰,灌溉民田万余顷。

关于马仁陂,在《通典》、《读史方舆纪要》、《大清一统志》等史书中也有明确记载,相互佐证了马仁陂的存在。修治了马仁陂,一经使用就见到效益。

马仁陂长期造福宛东南一隅,清代时废弃,变为一片良田。

3. 召渠

召渠古名棘水,今名溧河,也叫马渡堰,是召信臣所修,经杜诗、杜预等治水名臣恢复、扩增过的渠道。《明嘉靖南阳府志校注》第二册"堰陂"记载,马渡堰在县东博望保承白河水。

干流经溧河店、张井、溧河铺等地到新野县城东南九姑。顺治府志马渡堰在县东南八里,引淯水。光绪县志宋至道元年,大理寺丞皇甫选、光禄寺丞何亮言邓许等七州有公私闲田,皆汉魏以来召信臣、杜诗、杜预、邓艾等立制垦辟之地。内南阳界凿山开道疏通河水,散入唐邓襄三州以溉田。又诸处陂塘防埭,大者长三十里至五十里,阔五丈,又入白河。纵贯南阳、新野两县,长80公里,支流纵横交错,状入大树干枝。

《南阳地区水利志》中记载,该渠在南阳城东约4公里龙王庙的白河上筑坝引水,名马渡堰。

召渠是一条多渠首引水、非常庞杂的灌溉系统。据新野县志记载,明新野马之骏重建马渡堰石闸记:"溧水之源不详,其自白分水流于宛城之东南,以名其村曰溧河店者,此水之所以始也。溧蜿蜒而南,经郡络邑仍汇于白,以注之汉,惟昔召杜诸公引之,以资潴水之用,乃设堰而控,曰马渡堰者。"召渠在明代仍然不断发挥效益。

1965年冬,南阳开始兴建鸭河口水库灌区白桐灌区渠首,到1969年配套使用。召渠遗迹就在鸭河口水库灌区范围。

为纪念召信臣、杜诗、杜预,南阳先民在独山修了"三太守祠"。现在,每年农历三月三独山庙会上,熙来攘往赶庙会的人大都怀着虔敬之心缅怀先贤。

4. 霞雾溪

霞雾溪又称召父渠,是新野境内一处较大的水利工程,汉元帝时南阳太守召信臣倡修,民引淯水灌田得其利,称信臣为召父,渠以为名。

召父渠北起新野县沙堰自然镇,南至城郊乡花陂村一带。遗址渠首位于今新野县沙堰镇西南,白河故道向西拐弯处。据(清康熙)《重修古刹黑龙堂记》碑文记载:"新野有白河,其源发于嵩山双鹤岭,其流至襄阳而入汉,昔召伯兴水利,自厚庄望夫石之东开溪一道,引白河水,溉邑东花陂、土堰一带稻田,溪长六十里。常见霞光浮罩其上,因名霞雾溪。"现在看召父渠遗址,总长约三十公里,与史书记载基本相同。

5. 三郎堰

关于三郎堰的具体位置说法不一。有人认为,三郎堰位于邓州市赵集乡后张村西侧严陵河上。有人认为三郎堰位于镇平县马庄乡堰嘴村。实际上后张村与堰嘴村毗邻,这一大型的汉代水利工程在今邓州市北和镇平县南一带当为不错。据传,召信臣任南阳太守时,有兄弟三人协助其修堰建陂,人称大郎、二郎、三郎。此堰为三郎所建而得名。这虽为传说,确也实有此堰……三郎堰因引严陵水,灌溉穰县北部大片土地,使那里成为稻米之乡。(周宝瑞 2000:4)

明嘉靖年间,知州张仙曾修复陂堰(《南阳地区古今地名图志》:285)。张仙在勘议中说"邓水利之大者,无如钳卢、三郎二处"。

汉代南阳堰陂一览表

县名	堰、陂数	"堰"遗迹名称	"陂"遗迹名称
原南阳县	堰21座 陂9处	上石堰 马渡堰 小儿堰 马尾堰 杏子堰 张公堰 将军口堰 岳庙堰 六轴堰 聚宝堰 野眉儿堰 王八堰 毕家堰 乔家堰 泉水堰 棠梨堰 小石堰 黑龙堰 金牛堰 黄渠堰 老西瓜堰	黄池陂 玉池陂 白土陂 黑土陂 斋陂 杨林陂 牛角陂 转(辘)轴陂 春阳陂
镇平县	堰3座 陂6处	西河堰 上石堰 下石堰	楝林陂 柳林陂 右堰陂 唐陂 会乡陂 晁陂

续表

县名	堰、陂数	"堰"遗迹名称	"陂"遗迹名称
唐河县	堰7座 陂7处	黑龙堰　柳花堰　疙瘩堰 苇陂堰　青台堰　莽修堰 白马堰	姑嫂陂　羊陂　白土陂 迁陂　大湖陂　黄池陂 豆城陂
社旗县	堰2座 陂1处	饶良堰　百亩堰	柴胡陂
邓州市	堰33座 陂38处	下默河堰　小堰　大堰 楚堰　　黑龙堰　马龙堰 黄家堰　雷通堰　柳堰 塘土堰　功堰　　短堰 白马堰　鹳鹊堰　白牛堰 姬家堰　竹萧堰　三郎堰 白落堰　吕公堰　扎口堰 得子堰　洋河堰　曲河堰 永宁堰　青岗(冈)堰 祁河堰　白龙堰　九重堰 泉池堰　湖堰　　竹筒堰 小堰(上所列小堰在州西八 里,此小堰在州东六十里白 马堰下东注于平阳东陂)	六门陂　钳卢陂　夏阳陂 (包括美阳陂 上阳陂 中阳陂 下阳陂 四陂) 苏池陂 白牛陂 大池陂　王陂　　团陂 竹筒陂　方池陂　破陂 下陂　　半查陂　桃园陂 南阳陂　大瓦陂　小瓦陂 羊池陂　牛氏陂　平阳陂 付家陂　掘塘陂　堰陂 婆陂　龙陂　高堰(塘)陂 官陂　陈陂　墓陂 张陂　　经塯陂　古塘陂 马家陂　苦梨陂　小陂 莲花陂　柳子陂　团柳陂
新野县	堰18座 陂27处	蜣螂堰　沙堰　　土堰 眉堰　　罗家堰　苦竹堰 长平堰　黑龙堰　棠梨堰 泉水堰　短堰　　三泉堰 纸房堰　驸马堰　柳堰 稿荐堰　二郎堰　桐柏堰	花陂　　罗陂　　厚陂 周人陂　曲尺陂　谅陂 新陂　　王陂　　白家陂 石羊陂　阴陂　　溧陂 杜长陂　三泉陂　上洋陂 下洋陂　马家陂　聂家陂 蔡家陂　吕家陂　田家陂 没隐陂　白家陂　白虎陂 杨家陂　小柳陂　瓦亭陂

续表

县名	堰、陂数	"堰"遗迹名称	"陂"遗迹名称
内乡县	堰18座	郑渠堰　长城堰　三层堰 高老堰　揣家堰　沭河堰 青山河堰　刁河堰 黄水河堰　木寨堰 螺蛳河堰　比峪堰 西河堰　庹家堰　十字堰 杏家堰　塔子河堰 珍珠堰	
淅川县	堰32座	珍珠堰　洪水堰　清泉堰 胡峪堰　闹峪堰　旺泉堰 陀泉堰　罗家堰　小水河堰 何家堰　五海堰　秦家堰 朱家堰　玉泉堰　阮家堰 柳家泉　樊家堰　石口堰 杜家堰　陈家堰　孙家堰 古家堰　刘家堰　黄家堰 吴家堰　大堰　柳扒堰 老堰　周家堰　杨家堰 陈堰　鲁堰	
方城县	堰4座 陂5处	梁子堰　霍陂堰　潘河堰 百陂堰	松陂　龙陂　堵阳陂 连环陂　陌陂

（资料来源：根据《明嘉靖南阳府志校注》、《南阳地区水利志》整理）

汉代南阳这些分布在淯水、湍水、朝水、比水、丹水及其支流上的130余个堰，90余个陂，通过沟、渠交络，组成了一个灌溉网，能在较大的范围内对降雨和径流进行蓄泄调节，采用陂渠串联的形式，还能进行流域之间的调水。汉代先民掌握了陂渠结合的灌溉工程技术，对当时农业为主的经济发展起了很大的促进作用，后来逐步向南方丘陵山区传播。建国以后，陂渠结合的长藤结合式水利系统得到迅速发展，后来有所停滞。近年来水利事业又受到举国上下的重视，传统的水利技术仍具有强盛的生命力。

第三章　汉代南阳的手工业

西周时期,实行"工商食官"制度,民间私营工商业发展缓慢。所谓工商食官就是从事工商业的劳动者为官府从事生产和交换活动,其衣食住行都由官府供给。工商业者由官府供养,依附于官府,就形成了官办性质的工商业。西周、春秋之际,奴隶制社会开始向封建社会过渡,春秋后期,从事私营商业的人数大增,以至于取代官商,成为一个庞大的商人阶层。战国时期,"工商食官"制度渐趋瓦解,私营工商业迅速发展起来。当时主要的手工业有冶铁业、铸铜业、纺织业,另外还有漆器业、制盐业、制陶业等。在战国手工业发展的基础上,两汉时期手工业有了进一步的发展。

随着汉初休养生息政策的实行,社会经济得到恢复发展,人们对各种生产工具及生活用品的需求增加,剥削阶级的消费层次也不断升级,享乐性消费增加,城市发展起来,金属货币铸造量扩大并普遍使用,商品交换的种类及数量增加,不同类型与层次的市场形成和扩大,这使商业交易更加方便,为手工业的发展提供了条件。

尽管我国封建社会自始至终强调与扶持男耕女织的个体小农经济,把手工业看做农业的副业,但是手工业与商业在社会经济中仍占有重要的地位,在社会生产和民众生活中发挥重要的作用。一方面,以自然经济为特征的封建经济并不绝对排斥商业与手工业。"故工不出,则农用乏;商不出,则宝货绝。农用乏,则谷不植;宝货绝,则财用匮"(《盐铁论·本议》)。社会生产需要的生产资料、社会各阶层生活所需的生活资料都要仰赖手工业生产。生产工具的生产需要一定的资金规模和技术支撑,而小农经济规模狭小,小农家庭难以胜任各种农用器具的生产,穷奢极欲的统治阶级的消费需求的增长,小农家庭生活中对盐、铁器、布帛等日常必需用品的消费,各地物产资源的差别均意味着手工业产品自有其广阔的市场。当时的商业活动作为连接生产和消费的桥梁,也有一定程度的发展,客观上也能够适应生产和消费需要的不断增长。从另一方面来说,农业的发展直接为手工业的发展提供了原料和市场,也直接增加了市场的粮食商品和各类农副产品的供给。

因此,我国封建社会的统治者虽然一再倡导以农为本、工商为末和主张重农桑而抑工商,但手工业和商业却始终存在着和发展着,甚至构成了封建经济的必要组成部分,以致出现了把从事手工业与商业作为致富的必要手段的思想。连司马迁也认为"用贫求富,农不如工,工不如商,刺绣文不如倚市门,此言末业,贫者之资也"。(高敏 1991:2)

在汉代,农业、手工业、商业是社会经济的重要部门,各业相互联系、相互依存,共同促进了社会经济的缓慢发展。

一、冶铁业

我国古代社会是农业社会,历代统治者一直重视农业生产,重农政策是社会政策的主流。要促进农业的发展,需要不断改进生产工具。古代劳动人民在生产实践中不断总结经验,不断探索和寻找适合做生产工具的原材料,先是用木棒、石头、骨来制作生产工具,继而冶炼出青铜和铁。制作工具的技术也不断进步,青铜的延展性强,铁、钢坚硬,金属工具的制作与使用,标志着古代生产力发展到一个新水平。

杨宽先生在《中国古代冶铁技术发展史》(杨宽 2004:6)中谈及炼钢技术的发明和发展时指出,人类最早使用的铁是陨铁,最终发明了矿石冶铁的技术。我国在商代和西周前期使用陨铁,在西周晚期开始使用块炼铁,约在春秋中期就掌握了冶炼生铁的技术,至春秋晚期已经出现了钢兵器。古代,我国冶铁技术发展最为迅速,汉代是历史上铁器得到推广与普及的时代。

秦朝,大一统局面初步形成。汉代要巩固和发展这个大一统的局面,需要强大的物质基础。农业经济的发展、农业生产力水平的提高、农田水利建设、进行田间耕作等,都需要大量的铁铲、铁锛等铁制工具。冶铁业是手工业中能够提供生产工具的部门,适应了汉代社会的需要,发展迅速。南阳地区当时具备一定的冶铁业发展的条件,所以冶铁业发展很快,在全国占有一定地位。

(一)冶铁业发展的条件

汉代,南阳丰富的资源蕴藏、便利的交通以及不断迁入的新移民为冶铁业的发展提供了条件。

1. 矿产和林木资源丰富

《盐铁论·禁耕》中记载:"故盐冶之处,大傲皆依山川,近铁炭,其势咸远而作剧。"发展冶铁业,离不了原材料和燃料,一般的冶铁遗址均在山川之中,利用铁矿及煤、炭资源较为方便。

南阳盆地铁矿资源较为丰富,秦汉时期,南阳铁矿的开采与冶炼进一步发展。据《南阳府志》中记载,铁矿有10余处。根据《河南南阳地区地理志》记载:南阳有中型矿床1处,小型矿床18处,矿点45处,南阳市的桐柏、方城、南召、镇平、内乡、淅川、西峡等县,南阳北面的鲁山、东面的泌阳等地都有丰富的铁矿资源。

在长期复杂的地质成矿作用下,形成了丰富的金属矿产资源,南阳矿产种类较多。《南阳地区地理志》第十二章中记载,区内的超基性岩、基性岩中生成了铬、镍、铑、钯、钴、铂、钛、铁……花岗斑岩生成了铜、钼、钨、铅、锌、金、锑……矿产开采和冶炼历史可追溯到战国时期。荀子《议兵》篇中记载,"宛钜铁钝,惨如蜂虿",荀子形容宛地生产的铁矛,如蝎类、毒虫一样锋利无比。南阳郡辖境内,铜、铁资源广泛分布。

下表大致反映南阳蕴藏的金属矿藏资源情况：

现代南阳县和汉代南阳郡辖县的金属矿藏分布

桐柏县：铜、铁、铅、锌、金、银
内乡县：铜、铁、铅、锌、金
方城县：铜、铁、铅、锌、锡
鲁山县：铜、铁、铅、锌
南召县：铜、铁、铅、锌
西峡县：铜、铁、铅、锌
淅川县：铜、铁、金
舞阳县：铁
舞钢市：铁、金
镇平县：铜、铁
泌阳县：铜、铁
叶县：铅、锌

（资料来源：根据李京华、陈长山《南阳汉代冶铁》整理）

《河南省南阳地区地理志》中记载，本区金属矿床以金、银、钛、钒、铜、钼、铅、锌等有色金属最有工业价值，储量大，产地多。南阳铁矿点主要分布在桐柏、方城、南召、内乡、淅川、西峡一带。其中黑色金属矿产储量比较丰富，详见下表。

黑色金属矿产

	矽卡岩型铁矿	岩浆型铁矿	铬铁矿	钛矿	钒矿	锰矿
产地	桐柏 南召 淅川 西峡	方城	西峡 桐柏	西峡 方城	内乡 淅川	桐柏 方城 南召
矿点	24处	4处	2处	2处		3处
矿床	小型矿床8处	中型矿床1处				
代表性矿床	1. 桐柏宝石崖铁矿 2. 桐柏铁山庙铁矿 3. 南召杨树沟铁矿（俗称"西银洞"、"东银洞"）					

（资料来源：根据《河南省南阳地区地理志》整理）

南阳林木资源也很丰富。

南阳多山地、丘陵,历史上气候温暖湿润,植被茂密,森林覆盖率高,冶铁需要伐薪取炭,燃料能够就地取材。汉代南阳林木资源丰富,张衡在《南都赋》中是这样描写的:"结根耸叶,垂条婵媛,布绿叶之萋萋,敷华蕊之蓑蓑,玄云合而重阴,谷风起而增哀。"(钱志熙 2008:5)现在,南阳人口稠密,总数千万,但我们熟悉的桐柏、内乡旅游区内仍然遍布郁郁葱葱的树木,是观景、休闲、纳凉的好去处,由此可以推知在人烟稀少的汉代,南阳山地的树木该是多么茂盛。

2. 社会技术条件

南阳有冶铜基础。铜器的制作是人类使用金属的开端。从原始社会末期起,经过几千年的发展,到春秋时期,铜器的制作提高到一个新水平。春秋战国时期楚国冶铜业比较发达。淅川下寺春秋楚墓中出土不少珍贵的铜器。其中,铜禁为国内外所罕见,55号鼎的镂雕兽头、48号铜盏的卷帘状兽头足及盏耳均采用失蜡法铸件。"失蜡法"是我国古代冶铜史上的一个重要发明。运用失蜡法有许多优点,其制模方法简便,使用设备和工具也简单,铸造器物有比较高的精确度,便于使用。从文献记载看,我国最早使用这种方法铸造铜器是在唐代,而淅川下寺春秋楚墓出土不少珍贵的铜器经过鉴定证明,早在春秋时期,先民已经创造并运用了失蜡法,比文献记载的使用这种方法的时间提前了1000年左右。

南阳矿产开采和冶炼历史,可追溯到春秋时期。战国时期,南阳盆地冶铁业已经闻名全国,宛已经成为全国性的一个冶铁中心,南阳制造铁器的技术已具相当水平。

西周时用陨铁制成的铁器主要在北方地区发现,春秋时期由人工制成的铁器却大量在南方吴楚地区发现,这可能是因为冶铁技术最初来源于冶铜技术,吴楚地区发达的冶铜业为冶铁业的兴起提供了基础,而且在淅川下寺10号墓中曾出土玉茎铁匕首,也说明吴楚地区是冶铁业最早的一个发祥地。

《史记·范雎蔡泽列传》中记载昭王曰"吾闻楚之铁剑利而倡优拙"之语。《荀子·议兵》中记载,楚人鲛革、犀、兕以为甲,坚如金石,宛钜铁釶(音师),惨如蜂虿,轻利僄邀,卒如飘风。这也可证明楚地春秋时期冶铁技术的发达。南阳当时属楚国,自概莫能外。

汉代,南阳冶铁业的发展还与秦国的移民迁入有很大关系。

由于战国时期的长期战乱，南阳人口大量损耗。秦在占领南阳之后，就把占领区的人口向这一带迁徙，自战国晚期一直到秦末，没有间断。这种强制性迁民活动几乎贯穿秦国统一整个过程，史书中多处见到记载。

《史记·秦本纪》中记载，秦昭王"二十六年，赦罪人迁之。穰侯冉复相。二十七年，错攻楚。赦罪人迁之南阳"。

《史记·货殖列传》中记载："秦末世，迁不轨之民于南阳。"

所谓"罪人"、"不轨之民"，大多是秦军新占领区的豪民，这些人一般具有一定的劳动技能，也有经济实力，秦国的占领损害了他们的利益，因此他们不愿意当暴秦的顺民。秦国想巩固攻城略地成果，消除新占领区不稳定因素，就让他们迁离故土，以促进迁入地的经济发展。

秦昭王于公元前281年和公元前280年把不愿归顺的豪民迁到南阳，又在公元前272年以宛为中心，"初置南阳郡"（《史记·秦本纪》），从此，"南阳"便成为对南阳一带的正式称呼。

秦国迁民南阳的活动规模较大，时间也长。新移民中有一批工商业者，既掌握特殊技能又富有开拓精神，他们的生产经营理念及活动对南阳产生了不小影响。

《汉书·地理志》中记载："秦既灭韩，徙天下不轨之民于南阳，故其俗夸奢，上气力，好商贾渔猎，藏匿难制御也。"

《史记·货殖列传》中记载："宛孔氏之先，梁人也，用铁冶为业。秦灭魏，迁孔氏南阳。"

孔氏一家迁到南阳后，就利用这里的条件，大力经营冶铁业，获得极大成功，开了南阳冶铁业先河，起到了典型示范作用。

孔氏等人经营冶铁有方。他们已经初步认识到冶铁生产与农业发展，社会生产与消费、供给、需求之间的关系，把冶铁业生产与销售、铸造铁器与农业发展的需要紧密结合起来，实现冶铁业与农业共同繁荣。

具体来讲，孔氏从"规陂池"开始，对农田水利进行规划与开发。在兴修水利工程的过程中，锸这种挖土工具发挥了重要的作用，提高了挖土劳动效率，取得了明显的示范效应，在那时就等于作了广告，锸的销售量猛增。铁犁的使用也是如此。整治农田和兴修水利，大型铁犁有了用武之地，铁犁的效率高于木犁，铁犁的销售量也随之增加。销售量大增意味着可观的经济效益，自然刺激冶铁业的扩张，促进冶铁生产的发展。孔氏因经营冶铁成为巨富,引得南阳商贾羡慕仿效,积极从事工商活动。

(二)冶铁生产发展概况

1. 汉代冶铁作坊遗址

因年代久远,关于汉代经济社会发展情况尤其是汉代冶铁情况的传世文献较少。

考古发现的汉代冶铁遗址一般都很大,河南巩县铁生沟冶铁遗址面积约21000多平方米,郑州古荥镇和南阳瓦房庄遗址均达12万平方米,临淄齐故城发现的汉代冶铁遗址约有40万平方米的范围,比战国时期齐国的冶铁遗址大8~10倍(山东博物馆 1977:7)。迄今为止,在河南、河北、山西、山东、江苏、四川、陕西、新疆、内蒙古等地都发现了规模较大的汉代冶铁遗址。

《南阳文物志》、《河南省南阳地区地理志》等文献中记载,南阳已经发现的冶铁(或铸铁)遗址有南阳市北关瓦房庄,桐柏县的大张陂、铁炉村、张畈、毛集、铁山、王湾、黄小庄,南召县的太山庙、太山庙下村、草店、后岗村、拐角铺、沙堆,镇平县的安国城,西峡县的白石尖,方城县的赵河,鲁山望城岗西马楼、黄楝树,泌阳的铁王、上河湾、下河湾等多处。它们之间分工合作,形成了对内联系紧密、对外相对独立的生产体系,西汉时期南阳瓦房庄铸造作坊是这一生产体系的中心,东汉时期瓦房庄作坊虽仍居重要地位,但已不是唯一的中心了(陈炜祺 2005:1)。

2. 冶铁业的规模扩大

汉初,统治阶级面对社会经济残破局面,为了让民众休养生息,就弛山泽之禁,允许私家经营冶铁、铸钱等手工业。但冶铁生产需要大量的资金、设备及人力,铁器"非编户齐民所能家作"。《汉书·食货志》中记载,贾谊曾说:"今农事弃捐而采铜者日蕃,释其耒耨,冶镕炊炭,奸钱日多,五谷不为多。"私人鼓铸铁器成风,涌现出不少的冶铁能手和富商大贾。他们生产的铁农具"和利而中用",既赚取了可观的收入,又方便了农夫。《盐铁论·水旱》中说,"家人相一,父子戮力,各务为善器",使生产的产品适应农业生产的需要。正如贤良所言,私营手工业者"各务为善器,器不善者不集。农事急,挽运衔之阡陌之间。民相与市买,得以财货五谷新弊易货,或时贳,民不弃作业。置田器各得所欲,更繇省约"。

汉初几十年允民放铸的宽松政策,经营铁冶的私商异军突起。据《史记·货殖列传》中记载,"蜀卓氏之先,赵人也,用铁冶富","而邯郸郭纵以铁冶成业,与王者埒富",可知靠冶铁致富者不乏其人。而且蜀卓氏"即铁山鼓铸,运筹策,倾滇、蜀之民",把自己生产的铁器推销到滇、蜀广大地区。郑程,"亦冶铸,贾椎髻之民",并且"通贾南越",推销自己生产的产品。

汉武帝时期,社会经济政治环境发生巨大变化,为了政治、财政、军事等方面的需要,冶铁业由官府设铁官垄断经营,禁止私营,矿冶规模更大。

3. 冶铁生产结构及分布

汉代,南阳郡设大铁官,是郡辖县和产铁最多的一个大郡,冶铁作坊遗址多达十余处,这在全国是不多见的。其中,宛城、鲁山和泌阳从事冶铸或单独铸造锻制生产,其他地方主要从事冶炼生产。

据杨宽在《中国古代冶铁技术发展史》中记述,汉代冶铁生产过程一般包括采矿、冶炼、熔铸、柔化处理及锻打等几道工序。在冶炼之前,要根据冶炼技术要求,将开采出来的铁矿石进行粉碎,筛选出粒度在6厘米左右的矿石,砸碎的矿粉要舍弃掉。冶炼时,将经过处理的矿石投入炼炉,高温将其熔化,除杂质,冶炼成铁锭、板材或条材。再用熔炉熔化铁材,进一步除去杂质,用铸范浇铸成器。熔铸成的铁器需要放入退火脱碳窑内进行柔化处理,最后,用锻炉对铸成的带刃器具进行锻打,以增加其强度和韧性。

冶铁作坊遗址一般有三种类型。

其一是冶炼作坊。冶炼作坊是专门冶炼铁材的作坊。南阳的冶炼作坊有桐柏四处(毛集铁山庙、固县镇张畈、毛集铁炉村、黄小庄),方城赵河,鲁山两处(西马楼、黄楝树),泌阳两处(铁王、上河湾)等。

其中,桐柏毛集铁山庙冶炼作坊包括铁矿遗址和冶炼遗址两部分。铁矿遗址跨五里河(即固县河,现在为毛集铁山矿)两岸,在西北部的矿洞里发现了一把木柄铁斧,经过鉴定,该铁斧为可锻铸铁,刃部经过淬火,有珠光体及网状渗碳体,属于较好的中碳钢,可能是当时最好的采矿工具,其木柄经过碳 14 测定,年代约在战国晚期至西汉前期(河南省文物研究所等 1988:4),表明至迟自战国、西汉之际,南阳就已经开始开采铁矿石,进行冶炼了。桐柏固县镇张畈冶炼作坊,建于西汉,盛于东汉,延至六朝。

其二是铸造作坊。铸造作坊是熔化铁水浇铸铁器的作坊,是集熔化、浇铸、退火脱碳、锻造工序为一体的制造铁器生产单位。南阳的冶铁作坊较多,但铸铁作坊较少,从发现的铁官标志看,"阳一"作坊在南阳市北关,"阳二"作坊地点未找到,"比阳"作坊在泌阳县(中国冶金史编写组 1978:1)。鲁山兼铸造,但用的是"阳一"的铸模。此类作坊确切地说目前只发现南阳瓦房庄一处,但据推测镇平安国一带也应有一处。(陈炜祺 2005:30)

南阳市瓦房庄铸造作坊这一著名的汉代冶铁遗址位于南阳市(汉代宛县)老城区北关外。其西汉层中的遗迹有熔炉基 4 座、勺型鼓风机械基址 1 个、水井 9 眼、水池 3 个,遗物有熔炉残块,鼓风管残块,模范残块以及铧、锸、镢、铲、锛、斧、凿、釭、钩、杈、锥、刀、锤、鼎、熨斗、悬刀、剑、铁条等残破铁器;东汉层中的遗迹有熔炉基 5 座、烘范窑 3 个、退火脱碳窑 1 个、锻炉 9 座、烧土槽 4 个、水井 2 眼、瓦洞 3 个、砖镶边路 1 条、范坑 3 个和众多渣坑,遗物有耐火砖,鼓风管残块,熔炉残块,各种模范,浇口范以及铧、锸、镢、犁、耧铧、镢、铲、锛、锄、镰、斧、凿、釭、杈、锥、锤、鼎、熨斗、齿轮、釜、炉、臼、烛灯、夯、筒形器、耙齿、纺轮、鼻、镦、刀、矛、镞、镰、环、圈、衔、钳形器、各种板材、各种条材等铁器。

从瓦房庄汉代冶铁遗址的发掘情况看,这个作坊集熔化、浇铸、退火脱碳、锻造于一体,自成系统。东汉时期,作坊的生产规模有所扩大,冶铸技术也有明显进步,已经用人力传动机械鼓风。

其三是冶铸二合一作坊。如鲁山望城岗冶铸作坊遗址,遗物有炉渣、泥模范块、矿石块及矿石粉堆积。从发掘情况来看,鲁山望城岗冶铸作坊以冶炼为主,规模很大,铁材产量自然可观。一号高炉的有效容积约 30 立方米,相当于郑州古荥镇炼炉的 3/5。李京华、陈长山在《南阳汉代冶铁》中指出,推测望城岗炼炉的日产量约为 300~600 公斤,以目前勘测到的望城岗作坊的面积推算,其炼炉总数应该在百座以上,那么,总日产量就可以达到 30~60 吨。

泌阳下河湾冶铸作坊遗址在汉代属于比阳县辖地。考古工作者在泌阳县下河湾发现了一处迄今为止国内面积最大、内涵最丰富、保存最完好、延续时间较长、且集采、冶、铸于一体的战国秦汉时期的官营冶铁遗址。这是中原乃至全国都十分罕见的冶铁遗址。遗址南北长约 400 米，东西宽约 300 米，面积在 12 万平方米以上。遗址区内随处可见大量的炉壁残块、炼渣、铁矿石、陶豆、陶釜、盆、罐、板瓦、筒瓦等遗物残片和大量烧土块。在遗址东部和北部的断壁上，目前仍清晰可见有炼铁炉 6 座，从地表深度判断，其下半部应该保存完好。考古专家说，从地表堆积的最大一堆炉壁残块及地层堆积厚度推断，该遗址的炼铁炉至少应在 100 座以上。这是一处从战国到汉代规格都较高的官营手工业作坊，被我国著名冶金史研究专家李京华称为"国宝"。

根据两处作坊的生产情况分析，其自身狭小的铸造能力根本难以消化掉巨大的铁材产能，相当部分的铁材可能供给南阳瓦房庄作坊。

新华网郑州 2000 年 12 月 2 日报道：一处西汉时期窖藏的铁板材最近在河南省南阳市汉冶游园的建设过程中首次被发现，这为研究中国汉代冶铁业的发展提供了宝贵的实物材料。这次发现的藏于窖中的铁板材约有 2000 公斤，形状不整，有正方形、长方形，其中梯形材较多，厚度约 0.5 厘米，长度在 5 至 20 厘米之间。专家认为，这些铁板材产于西汉时期，具有重要的历史价值和科学价值。

东汉时期，南阳盆地的冶铁业在西汉的基础上又有了进一步的发展。

从西汉时就已开始生产的冶铁作坊到东汉时期不仅仍在继续生产，而且生产规模有了明显的扩大。例如，南阳瓦房庄作坊在其已发掘区东汉地层中的冶铁遗迹远比西汉地层多，出土的铁器也由十几种增至三十多种，而且还新发现了 1 座炒钢炉、8 座锻炉。

从上述情况来看，汉代南阳冶铁作坊在地理分布方面有显著规律性或者说有如下特点。

第一，冶炼作坊通常不避僻远，设于深山之中，既靠近矿源，又便于伐薪取炭获得冶铁燃料；第二，铸造作坊以冶炼好的铁材为原料，污染较轻，为保证原材料充足和方便销售，交通便利、靠近销售区便成为铸造作坊选址的关键；第三，冶铸二合一作坊在布局上通常要兼顾前两类作坊的特点。（陈炜祺 2005：33～34）

西汉时期，汉武帝对冶铁业实施官营之后，南阳一带的冶铁作坊在南阳铁官管理下,形成了统一的生产管理体系,其中南阳瓦房庄铸造作坊处于中心地位。东汉时期,和帝废除了对私人冶铁的禁令,私营冶铁业得到较快的发展,但规模化经营的官营冶铁作坊依然是推动冶铁业向前发展的主体。"阳一"、"阳二"、"比阳"等铁官铭文的发现,说明瓦房庄作坊在南阳冶铁生产体系中仍占重要地位。

(三)冶炼铸造技术的进步

我国自春秋战国时期开始,冶铁技术和铁器制作技术在世界上就占有重要地位。

1975年,在郑州古荥镇汉代冶铁遗址发现的一号高炉,炉腔的横截面为椭圆形,容积约50立方米。残留的炉缸积铁块重达20余吨。当时鼓风设备简陋,要维持这种大高炉的正常生产颇为不易。《汉书·五行志》中记载,武帝征和二年春(公元前91年),"涿郡铁官铸铁,铁销,皆飞上去"。成帝河平二年(公元前27年)正月,"沛郡铁官铸铁,铁不下,隆隆如雷声,又如鼓音。工十三人惊走。音止,还视地,地陷数尺,炉分为十,一炉中销铁散如流星,皆上去。与征和二年同象"。偶然见于记载的这两次事故,反映了当时人们对冶铁技术的掌握还比较肤浅。此后随着生产经验的积累,冶炼技术水平不断提高,由初期的低温锻制的块炼铁,到后来的高温铸造生铁,不断适应生产发展的需要。当时人们对生铁的不同性能已有相当认识,并能加以恰当的利用。制作犁铧时对铁的要求比较高,一般采用白口铁和麻口铁。锄、铲、钁等农具则需要一定强度和韧性,多采用韧性铸铁。轴承则需要一定承载力和耐磨性能,就使用灰口铁。金属的铸造、锻炼、拉拔、焊接、车旋、镶嵌和复合材料等加工工艺水平提高。正是在生产实践中不断发现问题,及时总结经验教训,认真进行探索研究,才推动了冶铁技术的不断进步。

1. 炼钢技术的进步:炒钢法的发明

春秋末年,我国已能炼钢,用块炼铁加热渗碳反复锻打而成。古代所谓的"百炼成钢"指的就是这样一种加工工艺。从刘胜墓中出土的佩剑和书刀可以推知,西汉炼钢仍使用着这种工艺方法,但已经有了长足的进步,夹杂物有所减少,组织更加细密,成分均匀。尤其在热处理技术方面,西汉文学家王褒提到巧冶铸干将之朴,清水淬其锋越砥敛其锷

（《汉书·王褒传》）的办法，就是刃口局部淬火，用刚柔结合的处理方法，以保持刀剑背部柔韧度，而且使刃口坚硬，使刀剑锋利而不易脆折。西汉时淬火工艺渐趋成熟。

西汉后期出现的"炒钢"技术，就是使铁脱碳成钢或成为熟铁的技术，就是用把生铁加热到熔化或基本熔化的状态下进行炒炼的办法，使铁脱碳成钢或成为熟铁，以适应社会生产对于优质铁器的迫切需要，这是世界冶金技术史上光辉的成就之一。巩县铁生沟遗址发现低温炒钢炉，这种炒钢炉容积小，呈缶形，温度可以集中；挖入地下成为地炉，散热少，有利于温度升高；炉下部作"缶底"状，是为了便于装料搅拌。南阳瓦房庄遗址发现一座炒钢炉。在方城县赵河村汉代冶铁遗址中也曾发现与巩县铁生沟汉代冶炼遗址中相同的炉型6座。

由于块炼铁太软，生铁太脆，均不宜制作兵器。东汉时期的工匠，在早期用块炼铁为原料锻制渗碳钢的基础上，发明了以生铁作原料的炒钢技术。1961年在日本一座古墓中曾发现一把大刀，从上面的错金铭文可知这把刀是东汉灵帝中平年间（公元184到189年）制造的。这把刀与山东临沂出土的环首大刀应是同类产品。1974年，在山东临沂出土一把长112厘米的环首大刀，从上面的错金铭文分析，为东汉安帝永初年间（公元112年）所造。经过检验，金相组织比较均匀，含夹杂物细小，含碳量约千分之六，淬过火的刃口相当锋利，锈蚀较轻，表明抗腐蚀性能也有所提高，是以炒钢为材料经反复锻打而制成的。

考古资料证明，到东汉时期，炒钢技术已很普及。南阳东郊曾出土一件东汉铁刀，形制较特殊，类似炊事用刀，刀身有一道平行于刃部的锻接痕迹，刀宽11.2厘米，长约17厘米，刀背厚约0.5厘米，保存较完好，是用炒钢锻制而成。通过对瓦房庄冶铁遗址出土的12件铁器进行化验分析，发现2件为铸铁脱碳钢，9件为韧性铸铁，而且这些韧性铸铁件的质量稳定，反映了冶铁技术的进步。根据以往生产经验，利用生铁容易成型、含夹杂物少的优点，通过脱碳退火的方法，得到一种在成分上和性能上近似于近代铸钢件的铸件，是一项重大发明。"瓦房庄铸铁作坊遗址出土的韧性铸铁、铸铁脱碳钢和球墨铸铁标志着汉代冶铁技术的新发展。"（南阳地区地理志办公室 1991:461）

炒钢法是我国古代颇具特色的炼钢技术，欧洲用炒钢法冶炼熟铁始于18世纪的英国，而南阳是在公元1世纪就已经应用了炒钢法，比欧洲早了1800年左右。炒钢的发明是炼钢技术史上的一次革命,炒钢法以当时已能充分供应的生铁为原料,把生铁炒炼成钢,开创了一个崭新的炼钢途径。这一先进技术的应用,大大提高了生产效率,能够为铁器尤其兵器的制造及大批优质农具的制造提供优质材料,对水利建设、工农业生产、交通、建筑等方面的进一步发展都具有划时代意义。参看下表,可知南阳郡出土的汉代铁农具的材质的飞跃。

南阳(瓦房庄和镇平)出土的部分汉代铁器材质概况

器名	器号	时代	材质
锸	T36①B:17	西汉	黑心韧性铸铁
锸	T35①B:6	西汉	白心韧性铸铁
锸	T44①A:32	东汉	白心韧性铸铁
锼	T1①A:135	东汉	白心韧性铸铁
耧铧	T4①A:88	东汉	白心韧性铸铁
耧铧	T17①A:25	东汉	白心韧性铸铁
铲	T32①B:37	西汉	黑心韧性铸铁
锛	T36①B:16付1	西汉	白心韧性铸铁
镰	T39①A:26	东汉	黑心韧性铸铁
镰	H7:11	东汉	铸铁脱碳件
斧	T18①B:8	西汉	铸铁脱碳件4
犁铧	D4:1	西汉	铸铁脱碳件4
刀	T18①A:102	东汉	铸铁脱碳件
凿	T32①B:28	西汉	铸铁脱碳件
凿	T41①A:6	东汉	炒钢
铁板	T36①A:23	东汉	铸铁脱碳件
矛	镇H1:13	东汉	块炼铁
犁铧	T42:13	西汉	白口铸铁
范芯	T48①A:1	东汉	灰口铸铁
浇口	CH1:37	西汉	高磷灰口铸铁

(资料来源:根据李京华、陈长山《南阳汉代冶铁》整理)

2.冶铸技术的进步:球墨铸铁技术

在河南巩县铁生沟西汉冶铁遗址出土的铁锼中还发现了球墨,这种球墨铸铁,对于欧洲人来说,是直到20世纪40年代才发明的新产品。通过对上述南阳市瓦房庄铸铁作坊遗址出土的12件铁器进行化验分析,发现其中1件是球墨铸铁,说明在两千年前的汉代南阳已经初步掌握球墨铸铁技术。

3. 铸造生产技术的进步：叠铸技术

汉代，在铸造工艺上，层叠铸造技术相当发达，发展出多套组合的叠铸范。叠铸技术是科学的，首先，制作出一套模具，合制出铸模，再铸造出模盒，批量翻制范片，范片套合后就能用金属液浇铸成金属用品。一般而言，小件金属用品就用叠铸技术制造。叠铸件有铜、铁两类，铜叠铸件一般铸造铜钱、铜器的附件及高髻的车马器的附件及其他小件，铁叠铸件多是一般的车马器附件及其他铁器附件。大件用铁范铸造或者是翻砂技术的泥范铸造，都是能快速、连续、批量生产出大量金属制品的技术。

东汉时期的叠铸工艺已有较高水平，所用工艺参数与现存传统叠铸工艺相近。在东汉时期的河南温县的烘范窑中，出土 500 多套叠铸泥范，分为 16 类 36 种规格，而且全部是用金属模盒翻制的陶范块或范片，然后叠合成套。最多可重叠 14 层，一次能铸 84 件产品，有的叠铸范一次可铸上百枚钱币，大大提高了铸造效率。南阳的叠铸范，造型、形式、工艺、烘烤颜色、温度、泥料的颗粒情况等，均与温县烘范窑中的范相同。

在南阳北关瓦房庄汉代冶铁遗址中出土了不同种类的铸模、铸范与铸制铁器。根据上述车范各种情况，结合陕西咸阳秦汉车马器烘范窑出土的套范、河南温县烘范窑出土的套范等特点，我们认为这车范的叠合至多六层。从已发表的材料看，它是我国最早的多层双堆叠铸范，比起单堆叠铸范提高 1 倍工效（李京华 1991：1）。另外，还出土有双堆叠铸直浇道铁、单堆叠铸直浇道铁等叠铸工艺，在现代仍用于活塞环、缝纫机零件及齿轮等大批量生产的小型铸件。

4. 水排的发明：冶铁动力技术的突出进步

古代，影响冶铁生产成败的关键是冶炼的温度，而要达到冶铁所需的温度就必须用有效的设备鼓风。在水排发明之前，大部分冶铁作坊的鼓风设备都是由人力推动的，因此，鼓风是冶炼和熔化过程中耗费人力最多的劳动，也是制约冶炼质量的瓶颈。东汉初年，南阳太守杜诗在总结先前鼓风经验的基础上，发明了以水力转动机械进行鼓风的设备——水排，从而将自然力引入到冶铁生产之中，在中国古代冶金史上

具有划时代的意义。（李崇州 1959:5）

《后汉书·杜诗传》中记载杜诗"造作水排，铸为农器，用力少，见功多，百姓便之"。在水流湍急的河岸边，架设立轴，装两个卧轮，激水冲转下轮，上轮随之转动，带动通激轮前旋鼓的掉枝，从而随着转动鼓风。或者用轮加拐木带动排扇鼓风。这种水排的功效三倍于马排，所以说"用力少，见功多"。比欧洲类似机械装置要早一千二百多年。（南阳地区水利局 1989:12）

以水为动力的鼓风机械的使用，能减轻劳动强度，节省劳力，能大大提高冶铁劳动效率。自东汉以后，水排以及用于谷物加工的水磨、水碓、水转连磨、水击面罗、水砻、水碾、槽碓、水转大纺车、缶、绠等水利机械普遍推广。据陈长山在《南阳文物志》中记载，自西汉时期开始至清代乾嘉时期，南阳的冶铁遗址中就有六处紧靠河边，处在利用水资源的最佳位置。这表明我国古代劳动人民已经能够科学利用水资源，提高冶铁技术水平。

除此而外，若想进一步了解汉代南阳冶铸技术的发展进步情况，请参考下表：

汉代南阳冶铁技术的发明及特点

先进技术	特点和作用
热鼓风熔炉	利用炉内的余热加热风管，使鼓入的冷风变为热风，提高炉内的温度，缩短熔炼时间，提高铁水质量。是中国最早的热鼓风熔炉装置。
空心熔炉座	炉座建在地面之上，用砂质耐火材料建成空心熔炉基座，避免地下湿气浸入炉腔发生事故。空心熔炉座出现较早，结构也最科学。
水力传动鼓风机械	以水为动力激发水轮而产生大大超过人力和兽力的力量，推动鼓风机械连续鼓风，加速铁的冶炼和熔化，提高冶炼质量。
人力传动鼓风机械	把水力传动机械改造为以人为动力的传动机械，使不具备水动力之地也能使用传动机械，扩大传动机械使用范围、减轻劳动强度及提高工效。

续表

先进技术	特点和作用
铁范造型的先进技术	宛城创造出一套翻砂工艺的模具,批量翻制并能多次浇铸的泥模、批量铸造并能长期使用的铁范,扩大了铁范的应用范围,为生产常用且量大的农具、工具及部分兵器提供技术支撑,为其他地区的经济发展提供了有力支持。
宛城锤范和镇平锤范	宛城用翻砂工艺批量制造泥范大量生产锤,镇平制造互换性能良好的铁范,可以连续批量生产铁锤。先进技术支持之下能大批量生产锤,就为南阳郡汉画艺术的发展提供了重要工具。
叠铸技术	快速、连续、批量生产出大量金属制品的技术,大大提高了铸造效率,节省资源。
较大型退火脱碳炉	现存的宛城退火脱碳窑炉的容积,略大于巩县铁生沟炉的容积。以铁铲为例,每炉脱碳数量较巩县铁生沟多一倍以上,约3000余件。

(资料来源:根据李京华、陈长山《南阳汉代冶铁》整理)

汉代冶铁技术有很大改进和发展。锻造技术进步,能锻造大量的农具、工具、生活用具、兵器等,瓦房庄的长条形锻炉,就便于锻造长条形的刀、剑、戟、矛、钉、钩、锥、钳、镰刀、鹤颈锄等铁器。铁范造型的先进技术,能用铁范批量生产和铸造大量铁器。技术的进步大大提高了铁器制作的效率和质量,铁器广泛应用于生产生活之中。在汉代的工具中,有的需要配套使用,有的属于工具农具兼用,常见的如锤、凿、锥、锯、锲等。

南阳的兵器,早在战国就已很有名了,到了汉代,随着冶铁技术的进步,冶铁业发展到新的阶段,铁兵器的种类、数量增加,质量也有所提高。如矛、剑、刀、镞、弩机、戟、钩镶、斧钺、铁甲、车马器等的使用,提高了军阶的战斗力。

随着冶铁业的发展,铁器在日常生活中的使用越来越普遍,生活用具种类不断增加,如灯、三足架、炙炉、铜、温酒炉、鏊子、釜、鼎、熨斗、剪刀、权等。此外,还有铁臼、铁尺、铁镰斗、铁锼、铁锥、铁钎、铁钳、铁链、铁锁、铁针、铁钱、铁镇、铁革带扣、铁夯、铁泥具、铁铺首衔环、铁镜、铁镜架、铁带钩、铁刑具等,东汉时期,铁器逐渐取代了铜器。

汉代,南阳冶铁业规模很大,产品种类不断增加,还有一些先进冶铁技术的发明,提高了中国冶铁业在世界冶金发展史上的地位。

(四)冶铁业的管理

1. 冶铁管理政策变化

先秦时期,齐国曾经专设管理盐铁的机构,对盐铁业实行国家垄断。秦朝时铁器已经由官方专卖。

汉初,实行无为而治,盐铁政策较为宽松,允许私人经营盐、铁、酒等手工业,政府仅设官收税,各种私营工商业如雨后春笋,在全国各地迅速发展。冶铁是当时关系国计民生的重要产业,司马迁在《史记·货殖列传》中列举汉初著名的富商大贾,其中有四位以冶铁起家,可见当时私营冶铁业发展的兴盛程度。南阳北关瓦房庄私人铸造作坊,就是那个时代私营工商业发展繁荣的一个缩影。

据《史记·平准书》、《汉书·食货志》记载,汉武帝出于政治、军事和财政等方面的需要,在元狩六年(公元前117年),实行大农丞东郭咸阳、孔仅和侍中桑弘羊一道提出的官营冶铁计划,将冶铁业收归官营。其主要内容是:将冶铁业的经营权全部收归官府,严禁私人经营;在产铁的郡国设置大铁官,由其负责生产和销售铁器;在不产铁的郡国设小铁官,由其负责购买产铁郡国的铁器在本地销售和回收废旧铁器进行重铸。大农丞任命冶铁商人担任铁官,大小铁官一方面直属大司农,另一方面要接受地方政府的管理。具体讲,大铁官由郡政府管理,小铁官受县级政府管理。

《汉书·食货志》记载:"山海,天地之臧,宜属少府,陛下弗私,以属大农佐赋。……郡不出铁者,置小铁官,使属在所县。"

元封元年,"桑弘羊为治粟都尉,领大农,尽代仅筦天下盐铁……乃请置大农部丞数十人,分部主郡国,各往往县置均输盐铁官……"(《史记·平准书》)这标志着西汉盐铁专卖正式开始。

《后汉书·百官志》记载,"凡郡县……出铁多者置铁官,主鼓铸"。

在官营冶铁业的发展中,铁器制作尤为发达。主作兵器、弓弩、刀铠的考工令,自然也是制作铁器的部门。此外,各郡国的铁官,除主管采矿、冶炼之外,还有权制作铁器,即使是边陲地区也不例外(高敏1991:2)。在许多领域,铁器取代了铜器。铁兵器也逐渐取代了铜兵器。

南阳郡的大铁官直接负责大型铸造作坊的管理。已经发掘的瓦房庄汉代冶铁遗址的西汉层中,发现不少遗迹,有遗物,遗物中的铁器类包括工具、农具、兵器及日常化生活用具。还发现了用来铸造盆、甑之类大型容器的地面范以及泥质和铁质的模范残块,这些模范均由作坊自己制作,供本作坊浇铸铁器使用。

西汉时期,河南的冶铁业在全国居占举足轻重的地位,全国49处铁官有6处在河南境内,而且规模较大。西汉中期任盐铁丞总管全国盐铁的孔仅就是河南南阳的地方大冶铁商人。河南汉代至少有18处官营冶铁作坊。(刘太祥 1999:1)

2. 对冶铁业进行全面管理

南阳铁官管理冶铁作坊,统一调配冶铁所需的资金、原材料、燃料、劳动力等资源。在宛县附近,既没有铁矿,也没有冶炼铁材作坊,瓦房庄作坊所需的铁材只能是由周围的冶炼作坊提供。位于宛县东南的西汉复阳侯国(今桐柏县东部),境内盛产铁矿石和燃料,但不具备设置铸造作坊的条件,桐柏的毛集铁山庙、固县镇张畈、黄小庄三个冶炼作坊生产的铁材产品,可能主要是用来供应南阳瓦房庄铸造作坊的。

宛县四周的冶炼作坊提供铁材,瓦房庄冶铸作坊进行铸造生产,以完成南阳铁官主要的铸造任务。其他一些兼营铸造的作坊,就利用瓦房庄铸造作坊提供的技术和设备进行辅助性生产。南阳铁官既受南阳郡政府的管理,又得听从大司农的调控,负责生产的铁器不仅要满足南阳一带的需求,而且还要完成大司农下达的外调任务,以支持边疆的开辟和经济落后地区的开发建设。

东汉时期,南阳官营冶铁业的生产体系趋向复杂化,管理水平有所提高,出土的铁器上有铭文、年号、编号,对铁器生产的管理比较规范严格。请参看下表:

产铁多的郡县铁官作坊名称表

郡名	铁官铭号	作坊地址
河南郡	河一	河南省郑州市古荥镇
	河二	
	河三	河南省巩义市铁生沟
河东郡	东一	
	东二	
	东三	陕西省夏县禹王城
	东四	
南阳郡	阳一	河南省南阳市瓦房庄
	阳二	
弘农郡	弘一	河南省灵宝市函谷关
	弘二	河南省新安县孤灯村
河内郡	内一	
	内二	
山阳郡	山阳一	
	山阳二	
临淮郡	淮一	
	淮二	

产铁少的郡县铁官作坊名称表

郡县名	铁官铭号	作坊地址
蓝田县	田	
宜阳县	宜	宜阳故城（今河南省宜阳县）
颍川郡	川	阳城（河南省登封县告成）
庐江郡	江	
蜀郡	蜀郡	邛崃（今四川省邛崃县）
渔阳郡	渔	
中山国	中山	
楚国	吕	

（资料来源：根据李京华、陈长山《南阳汉代冶铁》整理）

武帝时实行治铁官营政策，到东汉和帝时有所更改，庄园主进行冶铁生产经营，打破了官府垄断。《后汉书·孝和帝纪》中记载，和帝章和二年四月,诏曰:"先帝恨之,故遗戒郡国罢盐铁之禁,纵民煮铸,入税县官如故事。其申敕刺史、二千石,奉顺圣旨,勉弘德化,布告天下,使明知朕意。"和帝一上任,就下诏废除了对私人冶铁的禁令,打破了官府对冶铁业的垄断。但就私营冶铁业发展而言,东汉与西汉初年的情况有所不同,汉初冶铁业由工商业者专门经营,东汉时期的冶铁生产是庄园主来经营的,作为庄园内一项副业,生产的产品主要是为了满足庄园自身的需要。

官府允许私营冶铁业发展,但官营冶铁生产仍在继续进行着。瓦房庄作坊在东汉时期南阳盆地官营冶铁生产体系中仍然占据着重要的地位。在东汉地层中出土的28号镬的正面铸有"阳一"字样的铭文,另有14件犁铧上内模和5件六角钉下内模也有"阳一"铭文,还有3件犁铧下外模铸有"五年"二字。

"阳"是南阳铁官的标志,"一"应是作坊序列号,说明瓦房庄作坊是南阳铁官属下的一号作坊;"五年"应是指铸器的年代。记载鲁山望城岗作坊中也发现了带有"阳一"的泥模残块,且其熔炉壁和鼓风管残块也与南阳瓦房庄作坊的相同。前已述及,望城岗作坊以冶炼为主,铸造部分规模不大,此处发现"阳一"泥模则说明很可能是由瓦房庄作坊提供铸造技术、设备以及制造铸模的模具进行附属生产。

瓦房庄作坊遗址发掘的产品中有铭文和年代,铁官管理机构编了序号,说明铸造作坊不只一处,瓦房庄"阳一"铸造作坊可能已不是南阳盆地唯一的冶铁生产中心了。有关南阳的铁官铭文除了"阳一"以外,还有"阳二"和"比阳"字样。"比阳"铭文是在中国历史博物馆收藏的一件铁犁上发现的,出土地也不详。(李京华 1974:1)

南阳铁官管辖下的"阳二"与"阳一"及"比阳"等官营冶铁作坊生产的铁器不仅用于本地销售,还外销至西北及东南地区,可知东汉时期,规模化经营的官营冶铁作坊依然是推动冶铁业发展的主流。

南阳郡是一个重要的工官和铁官所在地,随着南阳冶铁业的发展,南阳铁官生产的铁器向其他地区供应和销售的数量可观,南阳冶铁作坊生产的铁器在全国不少地方有出土就是证明。汉武帝时期,南阳铁器已经开始外调了。《史记·平准书》中记载:"汉连兵三岁,诛羌,灭南越,番禺以西至蜀南者置初郡十七,且以其故俗治,毋赋税。南阳、汉中以往郡,各以地比给初郡吏卒奉食币物……大农以均输调盐铁助赋,故能赡之。"《汉书》中也有如此记载。西部、南部、西南部新设的 17 个郡所需的资财、铁器等物品,均需南阳郡和汉中郡来提供。不少考古资料也证明,南阳郡供应和销售铁器的郡达十个以上。"约占 103 个郡的十分之一的地区,贡献之大不言而喻。"李京华、陈长山在《南阳汉代冶铁》中这样描述了汉代南阳郡供应和销售铁器的范围,反映了南阳郡冶铁业生产的规模可观、成就显著,也体现了南阳郡铁官在冶铁生产及铁器输送方面的贡献不小。南阳冶铁生产体系的分工明确,已经实行制度化管理,组织生产与内外销售更加严密,这是南阳冶铁业的发展在全国占有比较重要地位的原因之一。

二、制陶业

我国制陶历史悠久,新石器时代,南阳先民就已经能够制造陶器了。战国时期,制陶作坊的主要产品是碗、盆、盘、罐、豆、瓮、缶、纺轮和井圈等日用陶器。秦代的日用陶器,以关中秦故地的陶器为代表,典型器物有茧形壶、盆、鬲、釜、盂、豆、罐、瓮等。汉代的日常用器有瓮、罐、瓶、盒、盆、碗等,种类繁多,器形复杂。因当时厚葬成风,陶制明器种类多,数量大。除绘有彩色花纹的陶鼎、盒、壶、盆外,还有陶仓、灶、磨盘、猪圈、楼阁、碓房、杵臼、农田、陂塘以及猪、牛、马、羊、狗、鸡、鸭、鹅、鱼等动物模型。陶俑亦属于供随葬用的明器,有男女侍者、杂技和乐舞艺人俑等。战国及秦代有瓦、瓦当、砖、排水管道等陶质建筑材料,至汉代,品种增多,质量有所提高。

(一)制陶历史悠久

南阳制陶历史悠久,从下面罗列的邓州八里岗遗址出土的遗物就可见一斑。

邓州八里岗一期遗存出土的遗物有石器、骨器和陶器。陶器以生活用具为主,陶质以泥质和夹砂红陶最多。陶纹饰有绳纹、凹凸弦纹、附加堆纹等。器形多样,有釜形鼎、罐形鼎、鼓腹罐、小口尖底瓶、器盖、钵、盆、器座等。

八里岗二期遗存的遗物有石器和陶器。陶器主要为生活用具,陶质以泥质灰陶为主,黑陶、红陶次之。陶纹饰有弦纹和镂孔,器形有灰腹红顶钵、小口高领罐、薄胎杯、双腹豆、高足杯等。

八里岗三期遗存的遗物有石器和陶器。陶器为生活用具,以泥质和夹砂灰陶为主,红陶次之,陶纹饰有篮纹、弦纹、镂孔和附加堆纹等,有红陶杯、大口罐、壶形器和鼎等器形。

南阳盆地依托江汉平原,西、北、东三面经山间通道与中原和关中地区相贯通,是南北文化交融的重要地带,独特的地理位置形成了独特的文化发展序列。通过对八里岗遗址的试掘和对周围几处史前遗址的复查,我们认为南阳地区新石器时代后半期的文化序列应该是仰韶文化早、中期──→曲家岭文化晚期──→石家河文化早期──→河南龙山文化(河南省文物研究所1994:2)。南阳制陶的历史已经追溯到新石器时代。

(二)制陶业的发展概况

如上所述,邓州八里岗遗址遗存的陶器的纹饰、形状、种类及陶质各异,表明在远古时期南阳先民的制陶技术已有一定水平。

南阳瓦房庄汉代制陶遗址的出土遗物,证明汉代南阳制陶手工业的发展进步,制陶业的规模比较大,陶制品种类较多。

在瓦房庄汉代制陶遗址中,发掘西汉陶窑4座。这4座窑均有窑道、窑门、火膛、窑床和烟囱,属就地挖筑而成,结构大抵相同。遗物有制陶工具、建筑构建和钱币三大类。制陶工具类:陶杵3件,陶拍1件,板瓦1件,筒瓦、瓦当、陶锤、陶羊、陶弹丸各1件。建筑构件类:圆形瓦当8件,Ⅰ式7件,Ⅱ式1件,筒瓦3件。钱币类:泥质灰陶钱共9枚,其中6枚有钱文,陶五铢钱3枚,陶"大泉五十"钱3枚,还有部分铜钱。此外还有红陶羊1件,造型精致。

此处还发现东汉陶窑8座,其形制基本上沿袭西汉,但在建造技术上有一定差异。

出土的遗物有陶器、石器、骨器及铁器(铁质制陶工具)等,与西汉时期的遗物质料及种类明显不同,生产生活类用品增加,而且出现铁质制陶工具。

陶器计有陶杵 2 件、陶拍 3 件、陶支垫 6 件、陶弹丸 8 件、陶纺轮 1 件，瓦当碎片较多，还有许多板瓦坯，瓦钉盖 1 件、筒瓦 9 件、陶器盖 3 件，形制各异。陶缸 1 件、陶钵 8 件，大小不一。陶灯台 1 件。（河南省文物研究所 1994:1）

（三）制陶技术的进步

早在商代和西周，我国先民就已经知道在陶器表面上釉。1953 年，在郑州二里岗商城遗址中，发现了一种豆青釉布纹陶尊，质地坚硬，有不吸水性。第二年，在西安普渡村西周长田墓中，也发现了带豆青色釉的陶豆。

秦汉时期，在制陶手工业中，釉陶已经正式出现，彩陶开始盛行。铅釉技术的发明是秦汉陶瓷技术进步的突出体现。

汉代北方的釉陶，不仅数量多，而且色泽或作浓黄，或作深绿；南方的釉陶，多是淡绿色或淡黄色，这说明上釉的技术已有发展。因为釉是一种矽酸盐，施于素底上，经过火烧，就成了有釉的光泽面，可以洗涤而不剥蚀，更不会被玷污。釉的色彩，取决于在矽酸盐里加入的氧化物，如加入氧化铁即成黄色……汉代的釉陶色彩纯正，这说明先民已经懂得加入氧化铁和掌握火候等技术。这就为瓷器的生产奠定了基础。（高敏 1991:2）

在属于东汉早期或中期的南阳杨官寺汉画像石墓中出土的折肩仓，釉呈深灰色，出土的山形器盖分二式，Ⅰ式为豆绿色釉，Ⅱ式为黄红色釉。南阳能够生产釉陶产品，表明先民已经掌握了当时先进的制陶技术，瓷器生产有了技术基础，制瓷业有了较大发展，至东汉终于发明了真正的瓷器。瓷器的生产成本不高，价格比较便宜，大多兼有实用和观赏两种价值，加之易于洗涤，使用方便，很适应民间日常生活所需，所以，东汉时期的瓷器手工业发展迅速。（张弘 2003:6）

三、制铜业

(一)南阳有较好的冶铜技术基础

传说夏代已经开始铸造铜器了。商和西周,铜器制作曾经有过辉煌成就,雄浑精美的青铜器就是典型代表。

春秋战国时期,楚国冶铜业比较发达,南阳在春秋战国时期曾属楚地,因此有冶铜基础。在《左传》宣公三年的记载中,有夏禹铸九鼎之事。随着铜器的铸造技术不断进步,规模也扩大了,从业的人增多,逐渐发展成为一个独立的手工业部门。

铁器出现以后,在有些领域逐步取代了铜器。但从秦陵兵马俑坑出土的器物来看,直至战国末年和秦朝,所用的主要兵器都是铜制,其他地区出土的情况大致也如此。(张传玺 2006:2)

随着铁器的流行,冶铜业就向铸钱和日用工艺品方面发展。铸钱业也是重要的手工业行业,这一行业随国家政策的松紧变化而繁荣或萧条。秦国在商鞅变法以后,钱币就实行统一铸造,当时绝对禁止私铸。

汉初经济凋敝,铸钱由少府主管,允许民间铸钱,导致盗铸成风,币制非常混乱。孝文帝五年,"除盗铸钱令,使民放铸"。武帝初年,又禁止私铸。元狩五年,"悉禁郡国毋铸钱,专令上林三官铸"(《汉书·食货志》)。后来汉武帝进行币制改革,把铸币权收归中央,统一由皇家铸造精美的标准货币五铢钱。仅百余年间,上林三官就铸造了280多亿五铢钱,据估算,共用青铜9.8万多吨。

汉代铁官设置之多,已于前述,足证官府的采矿、冶矿手工业已遍及全国,但也不乏采铜、采金手工业。汉代郡国中有设置金官、铜官者。

汉代官府经营的制铜业,制作鼎、弩机、铜壶、铜镜、铜扁、铜铫、雁足镫及其他用具。制作不同类别的铜器,分属于不同的部门机构管理,西汉时,有属于少府尚方令的,有属于少府考工令的。东汉时,有属于太仆的,也有属于郡国工官的。

考古发掘表明,汉代存在私营铜器作坊。如在太原市东南郊东太堡出土的铜器当中,有一件铜洗的口沿上刻有"尹氏"二字,说明这是私人铸铜作坊的产品。考古发掘的汉代铜器有武器、食器、酒器、水器、生产工具、乐器等。这些铜器固然有些出自官营作坊,但其中很大一部分,特别是日用器皿和生产工具应出自私人作坊。

(二)制铜业发展的程度

南阳瓦房庄铸铜遗址发现的遗迹、遗物大致反映南阳制铜业在汉代已有相当程度的发展。

南阳瓦房庄铸铜遗址,位于该遗址的东南部,开挖沟渠4条,发现一长2米、宽1.3米、深0.56米的坑,坑内堆积分两层:上部深黑色,下部为浅灰色。出土有各类车饰、铜渣和草木灰,在个别范上还黏附有铜渣。还发掘出土不少遗物,如铁器、陶器等。

出土的范有不同类型:砂质马衔范6件,盖弓帽范12件,单泡范2件,双泡范9件(分子范、母范:子范3件,母范6件),U型范5件,单环范4件,双环范8件,四环范1件,S型范8件,双乳钉范1件,单乳钉范1件,兽型范5件,长方形器范2件,网坠范4件,筒范4件,圭范1件,弯角器范2件,车辖范1件,辔饰范1件,管范5件(母范1件,子范4件),X型器范3件等。

资料表明,该处遗址是西汉时期一处重要的铸铜手工业作坊,所铸铜器品种较多,有车马和生活用品,铸造方式仍沿用商周时期的模式,这些铜器的广泛使用,对当时该地区工农业经济的发展有着积极的作用。(河南省文物研究所 1994:1)

1963年4月,河南省文化局文物工作队在发掘襄城茨沟汉墓过程中,清理封土时发现有铜器和漆器等遗物。其中有四叶蒂形饰2件:一件较小,长、宽各3.1厘米,中间有小长方形孔,孔内嵌有用窄铜片作的重叠的环钮,钮内扣一铜环,器面鎏金,边沿加绘红彩,出土时器背还附有漆皮,似为漆奁附件;另一件较大,长7.3厘米,宽7.1厘米,器的中间和各蒂叶上都有一个圆孔,有的圆孔中还嵌有白色物质,器表鎏金,器背也有漆皮痕迹(河南省文化局文物工作队 1964:1)。可见,铜器制作复杂,装饰精致,制作工艺不断进步。

四、漆器制作业

(一)漆器制作历史悠久

中华古代文明辉煌灿烂,创造了许多奇迹,留下无数艺术瑰宝。

漆器在我国出现甚早,古文献中就有许多关于原始漆器的记载,五帝时代即已使用漆器,距今六千多年的著名的河姆渡新石器时代遗址,曾出土过朱漆木碗,比文献记载使用漆器的时间更早。(马青梅,拉玛杰 2003:1)

漆器是我国古代劳动人民一项杰出的创造和发明。漆器的产生是从使用开始的。从中华民族先祖们发现天然漆、使用天然漆那一天开始,漆器就产生了。漆器首先被社会底层的黎民百姓所用。那时候,关于漆液的自身特征人们仅有肤浅的认识,尚处于对一种新事物的尝试阶段。

战国文献中记载了舜做黑漆食器、禹做祭器内髹朱器的事例。漆器工艺是起源最早、文化底蕴最深、受外来文化影响最少的一种工艺。

生产工具及生产工艺的不断改进,是推动物质生产进步和物质生活得以改善的关键条件。春秋战国时期,制漆工艺不断改进,政府设立专门机构,对漆器的生产实行管理,出现了漆器史上的第一次繁荣,这一时期,漆器取代了青铜器的显赫地位。

汉代,漆器行业在技术上(装饰技术、生产技术)继续改进,漆器生产工艺水平逐步提高,生产规模扩大,使漆器能够批量制作。漆器的种类及数量都有所增加,漆器的使用是一个过程,从最下层的黎民百姓的生活消费领域逐步进入达官贵人的生活消费领域,是生产力发展的结果。从考古发现看,社会各阶层都使用漆器,我国漆器至迟在汉代就已经流传到亚洲的一些国家了,制造漆器的技术也随之外传。

（二）漆器制作业特点

1. 分工较细，管理严格

汉代主管漆器制作者，大抵为各郡国之工官，具体制作漆器的工匠，据乐浪出土漆器题名，有素工、髹工、上工、画工、雕工、清工、造工、供工等。（高敏 1991:2）

西汉政府在蜀和广汉等地设有工官，专门制作供给皇室、贵族用的漆器和金银扣器，漆器业出现了空前繁荣。随着漆器生产技艺的发展，漆器业规模不断扩大，分工日益细密。"故一杯桊用百人之力，一屏风就万人之功，其为害亦多矣！"（《盐铁论·散不足》）这表明漆器制作费时费工，需要许多人分工合作，做成一件产品花费的劳动成本不菲。

当时有的漆杯还用金银镶口边和把手，特称为扣器，彩画精美，其价值超过铜杯十倍以上。1958年，在贵州清镇汉墓出土一件耳杯（酒杯），上有针刻的铭文，铭记该耳杯由广汉郡工官在平帝元始三年制造，上面还有"素工"、"画工"、"清工"等八道工序工人的署名以及"护工卒史"、"守长"、"守令史"等五级官员的署名。凸显当时官营工场分工细密，管理制度严格，也知其规模之大。

2. 漆器制作地区较广

漆器的主要制作地区，大都集中于工官设置之地，故蜀郡、成都、广汉、怀、河南、阳翟、宛、东平陵、泰山郡、奉高、雒县等有工官的地方，都应是产漆器的地方（高敏 1991:2）。广汉漆器在全国许多地方都有发现，甚至在朝鲜也有出土。可见，汉代南阳（宛）也是比较有名的制作漆器的地区。

3. 漆器工艺技术水平较高

从远古时代起，我们的先民就已经用生漆涂制用具，经夏至商，漆器工艺已达到相当高的水平。春秋战国时期，我国已有较发达的漆器手工业。发展到汉代，漆器工艺已进入一个高峰期，且制作规模宏大，质地精良，文饰华美。（马青梅，拉玛杰 2003:1）

迄今为止，商、西周以前的漆器发现很少，春秋中、晚期以后制漆工艺有较大的发展，楚国漆器比较有名。春秋早、中期的当阳赵家湖楚墓和春秋中、晚期的襄阳山湾楚墓中,常见漆棺和较大量从器物上剥落的漆皮。当阳赵巷4号春秋楚墓中,出土了精美的漆木棺和方壶、豆、俎、瑟等漆器,说明春秋时期楚国的漆器已经有很大的发展。(杨权喜1995:2)

在南阳淅川县发掘的楚墓和泌阳发掘的秦墓中都出土有漆器。漆器数量与品种都比以前有所增加,若从漆器的风格来看,秦汉漆器应是在楚国漆器的基础上发展起来的。

秦汉时期,漆器器胎材料有木质、夹纻、竹质等,以木胎为主,汉墓中出土的漆棺、漆碗、漆奁、漆盘、漆案、漆耳杯等,均为木胎。夹纻胎漆器的数量渐渐增多。

秦汉时期,我国古代漆器的生产进入鼎盛时期,制作工艺有长足进步,生产规模扩大,种类和品目甚多,主要是以饮食器皿为主的容器。另外还有漆鼎、漆壶、漆钫等大件物品。汉代漆器制作精巧,色彩鲜艳,花纹优美,装饰精致,造型丰富,美观实用,使用方便,漆器逐渐取代了青铜器的地位。

(三)漆器的广泛使用

汉代,最有特色的日用工艺品要属漆器了。漆器名目繁、种类全、数量多、使用阶层广泛。已进入到寻常百姓的日常生活中。许多漆器质地轻巧,造型美观,色泽光洁,镶嵌精致的玳瑁、云母、玛瑙,大都绘有花草、虫鱼、云气等图案,可以说是人见人爱,很受消费者青睐。

汉代宫廷多用漆器为饮食器皿,官僚和富豪死后常用大量漆器陪葬。长沙马王堆汉墓曾出土漆器180多件,有杯、碗、盘、鼎、壶、勺等餐具,豆、盒、案、盆、几、屏风等用具,瑟、琴、钟鼓架等乐器,盾、弓、矛、箭等武器,漆棺、镇墓兽等丧葬用品。这些漆器也有木胎、夹纻胎和竹胎之分,均色泽光亮,花纹精美,造型别致,实用而美观。

汉代南阳的漆树种植及漆器的使用在历史文献及汉画中均有反映。南阳地区文物队1983年6月清理唐河县湖阳汉画像石墓时,清理出土了金箔饰与银箔饰,东室漆棺朽灰可辨,有大量的金箔与棺灰中的漆皮。漆器在汉墓中多有出土,可知漆器的使用比较广泛。

五、其他手工业行业

（一）纺织业

1. 纺织业中的商品生产成分增加

汉代纺织工具与纺织技术有不少创新，纺织品花色、品种增多，纺织业生产规模扩大，质地优良、式样精美的纺织品成为重要的交易对象，反映了商品经济的发展。孙毓棠先生从纺织业生产技术的更新进步、纺织生产工具的发明创造、纺织品种精良多样等方面，对汉代纺织业的发展情况进行了论述。认为在西汉时期已经发明了新的纺织设备纺车和提花机，在原料加工技术、缫丝技术、织造技术和印染技术等方面均有进步，在提花织物方面，已能织出精美变幻的花纹。按照原料及染织技术的不同，纺织品可分为锦、绫、绮、罗、纱、缣、缟、纨、缦、紫、练、素、绢、织成等，名目繁多。（孙毓棠 1963：3）

秦汉时期，在纺织业中商品生产相当发达，成就斐然。纺织品的广泛交换，促进了纺织品的生产，纺织机具先进，技术精湛，生产规模庞大，为纺织商品生产奠定了物质和技术基础，完善的生产管理体制为纺织商品的生产提供了制度保证。（陈昌文等 1998：5）

2. 官营和私营纺织业

西汉时官营纺织业规模已经比较大。长安有东、西织室，规模巨大，每年花费逾5000万。齐鲁一带丝织业在全国也很有名，织出的丝织物精品有冰纨、绮、绣等，号称"冠带衣履天下"。齐国临淄有三服官，陈留襄邑（今河南睢县）有服官，都是负责织造衣物，供应皇室、贵族、官僚消费的专门机构。在那里设置的官营纺织工场，拥有数千名工匠，每年费用多以亿计。

汉代私营纺织业有独立手工业和农村家庭纺织业两种类型。

滕州宏道院有纺织手工业图像。图中的络车、纬车、织车，构造合理，操作方便，千余年来，未有多大改变。

独立的纺织手工业者有市籍,在市中进行专业生产,所生产的产品主要是为了出售,其生产经营活动当属商品生产性质。独立手工纺织业一般规模都不大,自产自销,兼手工业者和商人双重角色。左思曾在《蜀都赋》中说:"阛阓之里,伎巧之家。百室离房,机杼相和。贝锦斐成,濯色江波。黄润比筒,籯金所过。"这描绘了成都独立手工业者从事纺织业的繁荣景象。

由于材料来源广泛,场地、工具等生产条件要求不算太高,技术也不太复杂,容易操作,纺织业往往是一般小农家庭的主要兼营项目,是满足生存发展需要的一项重要副业。所谓"夫男耕女织,天下之大业也"。

农民家庭纺织生产是自给性生产,当属自然经济范畴。对广大的小农而言,乐于利用农闲或其他时间,进行诸如纺织、禽畜饲养、捕鱼、家具制作等劳动。小农家庭从事副业生产是汉代社会的普遍现象。在正常情况下,小农家庭纺织业生产在满足自身需要之外,尚有一定剩余布匹可以投入市场。

《汉书·食货志》中记载:"冬,民既入,妇人同巷,相从夜绩,女工一月得四十五日。必相从者,所以省费燎火,同巧拙而合习俗也。"这表明当时妇女协同纺织,既节省能源费用,又赚取利润。《后汉书·郡国志》记载,河内郡有户十五万,以十五万户之民,一次调丝织品十五万匹,合每户一匹,则河内地区纺织业之发达可窥一斑。

3. 纺织品有麻织品和丝织品两大类

古代我国是著名的丝绸之国,汉代丝织业较前代更为发达,官营和民间丝织业生产的大量丝织品主要是满足皇室、贵族、官僚和地主的消费之用。

在长沙马王堆汉初墓葬中发现了大量丝织品,品种有绢、罗纱、锦、绣、绮等,颜色有茶褐、灰、朱、绛红、黄棕、棕、浅黄、青、绿、白等,有各种动物、云纹、卷草、菱形几何纹等纹样,琳琅满目,美不胜收。这说明那时人们已经掌握了织、绣、绘等花纹制作技术。当时不仅皇室,在民间也生产流通大量色彩绚丽花纹繁复的丝织品。贾谊曾经指出,当时在市场上卖奴婢的人给奴婢穿着的丝绸衣履竟是古代君王后妃在祭祖典礼时穿着的,当时富商在宴会宾客时用来装饰墙壁的织物,是古代君王后妃日常穿着的衣料。贾谊认为时人过分奢侈。我们从中也能看出汉代丝织技术进步及生产规模的扩大。

汉代，纺织品一般有麻织品和丝织品两种，能够反映纺织工艺水平的则是丝织品。汉代开辟过联系东西方世界的丝绸之路，通过这条交通要道，我国的丝绸不断输往欧洲，成为欧洲上流社会达官显贵、贵妇小姐竞相购买的衣料，这也表明汉代纺织业已经达到了很高水平。

麻织品生产也比较发达，麻织品主要用于民间。当时四川出产的麻布就和山东出产的丝绸并称，也是畅销全国的产品，甚至还转运到了身毒、大夏（今印度、阿富汗）等国家。

4. 南阳的家庭纺织业的发展

涉及汉代南阳官营纺织业的内容，史书和考古调查资料不多。古代南阳的农耕生产方式，以铁器牛耕为其进步的标志，而与之有着千丝万缕关系的楚地文化则以其发达精美的纺织技艺著称于世。这样，牛郎迎娶织女正是传统耕织生活方式的最基本的内容，是传统农耕社会的基本模式，也是此一模式下饮食男女的基本理想。"……联系到南阳一带的伏牛山，一直享誉海内外的大黄牛——南阳牛。南阳自秦汉以来一直十分发达的蚕桑丝绸业……以及紧邻南阳襄阳的郑交甫会汉水女神和穿天节的习俗，我们很自然地可以得出结论：襄阳、南阳等地汉水流域是牛郎织女、七夕节的主要发源地。（郑先兴 2009:316）"我们从前已述及的南阳汉画中牛郎织女的形象、精美图案以及南阳作为七夕节的发源地的考证结论可以推知，两千多年前汉代南阳的庄园中以及小农家庭妇人同巷，相从夜织已属寻常之事。

（二）酿酒业

《吕氏春秋》中记载，"仪狄始作酒醪"。

《说文解字》中记载，"古少康初作箕帚、秫酒"。

早在原始社会，我们的祖先就发明了酿酒技术。商周时期，酿酒业已经成为一个独立的手工业生产部门，设置了"酒正"、"酒人"等官员专门来管理酒业。到了汉代，自皇室到民间，婚丧嫁娶、礼尚往来都离不开酒。《汉书·食货志》中记载，"百礼之会，非酒不行"。

《汉书·司马相如列传》中记载，"相如与俱之临邛，尽卖其车骑，买一酒舍酤酒，而令文君当垆。相如身自著犊鼻裈，与庸保杂作"。

虽然史书和考古资料很少见到有汉代南阳酿酒情况的反映，但饮酒活动、饮酒用的酒具、饮酒时笙歌舞乐助兴等内容，在投壶、宴饮、舞乐百戏等南阳汉画像中有不少反映。

（三）车辆制造业

传说中黄帝是最早发明车的人。如古书中就有黄帝作车、引重致远的说法。夏路是我国出现最早的公路，表明夏代就有了车。

秦始皇统一六国后多次南巡，来回走的都是武关道。秦始皇所乘的车装饰豪华气派，随从车辆很多。《史记·秦始皇本纪》记载："维二十八年……乃西南渡淮水，之衡山、南郡。"这表明秦代车辆制造技术的提高，车辆使用已经相当广泛。

汉代，在秦朝修建驰道基础上，新辟不少道路，交通条件有所改善，运输工具以木制车船为主。史书中关于汉代车船的记载较多。

《史记·货殖列传》中记载，"船长千丈，木千章，竹竿万个，其轺车百乘，牛车千辆……此亦比千乘之家，其大率也"。无论古今，车都代表财富，车的数量大、种类多意味拥有的财富多。

《汉书·五行志》中记载，"吴地以船为家，以鱼为食"。这说明在一些地区已普遍使用车船。

《居延汉简》中记载，"牛车二辆直四千"、"轺车二乘直万"，这表明不同的车辆售价不同，轺车价格不低。

汉代，车的种类不少，驷马安车、轺车、骈车、辎车、柴车、轻车、牛车、独轮车、容车、轩车或藩车、辒辌车、大车等，主要有马车、牛车、独轮车等。马车制作比较考究。一般是权贵豪富之家的交通工具。驷马安车，就是四匹马共拉一辆车，这种图像多见于山东，其他地区目前很少见到。

南阳没有出土反映制车的汉画像石，但这不等于南阳先民不会制作车辆。大科学家张衡制造具有一定科学价值的计里鼓车和指南车的史实，表明南阳人对车的认识与研究已经有了一定深度，对车辆的使用也有一定广度。我们推测，那时的人们乘车涉远，需要判断方位，需要计算里程，有了需要，才有计里鼓车和指南车的诞生。纵览人类文明史，正是不断产生的需求引起探索，推动了科学技术的进步。

南阳汉墓中出土的一幅幅车骑出行画像石，刻画的出行场面及所用的车辆如此之多,从一个侧面反映了汉代南阳社会经济的发展繁荣以及车辆制作和市场交易的兴盛。

汉代常以车辆数目之多形容城市的繁荣。封建官吏和商贾,每家都有庞大车队。李京华、陈长山在《南阳汉代冶铁》中指出:南阳是官吏与商贾云集的地区之一,创造最先进技术制造众多的车辆,这是必然的事。

(四)屠宰业

屠宰业在汉代比较普遍。在城市里,一般是在专门的屠肆中经营。《盐铁论》卷6中记载:"古者,庶人粝食藜藿,非乡饮酒腊祭祀无酒肉。故诸侯无故不杀牛羊,士大夫无故不杀犬豕。"在汉代,"阡陌屠酤,相聚野外,负粟而往,挈肉而归"的情况已不稀奇。

《史记·淮阴侯列传》中记载,淮阴屠中少年有侮辱信者,曰:"若虽长大,好带刀剑,中情怯耳。"

《史记·樊郦滕灌列传》记载:"舞阳侯樊哙者,沛人也。以屠狗为事,与高祖俱隐。"这说明樊哙曾经"以屠狗为业",师古注曰:"时人食狗亦与羊豕同,故哙专屠以卖。"

《后汉书·皇后纪》中记载,灵思何皇后讳某,南阳宛人。家本屠者,以选入掖廷。

资料证明,随着经济的发展,农副产品增多,社会饮食结构就会发生变化。一些人适应社会需要,在阡陌间屠宰摊贩布点经营,方便普通百姓生活,农民在有客人临门或节庆日子,需要肉食时,就背着粮食出去,带着肉回来,食肉在百姓生活中已不稀奇。

六、关于私营手工业的经济学分析

汉代手工业在战国基础上有很大发展,但官营工场的生产在整个手工业生产领域还不占绝对优势,在全国范围内,官营工场为数不多。

《汉书·地理志》中记载,只8个郡有"工官",它们是河内、河南、颍川、南阳、泰山、济南、广汉与蜀郡。此外还有负责织造的三服官,陈留和襄邑也有类似机构。相形之下,盐官与铁官的分布相当广泛。请参见下表:

西汉工官分布表

河内郡	怀县	有工官	泰山郡	奉高	有工官
河南郡	荥阳	有工官	济南郡	东平陵	有工官
颍川郡	阳翟	有工官	广汉郡	雒	有工官
南阳郡	宛县	有工官	蜀郡	成都	有工官

(资料来源:根据《汉书·地理志》及李剑农《先秦两汉经济史稿》整理)

即便是一些规模相当大的官营工场,制造了诸如漆器、金银器、佩刀、刺绣等数量可观的产品,也是为满足皇室、官府的消费需要,保障国家机器的正常运转,而不是满足市场需要。

东汉工官的职能从直接管理生产逐渐转变为征集税收,官营工场经营不如西汉。与官营手工业比较,汉代私营手工业发展较快,提供给市场上相当数量的商品。下面,我们就对汉代私营手工业的发展作一粗略分析。

(一)私营手工业的构成

春秋以前"工商食官",手工业由官府控制。春秋以后,"工商食官"格局被打破,出现了民间私营私有的工商业,官府继续经营工商业,形成官营工商业和私营工商业并存局面,私营手工业得到较快发展,形成我国古代商品经济发展的第一个高潮。

汉代,私营手工业在战国基础上进一步发展,几乎所有的手工行业都有私人经营。汉初,弛商贾之禁,私营制盐、冶铁业迅速发展,一些人因此致富。《史记·货殖列传》中记载,齐人刁间"逐渔盐商贾之利"、"起富数千万"。成都的罗裒"擅盐井之利,期年所得自倍,遂殖其货"。冶铁业是汉代最重要的手工业部门,私营冶铁业的发展为铁器加工和其他制造业部门的发展提供了物质技术条件。

私营手工业一般分两类:一类是大官僚、大地主庄园内开设的手工业作坊,一类是农民或城市平民所从事的家庭手工业。城市平民作为独立的手工业者,经营手工作坊或手工工场,农民所从事的家庭手工业以副业形式广泛存在。

私营手工业以小生产为主体,农民家庭手工业在私营手工业中占主导地位,部分私营手工业已使用雇佣劳动,已有商品竞争意识(李恒全,郭智勇 2002:2)。大手工业主只占其中一小部分。

独立手工业者生产专门化产品,技术水平较高,一般在市中生产。大多数独立手工业者的手工作坊规模不大,以一家一户为生产单位,作坊主亲自参加劳动。

《管子·禁藏篇》曰:"食民有率,率三十亩而足于率岁。岁兼美恶,亩收一石,则人有三十石,果蓏素食当十石,糠秕、六畜当十石,则人有五十石。布帛麻丝,旁入奇利,未在其中也。"

农民家庭手工业的发展,活跃了农村集市贸易,所生产产品都与老百姓日常生活相关,有利于提高农户的生活质量,反映了商品经济发展的水平,促进了其他手工业部门发展,相互间的分工协作加强了先进技术与文化交流。

崔实在《四民月令》中列举了制酱、制酒、制醋、制糖、制蜡烛、制衣、制鞋等多种手工业部门。虽然农民家庭手工业的生产规模一般较小,技术水平较低,但是,涉及许多行业,参与的人数多,分布范围广,能够充分利用资源,挖掘家庭内部有利于生产经营的各方面潜力,其生产总量远大于独立手工业,因此是私营手工业的主要组成部分。在交通不发达的汉代,农民所需的生产生活资料主要是靠农村集市获得满足,舍近求远到城市购买的情况虽有,但不普遍,农村家庭手工业正是适应这种环境条件得到了发展。

(二)私营手工业的特点

1. 发展不平衡

在世界科技发展史上,有许多事例证明,科学技术水平总是在动态的不平衡中得到提高的。在特定时期,技术进步较快的地区,其商品竞争力强,销售市场广阔,商品生产容易得到扩张和趋于集中,从而显现出区域性特点。

《荀子·王制》中记载:"今北海则有走马、吠犬焉,然而中国得而畜使之;南海则有羽翮、齿革、曾青、丹干焉,然而中国得而财使之;东海则有紫纡、鱼、盐焉,然而中国得而衣食之;西海则有皮革、文旄焉,然而中国得而用之。……故天之所复,地之所载,莫不尽其美,致其用。"这说明,战国时期商品生产已出现区域性的特点,这种区域性特点多因自然条件的差异而形成,主要体现在方物特产的生产上。

到了汉代,因历史、地理、自然资源、基础设施等因素的制约,私营手工业的区域发展程度不可能完全一致,其方物特产的生产也显现出区域性特点。

私营手工行业之间发展是不平衡的。制盐、冶铁、酿酒、纺织业的生产总量最大,因为这些行业所生产的产品属于汉代家庭的基本消费品,铜器、漆器制作业等行业的生产总量相对小一些,因为这些行业所生产的产品只是富裕农民、地主、商人等社会中小部分人消费的对象。至于皮毛、玉器、玳瑁、珠玑等奢侈品,则是极少数达官贵族、大地主、大商人才会消费的商品,其数量更少。

2. 竞争意识逐渐显露

汉代的商品生产经营者往往会在产品上铸刻迎合顾客心理的吉祥语铭文,以促进销售。显示出汉代商品生产者的竞争意识的萌生。从考古发掘看,从事制铜生产的商品生产者竞争意识比较强。

1963年在桐柏县出土的窖藏铜器中,有一件私营作坊制作的汉代铜壶,底部铸有"大吉"二字,口沿上有后刻的"张伯景、刘春"五字(赵世纲 1963:2)。吉祥语"大吉"是铸器时铸成的,目的就是吸引顾客购买。

1971年在贵州省安顺一座东汉墓中出土的一件铜洗,器内底面有铭文"富贵昌宜侯"五字。(贵州省博物馆 1972:2)

1972年11月,河南省巩县芝田公社寨沟大队农民在挖蓄水池时,发现了一批汉代铜器,其中一件铜壶,内铸有隶书"大吉"二字。另有铜洗一件,铸有篆文"君宜子孙"。(南京博物院1974:3)

另外在四川三台县等处皆发现类似铭文。(三台县文化馆1976:6)

3. 管理机构分工明确,私营手工业产品比重大

秦汉时期,对官府手工业的组织管理,在中央机构中也分工明确,各有主官。

汉代铁官设置之多,已于前述。足证官府经营的采矿、冶炼手工业已遍及全国,其中采矿、冶铁业为最多,但也不乏采铜、采金手工业,故汉代郡国中有设置金官、铜官者。汉代除设置铁官经营铁的开采、冶炼与铁器制作、出卖外,还专设有名目繁多的官。(高敏 1991:2)

各郡国、县等地方机构中管理手工业的官吏也有明确分工,每个手工行业有官吏主管。据《汉书·地理志》所载,河内郡怀县、泰山郡及其所属奉高县、河南郡、济南郡东平陵、颍川郡阳翟、广汉郡及所属雒县、南阳郡宛县、蜀郡成都等十郡县均设有工官。

煮盐、冶炼及铸钱等手工业行业,有官营的也有私营的作坊经营。冶铁、制盐等私营手工业规模比较大。

制盐、冶铁对于资金、技术、人员和管理等方面的要求,都非一般手工业可比。《盐铁论·复古》云:"往者,豪强大家得管山海之利,采铁石鼓铸,煮海为盐,一家聚众,或至千人。"汉代冶铁遗址如河南巩县铁生沟冶铁遗址、郑州古荥镇、南阳瓦房庄遗址、临淄齐故城汉代冶铁遗址等,规模一般都很大。

《史记·货殖列传》中记载:"通邑大都,酤一岁千酿,醯酱千瓨,酱千甒,屠牛羊彘千皮……薪稿千车,船长千丈,此亦比千乘之家,其大率也。"可以看出当时的大手工业主经营的手工作坊的规模。

东汉时期的煮盐、冶铁等手工业,允许民间私营,这时郡国虽然仍设盐铁官,但其职责仅是收盐铁之税,同西汉的盐铁官营制度有一定程度的差别。

第四章 汉代南阳的地主庄园经济

汉代,南阳盆地经济方面的一个显著特点,就是庄园经济的形成和发展。

庄园经济是封建社会土地私有制条件下的一种大地产制经济,属于自然经济的范畴。从西汉后期开始,豪强地主多利用宗族势力,大肆兼并土地,占据了大片良田沃土,控制成千上万的依附民,拥有大量奴婢,还有私人武装。地主庄园是汉晋时期大地主阶层经营地产的一种形式,它以宗族组织为依托,以人身依附关系为纽带,役使奴隶和依附民进行生产,开展农、林、牧、副、渔、工商等多种行业的综合性经营,是一种自给程度较高的经济实体。另外,每个庄园一般都拥有一定数量的私人武装,负责保卫庄园的安全,它也是一种半独立化的准军事组织。(王彦辉 2001:164)

南阳庄园经济的发展呈现明显的阶段性特征。西汉元、成之际,地主庄园开始在南阳盆地出现;西汉晚期,庄园经济发展初具规模;新莽时期,受"王莽改制"的打击,庄园经济发展势头有所削弱;东汉前期,庄园经济迎来了自身发展的黄金时期;东汉中期以后,由于内外部多种因素制约,庄园经济发展趋缓;东汉后期,庄园经济逐渐衰落。

庄园经济、冶铁业及水利事业三者之间相互联系相互依赖,促进汉代南阳经济发展。

一、地主庄园的形成与发展概况

早在春秋战国时期就已经出现土地私有,土地私有制逐渐确立。法律赋予土地所有者持有或转移土地的权利,允许土地可以作为商品让渡他人,"法律观念本身只是说明土地所有者可以像每个商品所有者处理自己的商品一样去处理土地"。(《马克思恩格斯全集》)人们可以按照自己所选择的方式经营或处理自己拥有的土地,"田连阡陌"的大地产就产生了。

战国至西汉初,商品经济的发展加速了地权的转移过程,乡村土地交换频繁,土地商品化过程加速。西汉昭宣二帝以后,中央集权逐渐削弱,抑商政策日渐松弛。与此同时,商人与地主、官僚合流,出现了豪强地主。

(一)地主庄园的形成与发展

南阳盆地的地主庄园大致出现在西汉元、成之际。

1. 国家社会控制力渐渐弱化是地主庄园形成的一个条件

豪强地主占有土地,大量农民在走投无路之际纷纷投靠势力强大的豪强地主,与之形成依附关系。由于政治黑暗,吏治腐败,土地兼并愈演愈烈,贫富分化严重,社会矛盾逐渐激化,社会底层民众起义不断爆发,打击了专制统治,削弱了国家力量,也弱化了国家对社会的控制力。地主庄园便在这种环境下逐渐形成。

西汉中后期,便陆续出现世代贵显的豪强大地主。如汉武帝的宠臣张汤虽然畏罪自杀,但他的儿子张安世以下子孙相继出任朝中大官,直到东汉初还有人担任三公,拥有大量土地及奴婢。刘秀的外祖父樊氏一家,是当地大姓,世代务农,拥有许多奴仆,广开田土3万多亩,借贷放债数百万。

公元8年,王莽篡汉,建立新朝。王莽对西汉晚期的土地兼并、农民流亡及奴婢化等社会问题的严重性有所认识,上台伊始,就大刀阔斧进行改革,其改制核心措施就是颁布"王田私属"制。王莽的"王田"制实际无法真正贯彻。至始建国四年(公元12年),王莽被迫宣布"诸名食王田,皆得卖之,勿拘以法",在这场关于土地的较量中,官贵及豪民地主取得了最终胜利,地主庄园经济得以继续发展。两汉之际社会动乱,刘秀舅父樊宏"与宗家亲属作营堑自守,老弱归之者千余家"。刘秀的岳父阴氏,祖上有田7万多亩,车马奴婢众多,可比诸侯封君。王莽改制给庄园主阶层以巨大冲击,当刘秀起兵时,南阳一带的大庄园主纷纷组织武装,积极加入到反莽斗争行列当中,为推翻王莽新朝的腐朽统治发挥了重大作用。

2. 东汉政权建立为地主庄园发展提供良好的政治环境

拥戴刘秀的一批开国功臣也大多是南阳、河北的豪强地主。李通就是南阳宛县人,世代兼营商业,家大业大,生活豪华,是连官都不愿意作的大财主,名震一方。"居家富逸,为闾里雄"(《后汉书·李通传》)。邓晨是南阳新野人,祖上世代作两千石大官,属当地豪富。刘植是巨鹿昌城(今河北冀县东)人,在王郎起兵邯郸时,他们几个弟兄"率宗族宾客聚兵数千人,据昌城"。耿纯是"巨鹿大姓",当刘秀兵败受挫欲从蓟县狼狈南逃时,耿纯与其从昆弟共率宗族宾客2000余人赶来迎接刘秀,始终坚决支持他。刘秀依靠这一批豪强地主得了天下,他当了皇帝以后,曾宣称"吾理天下亦欲以柔道行之",意味着对豪强地主优容宽纵。功臣邓禹一家是东汉一代最显贵的家族,先后有2人被选为皇后,29人被封侯,15人官至三公或将军,84人做九卿、牧、守、侍中、将等。耿弇一家是河北豪强,被刘秀称为"北道主人"。自光武中兴迄建安之末,有2人为大将军,9人为将军,13人为卿,3人为尚公主,19人为列侯,中郎将、护羌校尉及刺史、2000石官数十上百。窦融一家,在光武帝时期,就有一公、二侯,3人为尚公主,4人为两千石。自祖及孙,官府邸第相望京邑,奴婢千数,其家势之盛在亲戚之中无人能比。还有2人做了皇后,有2人做了大将军,在和帝、灵帝时都曾执掌朝政。除了开国元勋这类豪族世家,还有通过任子、征辟等途径世代享有高官厚禄的官僚世家,如汝南袁氏、弘农杨氏等。随着社会趋于稳定,政权渐渐巩固,这些豪强地主不仅恢复了原有的田产和依附人口,又获得了不少新的特权,凭借特权,疯狂兼并土地,庄园经济几乎不受任何约束迅猛发展,逐步在社会经济中占据主导地位。

一些地方豪强地主就是当时所谓的"豪猾之民"。他们充任地方长官的属吏，横行郡县乡里。北海大姓公孙丹为地方政府官员，纵子随便杀死过路的人，父子被刚直的地方长官董宣抓来杀了之后，其宗族亲戚竟还敢纠集30多人带上武器闯到公堂哄闹。一些人虽然未担任政府官职，但占有大量土地，有钱有势，同样鱼肉百姓。"汉兴以来，相与同为编户齐民而以财力相君长者，世无数焉。……豪人之室，连栋数百，膏田满野，奴婢千群，徒附万计；船车贾贩周于四方，废居积贮满于都城，琦赂宝货巨室不能容，马牛羊豕山谷不能受。……不为编户一伍之长，而有千室名邑之役，荣乐过于封君，势力侔于守令，财赂自营，犯法不坐，刺客死士为之投命。"（《后汉书·仲长统传》）

在刘秀度田以前，南阳盆地的大庄园主就依仗其身份地位的特殊，其势力迅速发展膨胀。度田令的实施，以刘秀向豪强势力妥协而告终，意味着自此以后地主庄园经济的发展环境更为宽松。豪强地主纷纷"兼业专利"，从事农、林、牧、副、渔业生产经营，可以"闭门成市"，内部生产生活所需要的产品几乎是应有尽有，更加强化了自给自足的自然经济体系。

3. 东汉前期庄园经济发展兴盛

从光武帝时期开始到和帝时期，是南阳庄园经济快速发展的时期。光武、明、章、和四位皇帝巡幸南阳，给南阳一带庄园主阶层带来了无限荣耀，也体现了对庄园经济发展的认可与支持，南阳一带的宗室及外戚的庄园发展日益兴盛。《水经注·比水》记载刘秀皇后阴氏有地七百余顷。《史记·酷吏列传》中记载，宁成也有田千余顷，从骑数十。光武帝的舅家樊氏庄园、出过几位皇后的新野阴氏与新野邓氏庄园是地主庄园经济繁盛时期的代表，也是东汉前期南阳经济一派繁荣景象的缩影。

东汉中后期，地主庄园遍及全国，但庄园经济的种种弊端慢慢显露出来，不仅制约自身发展，也阻碍了社会经济的发展。东汉定都洛阳之后，南阳的政治地位逐渐降低。安、顺、冲、质、桓、灵、献七帝一百多年间，巡幸南阳见于史书记载的仅有四次。政治风云变幻莫测，宦海浮沉在俯仰之间，南阳外戚的势力遭到沉重打击之后，地主庄园慢慢衰败，显赫一时的名门望族也风光不再，南阳盆地庄园经济发展趋缓。

(二)地主庄园种类

1. 地主庄园分为三类

依其庄园主的身份,可把庄园分为贵族庄园、官僚庄园和豪民庄园三类。

贵族庄园是以宗室、功臣、恩宠等身份分封于南阳的诸侯的庄园。诸侯地位尊崇,拥有较多特权。官僚庄园一般是俸禄在二千石以上官僚的庄园,这些官僚一般在中央或郡国担任要职,在本乡本土拥有较高声望。豪民庄园是工商豪民和乡里豪民经营的庄园,豪民无封无禄,没有任何特殊的政治身份,他们"身无半通青纶之命"、"不为编户一伍之长",但善于治产富甲一方,为"庶人之富者"。(《后汉书·仲长统传》)在经济结构演变过程中,大工商业者逐渐演变为拥有大地产的庄园主。

2. 工商专营政策是豪民庄园形成的关键

汉武帝中期以前,大工商业者无论是经营手工业、畜牧业,还是进行商品贸易,在主营业务之外也进行一些具有副业性质的农业生产经营。汉武帝推行的工商官营政策是单一型经济向多种经营为基本特征的庄园经济转变的关键。据《汉书·武帝纪》、《汉书·食货志》中记载,汉武帝在位期间,实施了盐铁官营、酒榷、均输、平准等政策将盐、铁、酒经营权全部收归国有,还垄断了许多大宗商品的贸易,迫使工商豪民把资金转向土地,大量社会资金流向农业,土地兼并加剧,流民增多。

元、成之际,政治腐败日趋严重,中央对地方的实际控制力严重下降,加之元帝又放弃了长期以来的迁徙豪富的政策,客观上为豪民势力的滋长和庄园的形成提供了温床。以前历代政府都要将关东的一批豪民强制性迁往关中,解散地方豪强的宗族势力,打断了他们兼并土地的过程。放弃迁徙豪富的政策,豪强地主就能够利用其宗族势力网,继续大肆兼并土地,吸附破产流亡的人口。《汉书·陈汤传》中记载,陈汤说:"初陵,京师之地,最为肥美,可立一县。天下民不徙诸陵三十余岁矣,关东富人益众,多规良田,役使贫民,可徙初陵,以强京师,衰弱诸侯,又使中家以下得均贫富,汤愿与妻子家属徙初陵,为天下先。"鉴于当时土地兼并日益严重的情况,陈汤向成帝建议继续实行迁徙豪富的政策。于是天子从其计,果起昌陵邑,各徙内郡国民。

哀帝时期,朝政混乱,社会问题更加严重,土地兼并愈演愈烈,破产的农民多沦为贵族、官僚和豪民的奴婢或依附人口。贵族、官僚地主由于受到豪民庄园的影响,其经营方式也逐渐从单一型农业经济向农、林、牧、副、渔、工、商综合性经营过渡,其大地产经营演变为庄园经济。地主庄园经济的发展,反映了汉代农业生产经营体制的变革。

二、地主庄园经济的特点

(一)庄园是较先进的生产组织方式

汉代,地主经营地产主要采取两种方式,或是将土地出租,或是自营。东汉时期自营庄园成为大土地经营的主要方式,有利于维持社会再生产。

自营庄园的形式使商品经济的发展不能直接破坏一家一户的小农经济,从而保持了劳动力与土地的结合,维持了生产。课役童隶、各得其宜、上下戮力的集约化经营,还促进了生产技术水平的提高,在一定程度上发展了生产。因此,在一定意义上,商人及商业资本的流动促进了地主庄园经济的发展,对整个封建社会经济有一定的积极作用,在某一特定时期如东汉后期,维持了自然经济。

仲长统说过"百夫之豪,州以千计"。"百夫之豪"就是指能够役使百家的庄园主。

豪族地主的庄园一般以经营农业为主,既从事手工业生产,也兼营林、牧、渔等。与分散脆弱的小农经济比较,庄园基本上是一个独立经济体系,大部分消费通过自给性生产就可以得到满足。东汉人崔实的《四民月令》就是地主经营庄园的家历,较为详细地描述了地主庄园的生产经营及社会生活情况,记录了农业、手工业和商业等活动,如一年当中,士、农、工、商各色人等每月所从事的祭祖、学习、社交、种植蔬菜等。进行纺织、染漂、缝纫、酿造、建筑、农田水利、采集野生植物、配制药剂、修造用具等活动,几乎是无所不包,面面俱到。

种植不同种类作物,粮食作物有小麦、大麦、春麦、粟、黍、粳稻、大豆、小豆、胡豆等,经济作物有蚕桑、胡麻、苴麻、牡麻、葵、蓝等,蔬菜品种有瓜、瓠、韭、蓼、葱、蒜、姜、芥、芋、芜菁等,另外,还有术、艾、乌头、冬葵、葶苈等药用作物,苜蓿、乌芰等饲料品种。

林木种植种类也不少,有松、柏、桐、漆、梓、榆、柳、竹及杏、桃、枣等果树品种。

手工行业涉及方方面面,如酿造业,可制鱼酱、肉酱、酒、醋以及饴糖等食物,制造业,专门制作农具、兵器等,另外还有养蚕缫丝、析麻织布、染色、缝纫等。

在庄园经济实体内部,存在以年龄、性别等自然因素为依据的自然分工,且较为细密明确。

地主庄园内,独立经营农、林、牧、渔、副业以及手工业,比较合理地配置了自然资源和人力资源,提高了劳动力的劳动熟练程度和时间利用效率。庄园生产的产品除了满足自身需求外,有相当部分是用于商贸牟利的,庄园主还兼营商业、高利贷等行业。地主庄园经济中,自然经济是其根本特征,但是商品经济成分也在不断增长。

庄园经营方式有利于管理和技术推广。

庄园农业经营方式能够调动庄园主经营农业的生产积极性,提高了农业经济的管理水平。庄园主统一调度和管理庄园事务,负责安排和督促农民进行生产,组织兴办水利事业。

庄园经济与小农经济比较,更有利于新的生产工具和农业技术的推广应用。西汉中期以后,生产技术不断进步,从跖耒而耕发展到牛耕阶段。牛耕分为二牛抬杠和一牛一犁式,主要采用二牛抬杠式。三人、二牛、一架犁与五顷土地相结合,是当时最先进的耕作技术。先进耕作技术及耦犁、耧犁等大型农具最适宜于在庄园中推广。在二牛抬杠式的耕作技术条件下,使用铁犁牛耕,对大土地所有者来说具有现实可能性,他们有经济能力养畜两头耕牛,也能用得起大型农具,而且常有大量人手可以随时调动。从成本收益方面衡量,也能够得到最大的经济效益。因此,随着庄园经济的发展,铁犁牛耕技术逐渐推广。

庄园经济有利于新的农作物品种的推广种植。一般来说,新事物的出现及其成长壮大到人们接受,都经历一个过程,新的农作物品种的种植推广也是不容易的。小农收入微薄,把数量有限的土地全部用来种植农作物,没有承担生产风险的能力,无力试种新的农作物品种。庄园主拥有数量可观的土地,也有经济实力,能够承受风险,所以对试种新作物品种态度比较积极,能够看准时机,大规模种植新的农作物品种。

汉代的庄园经济是大地主土地所有制下的产物,它以多种经营、自给自足为特征,形成汉代的一种独立的经济结构。这种重要的经济结构对魏晋时期庄园经济的大发展产生过重大的影响。它在新兴的封建制的土壤上萌发、扎根,经历数百年的发展而不衰。李锦山先生认为,汉代的地主庄园经济在当时整个社会经济中有相当大的比重。庄园经济的发展带来了地方政治结构的变化,也制约着汉代社会经济的发展,汉代地主庄园经济是汉代农业生产方式的激进变革。在农业上,由于有足够的资金装备先进工具,推广先进的耕作技术,在劳动组织上能够合理分工,严格管理,保证了农业生产顺利进行,农业的发展又带动了牧业、林业、手工业的持续发展。庄园内各业既独立发展又相互联系相互促进,这种经营方式有利于农业和农村经济的发展。

任何一个社会的生产方式都是由当时的生产力发展水平决定的,自原始社会以后形成了不同生产方式共存的局面。不同生产方式比较,会显示出优劣差异,社会生产的发展过程也是择优汰劣的过程,占优势的生产方式必然会在社会经济中逐渐占支配地位。汉武帝时期,征战频繁,租税徭役负担更加沉重,加上天灾不断侵袭,大量农民破产。

汉朝统治者经常面临灾民和流民问题,曾经实行多种安辑措施。元狩四年(公元前119年),武帝开仓赈济灾民,还迁徙70多万人到新开拓的边区,安排数量巨大的灾民的衣食。东汉皇帝也采取多种办法安置流民,扶植小农。从表面看,因为官府剥削太重致农民破产,破产农民或被迫投靠大地主,暂时栖身,或选择流亡。贡禹曾揭示过,由于政府租税过重,地方官吏贪得无厌,农民终年劳苦却无法过上正常的生活,不得不抛弃耕作。实际上,在国家经济政策宽松、存在自由竞争的条件下,贫富分化在所难免,古今皆然。小农经济自身的脆弱,为地主庄园经济发展提供了一个条件,庄园经济的形成与发展正是以小农破产分化为前提的,这种发展趋势不以人们的意志为转移。地主豪强凭借经济和政治实力,土地兼并日甚一日,许多自耕农就依附于豪强大族的庄园生存。庄园经济模式不仅在中原地区而且在边远地区都发展到相当的规模。内蒙古和林格尔东汉墓的壁画中就有关于汉代豪强地主庄园基本情况的描画。汉代统治阶级即使从长远利益出发,注意改善农民的境遇,对小农经济实行扶植政策,也不能改变部分小农破产流亡的命运。

(二)樊重的庄园是地主庄园经济的典型

西汉后期,庄园经济形式开始形成。光武帝之外祖父樊重经营的庄园属于真正意义上的地主庄园。

樊重生产经营有方,管理井井有条,各业兴旺,庄园经济兴盛。《后汉书·樊宏传》中记载:"樊宏……父重,字君云,世善农稼,好货殖。重性温厚,有法度,三世共财,子孙朝夕礼敬,常若公家。其营理产业,物无所弃,课役童隶,各得其宜,故能上下戮力,财利岁倍,至乃开广田土三百余顷。其所起庐舍,皆有重堂高阁,陂渠灌注。又池鱼牧畜,有求必给。尝欲作器物,先种梓漆,时人嗤之,然积以岁月,皆得其用,向之笑者咸求假焉。资至巨万,而赈赡宗族,恩加乡闾。"

樊氏庄园拥有大片土地和比较完备的农田水利设施,具备进行综合性生产经营的基本条件。在农业生产方面,除了种植粮食作物以外,还种植各种蔬菜等经济类作物,并经营林业、畜牧业、水产养殖业。还发展手工业,经营多项产业,能够"闭门成市"、"有求必给",表明庄园经济中商品经济成分也占一定比重。

地主庄园平时是一个自给自足的经济实体,战乱时又组成一个独立的政治军事机构,樊宏的庄园就是例子。

西汉末年,政治黑暗,吏治腐败,灾荒连年,民不聊生,铁官起义、流民暴动等不断发生,地主豪强为了躲避战乱,纷纷修建坞堡或营垒以自保。东汉以后,对这些遗留下来的坞堡、营垒进行改造,便成了东汉地主庄园的基本形式。庄园武装使用的兵器,除少部分购买外,大部分都是自己加工生产的。庄园基本上都有自己的铁器加工作坊,在没有铁矿、铁材来源或政府不允许私人冶铁时,就熔旧铸新来制造兵器。

汉代地主庄园中的社会关系不算复杂,邻里乡党长期聚族而居,形成了一种血缘和地缘共同体,也形成了特定的社会关系。庄园主拥有生产资料和大量奴婢,是生产经营的组织者和管理者,是剥削者,在庄园社会关系中处于核心地位。宗族、宾客或徒附依附于庄园主,奴隶毫无自由。具体说来,一些豪族的贫困亲戚,依附于豪强地主,就叫宗族。宾客是指因不堪官府压榨携带田产投靠豪强门下的小农。西汉晚期以后,宾客地位日益下降,对豪强的依附性也越来越强,只有少数人作为主人座上的清客或者幕僚,多数人都要从事生产劳动,受豪强地主的役使剥削。东汉以后宾客和徒附已无区别。徒附是地主庄园里的主要劳动者,是由破产的编户齐民转化而来的。他们投靠地主,与地主结成封建依附关系,世代给地主耕田服役,被牢牢地束缚在土地上,毫无人身自由,除不能被买卖外,与农奴没有多大差别。庄园主一般通过人口市场交易,拥有很多奴隶。作为奴隶,男子一般进行种田,捕鱼及制造工具、器物等劳动,女子一般从事纺织生产或家庭服务。奴隶是主人的私有财产,可以像土地、牲口一样被买卖,地位悲惨。从身份地位来说,宗族、宾客的身份略微高一些。宗族、宾客、徒附都要参与生产劳动,缴占收获物50%以上的实物地租,不仅经济上受地主沉重的剥削,他们还得无偿地为庄园主服劳役,如砍伐林木、修路搭桥、修治陂渠、营造院落等。甚至还要给地主当家兵或部曲,西汉末年爆发农民大起义,地方豪强以军事编制部勒所属的宗族、宾客、子弟等,首次出现宾客的部曲化。家兵平时为豪强看家护院、巡查值守,战时则跟随豪强地主打仗,生活十分困苦。

汉代尤其东汉,因南阳所处的特殊政治、经济、地理位置,南阳的豪民地主不少,庄园数量可观,但史书中关于地主庄园的记载并不多见,可能因为樊氏是东汉外戚的缘故,史书中才有比较详细的记载。

三、汉代南阳地主庄园遗址及其分布

南阳盆地地形复杂,平原、丘陵和山地各约占三分之一。受人口、地理等因素制约,地主庄园的分布也不平衡。下面所列的南阳聚落遗址及其分布情况是南阳汉代地主庄园情况的一个缩影。

(一)聚落遗址及其分布

汉代南阳聚落遗址及其分布

序号	聚落名称	分布区域	遗迹遗物
	卧龙区		
1	沙岗店	高新区七里园乡沙岗店村。	大量汉瓦、筒瓦及碎砖块。
2	兰营	卧龙区安皋镇兰营村西。	大量陶片及铁锄、五铢钱等。
3	大屯	卧龙区安皋镇大屯村。	水井、陶片、铁犁、铧、锄等。
4	太清观	卧龙区安皋镇太清观村西。	房基、水井等遗迹、陶鸡、狗、壶、俑、铁剑、犁铧、铁镢、犁辕、铜镜、铜印等。
5	小柿园	卧龙区新店乡小柿园村南。	房基、水道、古井等遗迹及砖瓦及陶器残片。
6	谢庄	卧龙区谢庄乡谢庄村北。	房基、陶圈水井,砖、瓦、陶罐等。
7	老薛营	宛城区高庙乡老薛营村南。	房基、水井、墓葬遗迹及绳纹砖、瓦、陶瓮、罐、盆等。
8	谢营	宛城区高庙乡谢营村西。	房基、古井以及陶器、铜镜等。
9	沙岗	宛城区溧河乡沙岗村南。	大量陶片及瓦片、陶罐、铜镜、铜钱等。

续表

序号	聚落名称	分布区域	遗迹遗物
10	范营	宛城区溧河乡范营村西北。	砖、瓦片、陶罐、陶俑、铜镜、铁刀等。
11	史庄	宛城区黄台岗镇史庄村东北。	陶罐、盆等残片。
12	罗营	宛城区金华镇罗营村北。	大量陶片。
13	南屯	卧龙区英庄乡南屯村。	瓦砾及画像砖、瓦、陶罐、铁犁、铧、五铢钱等。
14	杨官寺	卧龙区潦河镇杨官寺村南。	房基、古井遗迹及陶盆、缸、云纹瓦当、铁犁铧
15	潦河	卧龙区潦河镇北。	瓦片、砖、陶豆、盆、罐等残片。
16	吴集	卧龙区潦河镇吴集村南。	砖块、陶片和五铢钱。
17	清凉寺	卧龙区潦河镇清凉寺村北。	陶豆柄、盆、缸等。
18	任家庄	卧龙区青华镇任家庄东北。	瓦片、陶片、五铢钱。
	镇平县		
19	北康庄	镇平县彭营乡北康庄村北。	灰坑遗迹、灰陶鼎、瓮、红釉陶壶残片、铁锄、铜镞、布纹瓦当、云纹瓦当、墓葬等。

续表

序号	聚落名称	分布区域	遗迹遗物
20	马营街	镇平县遮山乡马营街村北。	灰陶鼎、圜底罐、红釉陶壶、布纹板瓦、筒瓦陶片等。
21	马营	唐河县上屯乡马营村西南。	房基、地下管道、陶井圈,绳纹砖、筒瓦片、陶狗、壶、罐等。
22	靖岗	唐河县上屯乡靖岗村东。	房基、下水管道和古井、绳纹砖、几何纹砖、筒瓦、陶罐、石磨、画像石等。
23	施河	唐河县桐河乡施河、马营村。	绳纹砖、花纹空心砖、筒瓦、陶器残片、陶罐、陶俑、陶鸡、狗等。
24	王张营	唐河县郭滩乡王张营村。	房基、排水沟遗迹及绳纹砖、几何纹砖、板瓦、陶罐、陶鸡、狗、画像石及五铢钱等。
25	湖阳东北	唐河县湖阳镇北蓼阳河边。	井圈、绳纹砖、筒瓦、陶罐、鼎、盆等残片。
26	前王庄	唐河县苍台乡前王庄村北。	水井、管道等遗迹及陶瓮、罐、网坠、石磨、铜矛、五铢钱、"军假司马"铜印、画像等。

续表

序号	聚落名称	分布区域	遗迹遗物
	新野县		
27	刘庄	新野城郊乡刘庄。	板瓦、筒瓦、几何纹砖残片、五铢钱等。
28	大营	新野县施庵乡大营村东南。	房基、水道、水井、墓葬等遗迹及陶片、菱形图案砖、四神瓦当等。
29	老关庙	新野县前高庙乡老关庙村东。	水井、房基遗迹及石磨、铜器、印章、"大泉五十"铜钱、菱形图案砖、瓦当、陶片、汉墓等。
30	南王村	新野县新甸铺镇南王村南。	房基、水井和石磨、铜器、陶器、米字形图案砖、板瓦、筒瓦、墓葬等。
31	下关营	新野县沙堰镇下关营村。	房基、陶水管道、水井、花纹砖、板瓦、筒瓦当、陶器、五铢钱及汉墓等。
32	沙堰	新野县沙堰镇东。	板瓦、筒瓦、几何纹砖、陶井圈、五铢钱等。
	淅川县		
33	寇楼	淅川县黄庄乡寇楼村西。	板瓦、陶盆、罐、铁釜、陶罐、碗、五铢钱、石室墓等。

续表

序号	聚落名称	分布区域	遗迹遗物
34	简营	淅川县上集乡简营村西。	粗绳纹筒瓦、板瓦、陶罐等。
35	党岗	淅川县寺湾乡党岗村。	砖块、陶盆、罐、板瓦、筒瓦、瓦当等残片。
邓州市			
36	穰东	邓州市穰东镇穰东街。	水井、陶灶、砖瓦等。
37	葛营	邓州市穰东镇葛营村。	砖、瓦、绳纹陶片等。
38	杜集	邓州市穰东镇杜集村南。	水井、砖、瓦、绳纹灰陶片等。
39	陈楼	邓州市穰东镇陈楼村南。	犁、铧、砖、瓦等。
40	杨策店	邓州市夏集乡邓营村杨策店。	水井遗迹及绳纹砖、筒瓦等。
41	张村	邓州张村镇张村。	绳纹砖、瓦等。
42	南古县	邓州市罗庄乡南古县村一带。	水井、陶器、砖瓦残片等。
43	土楼	邓州市腰店乡土楼村北。	绳纹陶片、陶水管道等。
44	吴集	邓州市张楼乡吴集村东。	陶盆、罐、砖、瓦及陶鸡等。
45	白庙岗	邓州市小杨营乡白庙岗村西北。	水井、铁铧等。
46	砖桥	邓州市小杨营乡砖桥村东北。	水井遗迹及砖、瓦、陶瓮、罐、盆、铁等。

(资料来源:根据国家文物局主编《中国文物地图集·河南分册》整理)

(二)聚落遗址的特征

1. 聚落遗址分布比较集中

汉代地主庄园一般由当时的官贵或豪门大族所建。《后汉书》等史书中记载,南阳的豪强大族,多出自宛、新野、湖阳、棘阳、安众等县,东汉王朝的开国功臣中，属南阳籍的有吴汉、朱佑、任光、李通（宛县）、邓禹、邓晨（新野）、岑彭、马成（棘阳）、马武（湖阳）、刘隆（安众）、陈俊（西鄂）、贾复、杜茂（冠军）等。东汉一朝南阳有新野阴氏、邓氏、湖阳樊氏、宛县何氏4家外戚。

南阳的地主庄园也多分布在盆地的中南部，聚落或庄园遗址分布比较集中，宛城区（6处）、卧龙区（11处）、新野县（6处）、邓州市（11处）、唐河（6处）。这些地方应当是汉代南阳豪强大族最集中的地方。

2. 在聚落遗址中手工业制品遗物较多

聚落遗址中，有39处发现陶器类，其中日用品最多，说明陶器在日常生活中普遍应用，反映了汉代南阳制陶业的发达。遗址中有11处发现铜钱，其中五铢钱最多，反映了商品经济一定程度的发展。有8处发现铜器，反映南阳的制铜业的发展。有11处发现铁器，表明铁制工具已经相当广泛地应用于生产活动。

聚落遗址中发现的遗迹遗物与当时地主庄园发展情况基本吻合，是地主庄园经济比较发达状况的直接反映。遗址中的水利设施有水井、排水道等引水、排水管道等；建筑材料有绳纹砖、空心砖、板瓦、筒瓦、瓦当等；日用陶器有陶瓮、陶罐、陶缸、陶盆、陶壶、陶豆、陶鼎、陶灶等陶器；货币有五铢钱和大泉五十，其中五铢钱最多；铜器有铜镜、铜印等，其中还有铜镞、铜矛等兵器；铁制农具有锄、犁、铧、镢、犁辕等；粮食加工工具有石磨；墓葬用品有陶俑、陶鸡、陶狗、画像石、画像砖等。

聚落遗址遗迹遗物类别及分布情况

遗迹遗物类别	水利	建筑	陶器	铜钱	铜器	铁器	石磨	明器
聚落数量	23处	35处	39处	11处	8处	11处	4处	8处
遗物特点			日用品最多	五铢钱最多	工具最多			

（资料来源：根据聚落遗址遗迹遗物内容整理）

遗址面积从3.36万平方米到75万平方米不等，文化层厚度自0.5米到3米不等。其中唐河县遗址面积更大一些，最小的遗址面积9.6万平方米，最大的遗址面积达75万平方米，文化层厚度最薄1米，最厚达3米。唐河湖阳的樊氏庄园是汉代很大也很有名的地主庄园。遗址资料似乎也可以佐证。汉代,在南阳不少地方,都曾建有大片的房屋,有许多的人口居住,有不少水利设施,日用陶器广泛使用。不少先民使用铁器进行农、牧、副、渔等生产,还出现过生产或加工兵器的作坊。五铢钱的使用比较广泛,商业也有一定程度的发展,聚落遗址中的遗迹遗物隐含着汉代南阳经济文化发展盛况的丰富信息。

四、地主庄园经济的影响

(一)庄园经济是汉代南阳经济的显著特征

1. 庄园经济实行规模化经营

地主庄园里,存在封建剥削关系,庄园的田地都为地主所有,散布于庄园田地间的山川林泽也悉为地主所据。如刘秀外祖父樊重及舅父樊宏在湖阳经营庄园,面积颇大的樊氏陂就因为樊氏私家所用而得名。樊氏庄园庐舍楼阁成片,"竹木成林,六畜放牧",樊重还"好货殖",能"闭门成市"从事商业和高利贷活动,樊氏庄园规模之大与经营之善远近闻名。《后汉书·党锢列传》记载,东汉后期,中常侍苏康、管霸用事于内,遂固天下良田美业,山林湖泽,民庶穷困,州郡累气。

土地和人口的集中是地主庄园经济发展的基本条件。每座庄园都拥有几百亩甚至更多土地,有许多依附人口,容易形成规模化经营。庄园经济实力雄厚,便于进行大规模的农业基础设施建设,如修筑陂堰、开挖沟渠等,也便于采用新式的生产工具和先进的耕作技术。因此,在庄园经济兴起之初,极大促进了南阳盆地经济的发展,使南阳在全国的经济地位得到了较快的提升。(张保同 1991:4)

2. 庄园经济与水利及冶铁业相互促进

目前已经发现的汉代聚落或庄园遗址多位于古代淯水(白河)、比水(唐河)、湍水(湍河)及支流的中下游,水系发达,土地肥沃,汉代地方官主持兴修的不少农田水利工程为农业生产发展提供了较好条件,因此这一带形成不少地主庄园。

一些实力雄厚的大地主也修建了一些农田水利工程。渐渐地,南阳形成了兴修水利的风气,地主庄园经济的发展与农田水利建设紧密联系而且相互促进,成为南阳盆地经济发展的特点之一。

地主庄园经济发展与冶铁业发达也有密切关系。战国至秦汉,南阳冶铁业发达,铁制工具广泛应用,直接推动了农田水利建设事业的发展,加速了庄园经济的形成和发展。庄园经济、冶铁业及农田水利工程建设,三者相互联系相互促进,相辅相成相得益彰,共同成就了汉代南阳经济的发展与繁荣,而庄园经济发达是汉代南阳经济最显著的特征。

3. 庄园经济的发展

西汉晚期,庄园经济形成。新莽时期,南阳的庄园经济遭到一定打击。东汉初,因为南阳庄园主阶层跟随刘秀打天下立下功劳,成为新王朝的宠臣权贵,有了经济发展的良好环境,地主庄园经济快速发展。

南阳庄园经济是封建时代土地私有制发展的必然结果。从西汉晚期开始形成至东汉后期衰落,历近三百年之久。东汉时期,地主庄园不仅规模大,而且数量多、发展快,在一定程度上起到了缓冲封建国家与农民之间紧张关系的作用。在天灾人祸频仍、战乱不已的社会背景下,自给自足的地主大庄园具有个体家庭无法比拟的抗拒社会动荡的能力,相对保全了社会生产力。两汉之际、东汉末年以及魏晋时期,地主庄园经济都发挥过这样的作用。

但是,自东汉中期以后,地主庄园经济的弊端在发展过程中逐渐显露,发展趋缓,对社会政治、经济和文化产生了重要的影响。地主庄园经济限制了小农经济,阻滞了商品经济成分的扩展,庄园主对内部依附民的剥削逐渐加重,激化了社会矛盾,也阻碍了社会经济的发展。

(二)地主庄园经济的影响

1. 庄园经济的发展削弱了商品经济发展的活力

西汉前期商品经济快速发展,西汉中期以后,乃至整个东汉时期,商品经济逐渐衰退,这与庄园经济的发展有一定关系。

庄园经济的发展制约社会分工和专业化程度。

地主庄园一般进行多种经营,其生产经营活动基本上能够满足简单再生产和日常生活的需要，一个庄园就是一个独立的经济实体，这种自给自足的经济发展模式阻碍了单一型工商业的发展，制约了社会分工，影响了市场。庄园内部进行一种或多种手工业生产使其生产技术、生产工具的使用改进及劳动生产率的提高相对缓慢，经营手工业的能力比不上大手工业。因其生产目的的局限，其商品生产与交换的规模较小，制约了商品经济的扩展。庄园经济模式使南阳工商业的发展活力降低，商品经济相对萎缩。

庄园经济的发展削弱了商品经济发展的基础。从小块土地经营向大地产的庄园经营模式的转变，是汉魏时期商品经济衰落的重要原因。

大量自由小农的存在才是商品经济发展的基础。小农经济为西汉前期商品经济发展提供了条件。汉初实行国家授田制，造就了大量自耕农，以一家一户为单位的小农经济占主导地位。小农以独立的土地所有者的身份加入到经济竞争的洪流中，获得了发财致富的自由和机会。相对安定的社会环境为小农经济的发展创造了良好的条件，小农经济虽然规模小，抗风险的能力较差，但它经营自由灵活。农民获得了土地之后生产积极性有所提高，愿意学习利用生产技术和使用比较先进的生产工具，有利于农业生产力发展。在农副产品供给、生产生活消费需求、劳动力商品化等方面，小农与市场有着千丝万缕的联系，小农经济与商品经济相互促进，这是西汉初期商品经济繁荣的一个重要原因。

随着商品经济的发展，土地买卖频繁，地主豪强、贵族、官僚、商人甚至皇帝也参与土地兼并，致使"富者田连阡陌，而贫者无立锥之地"。（《汉书·王莽传中》）商品货币经济对土地占有关系造成巨大的冲击，越来越多的自耕农不得不出卖田地，甚至卖儿卖女，从贫困逐步走向破产，土地越来越集中。大量小农被迫投靠地主庄园，为庄园经济所吸纳，生产者与生产资料重新结合，但是一种间接结合，维持了简单再生产。自给自足的自然经济逐渐在社会经济中占统治地位。

2. 小农和佃农日益贫困化

随着庄园经济的发展，封建统治阶级优饶豪右，侵刻羸弱，广大小农日益贫困化，社会购买力急剧下降，抑制了商品经济的发展。

佃农的社会购买力更低。破产的自耕农投靠地主庄园，耕种庄园主的土地，需要交纳沉重的赋税。与自耕农相比，佃农还要给庄园主服无偿劳役,如植树造林、铺垫道路、营造院宇、运输货物等,常年辛劳也只能勉强维持生存,生产积极性不高。

大量小农投靠地主庄园或者流亡,商品经济就成为无源之水和无本之木,难逃逐渐枯萎和干涸的宿命。在东汉末年农民大起义打击下,社会经济濒于崩溃,商品经济衰落,乃至一蹶不振,到唐朝时才再度繁荣。

3. 庄园经济的发展加剧吏治腐败

南阳地主庄园经济的发展,使豪强大族势力更加膨胀,大庄园主与地方官勾结,吏治更加腐败。东汉时期,西汉以来的政治腐败问题与土地兼并问题不仅没有得到彻底解决,反而更加严重。一些大官僚与自己众多的门生故吏结成盘根错节的强大势力,使许多地方官惶恐不安。有的官吏就职某地时,下车先问大姓,吏数间里豪强以对,有的地方官甚至完全委政于地方名门大族。宗资(南阳人)为汝南太守时曾经委政于本郡的范滂,成瑨(弘农人)为南阳太守时也委政于本郡的豪家。世家大族,操纵了本地政治,实际上等于统治了州郡,严重削弱了皇权。

由于南阳一带皇亲国戚多,豪强地主势力大,地方官员对他们兼并土地、霸占依附人口的行为既不敢也无法过多干涉。建武七年(公元31年),刘秀任命杜诗为南阳太守,史称其"性节俭而政治清平,以诛暴立威,善于计略,省役爱民"。然而杜诗在上任的第二年就上疏提出要"退大郡,受小职"。这曾被理解为谦虚恭卑,但范晔认为这是杜诗欲降避功臣。这也反映了南阳豪强势力之强,地方官难以制御的社会现实。

杜诗诛暴立威,打击过豪强。但南阳一带势力最大的樊氏、阴氏、邓氏、李氏和豪强新贵,在史书中却未见一条受到杜诗打击的记载,说明当时杜诗所打击的可能仅是一些中下等的地主。在刘秀度田以前,南阳盆地的大庄园主阶层已依仗其身份地位的特殊跋扈一方。

东汉时期外戚与宦官交替专权,加速了政权的腐败,官吏选拔制度遭到破坏,上计制度也形同虚设,于是,郡守一级封疆大吏贪污腐败者不乏其人。据记载,东汉时期历任南阳太守中姓名可考者39位,其中,治迹见称的有15位,因劣迹斑斑留恶名者有7位。

随着庄园经济的发展,大量佃农脱离了国家户籍,变成庄园主私人的户口,官商勾结,隐瞒土地和人口,使东汉政府的赋役来源日趋减少,国家的财政收入减少。桓灵时期,国家财政拮据到要经常采取减少百官俸禄、借王侯租税和卖官鬻爵等办法来应急的地步。黄巾起义和随之而来的长期军阀混战,不仅给南阳百姓带来巨大灾难,也沉重打击了地主庄园经济。东汉后期,南阳一带的大批士人被迫率领宗族背井离乡,有的迁往南郡,有的迁往益州,庄园经济衰落下去。

第五章 汉代南阳的货币经济

一、关于我国古代货币制度研究的一些观点

原始社会末期,出现了以交换为目的的商品生产,在商和西周时期,产生了货币。那时的货币名"贝",有不少种类,以海贝为主。贝在经济交往中还没有普遍使用,民间仍然存在大量的以物易物现象。

到了春秋中后期,晋国已经用铜铸造空首布。降至战国,各国均有货币。齐国和燕国用的是刀币,楚国用的则是蚁鼻钱。秦朝建立后,废六国旧币,统一使用圜钱,名曰"半两"。这种半两钱外圆,内有中孔,上有"半两"二字,重十二铢。西汉前期,废除秦币后曾经多次改革币制,但币制仍然混乱。直到汉武帝时期,从公元前118年开始在上林苑统一铸造五铢钱,币制才算稳定下来。五铢钱上有"五铢"二字,式样比较规整,制作精美,民间不易盗铸,流通方便。尽管随后的几个朝代时铸时停,但五铢钱始终处于主要货币的地位,流通了七百余年,三国魏晋甚至隋朝时期仍然沿用。

古代社会,货币已经具有价值尺度、交换手段、储存手段三种经济功能。随着货币的使用日益频繁,货币使用的规模随之扩大,就产生了货币问题,而且日益复杂化。

新中国成立以来,有不少学者潜心研究我国古代出现的货币问题,提出了不少独到的观点,兹举若干。

千家驹先生在1986年出版的《中国货币史纲要》一书中分析了两汉时期的货币变革、币制更迭以及流通情况,认为两汉从建立五铢钱制度后,币制一直能维持一定的水平,铜钱的购买力基本上比较稳定,与当时的经济状况相一致。

张诚先生在《秦汉币制改革略论》一文中认为,秦汉时期对货币经济规律的认识尚属于初级阶段。(张诚 1993:2)

马傅先生在《试析东汉的货币关系》一文中认为,东汉二百年内商品经济衰退,市场萎缩,货币的流通职能削弱,贮藏职能却增大,谷帛实物货币占主要地位。(马傅 1987:2)

刘慧兰在《两汉货币问题研究》一文中指出,《汉书·食货志》中所记载的自孝武元狩五年至平帝元始中成钱二百八十亿万余,应该是从元鼎五年到元始年间约117年所铸造的货币数量(元狩五年为元鼎五年之误)。封建社会,农民是社会财富的主要创造者,限于当时的货币铸造能力,根据农民的粮食收入、家畜饲养业收入、纺织收入计算和判断,西汉货币铸造数量为280亿是才能满足人民需要,又不会引起货币贬值,造成通货膨胀。(刘慧兰 2002:5)

概而言之,货币自产生之日起,就在社会经济中占有举足轻重的地位,国民经济的运行和可持续发展都需要货币媒介维系和调节。无论古今,任何一种货币的制造、发行与流通的情况都直接反映和影响政局的稳定和社会经济的兴衰。

二、货币制度及其改革

(一)西汉的货币制度及其改革

1. 金铜双本位制的确立

《史记·平准书》中记载,秦统一后,废除原六国旧货币,统一币制,以稳定物价,促进商品经济发展。

秦始皇三十七年(公元前210年)颁布货币改革诏令,规定中一国之币为二等,黄金以镒名,为上币;铜钱识曰半两,重如其文,为下币。而珠玉、龟贝、银锡之属为器饰宝藏,不为币。所谓"秦兼天下,币为二等",就是秦朝有黄金、铜钱两种货币,黄金是上币,以镒为单位,每镒二十两,铜钱质如周钱,文曰"半两",重如其文。

秦朝仅存十五年时间,统一货币的政策难以不折不扣地实行。考古发现的半两钱,大小轻重不一,在市场上还流通原来六国的货币。

汉初皆承秦制,币制也如此。如高祖初赐张良金百镒,此尚秦制。其后不再以镒为单位,而以斤为单位,一斤为十六两。

黄金在汉代虽然作为重要货币使用,但是因当时的生产力水平制约,开采不易,数量有限,价格昂贵,因此民间通常用铜钱交易。官府让老百姓缴纳的算赋、口赋、更赋等都是用铜钱计算的。

2. 西汉的币制改革

汉初,货币政策也是统一的,但币制变化过于频繁。

自汉高祖开始,就不断进行币制改革。由于时代的局限,那时对货币经济规律的认识很朦胧、很肤浅,难以把握铸币权问题、货币的材质与形制问题等。铸币权一度极不稳定,货币的材质、形制、重量也不固定,虽然金、铜是国家法定货币,但已经失去货币性能的珠玉、银、铅、锡、龟、贝之类仍未退出流通领域。频繁改革,币制不稳定,币值起伏不定,必然引发轻重失衡、物价腾跃、盗铸猖獗、劣币驱逐良币等经济社会问题。

高祖、高后进行的币制改革效果不彰。

《汉书·食货志》中记载,"汉兴,以为秦钱重难用,更令民铸荚钱",实行放铸民间的政策。虽然秦"半两"钱与"荚钱"的名义重量都是十二铢,但秦"半两"的实际重量大大重于荚钱。在改铸荚钱的同时并未废除秦"半两"钱的流通,这就为私销、改铸提供了可能。在巨额利润驱使之下,地方势力和豪绅富商纷纷加入铸造货币行列,趁机大肆铸造恶钱,货币数量无限制增加,使币值大跌,物价大涨。《史记·平准书》中记载,当时"米至石万钱,马一匹则百金",发生了第一次通货膨胀。

《汉书·高后纪》中记载,高后二年(公元前186年)七月,因为嫌荚钱过于轻小,开始"行八铢钱",希望通过增加货币的实际重量来阻止铜钱币值下跌之势。同样的原因,八铢钱和荚钱两种轻重不同的铜钱同时存在于流通领域,只会使八铢钱逐渐退出。四年之后,因荚钱越来越多,高后六年(公元前182年)二月,不得不改用重二点四铢的"五分钱"。

自汉高祖到高后,荚钱一直在社会上流通,到汉文帝执政时,"荚钱益多轻",民间私铸盛行,难以禁止,出现第二次通货膨胀的局面。

《汉书·食货志》中记载,汉文帝五年(公元前175年),取消五分钱,"乃更铸四铢钱,其文为'半两',除盗铸钱令,使民放铸"。也允许大臣诸侯铸钱。同时规定,民间私铸货币,必须按照政府规定的重量要求,"敢杂以铅铁、为它巧者"处以刑罚。这时候,国家铸钱和私人铸钱并存。从"使民放铸"政策中得利最大的是一些有权势的贵族、官僚和财力雄厚的大商人。吴以诸侯即山铸钱,富埒天子,邓通以铸钱财过王者。

毋庸讳言的是,当时由于铸币权分散,引起货币不统一,不仅妨碍各地区之间的经济联系,影响国家统一的经济基础的巩固,而且也使得一些分裂势力恶性膨胀。汉文帝的听民放铸的货币政策,一方面造成"农事弃捐而采铜者日蕃",破坏正常的农业经济,一方面使许多坐拥矿山的诸侯王得以开矿铸钱,掌握大量货币,提高了经济实力,政治势力随之增强,以致拥有了与中央政权相抗衡的资本。贾谊看到"奸钱日多,五谷不为多"妨害农业生产,就提出了国家垄断铸币权的理论和"七福"主张,其核心是主张中央控制铸币的铜材,解决货币私铸带来的种种社会问题,可惜未被采纳。

汉文帝进行的币制改革有一定经济成效,但地方势力坐大,危害统一。

西汉前期的货币放铸,实际上就是通过市场来调节货币量。流通中的货币量过多,会引起物价上涨,货币贬值,铸币业利润下降,进而影响到铸币业的发展;反之亦然。商品经济的发展客观上需要流通的货币量与商品价格总量大致平衡。

景帝时私铸货币难以遏止,伪币更多,甚至出现了伪造黄金者。

总的说来,西汉前期,流通的货币量和商品价格总量处于一种动态平衡的状态。这也是当时商品经济蓬勃发展的因素之一。当然,货币放铸容易导致货币发行的混乱,但这种情况可以通过市场予以调节,因

为货币本身是一种商品,虚值的货币会因缺乏竞争力而被淘汰。(李恒全 2002:1)

汉武帝进行币制改革,且有显著成效。汉武帝时期,为了弥补财政赤字,不得不扩张货币供应量,先后进行了六次币制改革,最终由国家垄断钱币业,五铢钱最终成为统一的货币。

武帝建元元年(公元前 140 年),由于对外用兵,国库面临枯竭,再次求助于货币减重,改铸"三铢钱",重如其文。私铸更多,钱益轻,货物益贵。

建元五年(公元前 136 年),武帝又罢"三铢",铸行四铢半两钱,亦称之为"三分钱"。

《汉书·武帝纪》记载,元狩四年(公元前 119 年)冬,有司"用度不足,请收银锡造白金及皮币以足用"。因为财政之需,又恢复三铢钱,并造皮币和白金币。

《史记·平准书》记载,自孝文更造四铢钱……从建元以来,用少,县官往往即多铜山而铸钱,民亦间盗铸钱,不可胜数。钱益多而轻,物益少而贵。有司言曰:"古者皮币,诸侯以聘享。金有三等,黄金为上,白金为中,赤金为下。今半两钱法重四铢,而奸或盗摩钱里取鋊,钱益轻薄而物贵,则远方用币烦费不省。"那时制作的金币为银锡合金,没有规定成色,面值很大,分别为 3000、500、300,因此利润特别丰厚,成为快速敛钱的有效工具,能带来可观的收入,自然引起空前规模的盗铸,以至于盗铸的人数发展到官吏不能尽诛的地步。

元狩五年(公元前 118 年),有司认为三铢钱轻,轻钱易作奸诈。废三铢钱,让各郡国铸五铢钱,并对五铢钱的形制质量有所规定,"周廓其质",但还是无法遏制盗铸之风。《汉书·汲黯传》中记载,"民多盗铸钱,楚地尤甚"。以往的币制改革证明,只改变货币轻重,仍然无法杜绝盗铸问题,必须从铸币权方面着手解决。

元鼎二年(公元前 115 年),武帝又收回郡国铸币权,由京师官专司铸造和发行货币,铸造"赤仄五铢",也叫"赤仄钱"等。赤仄钱实行了两年也被废止。

元鼎四年(公元前 113 年),《史记·平准书》记载,悉禁郡国五铢钱,专令上林三官铸,钱既多,而令天下非三官钱不得行,诸郡国所前铸钱皆废销之,输其铜三官。而民之铸钱益少,计其废不能相当,唯真工大奸乃盗为之。五铢钱成为西汉的标准货币。这种由中央集中统一铸造发行的标准官炉钱,重约四克,制作精整,郭文细致,文字古朴遒劲,轻重适中,颇受欢迎。从此五铢钱制定型,一直沿用了2000年。(徐寒 2005:179)

汉武帝大搞币制改革,主要目的不是为了适应经济发展的需要,而是为敛财以应财政之急和打击商人势力。《史记·平准书》中记载,"而富商大贾或蹛财役贫,转毂百数,废居居邑,封君皆低首仰给。冶铸煮盐,财或累万金,而不佐国家之急,黎民重困。于是天子与公卿议,更钱造币以赡用,而摧浮淫兼并之徒"。

金融是经济的血液,随着商品经济的发展,货币就是市场中须臾难离的东西了。除了黄金的流通,铜钱就是普遍使用的法定货币。大量金属货币特别是铜钱的铸造和使用,无疑既方便商品交换,又能激活和促进商品流通,为经济的发展及财富的积淀提供了最基本的条件。"在早期的封建社会中,有这样一种突出发展的货币经济和与之伴生的突出发展的商品经济,实是一个非常特殊的现象,当然也是中国历史上一个很大的特点。"(傅筑夫 1980:222)

汉武帝进行的币制改革之所以能够取得一定成效,主要在于货币制度设计逐渐趋于合理和汉王朝在政治上处于绝对优势地位。

首先,汉王朝明令禁止郡国铸币,元鼎四年(公元前113年)"专令上林三官铸",将铸币权收归中央,由管理上林苑的水衡都尉所属之钟官、技巧令、辨铜令三官,负责铸币事宜。钟官负责铸造五铢钱,技巧官负责刻制钱范,辨铜官负责将铸币的铜材收归中央统管,断绝了私人铸币的源泉。其次,统一货币的重量和价格标准,减少了货币倒销、改铸等流弊,这次铸造的五铢钱,重如其文,质量上乘,币面质量和实际质量相符合。再次,提高了铸币技术要求,新铸五铢钱的铸造技术,在当时要求高、难度大,使盗铸者不能轻易伪造。因制作不易,计其费不能相当,加之私铸违法,故无人愿为。

"铸币特权的历史完全与国家政权的历史平行发展。"汉初七十余年,中央政权软弱,诸侯王、豪富势力强大,中央虽多次进行币制改革,却无法统一币制。到汉武帝时,中央政权具有在政治上的压倒性优势。在四处征伐的同时,严厉打击豪富势力。商人的势力大大削弱,有能力盗铸和敢于盗铸的豪富所剩无几。

中央政府垄断铸币业也产生了不良后果,主要表现在:由于政府垄断铸币业并不是出于纯粹的经济目的,而主要是为掠夺财富和打击商人,所以发行的货币往往是虚值的。如元狩四年以白鹿皮方尺,缘以绩,为皮币,值四十万,要求王侯宗室朝觐聘享,必以皮币荐璧杂铸银锡白金为币。元鼎二年又发行赤侧五铢钱,破坏了正常的商品交换,影响了商品经济的发展。

铸币业由国家垄断经营后,容易产生为了政治目的,任意扩大或减少市场中货币数量的行为,破坏流通中货币量与商品价格总量的相对平衡。武帝以后商品经济发展萎缩不振,与政府对铸币业的垄断有直接关系。

西汉时期,从武帝至平帝一百余年间,数量巨大的通货投入到流通领域中,在促进商品经济发展的同时,也促进了大地产的形成,加速小农的破产,使流民和奴婢数量激增,最终酿成了严重的社会危机。

王莽进行币制改革以失败告终。

与汉武帝实行的币制改革比较,王莽的四次币制改革,不仅币材和名品众多,而且变更太快,货币计量单位不一,比值极不合理,百姓无所适从,使用极不方便。王莽进行货币改革时期,制造了37种不同质地、不同形制、不同单位、不同比值的货币,增加了大量的虚价无用货币,而且以轻换重,以劣换优,币制混乱,人们难以树立对货币的信心。《汉书·食货志》中记载,王莽"每一易钱,民用破业,而陷大刑","百姓溃乱,其货不行……于是农商失业,食货俱废,民涕泣于市道"。市场萎缩,甚至出现货币杂用布帛金粟的倒退。王莽的币制改革,不能拯救危机反而恶化了货币危机,导致社会经济崩溃。

3. 盗铸现象难以遏止

自古以来,官府垄断铸币业必然伴生盗铸现象,史不绝书。早在战国、秦代即有盗铸的现象,汉代盗铸之风更炽。西汉时期,私铸、盗铸之风越刮越猛,伪劣货币过多,成为一直存在的严重社会问题。

贾谊曾经为日甚一日的盗铸现象忧虑。《汉书·食货志》中记载,贾谊说:"今农事弃捐而采铜者日蕃,释其耒耨,冶熔炊炭;奸钱日多,五谷不为多……"

《史记·平准书》中记载:"郡国多奸铸钱(杂以铅锡也),钱多轻。"

"自造白金五铢钱后五岁,赦吏民之坐盗铸金钱死者数十万人,其不发觉相杀者,不可胜计。赦自出者百余万人,然不能半自出,天下大抵无虑皆铸金钱矣。犯者众,吏不能尽诛",表明汉武帝前期,有数以百万计的人因盗铸而犯大罪。

《汉书·王莽传》中记载,王莽统治期间,"民犯铸钱,伍人相坐,没入为官奴婢。其男子槛车,儿女子步,以铁锁琅当其颈,传诣钟官,以十万数。到者易其夫妇,愁苦死者什六七"。

东汉时,因盗铸现象仍然比较普遍,一度"百物皆贵",物价暴涨。

"正如商品的一切质的差别在货币上消灭了一样,货币作为激进的平均主义者把一切差别都消灭了。但货币本身是商品,是可以成为任何人的私产的外界物。这样,社会权力就成为私人的私有权力。因此,古代社会咒骂货币是换走了自己的经济秩序和道德秩序的辅币。"(《马克思恩格斯全集》 2007:152)

现今货币盗印并未绝迹。

(二)东汉的货币制度及其变化

1. 东汉的货币铸造不能满足经济需要

王莽政权垮台后,社会经济凋敝不堪,各种货币杂用,一些地方甚至出现实物交换。东汉初年,币制紊乱,民间交易时半两、五铢和莽钱兼而用之。建武六年(公元30年),公孙述曾经在四川发行铁质五铢,在一些地方还杂用布帛金粟。《后汉书·马援列传》中记载,"初,援在陇西上书,言宜如旧铸五铢钱。事下三府,三府奏以为未可许,事遂寝。乃援还,从公府求得前奏,难十余条,乃随牒解释,更具表言。帝从之,天下赖其便"。刘秀接受了马援的建议,整顿币制,"始行五铢钱"。直到建武十六年(公元40年),重新铸造五铢钱,即建武五铢。此后五铢钱就成为东汉全国通行的法定货币。

一般而言,货币经济应该适应商品经济发展的需要。但是东汉时期,货币经济与商品经济的发展要求是不相适应的。据史书记载,东汉时期仅铸造过三次铜钱,而且所铸造的铜钱数量也不多,在章帝、桓帝时期曾经提出过要铸造大钱,也一直未能兑现。虽然在商品交换活动中,货币仍然发挥价值尺度的作用,可是在进行租赋、货罚、赏赐、赂遗等活动时,还是货币与布帛谷粟杂用,还实行过官吏俸禄钱谷参半的制度。这些现象反映了东汉时期铸造铜钱的数量满足不了社会经济生活的需要,势必制约商品交易范围的扩大。

章帝元和年间,谷价昂贵,县官经用不足,朝廷忧之,尚书张林进言:谷之所以贵,是因为钱贱。可尽封钱,一取布帛为租,以通天下之用。张林提出如此建议,实际上是希望减少货币流通的数量,但未被采纳。

2. 东汉末货币制度更加混乱

自货币产生以后,市场的交换通常表现为商品与货币的交换。健全的统一的市场,需要足够数量的货币作为交换媒介。秦始皇统一中国,统一货币,统一度、量、衡,就为封建市场的形成准备了一个条件。但是此后800余年间,多次发生币制混乱,甚至时有物物交换的局面出现。货币过多或过少,会影响商品经济及人民的生产生活,币制混乱必然造成市场萎缩。

东汉时期,商品经济发展的活力有所减弱,晚期,经济逐渐衰败。东汉末年,政治腐败不堪。献帝时,五铢钱币制更是难以维持。初平元年,董卓坏五铢钱,铸小钱,"其钱无输郭文章,不便时人,由是货轻而物贵,谷一斛至钱数百万"。(郑樵 1995:1407)统治阶级为了苟延残喘,采取铸造小钱减轻货币重量的办法。剪凿铜钱公开大量地出现,货币铸造粗糙,不便使用,制钱与铜价比例失调,通货膨胀,货币贬值,社会经济崩溃。

1973年,江苏丹徒出土的东晋窖藏铜钱中剪轮五铢约占180斤,綖环五铢20余枚。

1969年,甘肃武威雷台东汉墓出土了1159枚剪轮五铢和1枚綖环五铢(《甘肃省博物馆》 1974:2)。大量的劣币出土,反映了东汉后期经济衰落、币制混乱、货币流通进一步恶化的状况。

汉末大饥荒时,江淮地区曾经流传"大兵如市,人死如林。持金易粟,粟贵千金"的童谣(王子今 2007:3),这是货币经济大倒退同时也是整个社会经济大倒退形势的反映,那时社会经济的所有物质财富都几乎被彻底毁灭。

在南阳已经发掘的东汉大多数墓葬中出土有五铢钱和王莽时期的铜钱,还有剪轮(或綖环)劣质五铢铜钱。在再葬墓中,基本上都有数量不等的铜钱出土,有东汉五铢、剪轮五铢、无郭五铢、綖环钱、文帝四铢半两、货泉、大泉五十、榆荚钱、定平等一百等多种货币。一些墓葬中出土有数量不等的"五铢"、"大泉五十"和无文钱等陶钱。这种情况表明随葬"冥钱"之俗更为流行,东汉末年币制之混乱也可见一斑。

魏晋南北朝时期,由于政治上的分裂和政权交替频繁,币制也不统一。这个时期通行的货币,文献记载也不够明确。

(三)货币铸造及管理制度

秦朝币制统一,由政府垄断货币铸造,禁止民间私铸。汉初至武帝以前,实行自由铸币政策,中央只进行宏观管理。武帝实行币制改革,元鼎二年(公元前115年)初置水衡都尉,机构职能复杂,水衡都尉下属的上林三官主要分管铸币事宜。

王莽时改水衡都尉为予虞,并"遣谏大夫五十人分铸钱于郡国",从而改变了中央统一铸币的状况,仍然是负责铸币事宜。

《后汉书·百官二》"太仆"条记载:"太仆,卿一人,中二千石。……考工令一人,六百石。"本注曰:"主作兵器弓弩刀铠之属,成则传执金吾入武库,及主织绶诸杂工,左右丞各一人。"陈直先生认为:"两汉铁工,为官府手工业重点之一。东汉除仍设铁官长丞外,由太尉掾属兼管。"(陈直 1958:116)东汉时期的货币铸造及管理制度与西汉时期明显不同。

货币是从商品交换中独立出来的特殊商品,其特殊之处在于它是一种价值形态的商品,能为铸造者带来可观的经济利益。在汉代,铸钱就是官营商品生产的一部分,《汉书·食货志》中记载,汉代官营铸币业规模庞大,是增加国家财政收入的一个来源。东汉时期官府没有垄断货币铸造业,货币都是由地方郡县自行鼓铸的。东汉时期的货币铸造不能满足经济活动的需要,与东汉政权的货币铸造制度有直接关系。东汉时期的货币铸造及其管理不同于西汉,其铸币权下放到地方郡县,由地方郡县来负责具体的冶铸事宜。汉王朝管理货币铸造的部门是太尉属下的金曹,但是它只是进行宏观的调控,并不亲自参与具体的货币铸造。这种情形的产生,大概与东汉政府不重视货币的铸造与流通有相当关系。(徐承泰 2000:3)

贮藏货币成为普遍现象。

自货币产生之后,个人财富用货币计量,拥有的货币关系到个人身份及地位等。"凡编户之民,富相什则卑下之,伯则畏惮之,千则役,万则仆,物之理也","千金之家比一都之君,巨万者乃与王者同乐"。(《史记·货殖列传》)贮藏货币成为从个人到国家的普遍行为,货币作为陪葬品是一种贮藏形式。1964年,河南桐柏万岗汉墓中就出土五铢钱41枚。

汉代金铜并行,其比价既不一致也不稳定。黄金处于称量货币阶段,使用时要分割,很不方便,主要用于馈赠、赏赐和窖藏。

黄金的流通范围有所扩大。根据本世纪以来载诸报刊的考古出土资料进行初步统计,汉代的黄金货币出土的报道共有26处,遍及14个省市。(秦晖 1993:5)

三、贳贷业

借贷是商品经济发展的产物,借贷资本是商业资本的延伸。"生息资本或高利贷资本(我们可以把古老形式的生息资本叫做高利贷资本),和它的孪生兄弟商人资本一样,是洪水期前的资本形式,它在资本主义生产方式以前很早已经产生,并且出现在极不相同的社会经济形态中。……高利贷资本的发展和商人资本的发展,并且特别和货币经营资本的发展,是联系在一起的。"(《马克思恩格斯全集》25卷:671)

(一)贳贷业的兴起

先秦时期,商品交换已开始活跃,尤其是金属货币大量进入流通领域,为借贷资本的产生发展提供了条件。货币职能进一步发展,贳贷业进一步拓展空间,涌现出一批专门经营贳贷业务的"子钱家",这些人靠出贷取息而致富。

春秋战国以来,社会的货币信用关系不断发展,从事高利贷活动的人越来越多,《史记·孟尝君列传》中所记载的冯谖客孟尝君时的收债经历,就反映了战国时代高利贷业的发展情况。

西汉时期,受高额利润的引诱,富商大贾多兼营赁贷业,高利贷经营不衰。《史记·货殖列传》中记载"庶民农工商贾,率亦岁万息二千",表明至少在西汉前期,利息率一般约为20%。还记载了"子贷金钱千贯"的情况,子钱家贷钱百万,以普通利息"什二"计算,一年可获利润二十万。因此,赁贷者趋之若鹜。

《史记·货殖列传》中记载"吴楚七国兵起时,长安中列侯封君行从军旅,赍贷子钱,子钱家以为侯邑国在关东,关东成败未决,莫肯与。唯无盐氏出捐千金贷,其息什之。三月,吴楚平。一岁之中,则无盐氏之息什倍,用此富埒关中"。大子钱家一次行贷钱千金,岁末成世富。

《史记·平准书》中记载,靠牧羊发迹的卜式也同样"邑人贫者贷之。"

《后汉书·窦融传附宪传》中记载,窦宪"坐禀假贷贫人"。

上述经营赁贷业的人物,都是放债的大债主。随着豪强势力的不断发展,东汉王朝对商品经济实行较为放任的政策,高利贷活动也更加猖獗。经营赁贷业致富者不乏其人,他们不劳而获,引世人仿效,严重影响世风。《后汉书·桓谭传》中记载,桓谭说:"今富商大贾,多放钱贷,中家子弟为之保役,趋走与臣仆等勤,收税与封君比入,是以众人慕效,不耕而食,至乃多通奢靡,以淫耳目。"

(二)赁贷业在乡村的发展及其影响

汉代,随着商品货币经济发展,积累了数量可观的商业资本。在商业资本流动加速、土地分配不均等因素的交织作用之下,贫富分化加剧,小农经济发展不稳定,也为高利贷盘剥创造了条件,乡村社会高利贷者特别活跃。

1. 赁贷业在乡村的发展

乡村中赁贷主体多元化。汉代自然灾害频繁,国家在灾荒年间进行贷粮种以赈济灾民的活动,属于官府行使公共服务职能的行为,是赁贷业运行过程中出现的国家与灾民之间辅助性借贷关系。其余放贷主体,包括专门的高利贷者,就是司马迁所说的可比千乘之家的子钱家们、富商大贾、大土地所有者和其他富裕人户,甚至包括部分官吏。

借贷主体是农民。汉代所谓的民放民贷现象,主要指商贾放贷,农民借贷的高利贷活动。小农抵御天灾人祸的能力十分微弱,走投无路时,就只能借高利贷,有些人为了还债,最后不得不"卖田宅鬻子孙",破产流亡。在那个时代,借贷者多为小农,但官吏中也有举债者。

生产性借贷所占的比例很小。小农借贷,一般为生活借贷,诸如完粮纳租后难以维持生计,青黄不接,天灾人祸,祭祀丧纪,均需借贷应付开支。生产性借贷也有,真正为扩大经营、增加投入而举贷者很少见,绝大多数的举贷者都是迫于生计,无奈而为之。这恐怕也是中国古代高利贷与近代货币信用关系的本质区别所在。正因为此,乡村社会中的广大贫困农民是当时基本的贳贷对象,也是两汉乃至中国古代社会高利贷长盛不衰的原因。(马新 2001:2)

《汉书·食货志》中记载,"民欲祭祀、丧纪而无用者,钱府以所入工、商之贡但赊之,祭祀无过旬日,丧纪毋过三月。民或乏绝,欲贷以治产业者,均授之,除其费,计所得受息,毋过岁什一"。可知当时,凡因祭祀或丧葬而向官府举债的特殊情况,不计利息只是限期归还,也证实了生产性借贷的年利息率为10%,以货币借贷为主,也有抵押借贷和契约借贷的。

乡村借贷利息率高低不等。秦汉乡村社会,由于地理及经济条件影响,会形成约定俗成的利息率,体现了借贷运行体系在经济理性与伦理道德之间徘徊不定。既存在着低息甚至是无息的国家借贷及宗族内部的救急性借贷,还存在豪商地主"逐什二以为务"的高利借贷。例如,《史记·苏秦列传》中记载,苏秦出游数岁,大困而归。兄弟嫂妹妻妾窃皆笑之,曰:"周人之俗,治产业,力工商,逐什二以为务。今子释本而事口舌,困,不亦宜乎!"一旦遇到天灾人祸或官府横征暴敛,贫民只得借"取倍称之息"的高利贷,利息率有时高达100%以上,俗称驴打滚利。

2. 贳贷业的影响

商品流通和货币流通是社会再生产过程中的重要环节,对于民间的贳贷活动,汉代官府是认可的,对于贳贷息率也有一定的控制,而且还充分保护债权人的利益。农村借贷资本的活跃程度是以小农经济存在发展状况为条件的。遭遇天灾人祸袭击和商品经济冲击的农民,有时要借贷维持生产生活。农村借贷经济的存在,能在短期内解农民困厄,也会在心理上强烈刺激小农家庭,迫使小农努力提高劳动生产率或从事多种经营,以增强偿债能力,维持家庭生产与消费之间的平衡。但借贷活动对于抗击风险能力极弱的小农来说，无论其利率高低，都是沉重的负担，会不断地吞噬农民的剩余劳动甚至是必要劳动，使他们的生产条件与生活境遇每况愈下。大多数小农无法逃脱借贷资本网罗，日益贫困化。

四、汉代钱范

钱范，是钱币铸造工艺中范模的统称，与古钱币相比，钱范更能在古代货币问题研究中起到补缺证误的重要作用，有较高的历史文物价值。

我国近代，金石学家多将钱范列于金石图谱。晚清陈介祺所编的《簠斋吉金录》、民国时期刘体智所编的《小校经阁金文》、罗振玉所编的《古器物范图录》等书均收入不少秦汉传世钱范铭刻。

新中国成立以来，南阳发现多处汉代铸钱遗址，出土了吕后八铢半两石钱范、郡国五铢钱范，王莽时期的大泉五十、契刀五百、货泉、大布黄千钱范等。所见钱范数量多，分布地域广，除长安外他郡莫及。出土钱范表明：汉代南阳郡以宛城为中心，曾有规模可观的"造币厂"，是全国最重要的铸钱基地之一。这与汉代南阳郡良好的冶铸手工业基础和繁荣的货币经济是分不开的（刘绍明，曾昭阁 1999：2）。管窥南阳汉代铸钱手工业的发展状况，可以参考南阳出土的汉代钱范。

（一）汉代钱范种类繁多

1. 八铢半两范

诸事草创阶段，一切都要摸索。秦统一后的货币为半两，汉初继续沿用。

汉初半两钱经历了榆荚半两——→八铢半两——→五分钱——→四铢半两——→有郭半两这样一个改制演进过程。

《汉书·食货志》中记载，"汉兴，以为秦钱重难用，更令民铸荚钱"。由于货币放铸民间，不能严格执行铸造规程，自由铸造的钱币大小不一。制钱泛滥，货币供应量超过商品流通需要量，物价猛涨。

《汉书·高后纪》中记载,高后"二年秋七月,行八铢钱"。高后六年又改行"五分钱"。"八铢"半两行用时间短,"八铢"半两范无论是传世的或出土的均很难见到。

在民国时期刘体智所编的《小校经阁金文》卷14中收录的汉初半两范中,仅见两件榆荚半两范,两件四铢半两范,一件八铢半两范,皆粗略不整。在陕西、河北、江苏、山东等地出土的汉代钱范中均未见到八铢半两。

1963年,在南阳市城区东关外小庄村出土四块阴文"半两"青石质钱范和部分汉代绳纹陶片及炼渣。钱范为长方形圭首,钱模直径为218厘米。范型为直流分铸工艺,是西汉早期遗规。范型精致,镌刻工整,字文清晰,字体笔画方折,"半"字上下两画等齐,"两"字上横较短,类秦钱写法。钱范出土地点在古宛城遗址东城墙外的汉代遗址(王儒林1964:6)。南阳市宛城出土的石范,从材质、形制、字文笔法等方面看,应能证实汉八铢之存在。在该处出土八铢半两范,表明南阳宛城曾经是汉代最早的官方"造币厂"所在地之一。

新中国成立以来,宛城东部、北部和中部先后出土大量冶铸遗迹遗物,主要有东城河岸冶铜遗址,瓦房庄标为"阳一"铸造作坊的铸铁遗址。半两钱范的出土再次证明古宛城东、北部为冶铸生产区。(河南省文物研究所　1994:1)

2．郡国五铢范

《汉书·食货志》中记载,武帝元狩五年,因三铢钱轻,容易伪造就请郡国铸五铢钱,周郭其质,令不可得摩取镕。后人把这种钱称为"郡国五铢",是我国古代行用七百年的五铢钱制的开端。郡国铸钱的政策执行时间前后约六年,到武帝元鼎四年不再实行。全国各地的郡国五铢范遗存不少,但南阳郡所见不多。

1964年,南召县境出土阴文五铢铜范一件。范为长方形具柄铜子范。面铸两行五铢钱模共12枚。字文"五"字竖画有缓曲和弯曲两种。"朱"头方折。字形结构严整。钱侧饰刻三角纹。此类范刻铸两种不同字文,饰三角符号,为郡国钱范的重要特征。

此外,在方城县境内征集到"五铢"阴文铜范一件,形制类同南召范。

今南召境西汉时为雉县,方城境置堵阳县,两地出土的遗范证明,汉武帝时期铸造郡国五铢钱不只在郡治一处，属县也有铸造的。

根据《汉书·食货志》中记载，自元鼎四年武帝"悉禁郡国毋铸钱，专令上林三官铸"起，各郡国铸钱作坊全部停废。

3. 王莽钱范

王莽托古改制，自居摄二年到天凤元年，八年间四次推行币制改革。据《汉书·食货志》中记载，居摄二年，铸行大泉五十、契刀五百。更造大钱，径寸二分，重十二铢，文曰"大钱五十"。又造契刀、错刀。契刀，其环如大钱，身形如刀，长二寸，文曰"契刀五百"。错刀，以黄金错其文，曰"一刀直五千"，与五铢钱凡四品并行。

始建国元年，契刀、错刀、五铢钱均禁铸，只行小泉直一和大泉五十。

始建国二年，王莽推行宝货制，规定泉货六品、金货一品、银货二品、龟货四品、贝货五品、布货十品。

天凤元年，王莽铸行货布和货泉。

《汉书·王莽传》中记载，王莽时期实行中央与地方并举的铸钱制度。始建国元年秋曾"遣大夫五十人，分铸钱于郡国"。南阳是汉代著名的城市之一，已发现多处王莽时期的铸钱作坊遗址或钱范。

（1）原中原技校宛城遗址出土契刀五百、大泉五十钱范

1964年春，在中原技校宛城遗址出土契刀五百、大泉五十两种钱范数百块。契刀五百钱范最多，有圆形和方形两种。一圆形范标本上刻有阴文"契刀五百"和"大泉五十"字样。

（2）新华东路出土大泉五十残陶范

1994至1996年，在南阳市新华东路卧龙区公安局工地、市信用社工地一带，出土大泉五十残陶范多件（钱范现存南阳市博物馆）。1995年在南阳皇冠商场工地出土盘形五铢铜母范5块。

（3）南阳市十三小学出土"大泉五十"泥残范

王正旭等在《南阳历史货币》中记述了70年代初，南阳市防空指挥部在南阳市十三小学修筑防空设施时发现一铸钱遗址。当时出土不少"大泉五十"泥残范。

（4）其他地方出土的钱范

南阳市博物馆曾收环城乡群众捐送的铜质母范三件，是汉宛城北部冶铸区出土的遗物。其中，大泉五十铜母范两块，范为盘形，面钱模各4

枚,正背各二,阳文"大泉五十"。货泉铜母范一块,平面椭圆形,长 12 厘米,模共 8 枚。

1965 年,在宛城区黄台岗乡高塘村出土"大泉五十"陶范。钱模很浅,可能是盗铸用范。

1990 年,南阳市宛城区红泥湾乡的农民在犁地时发现"大布黄千"铜母范一块。范为盘形,上有钱模,正背各一,阳文"大布黄千"。新莽始建国二年,推行"宝货制",大布黄千是十布之一。

1963 年,在邓州城西取土时发现"大泉五十"陶范。呈正方形平板状,阴文钱模。其中一部分背刻有"十"字符号,显然为叠铸合范记号。

另外,在社旗城郊窑厂发现铜质阴文"大泉五十"范两块。

镇平东邻南阳,汉时为南阳西通武关要道,也发现有大泉五十残陶范。

方城也发现新莽钱范。

王莽时期,南阳郡人口已逾百万,为全国大郡之一。王莽重视对南阳的经营,称宛为南都,曾经"开赊贷,张五均,设诸斡者"平抑物价,惠贷贫民,在《汉书·食货志》中有记载。今南阳市宛城区域王莽时期的铸钱遗址比较集中,钱范出土数量很大,但是否为南都钱府丞直辖的作坊,目前还不能确证。

4. 更始五铢钱范

1995 年 7 月,南阳市糖酒总公司修建皇冠批发市场,挖建筑基槽时,在距离地表 1.2 米下一个废弃坑内发现有 5 块叠放在一起的汉代五铢铜母范,南阳市博物馆、市文物研究所工作人员都曾到工地调查(刘绍明,崔本信 1996:8)。该钱范为盘形,有钱模 6 枚,3 正 3 背相间排列,周廓圆润。钱文为阳文,文字笔画规整。从冶铸作坊遗址出土的遗物和钱币类型来看,属西汉晚期偏晚的钱范。

汉武帝自元鼎四年起,收铸币权于中央。但出土的这批钱范虽为母范,制作工整,并非西汉晚期三官铸范,因为钱范出土的一般规律是"郡国少母范而三官无子范",也不一定是盗铸的。铸造钱范所用的工艺在当时是比较先进的,采用了盘形叠铸的铸币技术,若无较强经济实力和一定的技术水平,断难操作。钱范出土地点在汉宛城城墙根下,距离南阳郡铁官、工官作坊不远,盗铸很不容易。

更始铸币是秦汉货币史上的一件大事,南阳与更始政权有着密切关系,这批钱范似乎与更始政权有关。《后汉书·光武帝本纪》、《后汉书·刘玄传》等史书中记载,公元23年二月,平林新市起义军在淯水(今白河)沙滩上设坛陈兵,拥立淮阳王刘玄为皇帝,建元更始。六月,起义军攻克宛城,宛城为更始帝都城。十月,更始帝移都洛阳,以王常行南阳太守事。更始二年,更始帝遣宛王刘赐就国于宛城。曾开炉鼓铸,复铸"五铢"。推知这批钱范属更始遗物。

迄今为止南阳尚未有东汉时期铸钱遗址的报道,亦未发现东汉钱范。罗振玉辑《古器物范图录》收"建武十七年"铭铜母范一件,范背铭记年月日、监造官、工匠名,表明东汉时期铸钱受到中央政府的直接控制。东汉铸造作坊可能只集中在洛阳或长安一带。或因为光武帝以后由于铸造技术上的变化很少,不使用铜母范而改用木雕母范模印子范片。这也是南阳虽在东汉号称"南都"、"帝乡",经济繁荣,但不见这一时期钱范出土的原因所在。(刘绍明、曾昭阁 1999:2)

刘慧兰认为,东汉时期,货币管理和铸造分开,中央主要是管理、宏观把握,由太尉下属金曹负责,货币的铸造事宜则交地方执行。(刘慧兰 2002:6)

因客观条件与个人见识所限,南阳有无东汉时期铸钱遗址和钱范,就先存而不论。

南阳出土的汉代钱范

钱范名称	钱范出土地点	钱范铸造时期
八铢半两范	南阳市东关外小庄	汉高后时期
郡国五铢范	南召县、方城县	武帝元狩五年
王莽钱范	中原技校、南阳市新华东路、	王莽居摄时期
	南阳市第十三小学、黄台岗乡、	新莽始建国二年
	南阳市防空指挥部防空设施、	
	南阳市环城乡、红泥湾镇、	
	方城县、社旗县、邓州市、镇平县	
更始五铢钱范	南阳市新华东路	更始二年

(资料来源:根据刘绍明、曾昭阁《钱范述略——南阳两汉铭刻辑考之二》整理)

(二) 南阳汉画像石墓中出土的钱币

汉代,南阳农业、水利、手工业的发展在全国占有重要的地位。南阳人口众多,物产丰富,气候湿润,是王侯官僚汇聚之地,商贾豪民云集于此,四方货物罗列于市,商业繁荣,冶铁业发达,货币制造业规模较大。南阳汉墓中出土不少的铜钱或者陶钱甚至是泥钱,反映了南阳商品经济及货币经济发展的情况。下表所列钱币出土情况与上面所述的汉代南阳钱范出土情况可以相互印证。

南阳汉画像石墓中出土的钱币一览表

墓葬名称	时期	随葬钱币
唐河县湖阳镇	西汉昭帝年间或稍后	五铢约百斤其中Ⅰ型5枚、Ⅱ型1枚,大量的是Ⅲ型。
赵寨砖瓦厂	西汉昭宣时期	五铢21枚。
唐河县石灰窑村	昭宣至新莽时期	1枚武帝五铢,外皆宣帝至平帝时期的五铢8枚。
南阳市宛城区新店乡熊营	西汉宣帝时期至东汉早期	五铢17枚,Ⅰ式5枚,Ⅱ式5枚,Ⅲ式7枚。
南阳市卧龙区刘洼	西汉晚期	铜钱10枚,有大泉五十和货泉两种。
唐河郁平大尹	西汉末年	铜钱12枚。其中大泉五十9枚,小泉直一3枚。
唐河电厂	西汉晚期新莽时期	铜钱13枚。其中1枚大布黄千,余皆大泉五十。
南阳西关(原新华公社)	西汉末至东汉初	货泉1枚。
中建七局机械厂	新莽时期	铜钱。其中大布黄千23枚,分二型;大泉五十4枚,分二型;小泉直一20枚,分二型;五铢14枚,分二型。陶钱72枚,均B型五铢。

续表

墓葬名称	时期	随葬钱币
唐河白庄	新莽时期或略晚	铜钱,其中货泉2枚,五铢3枚。另有大泉五十泥钱80枚。
方城城关镇	新莽时期或东汉初期	铜钱5枚。其中大布黄千1枚,余皆大泉五十。
南阳市卧龙区英庄	新莽时期至东汉初	五铢2枚。
南阳市卧龙区蒲山二号	新莽至东汉初期	铜货泉1枚、五铢1枚。
石刻墓	东汉	五铢、契刀、大泉五十。
南阳军帐营	东汉早期	五铢1枚,货泉1枚。
唐河针织厂	东汉早期	五铢31枚。
南阳市卧龙区石桥	东汉早期	铜五铢49枚,泥质灰陶大泉五十3枚。
杨官寺墓	东汉早期或中期	五铢31枚,其中带廓五铢10枚,余皆磨廓五铢。
南阳市卧龙区蒲山	东汉初年至东汉中期	铜货泉1枚,另有残片。陶钱9枚,无钱文,大小、厚薄及孔径不一。
襄城茨沟	东汉(公元132年)	五铢27枚,有磨边五铢等。
邓县长冢店	东汉中期	五铢8枚,分三式。
南阳西关(原环城公社)	东汉中晚期	铜五铢15枚。
新野县前高庙村	东汉晚期	铜钱135枚,其中五铢132枚,分Ⅲ型,另外大泉五十1枚、货泉1枚、半两1枚。
邓州市梁寨	东汉晚期	铜钱99枚。Ⅰ型26枚,其中剪轮五铢7枚,Ⅱ型9枚,Ⅲ型64枚,其中剪轮五铢18枚,大部分外廓不明显甚至无外廓。

续表

墓葬名称	时期	随葬钱币
桐柏安棚	东汉晚期	五铢 20 枚。其中剪轮五铢 7 枚。
南阳市卧龙区十里铺二号	东汉晚期	铜钱 13 枚。其中无廓半两 2 枚,文帝时四铢半两 1 枚,王莽时期货泉 3 枚,无内廓东汉五铢 8 枚。
方城党庄	东汉末期	铜五铢皆锈蚀严重,数量不详。从残片币文看均为东汉五铢,其中 1 枚剪轮五铢、1 枚綖环五铢。
南阳市卧龙区十里铺	东汉末年或稍后时期	半个五铢。
许阿瞿	东汉晚期至三国时期	五铢 1 枚,定平一百 1 枚。
南阳市化工厂二十一号	东汉末年至魏晋时期	铜钱 16 枚,有西汉五铢、货泉、东汉五铢、剪轮五铢、綖环五铢等。
南阳市邢营	三国早期	一号墓:铜钱 10 枚,其中五铢 3 枚,剪轮五铢 4 枚,还有綖环五铢等。
南阳市王庄	魏晋时期	五铢 2 枚,剪边五铢 1 枚,另 1 枚无廓无字钱。
独山西坡	魏晋时期	剪轮五铢铜钱 1 枚,另有 3 枚残五铢。
南阳市药材市场	魏晋时期	铜钱 24 枚,大多已残。其中五铢 9 枚,榆荚 3 枚,綖环五铢 4 枚,剪边五铢 8 枚。

续表

墓葬名称	时期	随葬钱币
南阳东关	晋代	五铢25枚,其中东汉五铢20枚,剪轮五铢5枚。
南阳市建材试验厂	晋代	铜钱8枚。除其中东汉五铢1枚外,剪边五铢1枚,余皆无廓五铢。
南阳市妇幼保健院	晋代	铜五铢21枚,大泉五十4枚,货泉4枚,半两1枚,定平一百1枚。钱薄体小。

(资料来源:根据韩玉祥、李陈广主编《南阳汉代画像石墓》整理)

上表所列的南阳汉画墓出土的钱币,约三分之一是西汉昭宣至新莽时期的汉画墓中出土的,五铢钱和新莽时期的钱币皆有,只是各墓随葬的钱币种类及数量有异。此外,就是东汉时期乃至三国魏晋墓中出土的。几乎每座墓中都出土有五铢钱,只是五铢钱的类型很多。这就印证了自汉武帝专令上林三官铸五铢钱之后,五铢钱成为西汉的标准统一货币,延用700年至2000年之久的观点的正确性,也是东汉时期币制混乱,制约商品经济发展史实的反映。

(三)货币制度对商品经济的影响

1.币制紊乱制约商品经济发展

西汉时期,出现我国古代商品经济发展的第一个高潮,赖于一个比较稳定的金属货币体系。从西汉末年起,金属货币体系开始解体。王莽末年到东汉初,谷帛就被用做货币。《后汉书·光武帝纪》中记载,建武十六年,"初,王莽乱后,货币杂用布帛金粟。是岁,始行五铢钱"。就是恢复使用五铢钱。说明自王莽末年到建武十六年,谷帛都作货币使用。虽然这时五铢钱作为主要货币恢复使用了,但布帛始终没有退出流通领域。如东汉以钱和帛行赏赐,与西汉时期赏赐使用金钱不同。黄金在东汉逐步失去了货币的功能,铜钱也变得可有可无。光武帝时"货币杂用布帛金粟",章帝时"一取布帛为租,以通天下之用",董卓"坏五铢钱"之后,铜钱在流通领域中的作用已微乎其微,布帛、谷物成为主币。三国时期,曹丕黄初二年(公元 221 年)"使百姓以谷帛为币",确立了谷帛实物货币地位。

金属货币的使用是经济发展的结果,也是商品经济进一步发展的前提。魏至两晋,布帛、谷物一直作为主货币使用,金属货币在社会经济中的作用进一步削弱。从普遍使用金属货币进行交易到使用实物货币进行交易,直接反映了整个社会经济的倒退。

币制的紊乱制约商品经济的发展,加剧商品经济的衰退,使商品经济自东汉至南北朝时期长期处于低水平发展甚至停滞的状态。

南北朝时期,又大量鼓铸铜钱,各种优劣不同的货币充斥市场,使铜钱丧失货币功能,商品经济和货币经济的恢复和发展非常缓慢。

2.货币对经济社会的负面影响

货币是从商品交换中独立出来的一种价值形态的商品。货币是一种特殊的商品,作为商品交换的媒介,一经产生,便在社会经济中起支配作用,甚至成了一些人生活中的主宰。一些人认为,只要持有了一定数额的货币,就能挑战法律,挑战社会秩序,冲击社会伦理道德。

汉代,一些富商大贾利用手中的金钱买官买爵,结交王侯,形成势力,鱼肉小民。货币所有者还利用手中的金钱赎罪,"千金之子,不死于市"之谚,就是生动的描绘。货币所有者能够利用手中的金钱,同官府争夺小农,破坏旧有的经济秩序。

崔实在《政论》中说过,"故下户崎岖,无所峙足,乃父子低首,奴事富人,躬率妻孥,为之服役"。

不少人指摘时弊,揭露金钱制造的罪恶,诅咒金钱。

《汉书·贡禹传》中记载,西汉的贡禹曾首倡废钱之议,东汉的张林、刘陶也曾经附和此议。贡禹说:"今汉家铸钱……水旱之灾未必不由此也。……民坐盗铸钱被刑者众……疾其末者绝其本,宜罢采珠玉金银铸钱之官,无复以为币。市井勿得贩卖,除其租铢之律,租税禄赐皆以布帛及谷,使百姓一归于农,复古道便。"《后汉书·桓谭传》中记载,桓谭上疏曰:"夫理国之道,举本业而抑末利……此所以抑并兼长廉耻也。今富商大贾,多放钱货……收税与封君比入,是以众人慕效,不耕而食,至乃多通侈靡,以淫耳目。今可令诸商贾自相纠告,若非身力所得,皆以臧畀告者。"可惜的是,"书奏,不省",桓谭提出的限制高利贷消极影响的主张未被光武帝采纳。

汉代有很多人为了金钱视法律和道德为无物,即使杀头或坐牢,也痴心不改。疯狂地追逐金钱者可谓层出不穷。

3. 现代社会货币经济的负面影响日益显露

当今世界,作为经济活动中的一个主角,大大小小、花花绿绿、面目各异的货币及其运动是文学艺术创作的重要题材和内容。自古至今,货币在世界经济舞台上腾挪跳跃,上下翻滚,演绎了无数人间的悲欢离合故事。经济学家认为近年发生的全球金融危机,仍是货币惹的祸。货币产生就像是潘多拉的盒子被打开,货币无拘无束、肆无忌惮地运动,对人类文明发展的负面影响越来越大,人类需要对它恶的一面进行更为有效的制约。

在社会主义市场经济条件下,货币在经济生活中更是不可或缺的角色。货币交易量以及由此产生的各种经济关系的规模与复杂程度是汉代无法比拟的。但是货币在经济活动中扮演的角色及其所发挥的作用并未发生根本的变化,仍然是促进商品流通,方便生产生活,活跃商品经济。货币是财富的一种代表形式,也是当今人们生活中离不开的东西。一些人对货币顶礼膜拜,认为金钱万能,钱能通神,所以不遗余力追逐金钱,或制集假币,或抢劫银行,或制售假冒伪劣产品,或坑蒙拐骗……不顾是非善恶,无视道德法律,甚至铤而走险。由于历史的局限,一般人无力把握货币运动的规律性。货币的运动隐藏巨大风险,货币脱离规律的运动会引发货币危机,引起整个世界金融危机。随着对货币经济规律的逐渐认识和把握,人们会慢慢控制货币的运动速度及流向,引导货币朝着人们规划的方向发展,使其更好发挥媒介经济活动的重要作用。了解汉代币制以及货币制度改革的经验教训,可以帮助我们深化对货币运动规律的认识,促进经济和谐与社会和谐。

第六章 汉代南阳的商品经济

秦汉时期,农业是整个国民经济的基础,统治阶级推行重农抑商政策。

秦统一后,采取了一系列经济措施,统一度量衡及货币制度,对商人实行市籍制度等。

汉代,皇帝从维护其统治阶级利益的需要出发,实行重农抑商政策,但摇摆不定,对商人的管制时紧时松。由于从商比从事耕织获得的收入高得多,而且少受野外酷暑严寒之苦,所以商人和商业资本虽然一再遭受打击,但仍然在夹缝中求生存,一遇时机就会慢慢恢复发展。

《史记·平准书》中记载,面对经济凋敝、百废待兴的局面,刘邦采取措施限制商业的发展,规定商贾不得衣丝乘车,贾人之子孙不得仕宦,而且对商人"重租税以困辱之"。但到了高后、惠帝时期,工商政策相对宽松,商人渐趋活跃。国家统一局面的形成,有利于农业和手工业的恢复发展。在发展农业的同时,又采用曹参"勿扰狱市"的建议,即允许商品自由交易,取消过关卡所需要的"传"(凭证),结果"富商大贾周流天下,交易之物莫不通"。

汉武帝统治时期,实行算缗告缗,禁止工商业者占有土地,发七科谪,统一铸造货币,盐、铁、酒专卖等工商业管理政策,对商业资本的发展进行严厉控制,严重抑制了汉初以来商品经济迅猛发展的势头。

东汉时期,依然实行重农抑商政策,偶尔也提一下"去末归本",但没有实行过如武帝时期的严酷措施。东汉前期几代皇帝尤其光武帝注意整肃吏治,能够体察民情,实行如西汉初年的经济政策,社会经济环境更宽松,无论官、民都可以比较自由地从事商品经营活动。虽然东汉商业比不上西汉活跃,但也获得一定程度的发展。

一、商 业

(一)历史文献对商业的描述

历史文献对汉代先民的商业智慧有不少描述。战国以来经商大潮猛涨,直到西汉武帝前期汹涌依然。甚至到了东汉,经商潮势头也未减退。社会上,以财富多寡论英雄者众,评判为人的标准也正谬颠倒,以财多为荣耀,而不问财从何来,以贫穷为耻辱,不以本业为上,所以舍本逐末者众。

如《汉书·贡禹传》中记载:"何以孝弟为?财多而光荣。何以礼义为?史书而仕宦。何以谨慎为?勇猛而临官。"

《新书》卷3中记载,贾谊说:"富民不为奸,而贫为里母也骂,吏释官而归为邑笑,居官敢行奸而富为贤吏。"

大小商人络绎于途,活跃于市,促进了商业的繁荣,也积累了不少的致富经验,对人生、对社会也有不少感悟。商业智慧散见于《史记·货殖列传》和其他一些史书之中。《史记》中曾经谈及一些松散的经商思想或者见解。

把"求利"看做是人生的主要追求的语句有"天下熙熙,皆为利来;天下壤壤(攘),皆为利往"。

归纳求利的经验的语句有"夫用贫求富,农不如工,工不如商,刺绣文不如倚市门。此言末业贫者之资也"。

提醒商人要扬长避短的语句有"无财,作力;少有,斗智;既饶,争时,此其大经也"。

强调要准确把握产销形势、选准生产经营的对象和时机的语句有"百里不贩樵,千里不贩籴。居之一岁,种之以谷;十岁,树之以木……"

从事生产经营,要把握好物产特点,分析不同物品的生产周期以及产销距离等因素,选准生产经营的对象才能谋利。不仅生财要有道,还要善于积累和增殖财富,使财运福运长久。

告诫商场风云际会,贫富无常的语句有"富无经业,则货无常主;能者辐凑,不肖者瓦解"。

提示财富是功名利禄的基础的语句有"千金之家,比一都之君;巨万者,乃与王者同乐"。

雍伯贩脂致千金,张氏卖浆获千万,郅氏以洒削薄枝而鼎食,浊氏以"胃脯"而结驷连骑。"富者必用奇胜",奇胜就是出奇制胜,就是要有竞争本领。有市场就有竞争,随着商品市场日趋繁荣,市场竞争也更加激烈,一些工商业者就通过竞争发家致富。

白圭就是一位对市场行情变化、商品供求以及商人竞争等问题有所研究的商人,他能从理论上对商人经商经验进行总结,如"人弃我取,人取我予"等。

(二)商人阶层

1. 秦汉之际商人涌现

在我国,商人在奴隶社会已经出现。自由商人——私商,在西周时期出现。西周统治者把商朝的遗民从故地朝歌迁到距离周朝国都较近的洛阳东郊一带。为了解决这些人的生计和对各地物产的需求问题,允许他们做买卖,久而久之,人们习惯地称做买卖的人为"商人",称他们买卖的货物为"商品",专门进行物资交换的行业为"商业"。春秋时期,把从事商业的人分为两类,其一叫做"商",其一叫做"贾"。"商"是指专门从事远途贩运、趸买趸卖者;"贾"是指专门从事直接向消费者售卖货物者,他们有固定的销售地点,"居肆列货,以待民来"。鉴于此,民间就有了"行商坐贾"之说(徐寒 2005:293)。汉代的商人有两类,一类商人是小本经营,小者坐贩卖,日游都市;一类是市列之外的富商大贾,他们一般不在市上设店铺,而在市外囤积货物批发给市内的小商人,主要包括盐铁商、运输商、囤积商、子钱家等。

商人阶层是社会分工的产物。春秋战国时代,随着社会生产力的发展,新的生产关系萌芽,农民、手工业者、官吏、贵族等社会阶层的生活消费，形成对商品的巨大需求，市场逐渐形成。商人适应市场需要，或者坐列贩卖，或者四处贩运货物，或者囤积批发，在经营活动中实现了自己的利益追求，也反映了当时社会经济的发展和商业的繁荣情况。

《管子·轻重》中认为，"万乘之国必有万金之贾，千乘之国必有千金之贾，百乘之国必有百金之贾"。

汉初，大一统局面的形成为商人提供了更大的活动空间。农业和手工业生产发展，为市场提供了更多的产品，西汉的商业达到空前繁荣。西汉王朝虽然奉行重农抑商政策，压制商人的商业活动，但是因为商业活动利润大，从商易富，商人依然很多，致富的人也不少。在大都市中，酿造、屠宰、粮食、薪柴、木材、运输、漆器、铜器、染料、牲畜、奴婢、纺织品、海产、果品、皮毛、高利贷等行业兴旺，无论经营哪一行业，一般都能致富。商业的繁荣是生产发展的反映，生产发展也是商人活动推波助澜的结果。

战国秦汉时期，士、农、工、商四民之间已经没有不可逾越的鸿沟，商人为官与官僚经商不乏其例，像阳翟大贾吕不韦官至秦国丞相，洛阳贾人子桑弘羊官至汉御史大夫。弃官经商，成为巨富，被后人津津乐道者也不乏其人。范蠡经商成功，昔日被称为陶朱公，今天被称为"商圣"。宣曲任氏，其先为督道仓吏，遭遇时变，独窖仓粟，囤积居奇终成巨富。宁成获罪归家，发誓"仕不至两千石，贾不至千万，安可比人乎！"足见致仕经商在汉代已经悉由人便。特别是各级官吏，已经不再信守"伐冰食禄之人不予百姓争利"的古训，亦官亦商，官商一体，广置产业，数业并举，谋求赢利。桑弘羊就以"俸禄赏赐，一二筹策之积浸以致富成业"。所谓"筹策"就是从事商业活动。光武帝妻兄郭况居高官，"累金数亿，家童四百人，万金为器，工冶之声，震于都鄙。时人谓郭氏之室，不雨而雷，言铸锻之声盛也"。

东汉的皇帝灵帝本侯家宿贫，每叹桓帝不能作家居，故聚为私藏，复藏寄小黄门、常侍钱各数千万，常云："张常侍是我父，赵常侍是我母。"《后汉书·宦者列传·张让传》如司马迁所说，"夫千乘之王，万家之侯，百室之君，尚犹患贫，而况匹夫编户之民乎！"

汉代，汉高祖贱商，武帝抑商，明帝既抑商亦宽商，商业政策反反复复。贱商观念递变，抑商政策不断实施，而贵族官僚纷纷经商，反映了汉代商业发展的曲折历程。汉代官僚贵族商人致富的例子不胜枚举，批评或贬斥官商及奸商与民争利,曾经成为一时政治家们指陈时弊的重要内容。

《史记·货殖列传》中记载:"庶民农工商贾,率亦岁万息二千,百万之家即二十万,而更徭租赋出其中,衣食好美矣。它杂业不中什二,则非吾财也。"司马迁认为,商业利率高达20%,具有百万钱资金的商人一年就能获利20万钱,收入就比得上一位食封千户的诸侯,他把家赀巨万的富商大贾称之为"素封"。那时的商人虽然没有正式受封为诸侯,但实际上相当于一位诸侯。

晁错曾指出,"今法律贱商人,商人已富贵矣;尊农夫,农夫已贫贱矣"。时人认为,用贫求富,农不如工,工不如商。从商易富,种地易贫,两相比较,舍本逐末之人渐多。

《汉书·贡禹传》中记载,贡禹说:"商贾求利,东西南北,各用智巧,好衣美食,岁有十二之利,而不出租税。"司马迁与贡禹属于不同时代的人,但他们都认为商业利润是十分之二,可知"岁有十二之利"是汉代私人商业的一般利润。

自战国至秦汉,尤其是西汉王朝一贯奉行重农抑商政策。但是农业并没有因此得到快速发展,抑制商人活动而商业却方兴未艾,历史仿佛开了一个玩笑。其实,追逐商业利益是其背后的根本原因,经济活动的客观规律是不以人们的意志为转移的。

2. 商人的社会构成

汉代商人主要包括贵族官僚商人、庶民地主商人、市籍商人和贩运商人等,其中庶民地主商人、贩运商人和市籍商人是汉代商人的主体。汉代商人社会构成较复杂,这是当时商业发展的结果,同时也反映了汉代社会结构进一步开放,商人社会地位逐步提高。战国秦汉以后,商人和商业资本的活跃,是一种历史现象。(朱德贵 2001:12)

(1) 贵族官僚商人

春秋战国时期,随着商品经济的发展,一些贵族官僚已涉足商业。范蠡曾一度为越王勾践的上将军,后来隐退,乘扁舟浮于江湖,更姓改名,到齐国为鸱夷子皮,又为陶朱公,经营商业颇有心得,十九年之中三致千金,终成巨富。吕不韦官商兼顾,有家僮万人,财累巨万。

汉初,弛山泽之禁,也弛商贾之禁,私营工商业发展很快,特别是盐铁业,出现很多赀财雄厚的大地主,如《史记·货殖列传》中记载的蜀卓氏、宛孔氏、曹邴氏等。商贾赢利丰厚，贵族官僚心生羡慕，为满足其奢侈的生活需要，不少人也开始经商。像汉景帝的儿子赵王彭祖，委派官吏到赵国所属各县，担任商业交易的经纪人，通过垄断商品买卖的中介活动谋取厚利，收入竟比在赵国的租税还多，成为当时著名的财主。章帝时期，大贵族刘康，多殖财货，有奴婢一千四百人，厩马一千二百匹，私田八百顷，奢侈恣欲，游观无节。

《汉书·张汤传》中记载，宣帝时，张安世"尊为公侯，食邑万户，然身衣弋绨，夫人自纺绩，家童七百人，皆有手技做事，内治产业，累积纤微，是以能殖其货，富于大将军光"。

《汉书·贡禹传》中记载，禹"又欲令近臣自诸曹、侍中以上，家亡得私贩卖，与民争利，犯者辄免官削爵，不得仕宦"。汉元帝时，贡禹曾经奏请皇帝下令，规定宗室及亲近大臣不得私自经商与民争利，违犯的应当罢官削爵。

贵族官僚还与富商大贾相互勾结，牟取暴利。富商大贾与官吏交结，可以招揽大主顾，可以盗取经济情报，还可以势压人，进行不正当竞争。《汉书·张汤传》中记载："使吏捕案汤左田信等，曰汤且欲为请奏，信辄先知之，居物致富，与汤分之。及它奸事。事辞颇闻。上问汤曰：'吾所为，贾人辄知，益居其物，是类有以吾谋告之者。'"长安富贾田甲、渔翁叔、田信等与张汤相结托的事情被武帝知悉。汉武帝就问张汤说，我有什么打算，商人都事先知道，因为有人把我的计划告诉了他们。《后汉书·党锢列传》中记载："宛有富贾张泛者，桓帝美人之外亲，善巧雕镂玩好之物，颇以赂遗中官，以此并得显位，恃其伎巧，用势纵横。"《后汉书·宦者列传》中记载："让有监奴典任家事，交通货赂，威形喧赫。扶风人孟佗，资产饶赡，与奴朋结，倾竭馈问，无所遗爱。奴咸德之，问佗曰：'君何所欲？力能办也。'曰：'吾望汝曹为我一拜耳。'时宾客求谒让者，车恒数百千辆，佗时指让，后至，不得进，监奴乃率诸苍头迎拜于路，随共舆车入门。宾客咸惊，谓佗善于让，皆争以珍玩赂之。佗分以遗让，让大喜，遂以佗为凉州刺史。"

当时的商人"因其富厚，交通王侯"，贿赂之风也在统治阶级上层盛行。成都的罗裒、南阳的孔氏等豪富都与权官结托。

官僚贵族因其特殊的社会地位，一旦进入流通领域，表现就非同一般。他们往往依仗地位权势，凭借政治资本，通过兼并土地、免交或少交赋税等途经,积聚了巨额商业资本,经济实力渐渐增强,中小商人难以与之比肩。东汉时期,贵族官僚经商成风。虽然有较多的官贵经商,但他们在商人构成中还不占主导地位。

汉王朝禁民二业,严厉禁止贵族官僚经商。规定,凡食禄之家,不能与民争利。官不兼事,仕者不商,贵族官僚经商被视为非法。这种制度规定,也渐渐积淀为一种社会观念。在强大的国家权力面前,一些人还是心有余悸,不敢放胆为之。章帝时朱晖说过,王制,天子不言有无,诸侯不言多少,食禄不与百姓争利。吕思勉先生也说过,商贾之与士大夫,盖薰莸不同器矣。一部分贵族官僚凭借其权势或公开或隐蔽地从事商业活动,直至东汉末期,权贵经商乃渐为世人认同。

(2) 庶民地主商人

庶民地主是指不享有特权的非身份性地主,最初是由奴隶主贵族、平民和小生产者转化而来的,主要是指商人地主、田畜地主和豪民地主。

战国秦汉时期,商人与地主是通家,商人一般而言是地主阶级的重要部分,富商往往广置田宅,摇身一变成为地主,商人与地主融为一体,主宰中国封建社会的经济命脉。

庶民地主商人主要是通过土地买卖或放高利贷等积聚财富。他们从事的商业活动,对汉代商品经济的长足发展起到了重要作用。与其他商人相比,庶民地主商人在商业经营形式上有独特之处。

庶民地主商人主要靠经营商业起家,又购置田产,在商人构成中占主导地位。

田畜地主商人致力于田畜生产经营,以发展农业领域商品生产为主。例如,《史记·货殖列传》中记载:"陆地牧马二百蹄,牛蹄角千,千足羊,泽中千足彘,水居千石鱼陂,山居千章之材。安邑千树枣;燕、秦千树栗;蜀、汉、江陵千树橘;淮北、常山已南,河济之间千树萩;陈、夏千亩漆;……"

大林业主、大畜牧业主、大渔业主以及大庄园主,无不利用所占有的土地,从事区域性土特产品生产,尔后把产品投放市场,牟取利润。

《盐铁论·禁耕》云:"夫权利之处,必在深山穷泽之中,非豪民不能通其利。"

《盐铁论·复古》曰:"往者豪强大家,得管山海之利。"

豪民地主商人依其资财，以经营工矿业为主，既从事工业商品生产，又占有田地。

（3）市籍商人

市籍商人指的是在商业活动中以坐列贩卖为经营方式，并列入市籍的商人。中小商人坐列贩卖，小本经营，其中一些人肩挑背负，靠蝇头小利来养家糊口，也有一些人在富商大贾手下劳动，受大老板的剥削。

市籍商人的地位极其低下，如秦简中说的假门逆旅，赘婿后父，勿令为户，勿予田宅的一类人，只有靠坐列贩卖谋生。

市籍商人还是谪戍的对象。《汉书·晁错传》中记载："先发吏有谪及赘婿，贾人，后以尝有市籍者，又后以大父母，父母尝有市籍者。"富商大贾的法律地位与有市籍的商人大不相同。西汉后期，形势有所变化。东汉时期，市籍制度逐渐废除。在史书上不再有关于市籍商人的记载了，表明市籍商人的处境有所改善。

市籍商人作为一个社会阶层，人数众多。汉武帝时，江充上言刘据诅咒武帝早死，引起武帝愤怒。刘据与丞相刘屈氂在长安城内大战一场。刘据曾经驱四市人，凡数万众，至长安东西阙下逢丞相军，合战五日。这说明长安城中聚集商贾不少。

市籍商人一般以经营民众日常生活用品为主。

《史记·货殖列传》中所列的日常生活用品，如酒、粮食、木材、漆器、猪牛马羊、丝帛、布匹、皮革、鱼产品、枣栗、蔬菜以及其他物品等，一般是市籍商人经营的范围。"行贾，丈夫贱行也，而雍乐成以饶。贩脂，辱处也，而雍伯千金。卖浆，小业也，而张氏千万。洒削，薄技也，而郅氏鼎食。胃脯，简微耳，浊氏连骑。马医，浅方，张里击钟。"市籍商人致富者也不乏其人，一些善于经营者自然会脱颖而出。

儒士是一个特殊阶层，汉代也有儒士经商。槐市，就是博士弟子们定期交易所在郡县产物的场所。《艺文类聚》中记载："元始中起明堂，列槐树数百行为隧，无墙屋，诸生朔望会且市，各持其郡所出货物及经书、书记、笙、磬乐器，相与买卖。"也就是说，槐市中的诸生进行诸多商品交易，以交易经书、书记、笙、磬乐器等精神文化用品为主，这是儒士经商的一大特点。

（4）贩运商人

贩运商人从事货物运输活动，将生产物从此地运到彼地，利用物品的地区差价牟取利润。

秦汉的简牍与文献中,散见有"行贾"、"商贩"、"贾贩"、"市贩"等词语,用来描述一般意义上从事买货出售的贩运贸易。春秋战国时代我国商品经济发展繁荣出现第一个高潮,涌现了一批富商大贾,其中一些就是贩运商人。他们通过贩运贸易,成为当时闻名遐迩的富商巨贾,如弦高靠机智勇敢救国的故事广为流传,还有范蠡、吕不韦等留名史册。古代道路交通条件和运输工具落后,关山阻隔,路途遥远,贩运活动充满危难。商贾倍道兼行,夜以继日,虽有关梁之险,盗贼之危,因市贾倍,总有一批人从事这项活动。

秦祚短暂,汉朝草创,尽管沧海已变桑田,但战国时人皆背本趋末之风仍有很大影响,许多人乐于从事贩运贸易,贩运贸易日趋活跃。西汉前期,社会经济得到恢复和发展,出现了我国古代商业发展的又一个高潮,也与贩运商人日渐活跃有关。

《潜夫论·浮侈》中记载,王符说:"举俗舍本末,趋商贾,牛马车舆,填塞道路,游手为巧,充盈都邑,务本者少,浮食者众。""浮食者"中有不少人就是贩运商人。

贩运商人致富入仕的事例,史书中多处记载。

《盐铁论·力耕》中记载:"宛、周、齐、鲁,商遍天下。故乃商贾之富,或累万金,追利乘羡之所致也。"

《史记·货殖列传》中记载,贩运商人"各任其能,竭其力,以得所欲"。

《后汉书·吴盖陈臧列传》中记载:"吴汉字子颜,南阳宛人也。家贫,给事县为亭长。王莽末,以宾客犯法,乃亡命至渔阳,资用乏,以贩马自业,往来燕、蓟间,所至皆交结豪杰。"

《后汉书·第五伦传》中记载,"伦后为乡啬夫,平徭赋,理怨结,得人欢心。自以为久宦不达,遂将家属客河东,变名姓,自称王伯齐,载盐往来太原、上党……建武二十七年,举孝廉,补淮阳国医工长……"第五伦因为久宦未显,遂举家迁徙,隐姓埋名贩盐为业,自称王伯齐,载盐往来太原、上党,后来官至二千石。

我国疆域辽阔,随着生产力水平的提高,不同区域的物美质优的土特产品能够满足不同阶层的需要。市场广阔,给贩运商人施展才华赚取利润提供了舞台,贩运商人进行的贸易活动,也为以后走上仕途奠定了基础。

贩运商人能凭借贸易实践积累的经验,眼观六路耳听八方,能料多少、知贵贱,根据市场行情做出判断,及时以其所有,易其所无,买贱鬻贵。使天之所复,地之所载,莫不尽其美,至其用。他们从事的贸易活动促进货畅其流,物尽其用,推动社会资源流动和合理配置,使商品流通的规模和范围不断扩大,市场上商品种类增多,方便了人们的生活,满足了不同层次消费者的需要,活跃了社会经济。

汉代,一些贩运商人积累了雄厚的商业资本,拥有强大的经济实力,逐渐成为引人注目的一个阶层。

经商致仕之路并不平坦,汉武帝时期,由于实行"禁榷制度",贩运商业仍在发展,但贩运商人的经济实力渐呈衰落。从西汉后期至东汉,车船贾贩,周于四方,满于都城,贩运商业又慢慢崛起。

随着时代的发展,贩运商人成分也在不断变化。从原来的六国迁虏、旧贵族后裔、民间自由商人经营贩运业发展到地主、官僚等各色人物均经营贩运业。贩运商人地主化的倾向日益明显,且官商结合。

古代社会,商人、商品和商业资本是推动社会发展的积极因素。商人能够在社会缝隙中为自己开辟出活动天地,是社会中具有顽强生命力的阶层,一旦遇到适当的机会便会勃发生机,显示生命的绚烂。汉代商人阶层的进取致富精神及其人生际遇能够给我们以深刻启迪。在一定历史时期里,商人阶层的活动能够对社会产生很大的影响,近代社会更是如此。尤其今天,我们不能不给活跃在市场经济舞台的商人阶层一个客观公允的评价。

(三)贩运贸易

贩运贸易也叫贩运商业,属于商业行为,是商人将生产物从有余的地方运到缺乏的地方,利用物品的地区差价,通过长途贩运、贱买贵卖的不等价交易而牟取利润的一种商业活动。(黄今言,陈晓鸣 1997:2)

春秋战国时期,贩运商业开始兴起;秦汉时期,道路交通条件有所改善,为商业特别是贩运贸易的发展提供了必要的条件。

1. 汉代南阳的交通状况

南阳处于河南的西南部,西接秦岭,东连大别山,是联结中原与江汉、关东与关中的天然孔道,陆路交通便利。

秦始皇二十七年,在完成统一大业后,为了控制广阔的国土,特别是六国旧境,便于政令、军令的传送和商旅车货往来,下令在全国各地修筑驰道。以秦都咸阳为中心,向各地辐射,东至燕齐,南达吴楚,北抵九原,西通陇西,形成较为完整的交通网。驰道的修成,极大地方便了全国陆路交通,促进了国家政治、经济、文化之间的联系。在秦朝修筑的交通网络的基础上,汉朝从维护国家统一和促进发展的角度考虑,在交通方面也有不少建树,改善了交通条件,方便了内外交流。

汉代,南阳有五条主要的交通干道,呈放射状分布,将南阳与全国重要的经济区紧密联系起来,南阳因此成为中原腹地沟通东西、连接南北的一个交通枢纽。

(1) 武关道

武关道以位于今陕西丹凤县东南的武关而得名。自南阳向西,过武关、商洛至长安、咸阳,就是著名的武关道。武关道又名"商山路",春秋战国时开辟,原本是为了秦楚相互争夺的需要,以"武"字名关、名路,起自长安,经蓝田、商州,至河南内乡、邓州之间道路的统称(王勃 2009:16)。具体来讲,从南阳盆地的宛县(古申县,今南阳市)出发,向西经析县(今西峡县)过武关,历商县(今丹凤)、上雒(今商县)、蓝田(今蓝田县西),抵达关中地区。战国时代,武关是秦楚边界的重要关隘,其战略地位十分重要。秦国败楚之后,占领南阳盆地,完全据有了武关道。秦朝建立后,为巩固统一局面,秦始皇大修驰道。他出巡全国时,也走武关道。

(2) 东南道

东南道是自南阳向东的一条道路,从宛县出发,东南经过平氏(今桐柏县平氏镇),循桐柏山北麓淮河一线东行,经复阳(今桐柏县城西)出南阳盆地,可达淮河中上游及江淮地区,折而向南可抵达豫章郡(今江西省一带)等长江以南地区(郭天江、刘振雨 1996:3)。东南道与武关道在南阳盆地中心相接,横贯盆地东西,连接了关中和东南广大区域,成为全国性的陆路交通线,有利于东南地区的经济开发和贸易往来。

(3) 方城道

方城道是自南阳向东北方向的一条道路。经过陈、蔡可达齐。从宛县出发,东北经博望(今方城县博望镇)、堵阳(今方城县东),出方城隘口至叶县(今叶县旧县镇),经汝、颍河中上游,可达黄河中下游及其以北广大地区(王文楚 1964:10)。先秦时期,这条道路贯通华夏,春秋时期,这条道路连接了楚国与中原各国。秦汉四百余年,这条道路一直是连接南阳盆地与中原地区的最重要的交通线。

(4) 宛洛道

宛洛道是自南阳正北的一条道路,亦称"三鸦路"。从宛县沿淯水(今白河)北上,经西鄂(今卧龙区石桥镇)、雉县(今南召县云阳镇),历鲁阳(古鲁县,今鲁山县),可达洛阳及河东地区(王文楚 1964:10)。汉代,鲁阳是南阳郡属县,有南阳铁官管辖下的一个重要冶铁基地。东汉时期,洛阳是帝都,南阳是帝乡,这条路自宛出发,穿过鲁阳,经伏牛山区,直达洛阳,连接了宛洛,成为南方地区通往京师的一条战略要道。

(5) 宛南大道

宛南大道是自南阳向南的一条道路。从宛县出发,经过新野(今新野),从邓县(今襄樊市西北)附近过汉水(今汉江),就可抵达襄阳(今襄樊市汉江以南部分),再经过宜城(今宜城南)、当阳(今荆门市南),就可到达江陵地区,再向南,渡江可到长沙国乃至番禺僻远之地(黄遵福 2005:22)。迄春秋至秦汉,宛南大道就是一条沟通南北的重要交通线。

南阳水路交通发达。

历史上的南阳盆地气候湿润,雨量充沛,水系发达,水资源丰富。境内比较大的河流有淯水(白河)、比水(唐河)、湍水(湍河)、涅水(赵河)、朝水(刁河)、丹水(丹江)、析水(老鹳河)等七条,分属长江、黄河、淮河三大水系,具备发展农田灌溉和水上运输事业的优越条件。

唐白河属于长江水系的河流,水系最大,流域面积23740平方公里,自东向西有唐河、白河、湍河、刁河等四大主要支流。丹江水系较小。

唐河(古比水、醴水)的主要支流有毗河(古马仁陂水)、泌阳河(古比水)、桐河、三夹河(古醴水、派水)。

白河(古淯水)的主要支流有松河、黄鸭河、灌河、鸭河(古鲁阳关水)、潦河(其上游即古梅溪河水上游)、湍河(古湍水)、刁河(古朝水)、溧河(古棘水)等。

湍河的主要支流有赵河(古涅水)、默河等。

丹江(古丹水)水系的主要支流有丹江、老灌河(古析水、均水)、淇河(古黄水)等。

属于淮河水系的河流,支流主要分布于桐柏县、方城及南召一带。

属于黄河水系的河流,仅南召马市坪乡一带河流,属于伊河上游支流。

南阳盆地位于三大水系交汇之处,具有沟通水运、连接南北的潜在优势。春秋战国时期就已经开始开发,而后逐渐形成了中原水路交通网,南阳的这些水道只要与中原水路交通网的任一水道相接,便与中原水运联通。

上世纪五六十年代,在安徽寿县出土的鄂君启节,是楚怀王颁发的具有免税特权的通行证(殷涤非,罗长铭 1958:4)。舟节所记载的水程的起点,就是在南阳盆地淯水西岸的鄂(汉南阳郡的西鄂县),从鄂出发,沿淯水南下进入汉水,沿汉水北上可达汉中,或南下进入长江(陈伟 1986:2)。早在战国时期,先民就已经开始利用这几条水道,沟通南阳盆地与江汉、汉中乃至广大江南地区的联系。

汉代,南阳盆地内的24个县级政区的治所中,位于七条主要河流沿岸的就有19个。淯水沿岸有雉、西鄂、宛、棘阳、淯阳、新野,比水沿岸有堵阳、比阳、新都、郦、冠军,穰县位于湍水沿岸,涅阳、安众位于涅水沿岸,朝水流经朝阳,丹水流经丹水、南乡、博山,析水流经析县。从这些县城顺流而下,均可进入汉水,然后沿汉水很容易到达汉中乃至江南。

南阳盆地纵横交错的水、陆交通线路互相补充,连接了东西交通,沟通了南北方的联系,为汉代南阳工商业发展繁荣创造了条件。

2.贩运贸易及其特点

春秋战国时期就出现了贩运贸易,随着社会生产力的迅速发展,地区间的交往日益频繁,各地方物、土特产品进入流通领域,是富商大贾和贵族大家喜好和追逐的对象。贩运贸易逐渐成为一种重要的商业活动形式。

《盐铁论·力耕》中记载,"自京师东西南北,历山川,经郡国,诸殷富大都,无非街衢五通,商贾之所臻,万物之所殖者"。追逐货殖的汉代贩运商人,足迹遍天下,通过经商活动,在实现商品价值与资本增值的同时,也不断充实、丰富、完善自己的人生。

西汉前期,经济恢复发展,商业日趋繁荣,涌现出一批富商大贾。一些人致富之后,私欲膨胀,气焰嚣张,恃财傲物,甚至俯视封君,傲视朝廷。统治阶级千方百计要削弱和控制这种力量。武帝时,为解决财政困难,采取了盐铁官营政策,打击私商,贩运贸易遭到抑制,经济活力趋减。昭宣时期,废除了一些苛税严法,经济环境逐渐宽松,私商活跃,贩运贸易渐渐恢复发展,又产生一批新富。王莽实行五均六莞政策,也未能阻止经商潮流,私营贩运商业仍然向前发展。

东汉政权没有明确提出过抑商政策,对工商业放任保护,尽管东汉一度实物货币复兴,然私营贩运贸易仍是当时商业活动的最基本形态。(黄今言,陈晓鸣 1997:1)

(1)珍宝玩物与方物特产是早期的贩运货物

春秋战国时期,受交通条件限制,贩运贸易主要经营昂贵的奇珍异货,以供给皇亲贵戚官僚富贾消费。《史记·李斯列传》中记载,诸如昆山之玉、明月之珠、太阿之剑、纤离之马、翠凤之旗、灵鼍之鼓、夜光之璧、犀象之器、江南金锡、西蜀丹青、宛珠之簪、傅玑之珥、阿缟之衣、锦绣之饰等,并不一定出自秦地,或是各地进贡的名产,或是商人长途贩运而来的奇货,均是贵戚豪富热衷和追求的奢侈品。汉代,奢侈消费之焰更为炽盛。《潜夫论·浮侈》中记载了王符对贵戚豪家追逐奇珍异货之风的描述:"今京师贵戚,衣服、饮食、车舆、文饰、庐舍皆过王制,僭上甚矣。……石山隐饰,金银错镂,䴢麂履舄,文组采襟,骄奢僭主,转相夸诧……"贵族豪家为满足豪奢欲望和向世人炫示富贵,需要高级物品点缀装饰。这些奢侈品中相当一部分就是通过贩运商人辗转推销到京城的。

由于南越的地方特产受到内地民众,特别是皇室和达官贵人的喜爱,中原的贩运商人被高额利润驱使,不顾遥远蛮荒,不畏崎岖艰险,依然去寻觅。《汉书·地理志》中也记载:"处近海,多犀、象、毒冒、珠玑、银、铜、果、布之凑,中国往商贾者多取富焉。番禺,其一都会也。"

《盐铁论·本议》中记载,"有山海之货而民不足于财者,商工不备也。陇、蜀之丹漆旄羽,荆、扬之皮革骨象,江南之楠梓竹箭,燕、齐之鱼盐旃裘,兖、豫之漆丝絺纻,养生送终之具也,待商而通,待工而成"。随着生产的发展,国家和个人经济收入都会增长,富人数量增长,不只是少数贵戚豪家消费方物特产,普通人也会偶尔消费一些,以求精神上的满足。方物特产的转运贸易,助长了社会奢侈消费之风。

(2) 农、林、牧、副、渔产品是主要的贩运货物

《史记·货殖列传》中记载,谚曰:"百里不贩樵,千里不贩籴。"司马迁揭示了当时农、林、牧、副、渔产品已经大量投入到流通领域的社会经济现象,大畜牧主、林场主、园圃主、渔场主所进行的生产中,相当一部分属于商品生产,这些人虽然"不窥市井,不行异邑",但是依靠贩运商人就能"座待而收",产销两旺。

(3) 手工业品是大宗的贩运商品

按照《史记》中的说法,当时的通都大邑,因为贩运商人的贸易活动,市场上商品种类增多,市场交易活动比较频繁,盐、酒、车、竹木器、铜器、铁器、皮革、漆器等交易品均为手工业制品,其中盐、铁还是主要商品。

随着冶铁、制盐的生产规模扩大,其销售量增长。扩大市场客观上要求长途贩运业的发展与之相适应。《盐铁论》中记载:"铁器,民之大用也,农夫之死士。"《汉书·食货志》中记载,王莽诏曰,"夫盐,食肴之将","必即于市,虽贵数倍,不得不买"。盐铁是国计民生必需品,但资源分布受时空限制,而且这两类产品也不是一般家庭能生产的,只能通过贩运贸易满足社会需求。

布帛为衣着之源,人们须臾难离。汉代,民间的纺织品生产已有相当规模,家庭纺织业能够满足城乡大部分家庭的衣物需求,但还有一部分人的需求要通过市场交换得到满足。当时出产于会稽的"越布"、吴地的"细葛"等,就被一些大商人集中贩运到各地,一时誉满天下。

汉简记载,西北边境地区市场上的布帛种类较多,有七棱布、八棱布、九棱布、练、缣、皂练、白素、皂布、帛、白缣、丝絮、丝等,其中一些就是从中原贩运去的。

汉代贩运贸易中,手工业品和农副产品的增多,反映了贩运业、商业资本与社会各个产业之间的联系进一步加强,奢侈品地位相对削弱。

3. 贩运贸易的发展及其作用

区域经济发展的不平衡是贩运贸易发展的基础。

我国幅员辽阔,各地区经济发展水平不同,这是传统商业中的贩运

业建立的基础。长途贩运业的发展,促进了各地区物资的流动、经济和文化的交流。经济发展水平较高的地区往往能发挥带动落后地区的作用,后来南方经济发展水平能超过北方,实际上也受益于长期以来的南北经济交流,接纳了大量北方的劳动者以及他们带来的先进生产技术和经验。

汉代贩运贸易总体来说有长足发展,贸易的规模、范围不断扩大,农产品是其基本构成,方物特产占相当比重,手工业品数量增加、质量有所提高。贩运的商品由名贵珍品到大量盐铁、马匹等民间生活、生产必需品,反映了社会生产和消费的发展。贩运商人地主化的倾向日益明显,贩运贸易的形式既有个体经营,也有合伙经营,并形成一定制度。从时间上看,私营贩运贸易除汉武帝时受到较大抑制外,于西汉前、后期及整个东汉基本上皆处于发展势态。汉代贩运贸易之所以能得到发展,与当时的工商政策、交通条件及地区性商品生产的发展不平衡等密切相关。(黄今言,陈晓鸣　1997:1)

汉代贩运商业得到了快速发展,如史料所载,东至乐浪,西至敦煌,万里之中,相竞用之。贩运商业在古代商品交换中起着重大作用,它使更多的产品转化成商品,还调节了各地之间货物的有无,满足了人们的消费需要,加强了商品生产者与市场之间的沟通与联系,促进了各地商业市肆的繁荣和发展。

(四)商业资本的运动

商业资本又叫商人资本,包括商品经营资本和货币经营资本。商品经营资本是指专门从事商品买卖以获取利润为目的的资本;货币经营资本是指专门承担与货币流通有关的各种技术性业务——兑换、出纳、保管、记账等的资本。商业资本是流通资本的独立化。

1. 商业资本积聚与流动

商业资本是历史上最古老的一种资本存在形式,在我国春秋时期就已经出现了。战国时期,除秦国大力推行重农抑商政策以外,其余诸侯国的商业政策较为宽松,特别是齐国和魏国,放松了对私商的控制,商业发展繁荣,商业资本积聚增长。秦朝为镇压六国旧贵族的残余反对势力,实行迁徙豪富政策,虽然打击了商人势力,却也为商业资本的活动与发展开辟了更广阔的空间。

城市经济及市场的繁荣为商业资本的积聚提供了前提。商人可供选择经营的行业不少,在商业经营活动中靠贱买贵卖、欺诈掠夺等方式,迅速积聚起大量的商业资本,私商阶层逐渐兴起。《史记》中记载,西汉时期,这个阶层的经济实力增长很快,贩运商人师史资产达七千万。《三国志·蜀志·糜竺传》中记载,东汉后期,糜竺经商暴富,"赀产钜亿"。

汉代,商人及商业资本获得了较大发展。城市人口众多所形成的数额巨大的商品消费为商人及商业资本的活动提供了市场,城市的地理位置为商人及商业资本的活动提供了广阔的空间,城市的防御系统为商人及商业资本的活动提供了必要的安全保障。(张弘 2001:1)

汉代社会是农业社会,数量可观的商业资本可以选择的投资渠道不多,商业资本流向土地,加速了农民的贫困化。商业资本的无序流动,扰乱社会经济秩序,引发一系列严重的社会问题。

购买土地是商业资本可以选择的主要投资渠道。重农抑商政策的实施,刺激土地买卖活动升温。统治阶级极力抑制富商大贾势力的发展,对城市大商贾的压制政策造成了部分城市商业资本转移到农村,加剧土地兼并。当时商人大多"以末致财,用本守之",从事工商为求富,置田则为守富,取得大量的土地来稳定其财富,实现财富的保值与增值。

马端临在《文献通考》中述及张禹占田四百顷,揭露当时"他人兼并者类此"。《汉书·陈汤传》中记载,成帝时"关东富人益众,多规良田,役使贫民"。《汉书·哀帝纪》中记载:"豪富民多畜奴婢,田宅亡限。"

东汉时期,豪强地主占据大量土地的现象有增无减。《后汉书·百官五》中说:"强宗豪右,田宅逾制,以强凌弱,以众暴寡。"仲长统在《昌言·理乱篇》中说:"豪人之室,连栋数百,膏田满野,奴婢千数,徒附万计。"

除了投向土地,一部分商业资本湮没在奢侈消费领域。

西汉中期,国库充裕,百姓富裕,物资丰富,宗室王公卿大夫以下者生活奢侈、相互竞攀,居住、车马、服饰等方面奢僭逾制。这反映出自武帝时始,人们的消费方式、消费观念发生了巨大变化,由原来"尚俭"趋向"崇奢",并体现在社会生活的各个方面。(温乐平 2005:3)

东汉章帝时,连年雨水不调,饥馑屡臻,虽然上层统治者采取较为严厉的措施遏制奢靡之风,但贵戚近亲仍然奢纵无度,嫁娶送终尤为僭越。对这种情况,"有司废典,莫肯举察"。

2. 商业资本流动的影响

汉初高祖实行了抑商政策,反映当时富商大贾的势力很大。惠帝、高后时期,"弛商贾之律",对商业资本的发展也作出一定程度的让步。

文景时期,农村缺乏劳动力的压力已大为减轻,加之尊奉黄老思想,实行无为而治,一时使抑商政策成为虚文。社会稳定,农业和手工业发展促进了商业的发展。商业资本大量积聚且日趋活跃。

商业资本是非生产性的资本,是通过流通领域获得增值积聚的,积聚至一定数额之后,必然会向其他领域转移,汉武帝时期,商业资本呈泛滥之势。

在经济学意义上,资本是能够带来剩余价值的价值。数量巨大的商业资本,必然要为自己寻找增值的出路。当时社会生产力总体发展水平不高,社会消费能力和消费水平不高,投资机会不多,因此商业资本的流向会对经济社会产生相当大的影响。

汉代,城市虽有很大程度的发展,但城市规模不大,没有足够的能力吸纳数额巨大的商业资本,商业资本缺乏生产领域的投资机会,就在流通领域内流转,或投向土地,或转化为高利贷,或挥霍浪费掉,或作为贮藏手段沉淀起来。用于生活消费,会助长社会的奢靡之风;用于贿赂官吏,会败坏吏治。随着商人及商业资本活动日趋活跃,在利益的驱使之下,城市商业畸形发展,对城市经济的发展构成了严重威胁。

商业资本是在不等价交换中增值的,贱买贵卖、欺诈掠夺乃是交换的本质。在商品流通中,由于生产者和消费者之间存在着时空距离和信息不对称,彼此无法深入了解,商人往往能够从"贱买"中直接剥削小生产者的劳动,从"贵卖"中分取包括封建地主、贵族、官僚在内的消费者所占有的一部分剩余劳动,剥削作为消费者的广大农民和城市平民。不明行情的小生产者在交换中往往处于不利的地位,即使是拥有地租赋税收入的剥削者在与商人打交道时也难免上当吃亏。

在城市市场上渐渐出现了经营奢侈品的行业。东汉的洛阳,富贵人家的衣服、饮食、车舆、装饰、庐舍等商品消费,无不奢侈。因经营奢侈品可赚取更多的超额利润,故商人多乐意为之,从事奢侈品贸易的商人增多了,大量的奢侈品充斥城市市场,使城市市场之间出现严重的比例失调,生活必需品的经营相对滞后,既给城市普通居民的日常生活带来诸多不便,又不利于城市经济正常、协调地发展,还刺激统治阶级的消费欲求,从而强化对直接生产者的剥夺。

大量农民纷纷涌入城市,弃农经商、舍本逐末之风愈盛。局部地区农、工、商人口比例失调,不利于城市经济、商业乃至整个社会经济的发展。

由于社会风气影响,那些希望通过经济或超经济手段聚敛财富的高赀,在获得巨额的货币资本后,没有将货币资本转化为产业资本,用以扩大再生产,以至像西汉众多的盐铁经营者,到东汉已寥若晨星,难见踪影,他们或"一飨之所费,破终身之业"(《后汉书·王符传》)尽情地挥霍,或在儒学重义思想熏染下和政治风云的变幻中自然地解体,此外则不无例外地将巨额资本投向土地,疯狂地进行土地兼并。

自战国至秦汉,商人和商业资本渐渐成为社会经济中最活跃的因素,商业资本大量地流向土地,不断地蚕食农民的小块土地,自耕农大量破产流亡。农民失去土地后,或成为佃农庸客,或沦为官私奴婢,抑或"逃亡山林,起为盗贼"。商业资本还转化为危害性更大的高利贷资本,更加快了农民家破人亡的速度。商业资本的发展影响了小农经济与地主经济,瓦解了农村经济的基础。商业资本流向土地,势必加速土地兼并和小农破产,农民流亡,农业萎缩,商业成为无源之水,商人活动空间收缩,难以再享昔日的富贵荣华。

商人、商业资本活跃,并没有带动商品生产同步发展,至多把农民的一部分劳动产品转化为商品,没有从根本上瓦解自然经济。土地的兼并和高度集中,造成了广大劳动人民的赤贫化,却又没有吸收大批流民投入大工业的条件。尽管实行非抑商政策,商业仍难以发展起来。(曹金华 1995:5)

(五)土地买卖盛行

土地是农业社会主要的生产资料,农业经济就是以土地为基础的经济。汉初,国家对土地的控制不严格,土地所有者能够自由支配土地,土地的自由买卖遂成为极为普遍的经济现象。汉代,土地买卖通常以契约的形式成交,并以此作为凭证,受到政府的承认与保护。夏亨廉、林正同在《汉代农业画像砖石》中指出,如现存的汉代契约"孙成买地券"中,就标明了买卖时间、卖主与买主的姓名、买卖田亩的数额和卖价、田亩四周界限中的生长物、所埋死尸的处置以及买卖土地的中间保人等,契约的各项条款基本齐备。(夏亨廉,林正同 1996:32)

再如,东汉章帝六年(81年)靡婴买地券(玉质),"建初六年十一月十六日乙酉,武孟男子靡婴买马起宜,朱大弟少卿冢田,南广九十四步,西长六十八,北广六十五,东长七十九步,为田二十三亩奇百六十四步,直钱十万二千。东,陈田比分,北、西、南,朱少比分。时知卷约赵满、何非,沽酒各二十斗"。(李发林 1991:379)现存的汉代契约以及汉墓葬中出土的买地的铅券、玉券、砖券、明器,都是当时社会现实生活的反映,说明土地买卖已经成为普遍现象,土地买卖在人们思想观念中已经占有重要地位。随着土地买卖盛行,逐渐形成了一套较为完整的程序,土地商品化、资本化程度加深。

1. 土地买卖的原因

古代农业社会,土地是重要的生产资料,自然经济就建立在土地私有制度的基础之上。

春秋战国时期,伴随商业活动的兴起,土地逐渐私有,秦国商鞅变法,"废井田,民得买卖",俟后又"使黔首自实田",当时土地买卖已经较为常见。

汉代,土地买卖已经普遍,土地兼并已较为严重,土地日益商品化,原因之一是土地财产的性质与其他形式的财产有所不同。

土地既是最重要的生产资料,又是一种既能生息,又最安全的财富。土地作为一种财产,价格比较稳定,这一点对商业资本有很大吸引力。胡如雷在《中国封建社会形态研究》一书中认为,清人张英对土地的价值有比较明确的认识,他在《恒产琐言》中说:"天下货财所积,则时时有水火盗贼之忧。至珍异之物,尤易招尤速祸。草野之人有十金之积则不能高枕而卧。独有田产,不忧水火,不忧盗贼。虽有强暴之人,不能竞夺尺寸;虽有万钧之力,亦不能负之以趋。千万顷可以值万金之产,不劳一人守护。即有兵燹离乱,背井去乡,事定归来,室庐畜聚,一无可问,独此一块土,张姓者仍属张,李姓者仍属李,芟夷垦辟,仍为殷实之家。呜呼!举天下之物不足较其坚固,其可不思所以保之哉!"

汉代,土地一般"亩价二千",地价稳定,土地就有保值或升值的可能,就有了保存财富的功用。经营土地的利润虽然没有工商业利润丰厚,但是富无经业,则货无常主,经商有很大的风险,还是经营土地比较保险稳当。土地买卖自由,土地易手容易,既能应急,也能及时调整财富组合,又能保住本钱,所以商业资本转换成土地就成为富商大贾一种理智的选择。汉代地租和地价的相对稳定,是汉代商业资本流向土地的根本原因。由于土地作为财富的代表,能够保值增值,对商人有较强的吸引力,许多商人将大量商业资本投向土地,土地商品化程度加深。土地兼并日益严重是西汉后期遗留后世的最主要社会问题之一。

租佃制地主经济是有一定比重的商品经济成分,这也是土地兼并加剧的一个诱因。

拥有200亩以上甚至更多土地的大地主,把土地租给农民耕种,佃农把粮食等农产品作为实物地租缴纳给地主,粮食等农产品不仅具有使用价值,而且具有价值和交换价值。拥有200亩以上土地的大地主的租佃制经济,与拥有200亩土地或者更少土地的小地主的租佃经济相比,已经具有一定比重的商品经济成分。这种租佃制下的地租具有的商品性质吸引了大大小小的地主不断扩大土地规模,以获取更多的地租,积累更多的财富。这也正是《汉书·王莽传》中记载"汉氏减轻田租,三十而税一,常有更赋,罢癃咸出;而豪民侵陵,分田劫假。厥名三十税一,实什税五也。父子夫妇终年耕芸,所得不足以自存"的原因,是一些贵族豪民从封建国家那里取得大量"三十税一"的公田,又以"见税什五"的地租率把它转手给贫困的小农,以获得可观收益。

西汉元帝时,放弃了长期以来的迁徙豪富的政策,客观上为土地兼并提供了宽松环境。在此之前,官府常将关东的一些官贵及豪富强制性迁往关中,以消解地方豪强官府的宗族势力,打断他们兼并土地的过程。放弃这一政策,豪强地主的宗族组织日益扩大,形成盘根错节的家族势力,能够大肆兼并土地,吸附人口。陈汤曾经向成帝上书,建议坚持迁徙豪富的政策,也反映了当时土地兼并问题的严重性。

公元10年的法令中,规定市租是利润的1/11……经营商业什一税一与经营农业三十税一之间的差异,又大得足以在禁止商人占有土地的法律废止后,诱使商人立即将赚得的钱财投资于土地(许倬云2005:38~39)。国家法令规定商人缴纳的市租重于地租,也是土地兼并日益严重的一个诱因。

《汉书补注》卷 24 下记载,诸取众物鸟兽鱼鳖百虫于山林水泽及畜牧者,嫔妇桑蚕织纴纺绩补缝,工匠医巫卜祝及它方技商贩贾人座肆列里区谒舍,皆各自占所为于其在所之县官,除其本,计其利,十一分之,而以其一为贡。敢不自占,自占不以实者,尽没入所采取,而作县官一岁。

古代社会土地不仅是重要的生产资料,而且是社会地位和权力的基础。汉代,一些人或通过官场禄赐,或经商致富,或凭力农获利,或靠投机等,积累了大量资本,为了稳固自身的社会权势,维持和扩大在乡村和宗族中的影响,不少人极力地积聚更多的土地资源,加速土地兼并步伐。

资本的本性是扩张,商业资本的膨胀使其必然要寻求更好的投资渠道,实现自身价值的保值和增值。但是规模有限的手工业,发展有限的城市经济,无法大量吸纳商业资本,加上汉朝统治者实行歧视商人的政策,限制商业资本的发展,商业税负重于农业税负,商人都选择将商业资本投向土地。

2. 土地买卖发展及其后果

土地买卖作为整个传统社会土地财产转让的形式之一,肇始于先秦时期。《史记·廉颇蔺相如列传》、《史记·白起王翦列传》有记载。当时地权关系开始松动,宅圃可以买卖。商鞅变法,通过法律形式承认土地私有,土地可以自由买卖。秦始皇二十三年(公元前 224 年)颁布法令,封建国家土地私有制在全国范围内确立,为土地市场的形成提供了必要条件。

自秦至汉初,土地兼并趋势已初见端倪。伴随着地主制经济、商品经济的发展,土地私有化程度加深,土地转移频率加快,地权趋于集中。汉武帝时期,土地兼并情况日益严重,"买田宅"、"夺民田"的现象时有发生。

西汉中期以后,土地不仅可以买卖,而且"买卖由己"。能够进行买卖的有水田、川泽、田宅、墓地等几种。《汉书·贡禹传》中记载:"贫民虽赐之田,犹贱卖以贾……"这是说国家赐给贫民的土地也往往被出卖。参与土地买卖的人逐渐增多。

国家严厉打击豪强势力,防止豪强控制小农,国家也从未认真限制权贵们的土地兼并行为。不少权贵大规模买卖田宅土地,《汉书·萧何传》中记载,丞相萧何曾"强买贱买民田宅数千人",《汉书·窦田灌韩传》中记载,丞相田蚡"治宅甲诸第,田园极膏腴",将军灌夫"家累数千万……波池田园,宗族宾客为权利,横颍川"。

土地买卖盛行,地权的不断转移使乡村社会内部阶层分化加剧。一部分农民失去了赖以生存的土地生产资料,意味着增加了地主阶级持有更多土地财富的机会和权力,土地资源多流向地主手中。

汉末史学家荀悦在《申鉴》卷二中指出,诸侯不专封富人。民田逾限,富过公侯,是自封也。大夫不专地,人买卖由己,是专地也。春秋以前,土地全由周王处理,诸侯不得自行建立封国,大夫不能自由转让土地,先秦土地不能买卖,农民不得自由迁徙。现在"豪民占田或至数百千顷,富过王侯",等于是自行建立封国;"买卖由己",完全是自由处置土地。在土地所有权方面,汉代地主比春秋以前的贵族享有更多的自由,形成了"田无常主,民无常居"的局面。未曾得过一官半职的人,也可以拥有大量田地,能够像大贵族一样肆意欺压平民,县县有君主,乡乡有公侯,农民苦不堪言。

汉代,无论军人、说客、文士、贵族、官僚、儒者、商贾,一旦取得一定量货币,皆投之于土地,以立所谓本富之本。收买不得,则用非法之手段以谋夺之。其有特别人物,不营田产者,一时传为美谈(李剑农 2005:224)。李剑农先生寥寥数语,比较清晰地描画了汉代土地买卖中争夺激烈的情景。

汉代,人们把做大官和成为大地主看做同样的飞黄腾达之路。《汉书·酷吏列传》中记载,宁成贳贷,买陂田千余顷,假贫民,役使数千家。数年,会赦。致产数千金,为任侠,持吏长短,出从数十骑。其使民威重于郡守。宁成在武帝时期因事系狱,后逃回老家,贷款买田十多万亩,招揽佃农数千家,几年工夫就积累资产数千万,权势甚至超过了当地的太守。成帝时丞相张禹买的全是长安附近泾水渭水灌溉区的上等土地。成帝本人也在民间置买私田当地主。

官僚贵族大量兼并土地,法令不准占有土地的工商业者,在经商致富以后也占有大量土地。汉武帝用算缗、告缗的法令剥夺工商业者,没收的财产中就包括土地,"大县数百顷,小县百余顷,宅亦如之"。

东汉时,权贵佞倖的土地欲尤盛,非法取得土地,尤甚于西汉。大臣中以不营田产见称者仅有二人,一为吴汉,一为范迁。《后汉书·吴汉传》中记载,汉在外征战,妻子在后买田业。汉还,让之曰:"军师在外,吏士不足,何多买田宅乎!"遂尽以分与昆弟外家。《后汉书·范迁传》中记载:"迁……初为渔阳太守,以智略安边,匈奴不敢入界。及在公辅,有宅数亩,田不过一顷,复推与兄子。其妻尝谓曰:'君有四子而无立锥之地,可余俸禄,以为后世业。'迁曰:'吾备位大臣而蓄财求利,何以示后世!'"

土地能够自由买卖,本来与人们的社会地位无直接关系。"富者田连阡陌,贫者无立锥之地"的分化,已不是来源于政治上的等级特权,而是土地兼并这种经济活动所造成的。但由于土地自由买卖,使得地主阶级成员社会地位常处于升降变动之中。

汉初名列首位的开国功臣、第一任丞相萧何,他买田宅专门选择穷乡僻壤,以免后世子孙不肖导致家势衰微之时被新兴权势之家夺去。在汉武帝初年,丞相田蚡索要前任丞相窦婴的"城南田",明争暗斗,闹到窦婴被处死。汉初功臣封侯的100多家,到武帝晚年,百年之间能够保持王侯将相之家威的仅剩几家。当汉宣帝查老家谱命官员去访求时,其中一些王侯的子孙已沦落为出卖劳力的雇工了。

土地兼并加剧,土地日益集中在少数剥削者手中,减少了国家的财政收入,激化了社会矛盾,影响社会稳定。汉朝统治者高度重视,陆续采取了抑制兼并措施。

3. 限田措施及其效果

秦汉时期,人们只要有了钱,一般把金钱转换为土地。当时的贫富差距,在很大程度上是以拥有的土地数量的多少来体现的。为保证小农家庭的生存条件,汉代统治者注意限制地主官僚拥有土地的数量,并采取措施将部分国有土地租或给予个体小农耕种。(张仁玺,冯昌琳2004:5)

针对土地兼并日益严重的情况,汉朝统治者曾经用行政手段打击"田宅逾制"的行为。强令豪富迁到皇陵周围居住,他们在原籍的土地无法带走,都成为公田,这样的公田就由国家支配,其中有不少个体小农就从国家对土地的重新分配中得到了少量土地。西汉中期,土地兼并造成严重的社会后果,贫民常衣牛马之衣,而食犬彘之食……民不聊生,亡逃山林,转为盗贼。《汉书·董仲舒传》中记载,为了遏制土地兼并愈演愈烈势头,董仲舒第一次明确提出"限民名田"的主张。"名田"就是私人占有的土地。"限民名田"就是在承认土地私有制的前提下,限制地主的土地占有量,保证小农拥有一小块足以养家糊口的土地。

汉武帝曾经派刺史巡查地方,明确其任务,对占田的限制态度是很坚决的。《汉书·食货志》中记载,武帝禁贾人名田,"贾人有市籍,及家属,皆无得名田,以便农,敢犯令,没入田货"。实行督察、限田、限奴措施。《汉书·食货志》中记载,哀帝时期,朝政混乱,吏治腐败,土地兼并问题更加严重。破产的农民多沦为官贵、豪民的奴婢或依附人口。大臣师丹提议,丞相孔光、大司空何武制定了一套"限田限奴婢"方案。师丹向哀帝建言道:"古之圣王,莫不设井田,然后治乃可平。孝文帝承亡周、乱秦兵戈之后,天下空虚,故务劝农桑,帅以节俭。民以充实,未有兼并之害,故不为民田及奴婢为限。今累世承平,豪富吏民赀数巨万,而贫弱俞困。盖君子为政,贵因循而重改作,然所以有改者,将以救急也。亦未可详,宜略为限。"《汉书·哀帝纪》中记载,哀帝颁布了限田令,规定豪民地主名田不能够超过三十顷,蓄奴不能够超过三十人,限期三年落实,否则财产将没入官府,重申了商贾不得名田的法律。方案颁布之后曾引起土地和奴婢价格一度下跌。但限田令触犯了外戚、权臣及豪强地主的利益,推行过程屡遭反对,效果十分有限,就是皇帝本人也未能坚决执行自己颁行的制度,最后不了了之。《汉书·王嘉传》中记载,哀帝"赐贤二千余顷,均田之制从此堕坏",限田令成为一纸空文。

王莽上台后也实行过限田政策。公元八年,王莽篡汉建立新朝。王莽对西汉晚期的土地兼并、农民流亡及奴婢化等社会问题的严重性有所认识,上台伊始,就大刀阔斧进行改革,史称"王莽改制",其改制核心措施就是颁布"王田私属"制。规定全国的土地都是王田,奴婢都是私属,皆不准买卖,断绝兼并之路。若一户不超过八口则占田不得超过一井(九百亩),多占的土地要分给九族或邻里乡党。无地或少地的农民从地方豪强那里分得土地或由国家进行授田。试图在经济上实现相对"平均"的社会理想。

西汉末年实行"限田"政策,在承认土地私有制的前提下,对占田的数量作出限制,多占的部分可以出售,在一定程度上弥补地主所受的损失。"王田"制不仅规定了占田的数量,而且否定了土地的私人所有权,多占的部分不许买卖,只能无偿地分给无地或少地的农民,大地主的经济利益受到很大损失。"王田"制颁行以后遭到激烈的反对,单是土地买卖就很难禁止,地主多占的土地要分给九族或邻里乡党,对无田或少田的农民进行授田更是困难重重。王莽的"王田"制在实际中无法真正贯彻。至始建国四年(公元12年),王莽被迫宣布"诸名食王田,皆得卖之,勿拘以法","王田"制遂告失败。

东汉政权建立以后,西汉以来的政治腐败问题与土地兼并问题不仅没有得到彻底解决,反而更加严重,专制统治的权威受到严峻挑战,抑制兼并成为光武帝施政的重要任务之一。

《后汉书·光武帝纪》中记载,建武十五年(39年),光武帝下诏,令州郡检核垦田顷亩及户口年纪,又考实二千石长吏阿枉不平者,实行"度田"。度田措施损害豪强利益,自然遭到豪强大族的抵制和反对。一些度田官吏与豪强大族相勾结,谋私利,将赋役负担转嫁到贫苦农民头上,结果农民也反对度田。《后汉书·刘隆传》中记载,在度田过程中,刺史、太守多不平均,或优饶豪右,侵刻羸弱。百姓嗟怨,遮道号呼。刘秀盛怒之下,以度田不实的罪名处死了十余位郡太守,企图强制推行度田,却引发了一场全国性骚乱。动乱平息之后,度田也不了了之。

南阳是全国度田严重不实的地区之一,郡国官吏在度田中有严重的舞弊行为。宗室刘隆时任南阳太守,因其为开国功臣,才幸免一死,被废为庶人,可见度田过程中官吏舞弊问题的严重性。

封建生产方式下,土地买卖自由是相对的,土地买卖更多是与特权结合在一起,不属于纯经济活动。地主、富农通过土地买卖,占有大量土地,而且占有的土地是土质肥沃的水田或上等田,贫苦农民仅有的少量土地则是比较贫瘠的下等田且旱地居多。土地可以自由买卖,并不是任何阶级都实际享有的一种平等权利,在土地交易过程中农民的经济自由度相当有限。大多数农民是在生产条件恶化或突遇不能抗拒的灾祸的情况下,廉价出卖土地救急,出卖土地纯属迫不得已,他们会受到商人和统治阶级的双重剥削。

自战国至秦汉,土地买卖日渐普遍。只要具有一定的经济实力,自皇室、贵族、官僚、商人、地主乃至富裕农民,首选的财产保值增值的渠道就是土地买卖,因此土地兼并始终未能被遏止。每当土地兼并严重,农民破产流亡严重,再加天灾人祸袭击之时,就会引起农民起义,冲击封建统治秩序和经济秩序,迫使统治阶级进行政治经济方面的调整,社会政治经济形势有所缓和,土地兼并又会慢慢加剧。从战国时期一直到清末,一轮又一轮的土地兼并持续上演,皇帝和大大小小的地主逐渐占有了 90% 以上的土地,皇帝就是最大的地主。

因土地商品的特殊稳定性及安全性,土地价格和地租的相对稳定性,拥有土地数量与社会地位权势有直接联系等原因,竟然出现了转租土地发家的二地主。虽然多位皇帝"限田"、"限奴",采取严厉措施打击兼并土地的地主和商人,终究抵挡不住买卖土地的利益对人们的诱惑力,限田的效果十分有限。许多无地和少地的农民就要租种地主的土地,受地主的剥削,负担国家的徭役、兵役以及苛捐杂税,他们只能维持很低的生产力水平和生活水平,没有能力进行扩大再生产。在土地兼并久演不衰的条件下,封建社会缓慢向前发展着,维持着,延续着。

(六)城市

春秋时期,城市是统治阶级出于政治、军事目的而修建的,并不是由于经济原因自发形成的。那时大小城邑中都设有市场,只是一个临时交易场所,而且是"日中为市",在时间上有限制。《战国策·齐策四》中记载:"市,朝则满,夕则虚;非朝爱市而夕憎之也,求存故往,亡故去。"

战国时期,大诸侯国的国都已具备了城市的规模。随着商人在社会中的活动日渐活跃,交通条件的改善,市场广布,人口聚集,乡村农贸集市慢慢发展为小城市,小城市迅速向大城市、大都会转化。秦国的咸阳、燕国的涿蓟、赵国的邯郸、韩国的荥阳、魏国的大梁、齐国的临淄、楚国的郢等皆是天下之大都市。

秦汉时期,随着大一统局面的形成和生产力的发展,涌现出许多商业繁荣、人口集中、地处水陆交通要道的天下名都。在这些通邑大都里,分工越来越细,社会生产行业较多,商人活跃,商业贸易范围越来越广,商品交易规模越来越大,商品经济欣欣向荣。

1. 名城大都及其分布

秦汉时期规模较大的城市,人口数量一般在 10 万以上。《史记·苏秦列传》中记载,战国时齐国都城临淄有 7 万户。依当时每户人家大致 5 口计之,则城内人口有 35 万。在全国约 60 余座主要城市中,其余六国都城的人口与此相仿。中等城市以"万家之邑"计之,全国约有 50 多万户居住于中等城市,人口约在两千万。由此推知,约有 20% 的人口居住在城市里。西汉时期,城市人口有所增加。《汉书·地理志》记载,长安有 80800 户、洛阳有 52000 余户、宛有 47000 余户、彭城有 40000 余户。若以每户 5 口计之,则上述城市的人口,当都在 20 万以上,多者甚至接近 50 万。两汉之际,许多名城大都遭到战火的严重破坏,但到东汉,邯郸、临淄、南阳、成都仍保持着往日的繁华,而洛阳到东汉则成为全国政治和经济的中心,一跃而超过长安,成为全国最大的商业都市。初平元年(190 年)二月,被董卓强行迁徙的洛阳人口竟有数百万之多。(张弘 2001:1)

《盐铁论·通有》中记载:"燕之涿、蓟,赵之邯郸,魏之温轵,韩之荥阳,齐之临淄,楚之宛、陈,郑之阳翟,三川之二周,富冠海内,皆为天下名都。非有助之耕其野而田其地者也。居五诸侯之冲,跨街衢之路也。故物奉者民衍,宅近市者家富。富在术数,不在劳身,利在势居,不在力耕也。"

长安是西汉时期最大的城市,商业繁荣,商贾济济。张衡在《两都赋》中称长安"内则街衢洞达,闾阎且千,九市开场,货别隧分,人不得顾,车不得旋……"张衡在《西京赋》中说道:"廊开九市,通阛带阓,旗亭五重,俯察百隧……货方至,鸟集麟萃,鬻者兼赢,求者不匮。"

成都是江南的一个经济中心。西汉后期,江南逐渐得到开发,四川地区逐渐发展起来,成都逐渐发展成为一个大城市,成为西部的一个经济中心。平帝元始二年的户口统计材料说明,当时首都长安县有 8.08 万户,而成都县(今属四川)也已达到 7.6 万多户。到王莽改制时,就把成都列为天下五都中的西都了。

一些城市位于或接近于交通枢纽、河川渡口,交通极为便利,遂成为工商业荟萃的中心。例如,洛阳地处三河地区,扼关中与山东交通之咽喉,邯郸为赵国的都城,"居五诸侯之衢,跨街冲之路",在战国已成为天下名都,西汉时更加繁荣,居天下之中,诸侯四通,为货物集散交易之地,亦漳、河之间一都会也。

一些城市位于某些物产特别丰饶之地,由此成为都市并发达起来。宛处汉、江、淮之间,资源丰富,冶铁业发达,成为"西通武关,东受江、淮"的一个工商业荟萃之地。它还是当时最大的南北贸易集散地,设置了铁官、工官,官营手工业工场有相当程度的发展,至迟到西汉中期,成为全国最著名的工商业城市。

由下表可知,汉代,南阳盆地城市数量及城市密度在江汉流域占第一位。

东汉时期汉江流域城镇分布表

区域		汉中地区	安康地区	鄂西北地区	南阳盆地	襄宜平原	随枣走廊	商洛地区	江汉平原北部
东汉时期	A	8	2	3	26	16	8	3	2
	B	0.33	0.09	0.11	0.98	0.97	0.69	0.18	0.08

说明:表中 A 代表城镇数,B 代表每一千平方公里拥有的城镇数。
(资料来源:根据鲁西奇《论地区经济发展不平衡》整理)

司马迁在《史记·货殖列传》中列举了当时全国的商业都会,除京师长安外,还有 18 个,即在今河南省的温、轵、洛阳、颍川、宛、陈、睢阳,河北省的邯郸、燕,山东省的临淄、陶,山西省的杨、平阳,安徽省的寿春、合肥,湖北省的江陵,江苏省的吴,广东省的番禺。这些城市为其后两汉城市的发展奠定了基础(张弘 2001:1)。西汉前期重要的商业都会 18 处,其中有 7 处在今河南省境内,长江以南只有 3 处(分别在今湖北江陵、江苏苏州、广东广州)。可知当时黄河中下游一带商业比较发达,南阳及河南经济当时在全国处于领先地位。

2. 城市形制及其管理

汉代,商业活动主要在"市"里进行。

古代城市建设,宫殿、官府、住宅和商店是分区集中的。住宅区称"里",商业区称"市"。"里"和"市"四面都有墙环绕,其内部的住宅和商店只能向内面的通道开门,再经过通道口的"里门"(又称闾)和"市门"通向大街,这些门均设专人负责守卫。只有经过特许的大贵族才能独家面向大街开门,能够自由出入而不必经过闾门,这种住宅特称为"第"。

"市"是城市的重要组成部分,由官府出面在城内设置固定的商业区,供商人和手工业者进行商品交换和买卖。作为一个行政区划的"市",四面均有围墙,每面各有城门,每门各有门道通向城内的大街。有三横排或四横排商店,即所谓"列肆"。列肆的店面包括从事商业活动的"市"和环绕着"市"的同一规格的向街开敞的廊坊。每排商店之间,有行政上附属于市的建制的商人家居的"里"。而这种通道,即所谓"隧",商人家庭集中居住的"里"是市籍制度的基础。汉朝规定,商人及其家庭必须围绕着"市"居住,就形成了市籍制度。

整个西汉,长安是最大的都市。汉高祖刘邦在迁都长安的第二年,就"立大市",很可能就是后来的东市。惠帝时又起"长安西市",东西二"市"一直是最主要的商业区。其后,陆续发展到"四市"、"九市"。

长安城中,居民区有闾里,商业区有九市,东区三市,西区六市,四里构成一市,聚集着各地商人。"室居栉比,门巷修直",建筑非常规整。新中国成立以来对汉代长安城遗址进行勘察发掘发现,城墙全是版筑土墙。"市"的东西南北四面都是围墙,是封闭的。每面各有三道城门,每门各有三个门道。由城门通向城内的大街,也由三条并列的大道组成,宽度与门道相同。汉代文献材料中记述的长安城气魄雄伟,确是当时世界上罕见的城市。

《汉书·万石卫直周张传》中记载,父子五人官至二千石,被景帝评为"万石君"的石奋,也是住在"里"内的。有一次,石奋的小儿子内史石庆酒醉归家时,没有按规定在里门下车,直入里门,遭到石奋的严厉斥责:"内史贵人,入闾里,里中父老皆走匿,而内史坐车自如,固当!"石奋还因此而绝食。

随着城市手工业和商业的发展,市的规制趋于统一,规模扩大,在城市经济社会发展中占据一定的地位。汉代,除长安以外的都会大都有市区。郡县治所一般都设有市,王符在《潜夫论》中指出,"天下百郡千县,市邑万数",南阳郡治宛城为全国著名的都市,宛城之中也有市。

《后汉书·党锢传》中记载,夏馥以党事株连隐匿姓名,后馥弟静"追之于涅阳市中",涅阳也有市。

上世纪80年代在四川省成都、新繁、广汉及彭县等地都曾出土过东汉"市"的画像砖,布局大体相同,说明汉代"市"的行政区划有统一规定。

汉朝统治者为了统一管理城市,设置了专门的官吏。《汉书·食货志》和《汉书·百官公卿表》中有记载。汉代主管市场事务的官员为市长、市令。长安四市各有长、丞。汉初,司马迁的曾祖父司马无泽就做过市长。除了长安有属于左冯翊的四个市长外,见于《汉书》记载的还有洛阳、邯郸、临淄、宛、成都五个市长。设于郡国治所的市还有吴市、平阳市、会稽市、淮南市等。

一般县邑也各设置官员管理市场。东汉时,在宛设置交易丞和钱府丞,在市内还设有市掾、市门卒、市啬夫等官吏。

市场官吏负责按时启闭市门,维持市场秩序,管理商人市籍,检验商品,评定物价,征收市税,检定度量衡。

属于县管辖下的市的长官称为市啬夫。《汉书·何武传》记载:"何武,字君公,蜀郡郫县人……武弟显家有市籍,租常不入,县数负其课。市啬夫求商捕辱显家。"县所管辖的市的长官之所以不称市长而称啬夫,因为他在行政上隶属于县的令、长,与库啬夫、仓啬夫一样,属于级别很低的官吏。(陈乃华 2001:2)

官吏管理"市",担负收缴市租的任务。都市的租税收入是很可观的。《史记·齐悼惠王世家》中记载,"齐临淄十万户,市租千金"。当时的交易总额可观,反映了名都商业繁盛。当时财政制度规定,市租属于皇帝和诸侯王封君的私人收入,不归国库。

3. 城市市场和乡村市场

封建社会市场兴起于战国时期,形成于秦汉,延续至鸦片战争前夕,历时约2000年。

西汉时期,随着社会生产力的发展,社会分工扩展,市场的需求扩大,形成了多层级市场,集贸市场和集镇体系也就成为实现农业再生产必不可少的因素,全国商品流通网络已经形成。汉代以秦朝修的驰道作为主要干道形成了交通网络,但偏远地方交通仍然闭塞,国家的行政干预较多,各地经济发展不平衡,市场不统一,且有一定的封闭性和割据性。

汉代都市之中往往各类市肆罗列,有"酒肆"、"肉肆"、"药肆"、"牛肆"、"马肆"、"革肆"、"帻肆"、"屠肆"、"鲍肆"、"鱼肆"、"宿肆"、"书肆"等等。众多市肆构建了一个多层级商品市场体系,形成了一个以都市为连接点的商业网络。

市肆的货源充足,乡村与城市、内地与边境的经济联系日趋广泛,与域外的经济交流增多,市场上的商品种类多样。有农产品,有手工产品,有生活必需品,也有奢侈品,基本满足不同阶层的消费需求。

多层级市场体系与商业网络渐渐形成,当时的城市已经相当繁荣。王充在《论衡·别通》篇中说,"人之游也,必欲入都,都多奇观也。入都必欲见市,市多异货也。百家之言,古今行事,其为奇异,非徒都邑大市也。游于都邑者心厌,观于大市者意饱……"都人士女,袨服靓妆,喧哗鼎沸,咙聒宇宙。既庶且富,娱乐无疆,都市如此繁华,对世人的吸引是如此之大。

在大都市中,分工不断发展,手工业制作与商业经营门类日益增多,甚至有奴婢买卖、高利贷行业。无论从事何种营生,大体上都能获得可观的经济效益。

东汉时期,虽然偶尔提一下"去末归本",但从未如西汉那样推行抑商政策。汉高祖曾经规定的贱视商人的法令已经不再有效,汉武帝所实行过的打击商贾的激烈措施再未实行过,明帝、章帝时期在抑商与放任商业之间摇摆不定,政策时紧时松。明帝曾经"下令禁民二业",规定农者不得商贾,但若没有土地,专门经商也从不禁止。和帝以后,对工商业采取官民自由经营的政策。冶铁有官营,也允许私营,盐多私营,盐官只是"主盐税"而已,金银矿也可自由开采。

东汉时期,统治阶级的经济政策时张时弛,经济环境比较宽松,商业尤其是城市商业得到相当程度的发展。《三国志·傅嘏传》中引傅子曰:"河南尹内掌帝都,外统京畿,兼古六乡六遂之士。其民异方杂居,多豪门大族,商贾胡貊,天下四会,利之所聚,而奸之如生。"洛阳为东汉都城,当时最为繁华。成都也是发展最快的城市,南方像吴郡治所吴县(今苏州市)那样发展较快的城市也出现不少,长安、宛、番禺等西汉大都会也仍然保持了繁荣。但是官营手工业发展缓慢,规模远不及西汉。

如上所述,汉代市场主要是简单的货物交换市场,它包括农产品市场、手工业品市场、生产资料市场。此外,劳务市场也有一定程度的发展。金融市场虽存在,但直至封建社会后期才有某种程度的发展,至于信息等其他市场则付之阙如。这种简单货物商品市场的发展,经历了战国秦汉、隋唐两宋和明清几个重要的阶段而日臻繁荣,充分表现出封建市场的四个发育特征,即非统一的全国大市场、市场的垄断多于竞争、市场的进入遇到种种障碍、缺乏有效的宏观调控。(唐文基 1999:1)

统一大市场的形成,需要顺畅的商品流通网络、统一的市场价值和价格形成机制、足够量的统一货币以满足商品流通需要,汉代不完全具备这些条件。

小农经济是封建经济的基础。一家一户的小农经济虽然可以提供穿衣吃饭之类的基本生活必需品,但不可能满足油、盐、铁器、铜器之类的全部生产生活需要,因路途、时间等原因,农民一般愿意在距家较近、方便交换的地方进行买卖,适应农民需要的乡村集市慢慢兴盛起来,乡村工商业者作为乡村中的一个阶层产生了。

城市兴盛,必然影响市民的消费方式和消费观念。秦汉社会消费水平提升,消费观念改变,城市商业的发展繁荣必然扩大城乡之间的经济交流。有了商品经济发展的土壤和条件,又有着众多的乡村工商业者,两汉乡村商品市场也逐渐发展起来。县以下的一些乡邑亭部设有专门的市,可以具体反映当时的乡村商业经营状况。在乡里间的自然聚落中,也往往形成固定发达的市肆。(马新 2001:2)

封建社会,没有形成统一的市场,也没有公平竞争的环境,无从产生价格形成机制。

汉代,没有价格机制,市场上难以实行等价交换。市场制度不健全,人为因素导致价格波动,也有利于商人发财致富。物价波动幅度直接影响经济社会发展,统治者从维护阶级利益出发,设立了物价管理机构,实行一些政策措施来管理市场,平抑物价,取得了良好效果,对后世经济政策的制定和执行有很大影响。

二、消费

消费是人们使用或消耗产品满足需要的经济行为。广义的消费包括生产、生活、精神方面的消费,狭义的消费主要指生活消费,涵盖了生存的需要。

唯物史观认为,生产和消费具有相互作用的关系。生产决定消费,生产是消费的前提和基础。生产决定着消费的对象,生产也决定着消费的方式和消费的结构。一定社会的生产力发展水平及收入水平制约居民的消费水平及消费结构的变化。只有生产发展,消费水平才能提高,消费观念才会发生变化。消费反作用于生产,通过消费,才能使产品成为现实的产品,消费是生产的动力,消费创造出现实的生产。

（一）商品供给

生产决定消费，一定的社会生产水平决定着市场上的商品供给状况。

西汉时期，国家统一、社会安定、关梁开放为商人及商业资本的发展提供了宽松的环境，农业、手工业的发展提供了大量产品，促进了城市市场的繁荣。东汉时期，农业、手工业继续发展，并且在技术上有很大进步，城市市场上的商品种类与西汉时期相比有所增加。

无论官营私营手工业，各行业之间发展是不平衡的，不同社会阶层消费结构与水平也不相同。盐、铁、酒、纺织品等是汉代家庭基本的消费品，故这些行业的生产总量最大，也最为重要；铜器、漆器等是富裕农民、地主、商人等消费的对象，这些行业的生产总量相对小一些；至于皮毛、玉器、玳瑁、珠玑等奢侈品一般是少数达官贵族、大地主、大商人消费的对象，广大的平民百姓无力问津，其数量就更少。

先后出土的秦简、汉简及其他文献资料中的记载反映了汉代市场上商品种类增多的程度。史游的《急就篇》仅有2000多字，就记载了400多种物品，有生产工具、丝织品、服饰、器物、乐器、兵器、药物、粮食、蔬菜、瓜果、牲畜、鱼类等，其中有不少物品属于商品。

生产工具类：铁犁、锄、铲、锸、耙、镰、斧等；

粮食类：稻、谷、粟、白粟、黍、粱、糜、大麦、小麦、穬麦、粱米、白米、秫、糒等；

蔬菜瓜果类：姜、木荠、戎芥、大薯、葵、韭、葱、姜、蒜、梨、桃、枣、杏、瓜等；

肉类：猪、牛、羊、马、犬、鸡、鱼等畜禽肉，还包括畜禽的肾、胃、肺、肝、肠等内脏；

衣服类：绔、皂绔、韦绔、皮绔、袭布绔、皂复绔、布复襦、绛单襦、皂襦、白紬襦、绉复襦、皂襜褕、皂练、裘、袭、皂袭、长袍、丝袍、皂袍、布复袍、缥复袍、缣长袍、单衣、白练衣等。

日常生活器具种类更多。

铁器：鼎、豆、钟、钫、鬲、奁、釜、甗、镳斗等；

陶器：瓮、罐、瓶、盒、缸、盆、碗、壶、盘、杯、钵等；

铜器：铞、洗、樽、杯、甑、鼎、壶、钫、筒、镜、灯、熨斗、熏炉、漏斗等；
乐器：钟、鼓、竽、瑟、筑、筝、箫等；
漆器：耳杯、勺、盒、盘、樽、梳、笸、羽扇、面罩等；
居室家具：案、几、箱、床、屏风、木桶等；
兵器：剑、刀、弓、矢、矛、镶、盾、戟等；
运输工具：牛、马、牛车、马车、舟船等。
还有黄芩、茯苓、甘草等药物，养生送死之具，等等。

市场上商品种类繁多，数量很大，动辄以千、万计数，能基本适应社会各阶层生产或生活消费多样化的需要。如《史记·货殖列传》中的记载，"通邑大都，酤一岁千酿，醯酱千瓨，浆千甔，屠牛羊彘千皮，贩谷粜千钟，薪槁千车，船长千丈，木千章，竹竿万个，其轺车百乘，牛车千辆，木器髹者千枚，铜器千钧，素木铁器若卮茜千石，马蹄躈千，牛千足，羊彘千双，僮手指千……"可知在当时的大城市市场上，商品琳琅满目，许多商品是上至宫廷下至普通百姓喜爱之物。

当时的城市市场，车船奴隶，瓜果蔬菜，海中特产，地下珍异，天上飞禽，几乎无所不有。东汉时期，锅、灯、顶针、剪子、菜刀、铁钉等铁制的日常生活用品又有所增加，一些新商品上市，曲柄锄、大镰刀、宝刀、宝剑也成为畅销货。纸、笔、墨、砚等文具也大量出售。

（二）消费水平与结构

1. 消费主体及其收入来源

封建社会中，皇室、贵族、官僚、商人、农民和地主是社会主要的消费群体。

西汉的长安、东汉的洛阳为当时的政治中心，是皇室、贵族、官僚、地主等富贵人家的聚居地。这些人均有较强的商品购买力和奢侈消费欲望，是商品特别是奢侈商品的主要消费群体。

农民收入来源很少，他们的纯收入增长缓慢，甚至时有减少或亏负。秦汉时期，农民包括自耕农、佃农和雇农。自耕农按所占有土地多少，又分为富农、中农、贫农。一户占地满百亩者，是比较富裕的自耕农；一户占地五六十亩者，是中等水平的自耕农；而一户仅占地有二三十亩者，是较贫困的自耕农（黄今言 2000:29）。佃农是租种地主土地的农户,雇农则是为他人耕种土地的农户。

农民收入主要来源于耕织,家庭纺织业是农民的副业生产,所生产的纺织品除自用外还有一部分投向市场,以增加收入。外出务工或经商的收入也是农民收入的组成部分。这样的收入结构对其消费结构与消费水平具有决定性的影响。拥有土地较少的自耕农,无地的佃农、雇农,家庭经济收入少,生活消费水平低。

在秦汉四百余年间,中等农户家赀在十万左右,富农家赀在十万以上,而贫农的家赀不满万钱,甚至一贫如洗。经济收入与农民的消费水平、消费结构直接相关。增加农民的收入与提高他们的生活水平,一直是秦汉政府所面临的重要问题。由于赋役繁重,农民的经济收入即使有所增加,但他们的纯收入还是难以增加甚至减少或亏负。(温乐平2005:3)

皇帝、贵族、官僚的消费资金有制度保障。

封建政治制度是统治阶级奢侈消费的基础,高消费是古代社会特权阶层的权力、地位外显的标志。"崇奢"观念从产生到盛行,与政治特权密不可分。封建制度是封建帝王、贵族、官僚享有特权的保障。

《荀子·正论篇第十八》中记载,帝王"衣被则服五彩,杂间色,重文绣,加饰之以珠玉;食饮则重大牢而备珍怪,期臭味,曼而馈……居则设张容,负依而坐,诸侯趋走乎堂下……"因为帝王拥有政治特权,饮食起居消费才可能如此奢华,诸侯臣工序次随后,而普通百姓莫敢仰望。

《战国策·赵策》中认为,"夫贵不与富期相约而富至,富不与粱肉期而粱肉至,粱肉不与骄奢期而骄奢至"。奢侈的根源在于"贵","贵"就是指拥有爵位与特权。

2. 消费文化与消费结构

农民家庭的消费主要反映在衣食住行用方面,随着社会经济的发展,消费水平与消费结构发生变化。

我国古代以农立国,饮食文化也以农业为基础。《黄帝内经·素问》中,就有以"五谷为养,五畜为益,五菜为充"的说法,基本上反映了古代的食物资源及结构。

先秦诸子百家学说虽然差异很大,但在同一农业母体文化的滋养之下,诸子都不同程度地重视或关心食事。如老子总结食理颇有成就,有"治大国若烹小鲜"、"治身养性者,节寝处,适饮食"的说法,明确提出饮食对人的修养有重要作用。以孔子为代表的儒家注重礼仪礼教,讲究饮食卫生,儒家食教的重要内容、饮食思想与观念构成中国饮食文化传统的核心。《礼记》指出,"夫礼之初,始诸饮食",认为饮食行为规范是礼制的发端,食礼是一切礼仪制度的基础。我国北方地区,长期以来是政治经济文化比较发达的地区,文明初期的饮食礼俗与规定,大多是在这一地区首先产生的。

(1)自先秦时期起就出现了饮食方面的专著

饮馔类文献被称为食经,这些食经大致反映先秦至魏晋南北朝时期饮食文化发展情况。

《汉书·艺文志》中,计有《神农食经》七卷;《隋书·经籍志》中,计有相关食经十二种,七十一卷;《新唐书·艺文志》中,计有食经类著作五种,一百六十二卷。这些可贵的文献大多已经散佚,使人遗憾不已。《齐民要术》中第八、第九是现存的隋唐以前最完整、最有价值的烹饪著作。

《史记·刘敬叔孙通列传》中记载,高帝悉去秦苛仪法,为简易。群臣饮酒争功,醉或妄呼,拔剑击柱,高帝患之。叔孙通知上益厌之也,说上曰:"夫儒者难与进取,可与守成。臣原徵鲁诸生,与臣弟子共起朝仪。"汉高祖刘邦即位后,曾遭遇过群臣饮酒争功,耍酒疯妄作为失礼仪的难题,是叔孙通成汉朝食仪礼法。礼法既成,群吏守之,出现了"竟朝置酒,无敢喧哗失礼者"的局面,解决了饮宴秩序混乱的难题,也使刘邦"知为皇帝之贵也"。叔孙通所参考的古礼秦仪,就包括先秦以来逐渐形成的饮食礼仪,也被后世奉为经典。

(2)汉代消费结构有所变化

食品种类不断增加。先秦时期,只有官吏与老者才可以食肉。《左传·庄公十年》注引孔颖达疏云:"盖为大夫,乃得肉食也。"《孟子·梁惠王上》中记载:"七十可以食肉。"一般人多食粗粮,肉食极少。汉代,随着粮食品种的增多,主食消费已经超出五谷范围,副食消费中蔬菜的品种增多,一些富人还能食用温室栽培的蔬菜。西汉中期,农业、畜牧业发展,肉肆活跃,肉食种类较多,六畜之中,牛、羊、猪、狗、鸡都被食用,尤以猪和狗为多,这是农民消费水平提高的突出表现。《盐铁论·散不足》中记载,都市市场上,出卖的熟食品种多样,有烤猪肉、细切的狗肉、油炸的鱼、腌羊肉等。炙烤也是汉代一种比较流行的烹饪方式,在陕西绥德、河南密县、山东诸城等地出土的画像石砖中,烤肉串图像与今天的烤肉串几乎相同。《说文解字》中与烹饪相关的字中,就有脯、腊、修等肉干和鱼干等内容,酿造方面的字特别多,如酒、醴、酢、浆、豉、酱、醯、齑等。

生活消费内容变化在汉画中的反映最具代表性的是架城县前凉台出土的一幅庖厨图。在南阳汉画中的宴饮、庖厨图中也有所反映。

营养丰富、物美价廉的豆腐也是汉代对人类饮食文化的一大贡献。相传豆腐是汉淮南王刘安发明的。豆腐的最早记载见于五代陶谷所著的《清异录》中。河南省密县打虎亭一号汉墓出土了一幅豆腐作坊石刻,整幅画像依次表现了浸豆、磨豆、过滤、点浆和镇压成形等制作豆腐的生产工序,为研究豆腐生产的起源和发展提供了可靠的资料。豆腐这一美食有一定的历史价值和文化含量,也证明了汉代劳动人民富于创造。

(3)服饰消费方面与以前相比有明显改善

《盐铁论·散不足》中记载:"古者,庶人耋老而后衣丝,其余则麻枲而已,故命曰布衣。及其后,则丝里枲表,直领无袆,袍合不缘。夫罗纨文绣者,人君后妃之服也。茧绸缣练者,婚姻之嘉饰也。……常民而被后妃之服,亵人而居婚姻之饰"。这表明生产发展了,消费水平也会随之提高。乡村富商豪民,在积聚了大量钱财之后,思想上逐渐冲破礼制法度的束缚,也追求享受,生活奢华。《汉书·食货志》记载,他们"衣必文采,食必粱肉"。富人夏天穿着刺绣的精细丝绸,冬天着灰白狐皮袄和鸭绒袍子,脚上穿的鞋子轻软,用素绸做鞋里,鞋底上镶绦子,鞋头和后跟都有绒布装饰,鞋口也用绒布沿边,农民也能穿着丝织服饰。当然,多数农民还是着短褐、葛衣、皂服等。

(4)居住条件与出行条件改善

汉代富人已不再居住茅草屋中,而是建造了木质结构的居室,有部分人开始追求房屋装饰效果,不仅雕梁画栋,还要白垩粉壁。这在南阳的厅堂、楼阁等汉画中有所体现。普通民宅面积不大,以一堂二室为主,多属因地制宜,就地取材,相当简陋。

出行方面的消费主要指车、马、牛等交通工具的消费。富裕家庭一般拥有车辆,或用于生产性运输或用于生产性出行,有柴车、牛车、驴车、羊车、役车、栈车等。柴车是"贱者之车",《释名释车》中说,柴车"皆庶人所乘也"。

(5) 家用器具种类增多

一般农民家庭用于生活消费的器具主要包括锅、盆、刀等炊具，缶、缸、壶、盘、盒、杯等饮食器具，床、榻、座、帷等居室家具。这些器具质地各异，原料以竹木陶质为主，仅有少数漆器、铜器以及丝帛制品与皮毛制品等。铁器产品大多属于兵器和农具。

在战国到汉代的墓葬中出土了不少食案，其中，用木料制成且饰有漆绘图案的居多。汉代，漆器盛行，食案的材质大都为木质，铜质基本消失，重量变轻，使用时较为方便，即使是女子也可轻易移动。如《东观汉记·梁鸿传》中记载，梁鸿妻子向其进食时"举案齐眉"，以示恭敬。

在已有的汉画像内容中，也出现过几、案、俎等器具。案主要有矮足案和高足案两大类，汉代呈送食物的案为矮足案盘，有圆形和方形两种，在一些汉代墓葬中有实物出土。

(6) 农民的商品性消费比重增加

先秦时期，农民的生活消费以自给为主，只有盐铁等必需品需要通过市场交换得以满足。秦汉时期，商品经济有进一步的发展，农民收入结构发生变化，货币收入有了一定增长，消费能力提高。自给性消费趋于减少，商品性消费比重增加。市场上商品丰富多样，一般消费需求都能通过市场交换得到满足。据文献记载和考古资料，日常家用的器具、生产工具、车马丧葬制品皆来自市场，说明消费的商品化程度提高了。

随着市场的繁荣，商品性消费的增加，奢侈型消费不断升温。西汉后期厚葬风习逐渐形成，也是汉代经济发展状况的一种反映。

文化教育消费及娱乐性消费有所增加。当时许多贫农有特别强烈的教育需求欲望。史书记载，陈平、匡衡、第五伦、杨震、侯瑾等人少时家贫，家长非常重视孩子教育，尽力支持他们读书，这些人刻苦好学，走上仕途后均有所成就。自汉武帝"罢黜百家，独尊儒术"以后，崇尚儒学渐成为风气，通经方能入仕，郡国学和私人讲学逐渐盛行。入仕主要通过察举、征辟，需要官吏推荐，大批追求功名利禄之士纷纷成为以儒学起家的官僚的门生。

(7) 娱乐消费比较突出

《盐铁论·散不足》中记载："古者，土鼓块枹，击木拊石，以尽其欢。……往者，民间酒会，各以党俗，弹筝鼓缶而已。无要妙之音，变羽之转。今富者钟鼓五乐,歌儿数曹。中者鸣竽调瑟,郑舞赵讴。"《淮南子·精神训》中记载:"今夫穷鄙之社也,叩盆拊瓴,相和而歌,自以为乐矣。"南阳汉画中数量可观的舞乐百戏图就是对当时较高的娱乐消费水平直观形象的反映。

自西汉中期至东汉末,社会消费观念发生变化,人们追慕时尚消费与奢侈消费。武帝时,经过杨可告缗,商贾的消费心理发生变化,"民偷甘食好衣不事蓄藏之产业",奢侈逾制、金钱至上、追求享受、淫乱暴虐、违背伦理消费等,不一而足,就是一般的编户齐民,也同样追求高档消费,史书中不少有记载。

(三) 消费制度

1. 古代消费制度安排缺乏

古代,统治阶级为了维护其特权和统治秩序,制定了一些消费制度,以约束人们的消费行为。《春秋繁露·服制》中记载:"饮食有量,衣服有制,宫室有度,畜产人徒有数,舟车甲器有禁,生有轩冕、服位、贵绿、田宅之分,死有棺椁、纹衾、圹袭之度。虽有贤才美体,无其爵,不敢服其服;虽有富家多赀,无其禄,不敢用其财。"

汉初"庶事草创",一直没有制定像样的等级消费制度。《后汉书·舆服志》中记载,"汉承秦制,用而弗改"。汉武帝执政之后,社会上层更加奢侈浪费。不仅没有根据经济社会条件的变化来完善等级消费制度,而且还变更了文景时期节俭的章令,所以消费逾制现象频频发生。东汉时,制定出一套较为完整的、系统的舆服制度,但它仅是封建等级消费制度的一个部分,致美、巧饰、华彩、豪丽是东汉的舆服消费标准和要求,实际上这是汉初以来"非令壮丽亡以重威"消费思想的延续。

(1)饮食消费方面体现了等级差别

汉代,不同等级人士所享用的菜肴数目也是不同的。《礼记》中记载:"礼有以多为贵者,天子之豆二十有六,诸公十有六,诸侯十有二,上大夫八,下大夫六。"即天子有二十六道菜,公爵有十六道,诸侯有十二道,上大夫有八道,下大夫仅有六道菜。富人的饮食讲究精良可口,食品制作工艺要符合一定要求。《盐铁论·散不足》中记载,"鲜羔桃,几胎肩,皮黄口。春鹅秋鸡,冬葵温韭,浚茈蓼苏……耳菜,毛果虫貉",普通百姓基本生活难以保障,一遇天灾人祸就可能饿死,在饮食上不会太讲究。

服饰方面也有等级界限。不同阶层的服饰在质地和颜色上有明显差别。《盐铁论·散不足》中记载:"今富者绵绣罗纨,中者素绨冰锦。"贵族子弟喜穿襦(绵制夹衣、短衣),俨然成为一种风气。湖南马王堆出土的汉代贵妇穿着的丝锦袍,就有十多个品种。富人的妻妾大多穿绣花丝鞋,普通人的衣着一般以布、葛为面料,贫民只能穿用麻编制的鞋子,因此之故,汉代人称麻鞋为不借。

汉代,有钱人家的床饰亦极尽华丽,床上挂着黑白花纹的丝绸帐子,床前有绘画装饰的油漆屏风,屏风底座上也雕镶花纹,床上铺有用鸡毛制成的柔软褥子和用蒲草编成的席子。

(2)出行方式反映等级差别

汉代,车马是征战、游猎、出巡等活动中必不可少的工具,使用广泛,对乘车和配马有严格规定,主仆贵贱显得异常分明。从乘车者位置看,车左为尊,车右为陪客,中为车夫。从用马的数量、车的式样及用车的数量上能够看出乘车人的社会地位或官阶。《续汉书·舆服志》中记载,"天子驾六马,诸侯驾四,大夫驾三,士二,庶人一"。许慎《说文解字》中说"诸侯及卿驾四"。一般说来,天子乘坐的车为六匹马拉的车,四匹马拉的车称为"驷",仅年俸在2000石以上的官员方可乘坐。平民百姓禁用马车,只能用牛车。前后导从的车辆数目也有规定。

车的形制不同。一些马车四面敞露,中间竖一华盖,称之为轺车,是一般官员乘坐的车辆。一些车上有篷盖,四周有帷幔,丝织帷幔上还有精美的图案花纹,称之为轩车,一般为高级官员乘坐的车辆。

据史书记载,当时的车辆一般为木质,为了更坚固、更美观,有的部件就用铜、铁等金属铸造,车上还有用金、银制作的各种装饰品。为了乘坐时更舒适,一些车辆用薄绒、牛皮包裹车轮,还用朱漆将车轮漆得很鲜艳,这种车被称为"朱斑轮车"。

富人使用的器具也精致华贵。有银口黄耳的杯盘,黄金底座的酒壶,玉雕的酒杯等。富家子弟在选择商品时,已经不再局限于数量多寡,而倾向于提高消费质量,以突显身份的尊贵,购置珍藏古玩等奢侈品是富人的一大乐事。

《盐铁论·力耕》中记载,今骡马之用,不中牛马之功,鼠貉毡罽,不益锦绨之实。美玉珊瑚出于昆山,珠玑犀象出于桂林,距汉万有余里。计耕桑之功,资财之费,是一物而售百倍其价出,一揖而中万钟之粟也。

消费制度不健全,难以制约皇亲贵戚的奢僭消费行为,他们日益骄奢僭主,兼倍前世。一些人无功德而居室奢华,丧葬逾制,普通人竞相仿效,盲目攀比。东汉时,一些宦官也仗势帝权"居法王公,富拟国家"。特权阶层在消费方面内无约束外无监督,故"崇奢"之心日日见长,奢靡消费难以遏止。

2. 消费观念变化

消费观念是生活消费方面的意识与意志的反映,一定时期的消费与经济发展紧密相连。随着经济发展,时代演进,消费观念也会发生相应变化。经过汉初的休养生息,经济得到恢复发展,商业活动日趋频繁,城乡交流加强,突破了农村社会的封闭性。琳琅满目的商品和经商热潮吸引乡村社会人流大量涌入城市,也影响社会风气和消费观念递变。

《汉书·贾谊传》中记载,西汉中期以后,社会上"以侈靡相竞,而上亡制度,弃礼仪,捐廉耻,日甚,可谓月异而岁不同矣"。人们的消费由"崇俭"向"尚奢"演变,体现了价值取向的变化。

《盐铁论·国疾篇》中记载,贤良曰:"窃以所闻闾里长老之言,往者,常民衣服温暖而不靡,器质朴牢而致用。衣足以蔽体,器足以便事,马足以易步,车足以自载,酒以合欢而不湛,乐足以理心而不淫,入无宴乐之闻,出无佚游之观。行即负赢,止则锄耘。用约而财饶,本修而民富。送死哀而不华,养生适而不奢。大臣正而无欲,执政宽而不苛。故黎民宁其性,百吏保其官。"贤良还以生动形象的语言,刻画了建元之后,邪臣、常民、婢妾等崇奢逾制的行为,通过今昔对比,揭露了社会上"无而为有,贫而强夸,文表无里……生不养,死厚送"这种令人忧虑的社会现实。

社会发展进步的过程也是社会内部结构不断分化和重新整合的过程。社会结构中各个因素的相互联系与制约促进社会不断变化。秦汉时期,虽然自然经济仍然占统治地位,但商品经济有了一定程度的发展,逐渐高涨的商业潮不仅冲破了固有社会政治格局,促进城市社会文明进步,而且引起乡村社会悄然变化,农产品商品化趋势明显,地权流转增多,集市得以扩展,借贷业发展,平静如水的乡居生活受到强力冲击。

从经济学角度说,消费主体的消费方式及消费结构是由其资产和收入决定的,不同的消费方式本身就是界定一定社会不同阶层富有状况和社会地位的圭臬。社会风气递变,消费心理因素也起着重要作用。商品经济不断发展,财富增长,人们的消费思想与消费观念发生变化,追求更多享受的消费心态难以抑制,消费领域,逐渐冲破以往等级尊卑观念的藩篱,淫侈逾制现象日益严重。

西汉中期以后奢侈消费之风滋长,消费观念的变化有其深刻的社会经济文化背景。

《史记·平准书》中记载:"汉兴七十余年之间,国家无事,非遇水旱之灾,民则人给家足,都鄙廪庾皆满,而府库余货财。京师之钱累巨万,贯朽而不可校。太仓粟陈陈相因,充溢露积于外,至腐败不可食。众庶街巷有马,阡陌之间成群,而乘字牝者傧而不得聚会。"国家财力雄厚,富人有殷实的家境,就是一般家庭的收入水平也有所提高,容易滋生追求享乐的心理,社会消费观念趋向"崇奢"有经济基础。

人们在吃穿住用等方面的消费等级差异已不明显。如《汉书·贾谊传》中记载:"白縠之表,薄纨之裹,婕以偏诸,美者黼绣,是古天子之服。今富人大贾嘉会召客者以被墙。古者以奉一帝一后而节适,今庶人屋壁得为帝服,倡优下贱得为后饰……"

乡村社会中,地主家庭地多业大,收取地租,经营多种产业,日常生活用品除盐铁外几乎对外界无所仰给,商品消费多集中于奢侈品、享乐品等需求弹性大的一类商品上。小农的经济条件有限,生活消费属于生存型消费,鲜有享受和发展型消费。

在地主阶级奢靡相竞之风熏染之中,乡村消费观念也渐渐发生变化,普通百姓羡慕富商大贾的淫侈越制的消费方式。市场上日趋多元化的丰富商品迎合了也刺激了人们的求奢心理和购买欲望,消费需求升温,"崇奢"观念油然而生。

乡村农民消费观念和消费结构的变化:一方面,反映了当时社会商品经济的活跃程度,市场具有一定的供给能力,对社会扩大再生产有一定的促进作用;另一方面,奢侈性消费的膨胀引起了生产性开支下降,严重影响整个社会再生产的正常运行。而且社会各阶层之间攀比夸富,刺激官僚地主对下层人民加重剥夺,从而加剧社会阶级对立。

奢侈消费之风渐长引起统治阶级深忧。

汉代贵族、官吏、商人、地主的消费已经相当奢侈。奢侈性消费的膨胀加剧社会矛盾,影响社会稳定,引起皇帝及诸多士人的忧虑,史书中有不少记载。

(1)宗室、侯王、公卿、豪党及世家子弟生活奢侈

《汉书·食货志》中记载:"于是罔疏而民富,役财骄溢,或至并兼豪党之徒以武断于乡曲。宗室有土,公卿大夫以下争于奢侈,室庐车服僭上亡限。"

《史记·平准书》中记载,并兼豪党之徒、宗室、公卿大夫以下"衣必文采,食必粱肉","乘坚策肥、履丝曳缟"。

《汉书·史丹传》中记载,武阳侯史丹"僮奴以百数,后房妻妾数十人,内奢淫,好饮酒,极滋味声色之乐"。

《潜夫论·浮侈》篇中记载:"今京师贵戚,衣服饮食,车舆文饰庐舍,皆过王制。僭上甚矣。"

(2)平民百姓的消费也趋于奢侈,造成物质财富极大浪费

《汉书·食货志》中记载:"成帝时,天下亡兵革之事,号为安乐,然俗奢侈,不以畜聚为意。"

《汉书·地理志》中记载:"列侯贵人,车服僭上,众庶仿效,羞不相及,嫁娶尤崇奢靡。"

《盐铁论·散不足》篇中记载,贤良曰:"今民间酒食,殽旅重叠,燔炙满案,臑鳖脍鲤,麑卵鹑鷃橙枸……"

《汉书·成帝纪》中记载,汉成帝诏曰:"方今世俗奢僭罔极,靡有厌足,公卿列侯亲属近臣,四方所则,未闻修身遵礼,同心忧国者也,或乃奢侈逸豫。务广第宅,治园池,多畜奴婢,被服绮縠,设钟鼓、备女乐,车服嫁娶葬埋过制,吏民慕效,寖以成俗,而欲望百姓俭节,家给人足,岂不难哉!"

哀帝以后,世俗愈加奢靡铺张,厚葬之风盛行,富者奢僭靡财,贫者倾家荡产。

东汉光武帝时,"世以厚葬为德,薄终为鄙,富者奢僭,贫者殚财,法令不能禁,礼义不能达"。

《后汉书·明帝纪》中记载:"今百姓送终之制,竞为奢靡。生者无担石之储,而财力尽于坟土。伏腊无糟糠,而牲牢兼于一奠。糜破积世之业,以供终朝之费,子孙饥寒,绝命于此,岂祖考之意哉! 又车服制

度,姿极耳目。田荒不耕,游食者众。"

《后汉书·孝和孝殇帝纪》中记载,和帝诏曰:"吏民逾僭,厚死伤生,是以旧令节之制度。顷者贵戚近亲,百僚师尹,莫肯率从,有司不举,息放日甚。又商贾小民,或忘法禁,奇巧靡货,流积公行。"

从文献记载看,与西汉相比,东汉时期人们奢侈逾制,厚葬殚财弃本趋末逐利之势有过之而无不及。

追求享受消费是人之本性。从心理学角度说,任何一个消费者都存在模仿、追慕消费时尚的心理。社会上一些人试图通过炫耀性消费,让他人或社会了解其金钱实力、政治身份地位,以获得自我优越感和满足感。老百姓缺乏奢侈消费实力,却也无力抵御消费潮流的诱惑,仿效权贵豪富之心理明显。

《盐铁论·刺权》中记载:"是以耕者释耒而不勤,百姓冰释而懈怠。何者?己为之而彼取之,僭侈相效,上升而不息,此百姓所以滋伪而罕归本也。"

西汉中期以后,由"尚俭"向"崇奢"演变,从宫廷延至民间,习染成俗。东汉时期,崇奢已成为一种主流的消费观念。

三、汉王朝的经济干预

在资本主义的统一市场中,由于竞争的作用,存在着价格形成机制。在我国古代封建市场中,形不成市场统一价值,因此不存在真正的价格形成机制。

(一)古代市场没有形成价格机制

市场机制可以说就是价格机制。我国古代市场没有形成价格机制。商品价格是其价值的货币表现,价值是凝结在商品中的无差别的人类劳动,商品的价值靠商品本身无法表现出来,只有通过与其他商品交换才能得到体现。货币出现以后,商品价值就通过所交换的货币表现出来,就是商品价格。

价格在市场交换中占有重要地位。秦汉时期虽然对物价采取过一些措施,但由于物价的形成相当复杂,要以形成统一市场价值为基础,形成价格机制并不容易。

具体分析汉代市场上交易双方的情况可知,与商人打交道的不一定就是商人。就买方而言,地主或达官贵人作为剥削者,与商人进行的交换,本质上是地租与商品的交换,挥霍的是劳动者的血汗,考虑的是自身消费欲望的满足,而不是商品的价值,这些人不屑于或不愿意与商人在交换时斤斤计较,买方和卖方之间缺乏积极的竞争。卖方包括商人、小农和手工业者。小农为了缴纳租赋,小手工业者为了应急,往往会贱卖自己的劳动产品。农户或小手工业者终日辛勤劳作,对市场行情知之甚少,在与商人打交道时明显处于弱势地位,市场竞争能力不强,进行交换时难免吃亏。

商品交换主体之间进行的交换,是以使用价值为根本目的的交换,形成不了竞争机制,形成不了市场的统一价值。没有统一的市场价值,形成不了价格竞争机制。这是封建社会市场的本质特征,它恰恰就是封建社会商业和商人存在的重要条件。(唐文基 1999:1)

根据所见史料分析,秦汉时的商品,有价格可稽考者仅100余种,市场上商品价格与其实际价值往往不符。不等价交换现象大量存在,当时商人多靠囤积居奇,贱买贵卖,从中牟取暴利。即便在实行"市平"制度期间,仍有商人扰乱市价的现象。当时粮食价格的剧烈波动与商人的不轨行为有密切关系。每当收获季节,农民为了交赋或还债,急于出卖粮食,商人就会压低价格,谷贱,农民收益势必减少。青黄不接季节,农民由卖方转为买方,商人则会哄抬物价,谷价腾贵。年份不同,丰歉不同,物价变动大,价格与价值严重背离的情况时有发生。

没有价格形成机制,难以有等价交换。不等价交换正是商人存在和发展的条件。市场制度的不健全,也有利于商人发财致富。贱买贵卖是商业的规律。"只要商业资本是对不发达的共同体的产品交换起中介作用,商业利润就不仅表现为侵占和欺诈,而且大部分是从侵占和欺诈中产生的。"

正是基于这样的原因,汉朝统治者为了巩固统治秩序,筹措维持国家机器正常运转和开疆拓土的庞大费用,维护统治阶级利益,采取多种政策措施,加强对市场的管理。

(二)汉王朝对市场的干预

春秋时期,管仲有一套"通轻重之权"的理论与政策。其中一点就是国家要参与市场流通,调整供求,平衡物价。市场上商品价格受供求影响,物多则贱,寡则贵。要平衡物价,就要调剂供求,办法就是国家掌握大量货币与谷物。谷物是关系国计民生的最重要商品,它能够充当货币,所以以谷易物的现象普遍存在。以充足的货币与谷物作为调控力量,调剂市场上商品余缺与价格高低,做到以重射轻,以贱泄贵。

所谓以重射轻就是收购价格下跌的商品以阻止物价下跌,以贱泄贵是指当市场上某种商品价格上涨时,国家大量抛售库存,以平抑物价。管仲的办法,被历代统治者奉作圭臬。

春秋末年计然实行平粜法,其目的在于使农末俱利。

战国时李悝实行平籴法,目的在于使民无伤而农益劝。

汉代,商品经济虽然有相当程度的发展,但仍是自给自足的自然经济占统治地位。商品生产与流通是自然经济的补充,也完全处于盲目发展状态。当商品经济的发展影响到统治阶级的利益、威胁汉朝统治基础的时候,国家就加强对社会经济的调控与管理。

关于物价,长期以来众说纷纭。贾谊主张用货币的"放"与"收"调节物价,晁错提出"贵粟论",司马迁提出"钱多物贵说",桑弘羊把价格视为平衡轻重的工具,耿寿昌提出"常平仓"主张,贡禹提倡物物交换,王莽有"五均"思想,张林提出"钱贱物贵说",刘陶反对铸大钱等。

任何时代,无论理论或观点多么新颖,只有被统治者吸收采纳,上升为国家意志,并以颁行法令或政策措施的形式贯彻实施,才能发挥治国安民的作用。汉朝统治者从维护统治阶级利益出发,通过实行均输、平准、商品标价和市平制度等来调控和管理市场物价。西汉武帝时大农丞桑弘羊推行的均输法、平准法均借鉴了管仲的经验。王莽的五均法仿效了桑弘羊的均输法、平准法。

《史记·平准书》中记载,汉武帝元鼎二年(前115年),"而桑弘羊为大农丞,筦诸会计事,稍稍置均输以通货物矣"。桑弘羊被任命为治粟都尉,领大农,管理天下盐铁事务,设置均输以促进流通。

武帝元封元年(前110年),当时职位仍然是治粟都尉、领大司农事的桑弘羊主管财政,借鉴管子轻重论、计然平籴法、李悝平籴法等经济思想,决定正式设置均输、平准,一为开辟财源、充实国库,二为平抑物价、方便百姓。

《史记·平准书》中记载,弘羊以诸官各自市,相与争,物故腾跃,而天下赋输或不偿其僦费,乃请置大农部丞数十人,分部主郡国,各往往县置均输盐铁官,令远方各以其物贵时商贾所转贩者为赋,而相灌输。置平准于京师,都受天下委输。召工官治车诸器,皆仰给大农。大农之诸官尽笼天下之货物,贵即卖之,贱则买之。如此,富商大贾无所牟大利,则反本,而万物不得腾跃。故抑天下物,名曰"平准"。

当时汉朝在各郡国设置均输官,各地方进贡给中央的方物,除部分便于运输而皇室又喜爱的输往京师外,其余价格低廉的土特产品就由均输官在各郡国就地收购,然后贩运到其他地方以更高价格出售,以平衡各地物价。通过均输实现产品异地调剂,把非商品性的贡品化为商品,满足市场的需要,于官于民都有利。均输,一定程度上是一个从事商品买卖的贸易机构,官府从中获利不少。

《盐铁论·本议》中记载,大夫曰:"开委府于京师,以笼货物,贱即买,贵则卖。是以县官不失实,商贾无所贸利,故曰平准。"

当时汉朝在京师设立委府,以掌管和囤积各种均输的货物,当某种商品价格下跌时,就大量收购,当某种商品价格昂贵时,就成批抛售,用以稳定物价。国家从调节供求入手参与市场的商品流通。

平准、均输制度在当时对于稳定物价起到了一定的作用。但是有的人认为,均输、平准是一个与民争利、劫民之财的商品买卖贸易机构,只能局部调节物价,常平仓才是真正以平抑物价为目的设置的机构。(郭痒林 1998:217)

西汉宣帝元康年间,农业连年丰收,谷价贱到一石五钱,谷贱伤农,"农人少利",担任大司农中丞职位的耿寿昌是当时朝廷主管农业的官员。他精通《九章算术》,长于计算,提出了一些颇得民心的推动经济社会发展的政策措施。耿寿昌的经济思想是多方面的,其中一项既为时人称道并为后人推崇的政策措施乃是由他创立并且得以实施的"常平仓制度"。他也因此得到皇帝的赏识。

在耿寿昌任职前,汉朝廷每年都要从关东水运不少粮食到京城,需要大量人力、物力和财力,在经济上很不合算。耿寿昌任职期间曾上书汉宣帝，建议在丰收之年就近收购粮食储备起来，供应京城，可节减从关东运粮兵卒一半以上。这个建议被采纳。

《汉书·食货志》中记载："漕事果便，寿昌遂白令边郡皆筑仓，以谷贱时增其贾而籴，以利农，谷贵时减贾而粜，名曰常平仓。民便之。上乃下诏，赐寿昌爵关内侯。"耿寿昌把平准法着重施于粮食的收贮，在一些边郡地区设立了粮仓。谷贱时增其价而籴，贮以备荒，防止谷贱伤农；谷贵时减价以粜，以便赈灾，利百姓。这种粮仓已有常平仓之名。当时边疆金城（今甘肃永靖西北）、湟水（今青海湟水两岸）一带，谷每石八钱，耿寿昌曾在这带地区收购谷物四十万斛（徐寒 2005：367）。常平仓初置在边郡地区，平抑边地粮价。

实行"常平仓制度"，实际上就是运用价值规律来调节粮食供求关系，发挥稳定粮食市场的作用。常平仓的设置，开平抑物价之先河，集中体现出耿寿昌的重农思想和经济才能，备受历代政府的重视。尽管当时及后世有许多人对常平仓制度褒贬不一，但它不失为我国封建时代的一项重要的经济政策。至今仍然有相当重要的理论价值和实践意义。尤其是在当今世界人口膨胀、粮食日益紧缺、粮价不断上涨的形势下，耿寿昌的经济思想和常平仓制度的建立与实践，仍然值得我们学习研究和借鉴。

商品明码标价制度自西周始，是国家对市场物价进行监督和管理的重要制度。

《周礼·地官司徒第二》中记载："司市掌市之治教、政刑、量度禁令。以次序分地而经市，以陈肆辨物而平市，以政令禁物靡而均市，以商贾阜货而行市。以量度成贾而征价，以质剂结信而止讼，以贾民禁伪而除诈，以刑罚禁虣而去盗，以泉府同货而敛赊。"就是说，司市，主管市场政策与律令的官吏，要严格执行律令，不符合规定的度量不能成交。货物要摆放在指定的地方，以便相互对比分辨。由官方贾师评定出物品价格才可成交，杜绝黑市，从而平稳物价。

秦代，政府曾经要求商品明码标价，对同类商品按照质量优劣标价。

汉代仍然实行商品明码标价制度。西汉实行市平制度的具体办法由下列记载中可见端倪。

汉武帝时，人们逐渐认识到加强对市场管理的重要性，认为一哄之市，必立之平。市无平，必无贵贱之正。创设了"平准"、"市平"制度。

《汉书·沟洫志》中记载,成帝时,"治河卒非受平贾者,为著外繇六月"。

王莽时也实行"市平"政策。

王莽法古改制,设置五均六筦。立五均,本来是实现市无二价,平抑物价波动,但是由于不合时宜,加上各级官府、官吏营私舞弊,致使物价波动剧烈。

《汉书·食货志》中记载了王莽时期官府对市平制度较为详细的规定:"诸司市常以四时中月实定所掌,为物上、中、下之贾,各自用为其市平,毋拘它所。……毋令折钱,万物昂贵,过平一线,则以平贾卖与民。其贾氏贱,减平者,听民自相与市,以防贵庾者。"这就是说,一年四季,以每季中间月份为基准,制定上、中、下三个价格,以平均价格为该物标准价格(即市平价)。百姓有多余不售物品,官府在五均官核实物品成本价格之后,以成本价格收购,不会造成百姓亏本。一旦某物价格上涨至超过市平价时,官府就以平价抛售给百姓。如果物价降至市平价以下,允许自由贸易,只是防止哄抬物价。倘若物价管理人员胡乱定价,就以窝藏赃物论处;如果徇私舞弊,行贿受贿,就以盗罪论处。

东汉也实行过市平制度,但与西汉相比,执行不够有力。

为了平抑物价,汉朝采取一些物价管理政策,毋庸置疑,对物价稳定起过一定作用,在局部地区效果明显,对后世经济政策的制定和执行有不小影响。但受许多因素干扰,效果有限。

(三)制约物价的因素

有史以来,因受供求关系、货币因素、天灾人祸、国家税收与政策、商人操纵、社会心理、消费习俗、战乱及政权交替等多种因素的制约,市场物价波动司空见惯。《管子·国蓄》云:"夫以室庑籍,谓之毁成;以六畜籍,谓之止生;以田亩籍,谓之禁耕;以正人籍,谓之离情;以正户籍,谓之养赢。"税收政策影响广泛:征收房税,则房屋不建;征收六畜税,则六畜会减产;征收田地税,农民就不愿意耕作;征收人口税,人口就逃匿;征收农户税,大家族渐起。税收影响生产,生产影响商品供求关系,供求状况直接影响物价。文景、昭宣时期以及东汉中期,物价相对稳定,秦汉之交、两汉之交以及汉魏之交是物价大幅波动的时期,东汉物价震荡比西汉更加厉害。

1. 税收制度影响物价

秦国征收市税。所谓"市税",通常是指在流通领域征收的一个税种。《商君书·垦令篇》规定,除政府特许免征之外,凡在市场上经商的人,皆需要交纳市税,而且规定"市利之租必重"。西汉时期,延用秦重农抑商政策,汉高祖曾对商人"重租税以困辱之"。农业税较轻,加重末业税,倍算商人,实行算缗告缗等,造成市场物价波动。

关于市税率,秦至汉初史文简缺,我们无从得知。王莽时曾经规定:"工匠、医巫、卜祝及方技、商贩贾人坐肆里区谒者,皆各自占所为于其所在县官,除其本,计其利十分之一,而以其一为贡。"(《汉书·食货志》)

西汉末年,税制已经完全混乱,物价暴涨。王莽改制,加重赋敛,刻剥百姓。百姓"藜藿不充,田荒不耕,谷价腾跃,斛至数千,吏人陷于汤火之中,非国家之人也"。(《后汉书·郑范陈贾张列传》)

汉代,税收政策对物价负面影响较大,加重百姓痛苦。

2. 社会心理和风俗习惯影响物价

战国时期,韩非子视商业为"五蠹"之一,力主抑商。庄子则认为"不货,恶用是",完全否定商业。长期以来实行抑商政策,贬商业,耻末利,造成人们心理扭曲,义利之争激烈,究竟是以义取利还是义利并重?是先义后利还是见利忘义?众说纷纭,莫衷一是。社会心理因素也是影响物价涨跌不定的原因之一。

一定社会的物质生产力是有限的。汉代奢侈消费习俗也是推动当时物价变动的重要因素。贵族、官吏、商人、地主的消费已经相当奢侈,就是普通百姓也盲目攀比。奢侈、铺张浪费耗费掉大量的物质财富,消费需求超过供给能力,供不应求,物价必然不断上涨。

3. 商品专卖制度影响物价

实行盐铁官营,经济统制,虽然官收、官运、官销,统一管理,有维持社会再生产的一面,但是偏重于在运销上获利,维持官府对物价的垄断地位,低成本、低运费,然后抬高市价出售,获利颇丰。官府生产的货物质量不高,价格不实,而且人为地操纵物价。如《盐铁论·水旱》中记载:"今总其原,壹其贾,器多坚铓,善恶无所择。吏数不在,器难得。家人不能多储,多储则镇生。弃膏腴之日,远市田器,则后良时。盐、铁贾贵,百姓不便。贫民或木耕手耨,土櫌淡食。铁官卖器不售,或颇赋予民。""在实际上所谓盐铁专卖纯为战时财政之目的,於物价不但并无补益,且更促使高涨。"(钱健夫 1949:52)

(四)物价波动的影响

汉代农业社会,最先感受物价波动影响的就是农民。粮食、布帛等农副产品价格的适幅上涨,有利于增加农民的经济收入,提高农民的消费水平和积蓄量。其他物品价格的上扬,只会增加农民的支出,降低农民的生活水平。小农经济的自给性、非营利性决定了农民适应市场的能力差,无法主动应对市场价格的大幅度波动。收入水平制约消费,小农人口众多,小农生活消费长期处于低水平,不可能培育出良好的商品市场,商品经济进一步发展很困难。

小农最主要的生产资料是耕牛、农具和土地。西汉时一头牛价为三千钱左右,东汉时则需要一万五千钱左右。西汉的小农若要购买一头耕牛,需要卖出三十五石粮食;东汉小农若要购买一头耕牛,则需要卖出一百七十五石粮食。

盐乃食肴之将,不食则人病肿。小农所需的生活资料有一部分必须在市场上交换得到,主要是盐、衣服、锅碗瓢盆等器用杂物。

《盐铁论·水旱》云:"故民得占租、鼓铸、煮盐之时,盐与五谷同贾……"

《后汉书·虞诩传》曰:"诩始到,谷石千,盐石八千,见户万三千,视事三岁,米石八十,盐石四百……"说明汉代盐价波动幅度很大,贱时与五谷同价,贵时竟达每石八千钱,几年后降为每石四百钱。

实行五铢钱制度后,物价上涨,小农每年所需要的衣服费用开支超过一千五百钱,若以小农穿衣可以半自给计算,亦需要二十五石粮食的代价去换取衣服。每年用于生产和生活必需品的购买,需要卖出不下四十石粮食。

随着社会生产的发展,小农的生产生活需要越来越离不开市场,小农与市场的联系日益密切。但是一个个分散的小农根本没有能力在市场中与商人势力进行竞争,经济地位决定了小农在市场上的弱势地位,这也是小农难以摆脱艰难处境的重要原因。

物价波动影响经济发展和社会稳定。随着商品经济的发展,商品比价和差价渐趋明朗。西汉中期以后,工农业产品价格剪刀差不断扩大。物价变化一定程度上反映了经济规律的作用,官府根据某一时点市场价格的平均值来干预物价变化,实行所谓的"市平"制度,并不能有效控制物价。如果文献记载的物价准确无误,就说明了当时官府对市场规律的认识和利用水平还不高,四百余年中,物价稳定时间短而波动时间更长。物价波动大,商品比价不合理,农产品价格低,小农收益少。在物价上涨压力下,生活水平势必降低,若遇天灾人祸,生活会更加困难,民有饥色,遂生叛心,而且会引起国家财政收入锐减,危及汉朝的政治统治。

四、商品经济的曲折发展

(一)关于汉代社会经济形态性质的研究

关于汉代社会经济形态性质的判断,学者的观点不尽一致,兹择要列举如下。

经君健先生认为,地主制经济是地主经济、佃农经济以及与之并存的自耕农经济和各种小生产经济的总和,构成中国封建社会农村的主要经济体制(经君健 1987:2)。他提出封建经济不一定都是自然经济,我国地主制经济与商品经济就有本质的联系。实际上是把地主制经济纳入商品经济的范畴。

秦晖先生认为,中国古典社会商品经济属于"伪商品经济",自然经济与其说是"自给自足"经济,不如说是不自由的"自然人"经济,就运行机制而言是"命令经济"。中国古典社会的商品经济,实际上不受或很少受价值规律的支配和调节,而只受或主要受权力意志的支配与调节,这便是"伪商品经济"。(秦晖 1996:172~176)

张传玺先生认为,"井田制"和"工商食官制"的瓦解、土地私有制的确立为一切财物成为商品提供了可能。自战国至秦汉,商业的高度发展成为古代史上的奇观。以致有人把此一时期的社会性质称之为"商业资本主义社会"。历史证明,商业资本不能决定社会性质,此一时期商业的基础是封建土地私有制下的农业经济,商品主要是由广大农民提供的,商品的主要销售对象也是农民或城市居民,为广大群众的生产和生活服务……只能说此种经济是当时的自然经济的一种外在形式,或一种自我调剂的手段。(张传玺 2006:2)

温乐平先生认为,秦汉时期,虽然社会生产力和生产关系有着新的飞跃,商品经济发展到有史以来的鼎盛,但是由于商品市场还处于培育的阶段且政府又无法充分认识和利用市场规律来发展商品经济,仅局限于扶持地主制经济的发展。所以,自然经济仍然占据社会经济的主导地位,而商品经济居于次要的地位。(温乐平 2002:5)

李文治先生认为,在中国封建社会前期和中期,相对欧洲领主制经济而言,地主制经济能较大限度地适应社会经济的发展,尤其是农业生产力的发展,反映了地主制经济的生命力。在后期,相对欧洲某些国家由封建经济向资本主义经济过渡时期而言,它能较大限度地吸引社会财富转向土地,反映了地主制经济的顽固性。地主制经济以其顽强的生命力,不断适应着农业生产、商品经济发展、地权分配变化、宗法等级关系松懈、农民战争冲击和国家政策调整,其主导作用始终不曾改变,在中国长期封建社会经济结构中位列主导地位。(李文治 1996:2)

冷鹏飞先生论述了粮食生产的商品化趋势、经济作物种植业的兴盛、林牧渔业的发展,认为战国秦汉时期是我国古代农业领域商品经济发展的高峰期。(冷鹏飞 2002:3)

黄今言、王福昌先生认为,汉代农业商品生产取得了明显的发展,促进了市场的繁荣。从事农业商品生产的有专业户、庄园主和小农,当时的农业商品生产的发展具有明显的不平衡性、地域性和分散性特征,农业商品率约为30%。(黄今言,王福昌 2003:1)

黄今言、黄素平《两汉工商政策与商品经济述略》一文中指出,两汉四百余年中,由于国家工商政策的递变,使商品经济经历了一个发展演变的过程。商品货币经济的发展,在很大程度上冲击了社会经济结构、生活方式、传统观念等各个侧面,受冲击最大的是广大农村。

王凯旋先生在《东汉商业经济与社会风气》一文中指出,商业经济在东汉的发展并没有迟滞延缓,而是在更广泛的背景下得到更为普遍的发展。其广阔的社会背景指的就是随着社会各阶层、各地区的人们的商业意识和商品交换观念的蓬勃兴起,在全社会范围内形成的追商逐利的民俗民风。

刘瑛认为,学者们多肯定两汉商品经济的积极意义,事实上两汉商品经济的发展对两汉世风的负面影响较为显著,表现在求富、追利成风,消费趋向奢侈,传统道德观动摇,士人弃学经商。(刘瑛 2002:2)

以上学者的观点,强调了自然经济,论及商品经济发展的不是很多。

总的说来,汉代社会是自然经济为基础的社会,自然经济在社会经济中占主体地位。商品经济虽然没有战国时代那样耀眼的光芒,但是确有相当程度的发展,在生产、科技等领域有着许多难以磨灭的辉煌成就,我们不能不敬佩汉代先民的勤劳智慧,感念祖先的恩惠泽被于今。

随着国家的统一,经济的恢复和发展,汉朝中央集权体制逐渐形成并且不断加强,地主阶级政治统治得以巩固。为了维护地主阶级的利益和统治,汉朝和各级官府均推行重农抑商政策,控制商品经济发展的空间和发展程度,维持了自然经济的基础地位。

纵观整个汉代,商品经济有一定程度的发展,但发展的过程颇为曲折,最终没有成为独立的社会经济形态,原因比较复杂。在中央集权政治体制日益巩固和强大的政治环境之中,商品经济发展受到种种束缚,市场及市场力量只能在自然经济体系空隙中生存发育,发展空间有限。商品经济虽出现过春秋战国时期和西汉前期的良好发育和快速生长,有过古代经济发展史上流星一样的闪光,但是其成长发育始终未能达到突破自然经济桎梏的临界点,没有撼动自然经济在社会经济中的统治地位。

(二)商品经济与自然经济

1. 商品经济与自然经济互补

商品经济自产生之时起,就与自然经济并存,自然经济的发展借助或依托商品经济。

尽管东汉与西汉相比,商品经济发展的势头有所减弱,但是东汉商品经济整体规模与质量未下降。就整体而言,东汉时期的手工业与商业并没有呈现出普遍下降的明显趋势,同时也表明,主要由汉代的民间手工业与商业所构成的商品经济确已成为当时封建经济的组成部分。汉代的重农抑商政策并没有影响正常的商品经济的存在与发展。(高敏 1991:2)

古代,农业是主要的生产部门,一家一户为单位的小农经济是自然经济的细胞,小农经济是封建统治的经济基础,通常所说的封建社会的自然经济,主要是指小农经济模式。小农进行生产的一部分属于商品生产,地主制经济总体上属于自然经济的范畴,封建社会经济自始至终包含一部分商品生产和商品流通。

一般说来,古今君王知道民为邦本,民以食为天,注意利用天时、地利及人力发展生产,使百姓生活有物质保障。如《淮南子·主术训》中记载:"食者,民之本也;民者,国之本也;国者,君之本也。是故人君者,上因天时,下尽地财,中用人力,是以群生遂长,五谷蕃殖,教民养育六畜,以时种树,务修田畴,滋殖桑麻,肥硗高下,各因其宜,丘陵阪险不生五谷者,以树竹木。春伐枯槁,夏取果瓜,秋畜疏食,冬伐薪蒸,以为民资。是故生无乏用,死无转尸。"

《盐铁论·水旱》中记载:"古者,千室之邑,百乘之家,陶冶工商,四民之求,足以相更。故农民不离畦亩,而足乎田器,工人不斩伐而足乎材木,陶冶不耕田而足乎粟米,百姓各得其便,而上无事焉。"一家一户可以独立生产出自己所需的农副产品和手工业产品,基本上达到自给自足,很少与市场发生联系。

《史记·律书》中记载,太史公曰:"文帝时,会天下新去汤火,人民乐业,因其欲然,能不扰乱,故百姓遂安。自年六七十翁亦未尝至市井,游敖嬉戏如小儿状。孔子所称有德君子者邪!"这是一幅田园牧歌式生活的图景,带有理想化的色彩。实际上,很多时候,汉代的小农不得不和市场保持比较密切的联系,离开了市场甚至难以维持生计,有许多小农所进行的生产中的一部分就是为了交换。

汉代,据司马迁述,从长城脚下到南海之滨,东自东海西至巴蜀,各地的商品生产者因地制宜,或渔或牧,或采桑或绩麻,或植漆树或栽果树……还有人以樵采为生。西汉的朱买臣就是"不治产业,常艾薪樵,卖以给食"。(《汉书·朱买臣传》)

在社会分工日趋繁细的条件下,小农与市场的联系更加广泛,但小农所进行的自给性生产性质没有根本改变。这主要表现在农业和手工业的结合,即"男耕女织"的自然分工上。

小农经济的生产结构是耕织结合,"耕稼纺织,比屋皆然",延续了几千年,作为主流的经济生态,"耕"一直是主体,"织"为"助耕"和"养农"。为了维持和扩大"耕"作生产,一部分生产活动就要面向市场。

商品流通领域部分依赖自然经济。

战国时期,商品经济蓬勃发展。《孟子·滕文公》中记载,农民男有余粟,女有余帛,"纷纷然与百工交易"。城乡市场上的粮食、布匹、蔬菜、瓜果、禽畜、鱼等农副业产品,需要小农经济中的部分商品性生产来提供。

汉代,随着小农生产经验积累和生产能力不断提高,已经改变以往较为单一的粮食生产模式,进行多种经营,能够向市场提供粮食、布匹等更为丰富的农副产品。

农民副业产品的价值实现依赖市场。对小农来说,仅仅依靠土地进行农业生产,既无法应付官府的横征暴敛,也无法应付自身的正常开支。为了维系家庭内部生产和消费的平衡,小农进行的生产,一方面属于自给性生产,通过生产直接获取生产生活资料,另一方面必须将其一部分劳动投入到粮食生产以外的诸如桑麻纺织业、家畜饲养、园圃、瓜果、植树樵采等副业生产中去,然后将一些农副产品投入市场,通过交换取得货币收入。除此之外,还兼作雇工作为补充。《管子·禁藏》中记载:"食民有率,率三十亩而足于卒岁,岁兼美恶,亩取一石,则人有三十石,果蔬素食当十石,糠秕六畜当十石,则人有五十石,布帛丝麻,旁入奇利,未在其中也。"据此计算的话,园圃及畜养等家庭副业生产收入约占农户总收入的40%,这是农户家庭维持生计的一项重要收入。

汉代的赋税与其前、后代相比颇有特色,就是多以货币形式缴纳,苛重暴虐。口赋、算赋、更赋、赀赋皆用货币缴纳,仅前三项,每家每户的每年缴纳量就约达610钱,这就迫使农民将自己的劳动产品投入市场,与商人或高利贷发生直接联系(马新 2001:2)。农民无法回避商品经济与高利贷的涡流的冲击。

农民商品性消费离不开市场。小农的消费虽然是以自给性消费为主,但离开市场就无法满足其生产和生活需求。因条件限制,农民不可能同时进行多种副业生产,应付正常开销及不时之需,必须通过市场调剂。随着商品经济的发展,农民与市场的联系逐渐加强,商品的流通成为农民再生产过程中的必要环节。

小农是乡村市场中商品的重要提供者,又是最大的消费群体,小农的生产与消费行为直接推动着乡村社会商品经济的发展。随着生产力水平的提高,农民对市场的需求及依赖程度逐渐加强,剩余产品的增加意味着市场交换和收入的增加,农民进行交换的能力也随着交换次数的增多逐步提高,这或许是当时农村集市兴起与发展的基本原因。

社会消费资金来源于自然经济。

作为封建社会中的统治阶级,皇室、官僚、地主政治地位高,经济实力雄厚,作为购买者,他们购买商品的目的就是为了满足自身奢侈性生活消费需要,所需资金主要来源于从农民手中获取的租赋以及从独立手工业者手中获取的赋税,这样的商品流通以自然经济为基础。

广大农民和手工业者需要从市场上购买的商品,多数是需求弹性小的生活资料和生产资料。农民进行商品交换的目的,是维持简单再生产和家庭的简单生活。独立的手工业者将自己的劳动产品出卖获得货币,并且用这些货币再购买生活必需品和生产工具。这样的商品流通,归根结底还是以自然经济为基础和前提的。

商人阶层用来购买商品的货币主要来源于他们的经商利润。他们从农民、独立的手工业者、地主那里购买到商品,然后再把这些商品售卖取得利润。市场上的商品主要是自然经济形式下生产的产品,这样的商品流通仍然是以自然经济为基础的。

商品经济与自然经济的关系密不可分,二者相互依存又相互排斥。过去有人认为,小农经济是自给自足的封闭的经济,完全属于自然经济范畴。实际上小农经济既有自然经济属性又有商品经济表象。自耕农的小土地经营在汉代乡村经济中居于主导地位,但它自身具有难以克服的局限性,无法实现完全的自给自足,生产经营及生活消费都与商品市场相联系。

2. 自然经济占主体地位的格局形成

历代封建王朝奉行"重农抑商"政策,但实行"抑商"并不等于"灭商",而是绝对防范农业经济商品化,作为农业经济补充的商品化也限制在足以维持农民的自给自足和小农经济的再生产限度内。(谢天佑1989:340)

小农既是乡村市场商品的供给者,又是社会上最大的消费群体。西汉前期商品经济快速发展,舍本逐末、大胆追求财富已经蔚然成风,小农的经济活动必然受到商品经济的影响和制约。

汉王朝采取了不少有利于市场发育和市场力量运作的干预措施,但这些措施仅限于市场、市场力量对自然经济不构成威胁的时候。在这个限度之外,政府就会采取"抑商"措施。而且,与"政治上分裂"的欧洲不同,中国具有强大的中央集权体制,存在着"可以有效地阻止这种或那种贸易发展的统一政权"。(保罗·肯尼迪 1988:24)

重农抑商政策的实施,维持了自然经济的主导或基础地位,控制了商品经济发展的空间和发展程度。虽然商品经济在发展过程中不断分解、削弱或逐渐吞噬自然经济的地盘,但商品经济的发展离不开自然经济,最终也被纳入自然经济体系之中。市场力量被自然经济吸收或化解,转化为巩固自然经济的力量,商品经济成为自然经济的补充。

中国古代商品经济的产生及其发育有过春秋战国时期和西汉时期曾经的辉煌,但是其成长发育始终未能达到突破自然经济桎梏的临界点,市场力量虽然在社会经济资源配置中发挥过重要作用,但最终未能压倒封建势力,从总体上衰落下去,封建社会长期延续,自然经济长期在社会经济中占据统治地位。(赵凌云 2003:9)

漫长的封建社会,自然经济占统治地位但商品经济有所发展的格局,在汉代已初步形成。

(三)商品经济的发展

1. 农业领域的商品生产成分增加

自古以来,中国就是一个农业大国,自给自足的小农生产模式是我国古代农业经济的主体。随着私有制的确立,社会行业不断分化,形成多种多样的独立经济单位。自夏代至春秋初,进行农业生产,一直是金(青铜)石工具并用,跖耒而耕,耒耕阶段的社会生产力水平低下。春秋战国时期,铁工具出现,人们已经知道了用畜力代替人力,铁器牛耕极大地解放了社会生产力,引发社会巨大变革。独立拥有生产资料和劳动产品的个体的增多为商品生产及其交换的发展创造必要的社会条件。"只有独立的互不依赖的私人劳动的产品,才作为商品互相对立。"

(《马克思恩格斯全集》23卷:55)

随着时代的发展,农业生产领域也逐渐分化,商品经济成分增加。战国秦汉时期形成我国古代农业领域商品经济发展的第一次高潮,但种种因素阻滞了农业领域的这一发展趋势。

汉代,随着社会分工的扩展,市场的扩大,投放到市场中的农产品不断增加,商业性农业生产得到较为显著的增长。种植经济作物的收益一般要高于种植粮食作物的收益,比较利益的存在刺激农户增加经济作物种植面积,经济作物种植比重有所增加。畜牧业、林业生产等领域已经出现了专业农户。商品货币经济规模的扩大,会销蚀以生产使用价值为出发点的自然经济,原有的一些自给性生产逐渐被商品性生产所替代。

(1)粮食生产的商品化趋势增强

粮食主要来源于小农经济。拥有粮食的主体包括自耕农、依附农、地主、贵族和封建国家。小农生产粮食主要是为了养家糊口,地主、贵族所获租谷主要耗费于奢侈性生活,而封建国家直接出租或屯种公田所得到的粮食则主要用于国民经济各个部门的分配。

由于城镇等非农业人口的迅速增加,各地区经济发展水平、自然气候条件不平衡,贩卖粮食逐渐成为商人的大宗业务。《汉书·食货志》记载,李悝实行"善平籴"政策,筹划丰年由国家出面收购余粮贮存,逢灾年歉收则将存粮抛售,以维持市场粮价稳定,说明当时政治家已经注意到市场粮价波动会对整个社会的生产生活产生重大影响。

《史记·货殖列传》中记载,秦汉之际,"豪杰皆取金玉,宣曲任氏独窖仓粟。……米石至万,而豪杰金玉尽归任氏,任氏以此起富"。汉代,粮食商品化趋势增强,生产或买卖粮食是增加财富的重要手段。可观的粮食贸易收益驱使权贵凭借势力,将更多的禁苑荒陂等闲置土地开垦出来,也激发了小农生产粮食的积极性。

尤其在武帝以后,农业经济发展主要的进步得益于农具及耕作方法的改良、水利建设、作物栽培技术的进步及其推广。

由于农业生产力水平提高,粮食单产提高,农户供给市场的粮食逐渐增多。冲破了"千里不贩籴"的古训,实现区域粮食的丰歉调剂,粮食商品化规模扩大。

(2) 副业中的商品生产成分增加

土地利用率和农业生产率提高,综合生产能力增强,引起小农家庭产业结构变化,部分土地和劳动力得以腾出来种植经济作物或经营家庭副业。农民为增加收入,也必须利用农闲从事某项副业生产。

农民不仅要应对变幻莫测的自然环境变化,还要承受封建国家的赋税徭役,贪吏豪绅的敲诈勒索,盗匪劫掠之苦。农民的大部分剩余劳动甚至是部分必要的劳动被吞噬,在种种经济压力之下,农民愈发不堪重负,只得逐渐转向副业以补充家庭收入。

由于商品经济的繁荣,小农在选择经营方向上有较大的自由,也乐于进行农业以外的其他经营活动。举凡工、商、牧、渔业、佣、樵……只要有利可图,小农就会兼业经营或者干脆弃农专营,更有甚者,就直接铸造货币,生财来得最快。(刘绪贻 2000:4)

农闲之时,为了不让劳动力浪费,农户会将精力用在与直接的农作无关的副业活动上,其中包括:加工食品和燃料,纺纱织布,金属加工,裁缝、制革、制造和修补工具,器械,陶器与礼器,还有建筑房屋,修补篱笆以及其他活动等。(许倬云 1998:135)

汉代,一些循吏注重与倡导农民发展纺织、渔采、畜养等各种家庭副业。龚遂曾经劝民务农桑。《汉书补注》卷89记载,黄霸任颍川太守期间,使邮亭乡官皆畜鸡豚,以赡鳏寡贫穷者。然后为条教,置父老师师伍长,班行之于民间,劝以为善防奸之意,及务耕桑,节用殖财,种树畜养,去食谷马。《后汉书·循吏传》中记载:"南阳茨充代(卫)飒为桂阳。亦善其政,教民种植桑柘麻之属,劝令养蚕织屦,民得利益焉。"

这些地方官的倡导与推动,也促进了小农进行副业生产,为市场提供了不少商品。

(3) 乡村多层次生产结构的形成

汉代,随着统一局面的形成和逐步稳定,汉王朝推行重农政策取得不小成效。农业生产率在更大范围内提高,社会分工逐步扩展,产业结构不断调整,农户兼营和专业化生产均有相应程度的发展,越来越多的农业产品进入流通过程,以满足社会对农副产品的需求。乡村社会形成了一个多层次的商品生产结构。

一部分农户以自给性生产为主。这一层次的农户以自耕农为主,在西汉前期所占比例最大(黄今言 2000:21~45)。自耕农拥有一定的生产资料,他们进行的生产具有一定的稳定性和独立性,男耕女织为基本的生产模式。其生产不是为交换取利,而是为维持个体家庭生活的简单再生产。根据黄今言先生考察,一户拥有六十亩耕地的中等水平的自耕农,在社会相对安定、赋役征课较轻的情况下,其生产、生活大体上可以维持下去。拥有百亩左右耕地的农户更宽裕些,具有一定的扩大再生产的能力和积极性,参与市场交易活动。一部分农户进行的生产中商品生产的比重较大,从事效率较高的农业,生产的产品主要用于交换,少量用于自己消费。虽然基本上转化为小商品生产者,但在社会中所占比例不大。

汉代,出现了不少专业农户,进行生产主要为了交换,追求利润的最大化。他们或种植经济作物,或经营采伐业、畜牧业、农产品加工业等。赵岐在《蓝赋序》有这样的描述:"余就医偃师,道经陈留,此境人皆以种蓝、柒绀为业。蓝田弥望,黍稷不植。"

专业农户通过进行商品生产和交换,实现资本积累和扩大再生产。"它(专业户的生产)开始时纯粹是一种附带的副业,如果这种初步交易带来的利益不大,它会始终是一种附带的副业。但是如果专业商人的利益比较可观的时(候),这种新的活动便会成长起来。"([英]约翰·希克斯 1999:26)商品交换的过程同时也是获取收益的过程,逐利是进行商品生产的目的。刘向的《列仙传》中记载:"祝鸡翁者,居尸乡北山下,养鸡百余年,鸡有千余头,皆立名字,暮栖树上,昼放散之,欲引呼名,即依呼而至,卖鸡及子值千万钱。"这反映了那时养鸡专业户的获利情况。

进行专业性生产经营,不仅需要一定的物力、财力和人力等基础条件,也需要有把劳力、资金、技术、自然资源等生产要素科学地组织起来的能力。随着农业生产力水平的提高,农业内部分工的扩展,城乡市场的形成与扩大,对商品供给的数量、质量及品种的要求的提高,越来越多的农户适应市场需要进行专业化经营。司马迁在《史记》中描述的专业农户已有一定数量,商品生产已有一定规模,体现了社会分工和农业生产结构的自发调整。专业农户是乡村社会的新兴群体,他们进行的商品性生产经营活动促进了商品经济不断发展。

2. 地主制经济中有相当比重的商品生产成分

(1) 租佃制地主经济中存在商品生产成分

租佃制地主经济不是一个统一的经济形式,实际包含地主家庭和农民家庭两个经济单位。地主把土地出租之后,一般只管收取地租。租种地主土地的租佃农民向地主缴纳地租。

按照"见税什五"的地租率计算,一个拥有 200 亩(小亩)土地的中小地主,以土地出租方式经营,能够投入市场的剩余产品有限,这种租佃地主经济就具有自然经济的性质。出租土地所得的地租收入,仅相当于一户拥有 100 亩土地的自耕农的全年收入,这个地主家庭的生活消费水平仅相当于拥有 100 亩土地的自耕农家庭的生活消费水平。

有些大地主占有数百顷甚至千顷的土地,他们出租土地所得的地租收入非常可观。按"见税什五"的地租率计算,拥有 10 顷(一千亩)土地的租佃地主,每年能得到租谷 1000 石至 1500 石。大地主所得到的租谷,除供家庭生活消费之外,还有大量剩余。剩余的租谷就会被投入市场换取货币,以供其豪奢生活之用。这种情况下,以谷物为主要形态的实物地租性质就发生了变化,粮食进入市场成为商品,这种租佃制地主经济,总体上仍然属于自然经济,但已经具有相当程度的商品经济属性。

正是因为租佃制地主经济能够获得较大的经济利益,大地主就不断扩大土地经营规模,以获取更多的地租,换取更多的货币财富。土地兼并日趋严重,使流民问题成为汉朝欲治不能的膏肓之病。"故民弃本逐末,耕者不能半,贫民虽赐之田,犹贱卖以贾,穷则起为盗贼。何者?末利深而惑于钱也。"(《汉书·王贡两龚鲍传》)

(2) 地主庄园经济中具有商品生产成分

赵岐说陈留一望都是蓝田,像陈留这样的经济作物种植区需要通过市场推销其产品,然后再通过市场交换来满足日常生产生活的各种需要。粮食作物种植区也需要通过市场交换,推销出多余的粮食,换回自己所需的各种生产与生活资料。地主庄园中的林、牧等副业产品以及"巧不可言"的手工业产品,超出庄园自身需求的部分,必然要推向市场,进入流通领域。

地区性分工不断发展,经济交流范围也逐渐扩大,地主庄园中进行的商品性生产,大多属于土特产品生产,土特产品生产需要依托市场,所以庄园地主通过贩运商人的活动与市场保持密切的联系。随着社会生产的发展,庄园经济中的商品经济成分相应增加。

3. 家庭手工业中的商品生产成分

秦汉时期实行禁民二业政策。《淮南子·齐俗训》中记载,禁民二业,就是"人不兼官,官不兼事,士农工商,乡别州异。是故农与农言力,士与士言行,工与工言巧,商与商言数。……各安其性,不得相干"。司马迁笔下的各类经营大户,基本上都是靠单一经营立足,逐渐增强其经济实力。

实行禁民二业的政策,对乡村工商业者的发展起到较大促进作用。《盐铁论·水旱》中记载,家人相一,父子戮力,各务为善器,器不善者不集。农事急,转运衍之阡陌之间。民相与市买,得以财货五谷新弊易货;或时赍民,不弃作业。这表明手工业者通过市场交易活动,能够为农民提供一些必要的生产生活资料。

司马迁在《史记·货殖列传》中说的"农不出则乏其食,工不出则乏其事",就反映了手工业在社会生产生活中地位相当重要。农村中的副业生产,后来也逐渐转化为专门性的商品生产。在纺织、冶金、矿业等手工业部门均出现了较大规模的商品性经营。

4. 劳动力的商品化

雇佣劳动的使用情况,反映商品经济发展的程度。春秋战国时期,一些行业已经使用庸客庸夫,已出现使用雇佣劳动的现象。汉初,许多人获得了土地,但自耕农多,雇佣人手从事农业生产的现象较少。西汉中后期,由于土地兼并严重,无地或少地的贫苦农民,不得不长年或在农闲季节外出,从事雇佣劳动。出现劳动力商品化的趋势。

雇佣劳动制度发展,农业领域劳动力逐渐向非农产业流动。随着土地的日趋商品化,农村中贫富分化加剧。农村商品经济的不断发展,求利的机会和方式增多,权衡城乡收入差异和对城市生活环境的向往,农业领域中有大量的劳动力流向非农产业。

雇佣劳动者中,一些人属于官府的取庸,一些人属于私人的雇工。一些规模较大的手工业尤其盐铁业作坊中多使用雇佣劳动。东汉后期,"务本者少,浮食者众"。"浮食者"中就包括那些从事雇佣劳动的农民,他们靠出卖自己的劳动力获得报酬,贴补家用。《汉书·匡衡传》中记载,匡衡曾因"家贫,庸作以供资用"。

由于土地兼并严重,小农破产后往往成为"流民",其中一部分"流民"就当了"流庸",离乡背井,在外劳动谋生。"流庸"有多种称呼,如保、庸、僦、佣、客等,而且使用范围较广。《汉书·昭帝纪》记载昭帝诏曰:"比岁不登,民匮于食,流庸未尽还……"

西汉中期以后,雇佣劳动者中有相当数量的雇农。雇农多为短期打工者,在农忙或农闲季节充任"庸客"、"田客",为人"佣耕"或收获作物。《后汉书·第五访传》中记载:"第五访,司空伦之族孙。少孤贫,常庸耕以养兄嫂,有闲暇则学文。"

在雇佣劳动者队伍中,有不少人做"酒保"、"僦人"、"市庸"。

《汉书》记载:"栾布,梁人。彭越为家人时,常与布游。穷困,卖佣于齐,为酒家保,数岁别去。"谢承《后汉书》中记载:"施延,明于五经。家贫母老,周流佣赁。避地于庐江临湖县种瓜,后到吴郡海盐取卒,月直赁作半路亭下,以养其母。"

《后汉书·李燮传》中记载:"燮变名姓为酒家佣。"

《史记·平准书》中记载:"元封元年,桑弘羊为治粟都尉……而天下赋输,或不偿其僦费。""就"、"僦"、"僦人"多见于运输业领域。《汉书·郑当时传》、《汉书·田延年传》、《盐铁论·禁耕篇》、《后汉书·虞诩传》等都有此类记载。

《汉书·陈汤传》中记载,当时官府兴建陵墓,使用"卒、徒、工庸,以巨万数"。

雇工比较广泛地活跃在农业、手工业、商业、运输业、家庭服务业等领域,打破了封建社会自给性生产的经济模式,是汉代商品经济发展的一个十分重要的条件。

雇佣劳动者从事雇佣劳动一般有三种情况:受雇于人,代人服役;受雇于訾家,换取佣金;或直接从事家务劳动。

受人雇佣,从事运输,就是僦。僦人运载已经是一个专业性较强的行业,各类僦人遍及全国。

就雇佣双方身份而言,雇主有国家、官僚、地主、商人等,佣工主要是贫民或佃农。佣工可以选择长期或短期的雇佣方式,佣工与雇主的关系不同于农民与地主的关系,雇工的人身自由度较大,所从事的行当也不是永久性职业,他们仍具有国家编户齐民的身份。

雇主支付佣资形式多样，一般为货币支付。汉代的雇工价格远高于秦时的价格，通常在月1000钱至3000钱之间。

官府的横征暴敛和天灾人祸，陷农民于困苦不堪的境地。西汉时期的赋税沉重，农民所承担的国家经济义务占其收入的一半甚至更多。《盐铁论·未通》篇中记载："田虽三十，而以顷亩出税，乐岁粒米狼戾而寡取之，凶年饥馑而必求足。加之以口赋更徭之役，率一人之作，中分其功。"算赋、口赋和更赋都需要以货币支付，仅此一家农户每年的交纳量就约达一千钱。田租轻人口税重，赋税制度设计不合理。这种忽略土地财产数量，按人头纳税的原则，加重了农民负担。"故地数未盈，其税必备，是以贫者避赋役而逃逸，富者务兼并而自若"（杜佑 1995：43）。自耕农来自土地的收入，除去上缴给国家的部分，所剩无几，土地收益越来越少，徭役有增无减。还有乡间胥吏、商人、高利贷商人、大地主的挤压盘剥等，多种力量夹击之下农民求生困难。如《淮南子·本经训》中所描写的境况："民力竭于徭役，财用殚于会赋，居者无食，行者无粮；老者不养，死者不葬；赘（赁）妻鬻子，以给上求，犹弗能澹。"

另外，自耕农大量破产，依附民增多，国家财政收入势必减少。为挽回税收方面的损失，各地官府就将流失的税额摊派到其他农民头上，加重了这部分农民的负担。这也是汉代劳动力日益商品化的原因之一。

汉代，雇佣劳动只是维持自然经济的补充因素，还没有成为商品生产的必要条件。在资本主义社会以前，雇佣劳动都是一种例外，一种副业，一种救急办法，一种暂时措施。农业与家庭手工业生产经营中，劳动者成为雇佣工人，是一种迫不得已，是一种例外。"包含着整个资本主义生产方式的萌芽的雇佣劳动是很古老的；它个别地和分散地同奴隶制度并存了几百年。但是只有在历史前提已经具备时，这一萌芽才能发展成资本主义生产方式。"（《马克思恩格斯全集》20卷 2007：296）

战国至秦汉，农业、手工业、商业、运输业、服务业等方面都使用雇工。大量雇佣劳动的使用意味着劳动力的商品化趋势增强，但是汉代劳动力商品化根源于自然经济，并不是专业化分工发展的要求。从雇主方面看，无论农业生产，还是家庭手工业的生产经营，雇佣人手，只是作为家庭劳动力的补充，并不是主要靠雇佣劳动力进行专门化的商品生产。从雇工方面看，他们出卖自己的劳动力大多是暂时的而不是经常的,只是谋生的补充条件而不是唯一的条件,只在农闲时或生活困顿别无选择时受雇于人。

只有当雇佣劳动成为商品生产的基础时,商品生产才强加于整个社会,但也只有这时,它才能发挥自己的全部潜力(《马克思恩格斯全集》23卷 2007:644)。自然经济是我国封建社会的经济基础,商品经济的发展虽然削弱了自然经济,但未能从根本上瓦解自然经济,尽管存在雇佣劳动,但雇佣劳动尚未成为劳动者谋生的唯一手段,也不是生产者进行专门化生产的必要条件,商品经济未能取代自然经济,在社会经济中仍然不占主要地位。

(四)影响商品经济发展的制度因素

商品经济发展到西汉中期以后势头趋缓,与社会经济运行环境变化及国家抑商政策等因素有关。

1. 农业领域商品经济发展空间狭小

汉代,农业生产领域多种经营方式并存,主要有个体农户、地主庄园和国家屯田这几种经营方式。小农经济以一家一户为基本生产单位,既从事农业生产,又从事家庭手工业生产。

小农经济为乡村主要经济形式,乡村中商品生产与流通的空间十分有限。民间商业在重农抑商政策执行时紧时松的环境中获得发展,但发展程度不高。进村入户在民间游走的贩夫贩妇,虽然很多时候有经商致富的自由,但是缺乏足够的财力,获得大发展的可能性很小。以小农经济为主体的社会经济结构制约了农业领域商品生产的发展规模与专业化程度。这一时期社会上占相当比重的渔业、畜牧业、经济作物种植及林木生产都融汇在小农家庭副业生产的汪洋大海之中,成为小农经济的补充。

而且,封建国家的土供税收制度和地租进献成规又满足了贵族官僚以及地主豪富对土特产品、山珍海味的基本需求。因此,自给自足的农林牧副渔业生产与封建政治经济特权分配制度大大影响了农业生产商品化的进程。(冷鹏飞 2002:1)

自汉武帝以后,国家对社会经济全面干预,破坏了农业生产领域的自然分工,从而导致了西汉后期至东汉时期,农业领域的商品经济因素发育迟缓。

2. "本末不足相供"使市场萎缩

自战国至秦汉,商品经济的发展对社会生活的各个方面都产生了深刻而巨大的影响。

战国时代是我国古代社会商品经济颇为繁荣的时期,市场林立,商贾云集,金属货币广泛流通,市场交易活动大增,商品交换范围扩大,商品流通畅达。诚如司马迁所说:"天下熙熙,皆为利至,天下攘攘,皆为利往。"商品经济的发展繁荣,不仅引起社会政治经济的深刻变化,而且也促使人们的价值观念发生变化。商品经济的迅猛潮流已经将三代以来森严的等级占有制,将自然经济冲击得千疮百孔。《孟子·滕文公》记载:"以粟易械器者,不为厉陶冶;陶冶亦以其械器易粟者,岂为厉农夫哉?且许子何不为陶冶,舍皆取诸其宫中而用之?何为纷纷然与百工交易?何许子之不惮烦?"小农纷纷拿自己生产的粮食和手工制品与百工交易,以换取必要的生产和生活用品,他们与市场的联系已经相当密切。孟子对自然经济的鼓吹者许行的批判充分说明了战国时期的小农经济已对商品经济产生依赖。

商鞅和商鞅学派的人口思想中,有一个"农者"和"食者"适当比例的观点。他们所谓的"食者"或"居者"是指不直接从事农业生产而要消费农产品的一切人。他们甚至把农以外的"食者"或"居者"比做螟、螣、蚼、蠋等农作物的害虫,认为如果农民少于适当比例而其他职业的人多了,就如同农业发生了严重虫灾一样。当时工商业的发展与农业发展之间已经不协调,国家重视农业的发展,就要限制、打击工商业,以避免本末不足相供。

汉兴,海内为一,开关梁,弛山泽之禁之后,国家空前统一,人们进行生产与贸易活动有了宽松的环境,从事商品贸易的人多了起来。卓氏、程郑、孔氏等皆为那时比较有名的商人。在迄今为止的社会经济发展历程中,某个社会特定时期,不是只存在一种所有制经济形式,会有多种所有制经济形式存在,而每一种所有制形态都必须依赖于一定的劳动方式,即劳动与劳动资料的结合方式。在汉代,劳动与土地结合的必要条件就是劳动者能得到的部分必须能够维持劳动者本身及全家最起码的生活需要。如果劳动者的分配所得不能维持自己和全家的基本生存需要,劳动者就会选择离开土地,劳动与土地分离,原有的小农与国家的土地所有制关系就会随之瓦解。

劳动与土地能否结合取决于当时的社会生产力水平和赋税地租制度。一个社会特定时期的生产力水平决定了劳动者一年辛苦劳动所获得的劳动成果数量,而赋税地租又决定了这些劳动成果中有多少属于劳动者。超过农业劳动者个人需要的生产率是农业领域商品经济发展的自然基础。正如马克思所说:"社会上的一部分人用在农业上的全部劳动——必要劳动和剩余劳动——必须足以为整个社会,从而也为非农业工人生产必要的食物;也就是使从事农业的人和从事工业的人有实行这种巨大分工的可能;并且也使生产食物的农民和生产原料的农民有实行分工的可能。"(《马克思恩格斯全集》25卷 2007:716)

汉初,在战国时期商品经济发展的基础上,城市发展,商业逐渐繁荣,时人认为经商容易致富,城市的生产生活方式对许多人有很大的吸引力,对农民的吸引力尤大。经商的人越来越多。

《汉书·东方朔传》中记载:"时天下侈靡趋末,百姓多离农亩。"

《汉书·贾谊传》中记载,商人力量的扩张,妨碍农业生产,并且威胁地主阶级政权。"夫百人作之,不能衣一人,欲天下亡寒,胡可得也?一人耕之,十人聚而食之,欲天下无饥,不可得也。饥寒切于民之肌肤,欲其无为奸邪,不可得也。"

文帝曾经忧虑粮食生产萎缩的现实,诏曰:"夫度田非益寡,而计民未加益,以口量地,其于古犹有余,而食之甚不足者,其咎安在?无乃百姓之从事于末以害农者蕃,为酒醪以靡谷者多,六畜之食焉者众与?"(《汉书·文帝纪》)

东汉的商品经济虽远不及西汉发达,但舍本逐末之风如昨,王符尽情地揭露了大地主淫靡腐朽的生活及其对国家、对社会民众的危害。

王符在《潜夫论·浮侈》中说道:"今察洛阳,浮末者什于农夫,虚伪游手者什于浮末。是则一夫耕,百人食之,一妇桑,百人衣之。以一奉百,孰能供之?天下百郡千县,市邑万数,类皆如此。本末何足相供,则民安得不饥寒?饥寒并至,则安能不为非?为非则奸宄。奸宄繁多,则吏安能无严酷?严酷数加,则下安能无愁怨?愁怨者多,则咎征并臻。下民无聊,而上天降灾,则国危矣。"他以洛阳为例描述了当时的城市中到处是游手好闲、投机取巧的人,农民的负担越来越重,商人剥削农民,城市剥夺乡村的情况,谴责了"贵戚"、"豪家"们的寄生生活对社会生产和广大人民生活的严重伤害,指出这样的生活耗费是当时的社会生产所供应不了的,正如"山林不能给野火,江海不能灌漏卮"一样。如果任其发展,会导致社会经济的全面崩溃,总有一天会走到"下民无聊,而上天降灾,则国危矣"的地步。

王符提出了资末业者什于农夫,虚伪游手什于末业,背本趋末现象日甚一日,会导致本末不足相供的社会现实问题,提醒统治者关注和解决这个问题,否则民怨沸腾,国势将危。一方面,农业劳动力越来越少,农业生产萎缩,供给城乡市场农副产品的能力必然下降,市场供给满足不了消费需求。另一方面,从事农业生产的人口日益减少,自耕农的压力自然会加重,在不堪重负之时,他们也会弃农经商,或者是破产,走上流亡之路。农业生产趋于停滞,农业人口购买力下降,商业也会随之萧条,整个社会经济会出现危机。

本末不足相供,不仅使商业难以得到大的发展,而且也加重了自耕农的负担,使更多的农民破产流亡。尤其是田庄经济的发展和农民贫困化、依附化的增强,使自给自足的生产方式比例加重,下层人民大大失去了购买力,使商业只能成为以"侈靡之物"供统治阶级奢侈服务的市场,从而使广大农村市场自然而然地萎缩了。(曹金华 1995:5)

3. 社会购买力下降

西汉中期以后,商业资本向农民提供交换条件的时候,竭尽盘剥之能事,不断蚕食农民的土地,加上高利贷资本催逼,许多小农走上破产之路。

东汉时期,天灾人祸连年,流民陡增,庄园经济吸纳许多破产农民成为依附民,自给自足经济方式地位加强,农业生产发展缓慢,自耕农生活艰难,占人口多数的农民社会购买力低下,社会消费需求下降,农村市场趋于萎缩。

犀象珠玉、杂采玩好之类奢侈品的销售与消费依赖于富商大贾、官僚等消费群体,他们人数有限,消费数量有限。

自耕农和依附民是从事生产的主要力量,但是他们得不到封建制度的保障,在社会生产日益萎缩的情况下,向市场提供的农副产品非常有限,加上政治黑暗,社会秩序混乱,农业领域商品经济发展渐渐跌入低谷。

社会经济的发展陷入一个怪圈:汉初社会经济恢复发展——商业发

展——从事农业生产的人越来越少——农业生产萎缩——市场供给缺口增大——自耕农的压力加大——不堪重负破产流亡——农业生产人口更少——农业生产条件更加恶化——商业发展基础动摇——商业从繁荣到趋缓。说明以小农经济为基础的农业社会,商业的发展缺乏根基,难以持久繁荣。

4. 官府垄断制约商品经济发展

汉武帝时期,实行盐铁专卖政策,国家垄断盐铁酒等重要产品的经营,商人势力受到严重打击。

国家实行官榷专卖制度,就是由国家垄断一部分关系国计民生的重要商品市场。商代,手工业多为王室"公营"。春秋战国时期,齐国的管仲就创立了官榷专卖这一制度,实行"工商食官",由官家自行设置工场、作坊,生产手工业品,开始对工商业实行官府垄断。

汉武帝时期,实行"禁榷"制度。《盐铁论·轻重》篇云:"今大夫各修太公、桓、管之术,总一盐铁。"汉武帝采纳御史大夫桑弘羊建议,重新将盐铁经营权收归国家,官府垄断了盐铁市场,规定"敢私铸铁器,煮盐者,钛左趾,没入其器物"。

《汉书·武帝纪》记载,天汉三年(前98年)"初榷酒酤",应劭注曰:"县官自酤榷卖酒,小民不复得酤也。"韦昭注曰:"以木渡水曰榷,谓禁民酤酿,独官开置,如道路设木为榷,独取利也。"标志着汉代正式开始实行酒类专卖,禁止私人酿酒出售。

盐铁酒官营政策的实行,增加了国家的财政收入,但堵塞了许多商人的发财致富之路,而且官营经济往往效率不高,且与民争利,非议之声汹汹。所以,昭帝时期,盐铁酒专卖政策时紧时松,左右摇摆。

"诏郡国举贤良文学之士,问以民所疾苦,教化之要,皆对愿罢盐、铁、酒榷均输官,毋与天下争利……"(《汉书·食货志》)

"罢榷酤官,令民得以律占租,卖酒升四钱。"(《汉书·昭帝纪》)

王莽时期,仍然实行酒类专卖。

东汉时,关于盐铁酒的经营管理政策反复不定,时罢时行。章帝曾经恢复盐铁专卖政策,和帝时又罢盐铁之禁,纵民煮铸。

除了官府推行禁榷专卖制度,一部分富商大贾和豪民也参与垄断某些商品的生产和销售。未实行禁榷制度之前,盐铁产销就是由权贵豪民垄断的。《盐铁论·禁耕》中记载:"夫权利之处,必在深山穷泽之中,非豪民不能通其利。异时,盐铁未笼,布衣有朐邴,人君有吴王,皆盐铁初议也。吴王专山泽之饶,薄赋其民,赈赡穷乏,以成私威。"这则资料表明,禁榷制度实施后,盐铁之类重要商品归国家专卖,但某些豪商与官府作钱权交易,获得了这些商品的营售权。

汉武帝用行政力量干预社会经济发展,除垄断盐铁酒生产销售外,还垄断山林川泽之利,使自然资源得不到充分利用。对无法垄断生产的农副土特产品,采取官府直接经商的办法,即推行均输平准政策,进一步控制流通渠道,严重打击民间工商业生产,在全国范围推行单一的小农经济模式,大大改变了西汉前期多种经济成分并存局面。官营工商业的扩大与单一小农经济基本格局的形成严重阻碍了农业领域商品经济的发展规模和速度。此后,民间商品经济为了生存和发展,更加紧密地与官僚地主经济结合在一起。豪商巨富往往"兼业专利",与西汉前期专心经营农林牧副渔业"皆诚壹之所至"形成鲜明对照。(冷鹏飞 1996:1)

5. 市场及市场力量均缺乏适宜的发育环境

我国古代长期实行重农抑商政策,历代王朝始终保持对市场力量及市场活动的高度警惕,采取了一系列防范措施,人为抑制和扭曲了市场及市场力量的发育成长与运作,市场的发育受先天缺陷与后天诸多不足的制约。

如商鞅采取一系列抑商政策,对商人加重徭役征调外,还规定"事末利及怠而贫者,举以收孥",明令禁止市场活动。公元前360年,商鞅严令禁止包括经商在内的八项非农活动(胡寄窗 1962:395)。秦朝建立后,秦始皇一方面优待大商人,另一方面压抑小商人。

汉代,国家以法律手段剥夺商人财产。汉武帝为增加财政收入,推行算缗告缗政策,使许多商人破产,从商人手中获取了大量的财富。商人在社会中常受官府政策打压,常遭一些士人的歧视,贱商思想的产生由来已久。商人不得不把商业利润的一部分用于巴结权贵,或者用于购买土地,走"以末致富,以本守之"的老路也属环境使然。

"抑商"甚至"禁商"政策的实施,不仅直接制约着"专业化商人"的形成,而且"鄙商"、"仇商"的大众文化心态,间接地但深层次地影响"专业化商人"队伍的成长。然而在欧洲,"总有一些王公和地方贵族愿意容忍商人及其行为方式"(保罗·肯尼迪 1988:10)。贱商观念制约商人队伍的成长与扩大,也严重制约汉代商业发展。

汉代,设置管理市场的机构及职级不同的岗位,官府直接干预市场交易,对市场进行严格管理,即使在唐代,凡设市都要由官府批准,非州县不得设市,大小市场都设专官控制。官府还直接干预市场交易价格。明清时期,工商业都被组织在行会之中,在地方官府控制下活动。(吴敬琏 1993:81)

汉代,没有形成有利于专业化商人生存发展的环境,虽然如希克斯所说的为市场力量人格化身的"专业化的商人"产生很早,但成长缓慢,市民阶层未能形成。市场及市场力量的发育始终被限制在为自然经济提供补充的范围之内。市场的发育未能瓦解自然经济,自然经济容忍市场的存在发展,并利用与限制市场,巩固了自身基础地位。

古代中国市场发育曾有过辉煌时期,市场力量曾经在社会经济生活中发挥重要作用。但是强大的中央集权政府及其对市场的过度干预扼制和扭曲了市场力量的成长和运作,"专业化商人"队伍成长缓慢,市民阶层始终未能产生,市场发育最终趋于停滞,市场力量最终趋于式微,商品经济未能成为独立的经济体制,市场力量始终未能成为社会经济资源配置中的主要力量。正因如此,中国的发展止步于工业革命的门槛,自15世纪后开始落后于西方世界。(赵凌云 2003:1)

6. 义利观念的变化

自汉武帝明令罢黜百家、独尊儒术开始,儒家学说的地位逐渐巩固和提升。随着大一统国家政权的巩固,地主制经济得到充分发展,大地主在经济、政治、社会生活中的地位和影响也与日俱增,他们力图维护和扩大自己既得利益。汉元帝时期,大地主保守势力在政治、经济、社会生活中以及思想领域中都占了优势。贵义贱利、重本抑末、黜奢崇俭等观点成了支配经济思想领域的神圣教条。贡禹鼓吹重本抑末,甚至提出了废除金属货币,"租税禄赐皆以布帛及谷",以使"百姓壹归于农"这样极端落后、倒退的经济复古主义主张。桓宽《盐铁论》的成书,则是封建正统经济思想形成的标志。(赵靖 2003:279~280)

因此,从西汉元帝时期开始,义利观念变化,从重利转变为重义,也是一个制约商业功利行为、影响商品经济发展的重要制度性因素。从西汉后期至东汉,商品经济的发展远不如春秋战国至西汉前期。

另外,社会心理因素也不可忽视。东汉后期外戚宦官交替专权,政治更加黑暗,一些豪富毁家破业,结局悲惨。一个个鲜活的例子教训人们收敛其靠经商致富积累巨万的锋芒,开拓的勇气、信心和魄力逐渐减弱,商业的发展难以显示其以往的活力。

由于多种因素的制约,我国从春秋战国开始的商品经济日趋繁荣的局面自西汉后期发展势头逐渐趋缓,至汉末走向衰落。

参 考 文 献

1. [汉]班固.汉书.北京:中华书局,1983.
2. 包明军.南阳汉代的水利建设浅探.中州今古.2002(4).
3. 曹金华.试论东汉的非抑商政策.江苏社会科学.1995(5).
4. 柴盈.农业基础设施建设的一个制度分析框架——以中国封建时期灌溉设施建设为例.中国农村观察.2008(1).
5. 陈昌文等.试论秦汉纺织业中的商品生产.南都学坛.1998(5).
6. 陈长山.南阳市文物志.郑州:中原农民出版社,1993.
7. 陈江风."羲和捧日、常羲捧月"画像石质疑.中原文物.1988(2).
8. 陈乃华.论汉代的市.山东师范大学学报.2001(2).
9. 陈伟.《鄂君启节之》"鄂"地探讨.江汉考古.1986(2).
10. 陈炜祺.汉代南阳盆地经济地理初探.武汉大学硕士学位论文.2005.
11. 陈直.两汉经济史料论丛.西安:陕西人民出版社,1958.
12. 赤银中,张朝霞.阴阳五行思维模式与南阳汉画.中原文物.2002(3).
13. 邓乐平,黄达.中国的货币需求——理论与实证的考察.北京:中国人民大学出版社,1990.
14. 董晓泉.试论两汉的水利工程与水旱灾害.首都师范大学硕士论文.2002.

15. ［唐］杜佑. 通典. 长沙：岳麓书社，1995.

16. 傅筑夫. 战国经济史论丛. 北京：三联书店，1980.

17. 傅筑夫. 中国封建社会经济史. 北京：人民出版社，1982.

18. 甘肃省博物馆. 武威雷台汉墓. 考古学报. 1974(2).

19. 高敏. 秦汉时期的官私手工业. 南都学坛. 1991(2).

20. 高书林. 从《田畴与耕牛》画像说汉沛郡农业点滴. 见：汉画研究/中国汉画学会第十届年会论文集. 武汉：湖北人民出版社，2006.

21. 龚胜生. 水经·湍水注"昆阳"正讹. 中国历史地理论丛. 1988(4).

22. 贵州省博物馆. 贵州安顺宁谷发现东汉墓. 考古. 1972(2).

23. 袁珂. 山海经校注. 上海：上海古籍出版社，1980.

24. 郭天江，刘振宇. 南阳的古代道路. 河南交通科技. 1996(3).

25. 郭痒林. 中国封建社会经济研究. 上海：上海财经大学出版社，1998.

26. 国家文物局. 中国文物地图集·河南分册. 北京：中国地图出版社，1991.

27. ［汉］桓宽. 盐铁论. 北京：华夏出版社，2000.

28. 韩玉祥，李陈广. 南阳汉代画像石墓. 郑州：河南美术出版社，1998.

29. 郝玉建. 汉代旱涝疫灾害在汉画中的反映. 中原文物. 2002(1).

30. 河南丹江库区文物发掘队. 河南省淅川县下寺春秋楚墓. 文物. 1980(10).

31. 河南省文化局文物工作队. 河南南阳杨官寺汉画像石墓发掘报告. 考古学报. 1963(1).

32. 河南省文化局文物工作队. 河南襄城茨沟汉画像石墓. 考古学报. 1994(1).

33. 河南省文物研究所. 河南邓州八里岗遗址的调查与试掘. 华夏考古. 1994(2).

34. 河南省文物研究所. 南阳瓦房庄汉代制陶、铸铜遗址的发掘. 华夏考古. 1994(1).

35. 河南省文物研究所等. 信阳毛集古矿冶遗址调查简报. 华夏考

古,1988,(4).

36. 胡寄窗.中国经济思想史.上海:上海人民出版社,1962.

37. 胡如雷.中国封建社会形态研究.北京:三联书店,1979.

38. 黄今言,陈晓鸣.汉代贩运贸易论略.中国社会经济史研究.1997(1).

39. 黄今言,黄素平.两汉工商政策与商品经济述略.江西师范大学学报.1997(2).

40. 黄今言,王福昌.汉代农业商品生产的群体结构及其发展水平之评估.中国社会经济史研究.2003(1).

41. 黄今言.秦汉经济史论考.北京:中国社会科学出版社,2000.

42. 黄仁宇.中国大历史.北京:三联书店,2007.

43. 黄遵福.汉晋时期南阳盆地农业科学技术探析.郑州大学硕士学位论文.2005.

44. 惠富平,黄富城.汉代江淮地区陂塘水利发展及其环境效益.中国农史.2007(2).

45. 冀朝鼎.中国历史上的基本经济区与水利事业的发展.北京:中国社会科学出版社,1981.

46. 建筑文化考察组.四川灾区古建筑考察及文化重建研究(一).建筑创作.2008(12).

47. 经君健.试论地主制经济与商品经济的本质联系.中国经济史研究.1987(2).

48. 冷鹏飞.论汉代商品经济发展的三个阶段.湖南师范大学社会科学学报.1996(1).

49. 冷鹏飞.战国秦汉时期农业领域商品经济的发展.湖南师范大学社会科学学报.2002(1).

50. 冷鹏飞.中国古代社会商品经济形态研究.北京:中华书局,2002.

51. 李崇州.古代科学发明水力冶铁鼓风机"水排"及其复原.文物.1959(5).

52. 李发林.战国秦汉考古.济南:山东大学出版社,1991.

53. [宋]李昉.太平御览.北京:中华书局影印本,1960.

54. 李桂阁.汉代豪强地主庄园的武装防卫.南都学坛.2002(5).

55. 李桂阁.南阳地区汉代陶井及相关问题.农业考古.2003(1).

56. 李恒全,郭智勇.汉代私营手工业的商品生产述论.学海.2002(2).

57. 李恒全.试述汉代官营手工业中的商品生产.东南文化.2002(1).

58. 李剑农.中国古代经济史稿.武汉:武汉大学出版社,2005.

59. 李锦山.略论汉代地主庄园经济.农业考古.1991(3).

60. 李京华,陈长山.南阳汉代冶铁.郑州:中州古籍出版社,1995.

61. 李京华.汉代铁农器铭文试释.考古.1974(1).

62. 李京华.南阳北关瓦房庄汉代冶铁遗址发掘报告.华夏考古.1991(1).

63. 李文治.把地主制经济的发展变化作为考察某些历史问题的中心线索.中国经济史研究.1996(2).

64. 李真玉.汉画中的农事习俗.南都学坛.2004(5).

65. 梁家勉.中国农业科学技术史稿.北京:农业出版社,1989.

66. 林剑鸣.我国古代劳动人民对生漆的发现和利用.西北大学学报.1978(1).

67. 刘敦桢.中国古代建筑史.北京:中国建筑工业出版社,1980.

68. 刘和惠.江苏丹徒东晋窖藏铜钱.考古.1978(2).

69. 刘慧兰.两汉货币问题研究.江西师范大学文旅学院硕士论文.2002.

70. 刘克.南阳汉画像与生态民俗.北京:学苑出版社,2008.

71. 刘绍明,崔本信.南阳市冶铸遗址出土五铢铜母范及相关问题.中国钱币.1996(3).

72. 刘绍明,曾昭阁.钱范述略——南阳两汉铭刻辑考之二.南都学坛.1999(2).

73. 刘太祥.秦汉时期的农业和农村经济管理措施.史学月刊.2000(5).

74. 刘太祥.试析河南汉代经济繁荣的原因.南都学坛.1999(1).

75. 刘绪贻.西汉早期中国社会的重新分层.华中理工大学学报.2000(4).

76. 刘瑛.试论商品经济对两汉世风的影响.江西师范大学学报.

2002(2).

77. 鲁迅.书信:致姚克.见:鲁迅全集(第 12 卷).北京:人民文学出版社,1981.

78. 禄丰年,毛忠民.最新实用河南省地图册.北京:中国地图出版社,1999.

79. 马青梅,拉玛杰.浅谈先秦两汉时期我国的漆器工艺.青海师范大学民族师范学院学报.2003(1).

80. 马新.试论两汉乡村工商业与高利贷.东岳论丛,2001(2).

81. 马傅.试析东汉的货币关系.河南财经学院学报,1987(2).

82. 中共中央马克思恩格斯列宁斯大林著作编译局译.马克思恩格斯全集(第 9 卷).北京:人民出版社,2007.

83. 中共中央马克思恩格斯列宁斯大林著作编译局译.马克思恩格斯全集(第 21 卷).北京:人民出版社,2007.

84. 中共中央马克思恩格斯列宁斯大林著作编译局译.马克思恩格斯全集(第 23 卷).北京:人民出版社,2007.

85. 中共中央马克思恩格斯列宁斯大林著作编译局译.马克思恩格斯全集(第 25 卷)(上).北京:人民出版社,2007.

86. 中共中央马克思恩格斯列宁斯大林著作编译局译.马克思恩格斯全集(第 25 卷)(下).北京:人民出版社,2007.

87. [美]保罗·肯尼迪.大国的兴衰——1500~2000 年的经济变迁与军事冲突.北京:求实出版社,1988.

88. [明]王三聘.古今事物考.上海:上海书店,1987.

89. 南京博物院.海州西汉霍贺墓清理简报.考古.1974(3).

90. 南阳地区地理志办公室.河南省南阳地区地理志.1991.

91. 南阳地区地名委员会办公室.南阳地区古今地名图志.2008.

92. 南阳地区史志编委会.明嘉靖南阳府志校注(第二册).1984.

93. 南阳地区水利局.南阳地区水利志.1989.

94. 南阳地区文物队.方城党庄汉画像石墓——兼谈南阳汉画像石墓的衰亡问题.中原文物.1986(2).

95. 南阳汉代画像石编辑委员会.南阳汉代画像石.北京:文物出版社,1985.

96. 牛天伟,金爱秀.汉代神灵图像考述.开封:河南大学出版社,

2009.

97. 牛天伟,李真玉.浅析汉画中的酒文化.南都学坛.2000(2).

98. 牛向阳.汉画掇英——南阳麒麟岗汉画像石墓仕女画像艺术赏析.美与时代.2006(5).

99. 裴明相,曹桂岑,武志远.河南桐柏万岗汉墓的发掘.考古.1964(8).

100. 千家驹.中国货币史纲要.上海:上海人民出版社,1986.

101. 钱健夫.中国物价发展史.上海:名山书局,1949.

102. 钱晓康.关于我国牛耕的一点看法.农业考古.1995(1).

103. 钱志熙.张衡和他的《南都赋》.文史知识.2008(5).

104. 秦晖.汉"金"新论.历史研究.1993(5).

105. 秦晖.田园诗与狂想曲.北京:中央编译出版社,1996.

106. 仁华,长山.南阳县王寨汉画像石墓.中原文物.1982(1).

107. 三台县文化馆.四川三台县发现东汉墓.考古.1976(6).

108. 山东省博物馆.山东省莱芜县西汉农具铁范.文物.1977(7).

109. [汉]司马迁.史记.北京:中华书局,1959.

110. 宋兆麟.西汉时期农业技术的发展.考古.1976(1).

111. 孙毓棠.战国秦汉时代纺织业技术的进步.历史研究.1963(3).

112. 唐文基.试论中国封建市场的发育特征.福建师范大学学报.1999(1).

113. 汪小洋.汉画像石中的女娲.中国民俗学网.2009-07-31.

114. 王勃.武关道.陕西交通报.2009-11-11.

115. [汉]王充.论衡.上海:上海人民出版社,1974.

116. 王吉怀.从裴李岗文化的生产工具看中原地区早期农业.农业考古.1985(2).

117. 王建中,闪修山.南阳两汉画像石.北京:文物出版社,1990.

118. 王凯旋.东汉商业经济与社会风气.社会科学辑刊.1998(1).

119. 王抗生.中国传统艺术瑞兽纹样.北京:中国轻工业出版社,2000.

120. 王儒林.河南南阳市发现半两钱范.考古.1964(6).

121. 王文楚.历史时期南阳盆地与中原地区间的交通发展.史学月

刊.1964(10).

122. 王文涛.两汉的耒耜类农具.农业考古,1995,(3).

123. 王星光,柴国生.风能在中国古代农业中的利用.农业考古.2007(4).

124. 王彦辉.汉代豪民研究.长春:东北师范大学出版社,2001.

125. 王玉金.汉画所见汉代渔业生产初探.南都学坛.1998(1).

126. 王玉金.试析南阳汉画中的农业图像.农业考古.1994(1).

127. 王子今.略论两汉童谣.重庆师范大学学报.2007(3).

128. 魏仁华,刘玉生.河南方城东关汉画像石墓.文物.1980(3).

129. 温乐平.秦汉商品经济与农民生活消费的变化.农业考古.2005(3).

130. 温乐平.秦汉物价研究.江西师范大学硕士论文.2002.

131. 温乐平.试说秦汉社会消费观念由"尚俭"向"崇奢"的演变.中国社会经济史研究.2005(2).

132. 吴敬琏.市场经济的培育与运作.北京:中国发展出版社,1993.

133. 夏亨廉,林正同.汉代农业画像砖石.北京:中国农业出版社,1996.

134. 谢天佑.秦汉经济政策与经济思想史稿.上海:华东师范大学出版社,1989.

135. 新华网.西汉时期铁板材在南阳被发现.2000－12－02.

136. 徐承泰.建武十六年前东汉货币铸造考.华夏考古.2000(1).

137. 徐寒.中国历史百科全书.长春:吉林大学出版社,2005.

138. 徐永斌.南阳汉画像石艺术.开封:河南大学出版社,2007.

139. 许倬云.汉代农业:早期中国农业经济的形成.南京:江苏人民出版社,1998.

140. 许倬云.汉代农业——中国农业经济的起源及特性.桂林:广西师范大学出版社,2005.

141. [清]严可均辑.全上古三代秦汉三国六朝文.北京:中华书局,1958.

142. 杨达源,闾国年.自然灾害学.北京:测绘出版社,1993.

143. 杨际平.秦汉农业:精耕细作抑或粗放耕作.历史研究.2001

(4).

144. 杨际平.试论秦汉铁农具的推广程度.中国社会经济史研究.2001(2).

145. 杨宽.中国古代冶铁技术发展史.上海:上海人民出版社,2004.

146. 杨权喜.湖北省出土的战国秦汉漆器.江汉考古.1995(2).

147. 杨振红.汉代自然灾害初探.中国史研究.1999(4).

148. 殷涤非,罗长铭.寿县出土的鄂君启金节.文物参考资料.1958(4).

149. [英]崔瑞德,鲁惟一编,杨品泉等译.剑桥中国秦汉史.北京:中国社会科学出版社,2007.

150. [英]约翰·希克斯著,厉以宁译.经济史理论.北京:商务印书馆,1999.

151. 尤振尧,周晓陆.泗洪重岗汉代农业画像石刻研究.农业考古.1984(2).

152. 于濛滨.略论中国漆器的历史地位.克山师专学报.2002(4).

153. [元]马端临.文献通考.北京:中华书局,1986.

154. 曾雄生.从"麦饭"到"馒头"——小麦在中国.生命世界.2007(9).

155. 曾延伟.两汉社会经济发展史初探.北京:中国社会科学出版社,1989.

156. 张保同.东汉南阳的历史地位.南都学坛.1991(4).

157. 张诚.秦汉币制改革略论.郑州大学学报.1993(2).

158. 张传玺.战国秦汉时期的社会经济研讨提纲.南都学坛.2006(2).

159. 张芳.中国古代淮河、汉水流域的陂渠串联工程技术.中国农史.2000(1).

160. 张弘.战国秦汉时期商人和商业资本研究.济南:齐鲁书社,2003.

161. 张弘.战国秦汉时期商人及商业资本与城市经济的关系.理论学刊.2001(1).

162. 张庆利,杜尚侠.正说汉朝二十四帝.北京:中华书局,2005.

163. 张仁玺,冯昌琳.汉代保护小农政策述论.山东师范大学学报.2004(5).

164. 赵承楷,江继甚.走进汉画.上海:上海书店出版社,2006.

165. 赵凌云.从市场发育与演变的悖论看中国传统经济衰落的原因.中国经济史研究.2003(1).

166. 赵世纲.河南桐柏平民镇发现铜器.考古.1963(2).

167. [宋]郑樵.通志.北京:中华书局,1995.

168. 郑先兴.汉画像的社会学研究.开封:河南大学出版社,2009.

169. 中国冶金史编写组.河南汉代冶铁技术初探.考古学报.1978(1).

170. [汉]仲长统.昌言.见:[清]严可均辑.全后汉文.北京:商务印书馆,1999.

171. 周宝瑞.汉代南阳水利建设.南都学坛.2000(4).

172. 周到,李京华.唐河针织厂汉画像石墓的发掘.文物.1973(6).

173. 朱德贵.汉代商人的社会构成分析.江西社会科学.2001(12).

174. [汉]应劭撰,吴树平校释.风俗通义校释.天津:天津古籍出版社,1980.

175. 李京华.河南古代铁农具.农业考古.1984(2).

176. 鲁西奇.论地区经济发展不平衡.中国社会经济史研究.1997(1).

177. 华觉明.汉魏高强度铸铁的探讨.自然科学史研究.1982(1).

178. [宋]范晔.后汉书.北京:中华书局,1965.

179. 河南省退休科技工作者协会南阳地区分会地理志办公室编.河南省南阳地区地理志.1991.

后 记

一个偶然的机会,我接触了南阳汉画。初识汉画,沉雄、朴拙、粗犷的汉画就吸引了我。涉足汉画研究这个领域,就像打开了认识汉代的一扇窗,通过这个窗口,一幅幅汉画引领我了解了汉代经济社会发展的点点滴滴,渐渐地,汉代社会生产力发展与经济结构状况在我的脑子里有了比较清晰的轮廓。经过几年来的资料收集和思考,我有了把自己的一些体会集成书这个想法,通过与刘克教授、郑先兴博士的交流,他们的鼓励使我坚定了信心。两位同志给了我很大的帮助,他们提供了相关的书籍及其他资料,并且常常不吝赐教,提醒我应该注意的一个个问题,使我受益匪浅,在此表示感谢!在拙作出版过程中,河南大学出版社的编辑老师付出了艰苦的劳动,对我提供了很大的帮助,在此也深表感谢!因为能力有限,书中难免出现错误和不当之处,恳请行家指正。

杨运秀

2010.06